司法解释理解与适用简明版系列

最高人民法院
企业破产司法解释理解与适用
简明版及配套规定

人民法院出版社 编

新编
简明版

人民法院出版社

图书在版编目（CIP）数据

最高人民法院企业破产司法解释理解与适用简明版及配套规定 / 人民法院出版社编. — 北京：人民法院出版社，2018.1

（司法解释理解与适用简明版系列）

ISBN 978-7-5109-1978-7

Ⅰ.①最… Ⅱ.①人… Ⅲ.①破产法—法律解释—中国 ②破产法—法律适用—中国 Ⅳ.①D922.291.925

中国版本图书馆CIP数据核字（2017）第298509号

最高人民法院企业破产司法解释理解与适用简明版及配套规定

人民法院出版社 编

策划编辑	韦钦平　**责任编辑** 李安尼　**执行编辑** 巩　雪
出版发行	人民法院出版社
地　址	北京市东城区东交民巷27号（100745）
电　话	（010）67550579（责任编辑）　67550558（发行部查询）
	65223677（读者服务部）
客服QQ	2092078039
网　址	http://www.courtbook.com.cn
E-mail	courtpress@sohu.com
印　刷	三河市国英印务有限公司
经　销	新华书店
开　本	787×1092毫米　1/16
字　数	570千字
印　张	32.5
版　次	2018年1月第1版　2019年1月第2次印刷
书　号	ISBN 978-7-5109-1978-7
定　价	79.00元

版权所有　侵权必究

最高人民法院
司法解释理解与适用简明版及配套规定
编审委员会

编审委员（以拼音首字母为序）：

陈建德　陈现杰　丁广宇　杜　军　范春雪　郭继良
贾劲松　李志刚　梁　爽　林海权　刘　敏　司　伟
王东敏　韦钦平　吴晓芳　吴兆祥　曾宏伟　张雪楳

编 辑 部

主　　任：陈建德
副 主 任：韦钦平
编辑人员：李安尼　周利航　沈国婧　赵孟希　刘晓宁　巩　雪
　　　　　张　怡　邓　灿　赵芳慧

编写说明

法官判案是一个寻找法律依据、辨法析理、不断释法的过程。立法自始至终滞后于不断发展的司法实践，为了有效、及时地填补立法的不足，最高人民法院颁布了为数不少的司法解释、规范性文件等。随着时间的推移，新的法律法规、司法解释不断出台，以往的解释有些已经被新法取代，有些仍在发挥作用。自2001年首部司法解释理解与适用图书问世至今，我社已出版司法解释理解与适用丛书50余种，被实务工作者视为准确理解司法解释要旨、统一裁判尺度的圭臬，是人民法院出版社最重要的品牌畅销图书。为了便于广大法官及其他法律工作者在新情况、新问题背景下准确运用以往的司法解释，我社精心策划、梳理研发推出了《最高人民法院司法解释理解与适用简明版及配套规定》系列丛书。

此次推出的简明版本在对原有司法解释理解与适用内容进行精选、摘编、重组的基础之上，依据最新法律法规、司法解释对原有内容进行更新补正，增加相关配套规定，由最高人民法院专家型法官审读把关并选取重点法条，嵌入重点条文完整解读、案例及法律文件完整文本二维码，链接法信平台，供读者扩展阅读。本丛书的出版旨在为法官及其他法律工作者提供权威、实用、便捷的办案必备参考用书。

丛书为开放式，首次推出15个分册，分别为：立案及管辖、农村土地承包、人身损害赔偿、房屋租赁合同、民间借贷、企业破产、借款担保、买卖合同、保险合同、房屋买卖合同、道路交通损害赔偿、公司法、婚姻家庭与继承、劳动争议、建设工程施工合同。每一分册在体例上紧紧围绕司法解释条文编排设计，每条下设条文主旨、理解与适用及相关权威案例指导等栏目，重点突出、实用方便。

丛书具有以下鲜明特色：

1. 权威准确。主要内容精心摘编自《最高人民法院司法解释理解与适用》丛书，依据最新法律法规、司法解释等更新补正，并由最高人民法院专家型法官审读并选取重点法条，具有较高的权威性和准确度。

2. 全面实用。在司法解释条文理解与适用的基础上，重点法条配有关联案例，并精选与各分册主题相关的法律、行政法规、部门规章、司法解释、答复、地方性文件等相关配套规定，使丛书内容更加实用、丰富、全面。

3. 内容丰富。依托中国首家深度融合法律知识服务与案例大数据服务的数字化网络平台——"法信"平台提供海量资源。书中重点法条的全面解读、节录法律文件全部嵌入法信二维码，使读者一册在手尽享法条完整解读、典型案例分析、全部法律文本等大量数字化资源。

4. 纸媒与数字内容深度融合。顺应当代读者阅读习惯及信息获取渠道，通过扫码扩展阅读，突出重点、详略得当。使用简便，无需APP，扫码即阅，读者可随时随地扩展学习，开启线上线下立体阅读新模式，是传统纸媒转型的一次有益尝试与探索。

在该丛书的编纂过程中，最高人民法院部分专家型法官全面认真审定了书稿及重点法条，人民法院电子音像社法信编辑部为配套制作二维码提供了大量帮助。在此，我们对为此书付出辛勤努力的各位法官及编辑表示衷心感谢！同时，我们也期望该丛书的出版能够为各级法院干警和其他法律工作者提供有益的指导与帮助！

编者
2017年12月

目 录

第一部分　最高人民法院关于企业破产法司法解释理解与适用
破产法解释（一）·破产法解释（二）（简明版）

003 | 最高人民法院关于适用《中华人民共和国企业破产法》若干问题的规定（一）(2011年9月9日)

　　[司法解释的目的和制定依据] 导言 ……………………………003

　　[破产原因的具体情形] 第一条 ……………………………004

　　[不能清偿到期债务的认定] 第二条 ……………………………006

　　[资产不足以清偿全部债务的认定] 第三条 ……………………………007

　　[明显缺乏清偿能力的认定] 第四条 ……………………………009

　　[企业法人解散后债权人提起破产申请] 第五条 ……………………………011

　　[债权人申请破产时的举证责任] 第六条 ……………………………012

　　[法院对破产申请的审查] 第七条 ……………………………014

　　[破产案件的诉讼费用交纳] 第八条 ……………………………015

[对法院依法受理破产申请的监督] 第九条 …………………017

019 | 最高人民法院关于适用《中华人民共和国企业破产法》若干问题的规定(二)(2013年9月5日)

[司法解释的目的和制定依据] 导言 ……………………………019
[债务人财产的认定] 第一条 ………………………………………020
[非债务人财产] 第二条 ……………………………………………023
[设定担保物权的财产] 第三条 ……………………………………024
[共有财产] 第四条 …………………………………………………026
[执行回转财产] 第五条 ……………………………………………028
[对债务人财产的保全] 第六条 ……………………………………030
[对债务人财产原有保全的解除] 第七条 …………………………032
[对债务人财产保全的恢复] 第八条 ………………………………034
[撤销行为追回的财产] 第九条 ……………………………………036
[程序转入下撤销行为的起算点] 第十条 …………………………038
[明显不合理价格交易撤销时的返还] 第十一条 …………………040
[未到期债务提前清偿撤销的例外] 第十二条 ……………………042
[债权人撤销权] 第十三条 …………………………………………043
[有担保债务个别清偿行为撤销的例外] 第十四条 ………………045
[履行生效法律文书或基于执行行为的个别清偿] 第十五条 ……046
[必要个别清偿的撤销排除] 第十六条 ……………………………047
[无效行为追回的财产] 第十七条 …………………………………049

目录

［可撤销行为和无效行为产生的赔偿］第十八条 …………………050

［对外债权的诉讼时效］第十九条 …………………………051

［追收未缴出资和抽逃出资］第二十条 ……………………052

［破产受理前基于债务人财产诉讼的审理］第二十一条 …………055

［破产受理前基于债务人财产诉讼的执行］第二十二条 …………057

［破产受理后基于债务人财产诉讼的受理］第二十三条 …………058

［非正常收入的追回］第二十四条 …………………………060

［质物和留置物的取回和变价］第二十五条 ………………062

［非债务人财产取回权的行使时间］第二十六条 …………065

［非债务人财产取回权的异议与诉讼］第二十七条 ………067

［非债务人财产取回权行使的对待给付］第二十八条 ……069

［需及时变现财产取回权的行使］第二十九条 ……………070

［违法转让构成善意取得时原财产权利人的权利行使］

　　第三十条 ……………………………………………072

［违法转让未构成善意取得时受让人的权利行使］第三十一条 …074

［占有物毁损、灭失时代偿性取回权的行使］第三十二条 ………076

［占有物转让、毁损、灭失时管理人等的责任］第三十三条 ……080

［所有权保留买卖合同的挑拣履行］第三十四条 …………082

［出卖人破产决定继续履行合同时买卖合同出卖人取回权的

　　行使］第三十五条 …………………………………084

［出卖人破产决定解除合同时出卖人追收权利的行使］

第三十六条 ···086

［买受人破产决定继续履行合同时买卖合同出卖人取回权的

　　行使］第三十七条 ·································088

［买受人破产决定解除合同时出卖人破产取回权的行使］

　　第三十八条 ··090

［在途标的物取回权的行使］第三十九条 ·················091

［重整期间紧急取回权的行使］第四十条 ·················093

［破产抵销权的行使］第四十一条 ·······················095

［破产抵销的生效］第四十二条 ·························096

［未到期债务和不同种类品质债务的破产抵销］第四十三条 ·····099

［破产申请受理前民法抵销的无效］第四十四条 ···········100

［别除权人债权的抵销］第四十五条 ·····················102

［抵销的禁止］第四十六条 ·····························104

［破产受理后债务人衍生诉讼的管辖］第四十七条 ·········106

［法律适用］第四十八条 ·······························108

第二部分　相关法律、法规、司法解释等

113　｜　一、法律

113　｜　中华人民共和国企业破产法（2006年8月27日）

133　｜　中华人民共和国民事诉讼法（2017年6月27日）

| 135 | 二、司法解释 |

| 135 | 最高人民法院关于审理企业破产案件指定管理人的规定（2007年4月12日） |

| 142 | 最高人民法院关于审理企业破产案件确定管理人报酬的规定（2007年4月12日） |

| 144 | 最高人民法院民二庭负责人就《最高人民法院关于审理企业破产案件指定管理人的规定》和《最高人民法院关于审理企业破产案件确定管理人报酬的规定》答记者问 |

| 152 | 最高人民法院关于执行《最高人民法院审理企业破产案件指定管理人的规定》《最高人民法院审理企业破产案件确定管理人报酬的规定》几个问题的通知（2007年4月12日） |

| 153 | 最高人民法院关于《中华人民共和国企业破产法》施行时尚未审结的企业破产案件适用法律若干问题的规定（2007年4月25日） |

| 155 | 《最高人民法院关于〈中华人民共和国企业破产法〉施行时尚未审结的企业破产案件适用法律若干问题的规定》的理解与适用 ／ 宋晓明　张勇健　刘　敏 |

| 165 | 最高人民法院关于执行《关于〈中华人民共和国企业破产法〉施行时尚未审结的企业破产案件适用法律若干问题的规定》的通知（2007年5月26日） |

| 166 | 最高人民法院关于债权人对人员下落不明或者财产状况不清的债务人申请破产清算案件如何处理的批复（2008年8月7日） |

| 167 | 《最高人民法院关于债权人对人员下落不明或者财产状况不清的债务人申请破产清算案件如何处理的批复》的理解与适用 / 宋晓明 张勇健 刘 敏

| 174 | 最高人民法院关于对因资不抵债无法继续办学被终止的民办学校如何组织清算问题的批复（2010年12月29日）

| 174 | 《最高人民法院关于适用〈中华人民共和国企业破产法〉若干问题的规定（一）》的理解与适用 / 宋晓明 张勇健 刘 敏

| 180 | 最高人民法院关于正确适用《中华人民共和国企业破产法》若干问题的规定（一）充分发挥人民法院审理企业破产案件司法职能作用的通知（2011年9月21日）

| 182 | 最高人民法院关于税务机关就破产企业欠缴税款产生的滞纳金提起的债权确认之诉应否受理问题的批复（2012年6月26日）

| 182 | 最高人民法院关于个人独资企业清算是否可以参照适用企业破产法规定的破产清算程序的批复（2012年12月11日）

| 183 | 《最高人民法院关于个人独资企业清算是否可以参照适用企业破产法规定的破产清算程序的批复》的理解与适用 / 宋晓明 张勇健 刘 敏

| 185 | 《最高人民法院关于适用〈中华人民共和国企业破产法〉若干问题的规定（二）》的理解与适用 / 宋晓明 张勇健 刘 敏

| 192 | 最高人民法院关于审理企业破产案件若干问题的规定（2002年7月30日）

| 208 | 最高人民法院关于破产企业国有划拨土地使用权应否列入破产财产等问题的批复（2003年4月16日）

| 209 | 最高人民法院关于适用《中华人民共和国民事诉讼法》的解释（2015年1月30日）

| 278 | 最高人民法院关于民事诉讼证据的若干规定（2008年12月26日）

| 289 | 最高人民法院关于审理民事案件适用诉讼时效制度若干问题的规定（2008年8月21日）

| 293 | **三、司法文件**

| 293 | 最高人民法院关于依法审理和执行被风险处置证券公司相关案件的通知（2009年5月26日）

| 295 | 解读《最高人民法院关于依法审理和执行被风险处置证券公司相关案件的通知》／ 宋晓明　张勇健　刘　敏

| 296 | 最高人民法院关于正确审理企业破产案件为维护市场经济秩序提供司法保障若干问题的意见（2009年6月12日）

| 301 | 解读《最高人民法院关于正确审理企业破产案件为维护市场经济秩序提供司法保障若干问题的意见》／ 宋晓明　张勇健　刘　敏

| 312 | 最高人民法院关于审理公司强制清算案件工作座谈会纪要（2009年11月4日）

| 321 | 《最高人民法院关于审理公司强制清算案件工作座谈会纪要》的理解与适用 ／ 宋晓明　张勇健　刘　敏

327	最高人民法院关于受理借用国际金融组织和外国政府贷款偿还任务尚未落实的企业破产申请问题的通知（2009年12月3日）
327	解读《最高人民法院关于受理借用国际金融组织和外国政府贷款偿还任务尚未落实的企业破产申请问题的通知》／杨征宇
329	最高人民法院关于人民法院为防范化解金融风险和推进金融改革发展提供司法保障的指导意见（2012年2月10日）
335	最高人民法院关于审理上市公司破产重整案件工作座谈会纪要（2012年10月29日）
339	《最高人民法院关于审理上市公司破产重整案件工作座谈会纪要》的理解与适用／宋晓明 张勇健 赵柯
344	**四、个案答复**
344	最高人民法院关于中国华融资产管理公司重庆办事处能否纳入企业破产案件社会中介机构管理人名册请示的答复（2007年10月30日）
345	最高人民法院关于长峰公司对一般结算账户上的资金能否行使取回权问题请示的答复（2008年11月6日）
345	最高人民法院关于上诉人宁波金昌实业投资有限公司与被上诉人西北证券有限责任公司破产清算组取回权纠纷一案的请示的答复（2009年10月19日）

346 | 最高人民法院关于请求指令广东省湛江市中级人民法院管辖广东中谷糖业集团有限公司属下广西博白县中创糖业发展有限公司和广西玉林雅桥糖业有限公司重整案请示的答复（2009年12月13日）

347 | 最高人民法院关于北京市中伦律师事务所与中国证券投资者保护基金有限公司签订法律服务合同的行为是否构成《企业破产法》第二十四条规定的"与本案利害关系"问题请示的答复（2010年6月22日）

348 | 最高人民法院关于部分人民法院冻结、扣划被风险处置证券公司客户证券交易结算资金有关问题的通知（2010年6月22日）

349 | 最高人民法院关于代为清偿的连带债务人是否有权向破产和解的债务人继续追偿的问题请示答复（2010年11月10日）

349 | 最高人民法院关于破产财产拍卖相关问题请示的答复（2010年12月21日）

350 | 最高人民法院关于对西北证券有限责任公司处置日前佣金收入及富余外币结算备付盘归属问题的请示的答复（2011年6月23日）

351 | 最高人民法院关于裁定批准深圳市国基房地产开发有限公司重整计划草案的报告（2012年9月3日）

351 | 最高人民法院关于沈阳特种环保设备制造股份有限公司破产重整一案请示的答复（2013年4月25日）

352 | 最高人民法院关于人民法院受理破产案件前债务人未付应付款项的滞纳金是否应当确认为破产债权请示的答复（2013年6月27日）

352 | 最高人民法院关于河南济源农村商业银行股份有限公司与济源市商贸（集团）总公司保证担保借款合同纠纷一案请示的答复（2013年8月21日）

353 | 最高人民法院关于李汉桥等164人与南方证券股份有限公司职工权益清单更正纠纷再审系列案有关法律问题请示的答复（2013年12月11日）

354 | 最高人民法院关于武汉九龙宫陵园有限公司与武汉市新洲区公墓管理处、武汉市新洲区阳逻街道办事处老屋村村民委员会、广州市万境科技发展有限公司公司解散纠纷一案适用法律问题请示的复函（2013年12月13日）

355 | 最高人民法院关于上诉人杨文彬与被上诉人闽发证券有限责任公司房屋买卖合同纠纷中相关法律问题请示的答复（2014年5月13日）

355 | 最高人民法院关于债权人主张公司股东承担清算赔偿责任诉讼时效问题请示的答复（2014年12月11日）

356 | 最高人民法院关于广东国际信托投资公司对广东省信托房产开发公司的投资权益及债权公开处置方式请示的答复（2015年2月16日）

| 357 | 最高人民法院关于湖南省华容县棉花总公司棉花取回权的确认及该批棉花灭失破产清算组如何承担责任的问题请示的答复（2005年3月31日）

| 358 | **五、司法政策与精神**
| 358 | 在"全国部分法院依法处置僵尸企业调研及工作座谈会"上的讲话 ／ 杜万华
| 369 | 依法开展破产案件审理，稳妥处置"僵尸企业" ／ 杜万华
| 379 | 人民法院关于依法审理破产案件推进供给侧结构性改革典型案例新闻稿 ／ 杨临萍
| 382 | 在青岛破产审判工作调研座谈会上的讲话 ／ 杜万华
| 393 | 在全国法院执转破工作视频会议上的讲话 ／ 杜万华

| 404 | **六、地方规范性文件**
| 404 | 浙江省高级人民法院关于规范企业破产案件管理人工作若干问题的意见（2013年2月20日）
| 410 | 北京市高级人民法院企业破产案件审理规程（2013年7月22日）
| 467 | 深圳市中级人民法院破产案件立案规程（2015年2月5日）
| 475 | 深圳市中级人民法院破产案件审理规程（2015年2月5日）
| 486 | 深圳市中级人民法院破产案件管理人工作规范（2015年2月5日）

第一部分

最高人民法院关于企业破产法司法解释理解与适用破产法解释（一）·破产法解释（二）（简明版）

说 明

本部分内容是人民法院出版社2017年3月《最高人民法院关于企业破产法司法解释理解与适用破产法解释（一）·破产法解释（二）》的简明版本，我们在精选、摘编、重组的基础之上，依据新的法律法规司法解释对相关内容进行了补正，并由最高人民法院法官选取重点法条，在每个重点法条之下嵌入完整解读内容和典型案例的二维码，方便读者扩展阅读。

最高人民法院
关于适用《中华人民共和国企业破产法》若干问题的规定（一）

法释〔2011〕22号

（2011年8月29日最高人民法院审判委员会第1527次会议通过 2011年9月9日最高人民法院公告公布 自2011年9月26日起施行）

【司法解释的目的和制定依据】 导言 为正确适用《中华人民共和国企业破产法》，结合审判实践，就人民法院依法受理企业破产案件适用法律问题作出如下规定。

◆ 条文主旨

本导言旨在阐述本司法解释的目的和制定依据。

◆ 理解与适用

《中华人民共和国企业破产法》（以下简称《企业破产法》）自2007年6月1日施行以来，在完善优胜劣汰竞争机制、优化社会资源配置、调整社会产业结构、拯救危困企业、保障债权公平有序受偿等方面发挥了积极的作用。但在实践中，有的法院尚未充分认识到《企业破产法》在调整市场经济中的重要作用，加之现行体制、机制上的各方面原因，对于申请人提出的符合法律规定的受理破产案件条件的申请，以种种理由不予立案，影响了《企业破产法》的贯彻实施。作为衡量一个国家是否是市场经济重要标准之一的《企业破产法》，其作用的发挥必须通过人民法院受理和审理破产案件来实现。从我国目前情况看，全国法院每年受理破产案件数量，相比于每年工商管理部门吊销、注销的企业数量，相差甚远。一些企业未经法定程序退市，严重扰乱了市场经济秩序。有必要从法院系统内部着力，推动破产案件的受理，尽快扭转这种不正常局面，充分发挥《企业破产法》的应有作用。[①]

2011年9月26日，最高人民法院颁布《最高人民法院关于适用〈中华人民共和国企业破产法〉若干问题的规定（一）》，并从即日起实施。制定这一司法解释的目的主要是为转换观念、完善立法、解决破产案件申请与受理难等问题，其出台标志着我国有关《企业破产法》的系列司法解释工作迈出了第一大步，对我国《企业破产法》的实施具有重要的指导意义。"转换观念、依法受理破产案件"，解决破产案件受理难问题。这一主题是整个司法解释的主旨。

【破产原因的具体情形】 第一条 债务人不能清偿到期债务并且具有下列情形之一的，人民法院应当认定其具备破产原因：

（一）资产不足以清偿全部债务；

（二）明显缺乏清偿能力。

相关当事人以对债务人的债务负有连带责任的人未丧失清偿能力为由，主张债务人不具备破产原因的，人民法院应不予支持。

🏷 条文主旨

本条旨在对《企业破产法》规定的破产原因如何确认作出更为具体

[①] 宋晓明、张勇健、刘敏：《〈关于适用企业破产法若干问题的规定（一）〉的理解与适用》，载《人民司法》2011年第21期。

的解释。

理解与适用

本条在理解和适用时应注意以下几个问题：

1. 破产原因是指债务人丧失清偿能力的客观状况。对债务人的清偿能力可以从两个角度进行评价：第一是债务人对到期债务是否有即时能力清偿；第二是债务人的资产是否足够抵偿其所有债务（无论到期与否）。债务关系保障的关键是要求对到期债务的清偿，从而维系债务关系的实现。

2. 本条司法解释规定首先依据立法本意明确指出破产原因包括两种情况：（1）债务人不能清偿到期债务，并且资产不足以清偿全部债务；（2）债务人不能清偿到期债务，并且明显缺乏清偿能力。

3. 司法解释本条规定强调对债务人清偿能力的独立界定标准，明确指出对债务人是否存在破产原因必须对其自身清偿能力与财产等情况进行独立评估，民事主体的独立资格不能混淆，对每一个独立的民事主体的清偿能力必须独立考察，其他人对债务负有的连带责任、担保责任，是对债权人的责任，绝不能视为债务人本人清偿能力的延伸或再生。

典型案例

企业法人不能清偿到期债务，并且资产不足以清偿全部债务是企业法人破产的原因

——深圳新海工贸公司申请上海浦申实业公司破产案

案例要旨：宣告企业法人破产的原因是企业法人不能清偿到期债务，并且资产不足以清偿全部债务或者明显缺乏清偿能力。

来源：法信精选

【不能清偿到期债务的认定】 第二条　下列情形同时存在的，人民法院应当认定债务人不能清偿到期债务：

（一）债权债务关系依法成立；

（二）债务履行期限已经届满；

（三）债务人未完全清偿债务。

◆ 条文主旨

本条旨在对《企业破产法》规定之破产原因中的"不能清偿到期债务"的各项构成要件作出具体解释。

◆ 理解与适用

本条在理解和适用时应注意以下几个问题：

1. 根据《企业破产法》第2条第1款、第7条第2款以及《企业破产法司法解释（一）》第1条的规定，不能清偿到期债务是两种破产原因的共同前提。根据本条司法解释的规定，认定不能清偿到期债务应当同时具备三个方面的要件：（1）债权债务关系依法成立。（2）债务人不能清偿的是已到偿还期限的债务。（3）债务人未清偿债务的状态客观存在。

2. 需提请注意的是，本条规定名义上是在解释"不能清偿"的概念，但实际上是将破产法理论上的"不能清偿"，变通性的解释为"停止支付"。在破产法理论上，不能清偿是指债务人对请求偿还的到期债务因丧失清偿能力而无法偿还的客观状况，强调债务人不能以财产、信用或者能力等任何方法清偿债务才属于丧失清偿能力；停止支付则是指债务人以其行为向债权人作出不能清偿债务的明示或默示的主观意思表示，而不是其财产或清偿能力的客观状况。

司法解释将"不能清偿"的内容直接解释为"停止支付"，也就是在某种程度上将破产原因解释为破产申请原因（债权人提出破产申请的情况），虽然与破产法理论存在一定观念上的差异，但在现行破产法中破产原因规定不够科学,缺失"停止支付"这一推定的破产申请原因概念,使法律实施可能遇到困难的情况下,反而更有利于破产法的实际执行。

🏷 **典型案例**

企业法人不能清偿到期债务,并且资产不足以清偿全部债务或者明显缺乏清偿能力的,符合破产申请人的条件

——上海针织品总公司破产还债案

案例要旨:企业法人不能清偿到期债务,并且资产不足以清偿全部债务或者明显缺乏清偿能力的,符合破产申请人的条件。不能清偿到期债务是指:(1)债务的清偿期限已经届满;(2)债权人已要求清偿;(3)债务人明显缺乏清偿能力。债务人停止支付到期债务并呈连续状态,如无相反证据,可推定为不能清偿到期债务。

来源:法信精选

【**资产不足以清偿全部债务的认定**】 **第三条** 债务人的资产负债表,或者审计报告、资产评估报告等显示其全部资产不足以偿付全部负债的,人民法院应当认定债务人资产不足以清偿全部债务,但有相反证据足以证明债务人资产能够偿付全部负债的除外。

🏷 **条文主旨**

本条旨在对《企业破产法》规定之破产原因中的"资产不足以清偿全部债务"的判定标准作出具体解释。

理解与适用

本条在理解和适用时应注意以下几个问题：

1. 本条规定界定了资不抵债的判定标准，即"债务人的资产负债表，或者审计报告、资产评估报告等显示其全部资产不足以偿付全部负债的，人民法院应当认定债务人资产不足以清偿全部债务，但有相反证据足以证明债务人资产能够偿付全部负债的除外"。

2. 通常，判断企业资产与负债比例关系的文件是资产负债表。资产负债表反映的企业资产价值具有期限性和不确定性，债务人自行编制的资产负债表未经审计，其内容可能出现不及时、不真实、不准确的问题，甚至存在故意制造虚假数据的情况。故当利害关系人对债务人出具的资产负债表存在异议时，本条规定，可以以中介机构编制的具有更高公信力与证明力的审计报告和资产评估报告作为判断依据。资产不足以清偿全部债务是对债务人的客观财产偿债能力的判断，因此应当以债务人的真实财产数额为基础，如果当事人提交的证据能够证明债务人资产能够偿付全部负债，则可以推翻资产负债表、审计报告或者资产评估报告对资不抵债的认定。

人民法院案例选案例

债务人有权申请不能清偿到期债务企业的重整

——无锡尚德金属材料有限公司申请无锡长椿金属制品有限公司破产重整案

案例要旨：根据《中华人民共和国企业破产法》的规定，由债权人直接提出对债务人进行重整申请并经人民法院准予进入重整程序的，人民法院应当着重审查债务人是否有重整意愿，如有重整意愿，人民法院应当着重审查债务人提出的重整计划是否能够实现多数债权人之间的公平分配并通过债务调整、优化经营的

方式消除破产原因，使企业摆脱经济困境，恢复正常的生产和经营活动。对符合法律规定由债权人会议表决通过并能实现上述目的的重整计划，人民法院应当依法裁定批准该重整计划。

来源：《人民法院案例选》2009年第2期

【明显缺乏清偿能力的认定】 第四条 债务人账面资产虽大于负债，但存在下列情形之一的，人民法院应当认定其明显缺乏清偿能力：

（一）因资金严重不足或者财产不能变现等原因，无法清偿债务；

（二）法定代表人下落不明且无其他人员负责管理财产，无法清偿债务；

（三）经人民法院强制执行，无法清偿债务；

（四）长期亏损且经营扭亏困难，无法清偿债务；

（五）导致债务人丧失清偿能力的其他情形。

条文主旨

本条旨在对《企业破产法》规定之破产原因中的"明显缺乏清偿能力"的各项构成要件作出具体解释。

理解与适用

该条司法解释以列举方式对"明显缺乏清偿能力"进行了详细规定，指出："债务人账面资产虽大于负债，但存在下列情形之一的，人民法院应当认定其明显缺乏清偿能力"。

1.因资金严重不足或者财产不能变现等原因，无法清偿债务。在司法实践中，有时虽然债务人账面资产大于负债，但因无法变现或变现即意味着破产倒闭，而长期对到期债务无法清偿，即使是有物权担保的债权人往往也难以说服法院采取必然导致债务人企业倒闭、职工失业的执行措施实现权利，所以启动破产程序。

2. 法定代表人下落不明且无其他人员负责管理财产，无法清偿债务。此种情况下，债务人已经丧失行为能力，往往也已丧失清偿能力，必须及时启动破产程序以维护债权人的利益。

3. 经法院强制执行，无法清偿债务。经采取强制执行措施仍不能还债的债务人显然已经丧失清偿能力，甚至因有法律程序确认而无需再以推定认定其发生破产原因。

4. 长期亏损且经营扭亏困难，无法清偿债务。此项规定是从债务人的持续经营能力角度考察其清偿能力。

5. 导致债务人丧失清偿能力的其他情形。此乃通常授权法院在法律列举情况之外可以裁量适用相关规定的兜底性条款。

此项规定实际上将"资不抵债"排除出对破产申请原因的认定范围，即使债务人资大于债，在该条列举的各种情况下也应认定其发生破产原因。

需注意的是，在上述各种情况下，多数只是推定债务人发生破产原因，以使债权人可以顺利提出破产申请，但如果有反证证明债务人未发生破产原因，人民法院当然就不应受理破产申请。

◆ 人民司法案例

综合债务人对申请人负有到期债务和债务人所披露财报事实，可以认定债务人明显缺乏清偿能力，应裁定债务人重整

——厦门火炬集团有限公司与夏新电子股份有限公司申请破产重整纠纷案

案例要旨：债权人申请债务人重整时，只能证明债务人不能清偿对其负有的到期债务，无法提供债务人截止申请日的财产信息或财务状况以表明其欠缺清偿能力，也无

法对其资产状况进行审计并据以表明其资产不足以清偿全部债务。根据综合债务人对申请人负有到期债务和债务人所披露的财报事实,可以认定债务人明显缺乏清偿能力,应裁定债务人重整。

来源:《人民司法·案例》2012 年第 20 期

【企业法人解散后债权人提起破产申请】 第五条 企业法人已解散但未清算或者未在合理期限内清算完毕,债权人申请债务人破产清算的,除债务人在法定异议期限内举证证明其未出现破产原因外,人民法院应当受理。

◆ 条文主旨

本条旨在对企业法人解散后债权人提出破产申请的受理及破产原因的认定作出具体解释。

◆ 理解与适用

本条在理解和适用时应注意以下几个问题:

1. 本条司法解释对解散企业法人的债权人破产申请权作出了明确规定。据此,在债务人已解散但未清算或者未在合理期限内清算完毕,且未清偿债务的情形下,由于债务人对所有债权均负有清偿义务,故债权人以债务人未能清偿债务为由向人民法院提出破产清算申请的,人民法院不应以债权人在此情形下无申请权为由不予受理。

2. 正常情况下,企业解散后,清算义务人必须在法定期限内组织成立清算组开始清算,否则,理应承担相应的法律责任。但在企业被依法吊销营业执照、责令关闭或者被撤销的情况下,尤其是在企业主动采取多年不进行工商年检、被吊销营业执照的方式退出市场时,由于这种不规范行为本身就具有违法性质,加之往往还蕴含着其他违法动机,所以在实践中清算义务人不组织清算组进行清算的情况是非常普遍的。① 而且在实践中，解散的企业特别是被吊销营业执照的企业中，有相当一部分是存在破产原因的，债权人本也可通过《公司法司法解释（二）》中规定的司法强制清算程序解决。但鉴于这类企业即使进行司法强制清算，大多数最后也要依法转入破产程序，所以规定债权人也可选择直接申请其破产，以简化程序，节省司法资源与诉讼时间，更好地保障债权人的合法权益。

【债权人申请破产时的举证责任】 第六条 债权人申请债务人破产的，应当提交债务人不能清偿到期债务的有关证据。债务人对债权人的申请未在法定期限内向人民法院提出异议，或者异议不成立的，人民法院应当依法裁定受理破产申请。

受理破产申请后，人民法院应当责令债务人依法提交其财产状况说明、债务清册、债权清册、财务会计报告等有关材料，债务人拒不提交的，人民法院可以对债务人的直接责任人员采取罚款等强制措施。

◆ 条文主旨

本条旨在规定债权人申请债务人破产时的举证责任以及债务人对破产申请异议的处理，并且明确债务人在破产申请受理后提交证据材料的义务与违反义务时的责任。

◆ 理解与适用

本条在理解和适用时应注意以下几个问题：

1.本条规定，债权人提出破产申请时，应当提交债务人不能清偿到期债务的有关证据。但依据《企业破产法司法解释（一）》第2条规定，

---

① 王欣新：《公司法》，中国人民大学出版社2011年版，第270页。

债权人需举证证明的实际上已不再是不能清偿，而是停止支付，即债权债务关系依法成立、债务履行期限已经届满、债务人未完全清偿债务，其举证责任大为减轻且具有可行性。

2.债务人以其具有清偿能力为由提出抗辩异议，则必须立即清偿债务或与债权人达成和解，方能阻止法院受理破产申请。债务人在破产申请受理前清偿所欠申请人的到期债务，或者与债权人达成债务清偿协议的，申请人应撤回破产申请，申请人未撤回的，人民法院对破产申请裁定不予受理。债务人对债权人申请人是否享有债权提出异议，法院应当依法对相关债权进行审查。如果法院能够依据双方签订的合同、支付凭证、对账单、债务确认书和还款协议等主要证据确定债权，且债务人没有相反证据和合理理由反驳，法院对其异议应不予支持，依法裁定受理破产案件。此外，债务人对申请人享有的债权数额提出异议时，如存在双方无争议的部分债权数额，且债务人对该数额已丧失清偿能力不能立即清偿，则此项异议同样不能阻止法院受理破产申请，虽然对双方有争议的那部分债权仍需通过诉讼解决。

3.在当事人特别是债务人不能提交或拒不提交有关材料的情况下，法院不得拒绝受理破产案件或驳回破产申请。债权人对人员下落不明或者财产状况不清的债务人提出破产申请，人民法院应依法予以受理，债务人不能或拒不向人民法院提交财产状况说明、债权债务清册等相关材料的，不影响人民法院对案件的受理。

典型案例

严重资不抵债陷入债务危机的企业如果具有相当价值的无形资产，该企业即具有重整的价值

——舟山市华泰石油有限公司破产重整案

案例要旨：判断一个已经陷入严重债务危机、资不抵债不能清偿到期债务的企业是否具有重整的价值，主要是

看这个企业是否具有相当价值的无形资产。重整中的无形资产既可以是企业产品的市场前景、企业的商誉、企业的商业秘密,还可以是企业已经取得的非物质性稀缺资源,如与项目相关的行政审批手续等等。对企业无形资产有无价值的判断必须接受市场的检验,有市场才能说有价值,在重整案中则还必须体现为重整计划能否最后被债权人会议表决通过。

来源:《浙江省参阅案例·案例指导》2011年第4期

【法院对破产申请的审查】 第七条 人民法院收到破产申请时,应当向申请人出具收到申请及所附证据的书面凭证。

人民法院收到破产申请后应当及时对申请人的主体资格、债务人的主体资格和破产原因,以及有关材料和证据等进行审查,并依据企业破产法第十条的规定作出是否受理的裁定。

人民法院认为申请人应当补充、补正相关材料的,应当自收到破产申请之日起五日内告知申请人。当事人补充、补正相关材料的期间不计入企业破产法第十条规定的期限。

◆ 条文主旨

本条旨在对法院收到破产申请后出具书面凭证的责任,以及及时审查破产申请和告知申请人补充、补正相关材料等问题作出具体解释。

◆ 理解与适用

本条在理解和适用时应注意以下几个问题:

1.司法实践中,由于立法对破产申请的审查和受理的程序规定不够具体、明确,缺乏健全有效的监督机制,为一些法院消极推诿、拒不受理破产案件的行为提供了可乘之机。(1)有关破产案件受理的实体法律规定方面存在的问题。这主要是立法对破产原因特别是债权人在何种情况下可以提出破产申请、提出申请时的举证责任等规定存在不足。(2)

有关破产案件受理的程序方面存在的问题。这主要是立法对人民法院不依法受理破产案件没有有效的监督纠正程序。

2. 为确保人民法院依法对破产申请进行审查，方便申请人督促人民法院依法接收申请人的申请材料并在法定期限内作出是否受理破产申请的裁定，本条第2款规定："人民法院收到破产申请后应当及时对申请人的主体资格、债务人的主体资格和破产原因，以及有关材料和证据等进行审查，并依据企业破产法第十条的规定作出是否受理的裁定。"

3. 在受理问题上需要特别注意的是：

（1）本条第1款规定："人民法院收到破产申请，应当向申请人出具收到申请及所附证据的书面凭证。"据此规定，人民法院收到申请人的申请后，负有及时向申请人出具收到申请及所附证据的书面凭证的义务，以此作为判断人民法院受理行为合法性的依据，并按照应当出具收据的日期开始计算相关受理破产申请的法定期限。

（2）对申请人提交申请材料的补充与补正。本条第3款规定："人民法院认为申请人应当补充、补正相关材料的，应当自收到破产申请之日起五日内告知申请人。当事人补充、补正相关材料的期间不计入企业破产法第十条规定的期限。"本条司法解释明确规定了告知期限，这里的告知期限是指对所有应当补充、补正材料的统一告知期限。凡是在该期限内未告知申请人的，应被视为无需补充、补正相关材料，法院无权再要求申请人补充、补正，除非是对申请人提交的补充、补正材料本身的再次补充、补正。

【破产案件的诉讼费用交纳】 第八条　破产案件的诉讼费用，应根据企业破产法第四十三条的规定，从债务人财产中拨付。相关当事人以申请人未预先交纳诉讼费用为由，对破产申请提出异议的，人民法院不予支持。

> 条文主旨

本条旨在对破产案件诉讼费用的交纳问题作出规定。

> 理解与适用

本条在理解和适用时应注意以下几个问题：

1.破产费用，又称为财团费用，是在破产程序中为全体债权人共同利益而支付的各项费用的总称。破产案件诉讼费用，是指人民法院在受理破产申请时依照国家规定的标准收取的案件受理费。破产案件经过法院受理才能进入破产程序，债权人的利益才能在破产程序中得到保护，因此破产案件的受理费用是首要的破产费用。

2.在破产程序中，涉及破产案件的诉讼费用可能有以下几种：（1）破产案件本身的申请费。（2）破产案件本身的其他诉讼费用，如公告费、鉴定费、勘验费、财产保全费、证据保全费、调查费及人民法院认为其他应由债务人财产支付的诉讼费用。（3）在破产程序中发生的涉及破产财产的其他衍生案件的诉讼费用，包括管理人为收回破产财产提起诉讼、申请仲裁及进行其他法律程序所支付的费用，管理人以破产企业名义应诉而发生的各项费用等等。

3.债务人申请破产的案件，案件受理费由破产企业在申请时交纳；债权人申请破产的案件，先由申请人预交，案件受理后计入破产费用由破产企业交纳。

> 典型案例

破产费用包括案件的诉讼费用，管理、变价和分配债务人财产的费用及管理人执行职务的费用、报酬和聘用工作人员的费用

——海燕公司破产案

案例要旨：人民法院受理破产申请后发生的下列费用，为破产费用：（1）破产案件的诉讼费用；（2）管理、变价和分配债务人财产的费用；（3）管理人执行职务的费用、报酬和聘用工作人员的费用。

来源：法信精选

【对法院依法受理破产申请的监督】**第九条** 申请人向人民法院提出破产申请，人民法院未接收其申请，或者未按本规定第七条执行的，申请人可以向上一级人民法院提出破产申请。

上一级人民法院接到破产申请后，应当责令下级法院依法审查并及时作出是否受理的裁定；下级法院仍不作出是否受理裁定的，上一级人民法院可以径行作出裁定。

上一级人民法院裁定受理破产申请的，可以同时指令下级人民法院审理该案件。

条文主旨

本条旨在对法院未依法履行破产案件受理程序的审判监督程序作出明确规定。

理解与适用

本条规定了当事人申请受阻的救济，对于强化上级法院对下级法院在破产案件受理方面的审判监督具有重要的意义。根据本条规定，破产申请的申请人有证据可以证明人民法院未接收申请人提出的破产申请、未向申请人出具收到申请及所附证据的书面凭证，或者未在法定期限内作出是否受理裁定的，可直接向上一级人民法院提出破产申请。这里的证据可以是视听资料证据，也可以是书面的送达证据。在具体执行时需注意，上一级法院在接到破产申请后，应当在法律规定的15日受理期限内责令下级法院依法处理，下级法院应当在15日内作出裁定。下级法院不在法定期限内作出是否受理裁定时，上一级法院应当径行作出是否受理的裁定。

🏷 典型案例

上级人民法院对于下级人民法院破产案件的审理负有监督职责
——某县玻璃厂破产清算案

案例要旨：破产案件实行一审终审，为保护当事人合法权益，最高人民法院发现各级人民法院，或者上级人民法院发现下级人民法院在破产程序中作出的裁定确有错误的，应当通知其纠正；不予纠正的，可以裁定指令下级人民法院重新作出裁定。

来源：法信精选

最高人民法院
关于适用《中华人民共和国企业破产法》若干问题的规定（二）

法释〔2013〕22号

（2013年7月29日最高人民法院审判委员会第1586次会议通过 2013年9月5日最高人民法院公告公布 自2013年9月16日起施行）

【司法解释的目的和制定依据】 导言 根据《中华人民共和国企业破产法》《中华人民共和国物权法》《中华人民共和国合同法》等相关法律，结合审判实践，就人民法院审理企业破产案件中认定债务人财产相关的法律适用问题，制定本规定。

🏷 条文主旨

本导言旨在阐述本司法解释的目的和制定依据。

🏷 理解与适用

我国《企业破产法》用专章规定了"债务人财产"制度，充分反映了债务人财产的认定在破产程序中的重要性。正如联合国国际贸易法委员会在《破产立法指南》中所言："破产程序的关键是，确定、集中、保持和处分属于债务人的资产。许多破产制度都将此类资产置于某种特别的制度之下"。我国《企业破产法》通过确立破产撤销权、抵销权、取回权等基本的制度规则，让债务人财产置于有别于传统民商事法律规则的"特别的制度"之下。

在理解和适用本司法解释的过程中，需要注意以下几个问题：(1)与本司法解释相关的其他法律，除《物权法》《合同法》之外，还应包括《担保法》《民事诉讼法》等法律。(2)对每一个司法解释条文的理解，需要综合运用破产法、物权法、合同法、诉讼法等多个法律部门的制度和原理来进行分析，不能单纯依靠某一个法律即简单作出判断。(3)需要正确理解司法解释的条文主旨和规范目的，注意处理好特别法与一般法的关系、破产法与其他相关立法的效力关系，运用法律效力位阶的原理来解决法律适用的问题。(4)利益的平衡与协调是企业破产立法和司法解释过程中特别需要注意的问题。本司法解释在制定过程中，特别强调站在社会利益公平维护的角度来平衡协调债权人与债务人之间、债权人与债权人之间、管理人与债权人之间的利益冲突问题。

【债务人财产的认定】 第一条 除债务人所有的货币、实物外，债务人依法享有的可以用货币估价并可以依法转让的债权、股权、知识产权、用益物权等财产和财产权益，人民法院均应认定为债务人财产。

🏷 条文主旨

本条旨在明确债务人财产的财产表现形态，并强调债务人财产的无形财产形态的认定。

🏷 理解与适用

一、债务人财产及范围界定

1.对债务人的财产即破产财产的概念，可以从形式意义与实体意义的方面加以界定。从形式意义上讲，债务人财产是指在破产程序中用于清偿还债的债务人的财产,其着眼点在于财产的分配程序与去向。从实体意义上讲,债务人财产是指在破产申请时或破产宣告时,以及自该时点至破产程序终结前,债务人所有的供破产清偿的全部财产,其着眼点是财产的构成与来源。

2.在债务人财产的构成范围上,各国和各地区采取的主要有固定主义与膨胀主义两种立法主义。固定主义以破产案件受理时或破产宣告时,债务人所有的财产包括将来行使的财产请求权为破产财产。膨胀主义是指破产财产不仅包括债务人在被宣告破产时所有的财产,而且包括其在破产程序终结前所新取得的财产,破产财产的范围在破产宣告后仍有所扩大膨胀。

我国破产法在破产财产范围上采用的是膨胀主义。破产财产的构成范围涉及两个问题:一是破产人在何期间拥有的财产属于破产财产;二是在破产人的财产中,哪些财产属于破产财产,哪些财产不属于破产财产。在第一个问题上,首先是确定时间的起点。其次是终点时间。在第二个问题上,涉及各国破产法根据本国具体情况而作的一些特别规定。

我国现行破产法与旧破产法对债务人财产范围规定的不同之处,其一是将确定债务人财产范围的时点,从破产宣告时改为破产申请受理时;其二是旧破产法规定,已作为担保物的财产不属于破产财产,而现行破产法未将作为担保物的财产排除出债务人财产即破产财产;其三是修正了旧破产法中关于破产财产的个别表述错误。

二、债务人财产形态的具体适用分析

债务人财产的一般形态如货币、实物财产已经为人们所熟悉,在此主要分析债务人财产的非实物形态。

1.破产程序中债务人享有的债权包括其基于担保追偿权、表见代理追偿权等所享有的债权。担保追偿权是指破产程序中的债务人在为他人债务依法提供担保,已履行相关义务后所享有的追偿权。

表见代理追偿权是指代理人的表见代理行为给被代理人造成损失的,

被代理人在向第三人承担民事责任后，享有就该损失向代理人行使的一种追偿权。

2. 在破产程序中，债务人持有的其他企业的股权是债务人财产的重要组成部分。当债务进入破产程序后，为了债权人的利益最大化，债务人持有的其他企业的股权应通过竞价方式进行转让或拍卖，转让或者拍卖所得的价款并入债务人财产。

3. 债务人在破产中清受理时享有的知识产权，在破产申请受理后至破产程序终结前取得的知识产权以及应当由债务人行使的其他知识产权，均属于债务人财产。

管理人对知识产权的清理、评估和变价，应根据知识产权不同的权利状态采取不同的处理方法。

4. 破产债务人享有的用益物权更多表现为建设用地使用权，亦称为土地使用权。破产债务人的土地使用权是债务人依法享有的在国有土地及其上下建造建筑物、构筑物及其附属设施的用益物权。

典型案例

破产公司对外设立的全资子公司的财产属于破产财产范围
——某金属矿产贸易公司破产案

案例要旨：破产财产不仅包括破产企业所有的实物资产，也应包括其对外投资的权益，其出资设立的全资子公司应属对外投资的主要组成部分，如果不及时收回权益，将损害破产企业债权人的合法权益。而收回投资权益必须对投资进行全面的评估，以确定资产与负债，确定所有者权益。对全资子公司而言，这一过程必须在清算组的监督下进行，必须防止发生恶意转移资产，扩大负债等情况的发生。

来源：法信精选

【非债务人财产】 第二条　下列财产不应认定为债务人财产：

（一）债务人基于仓储、保管、承揽、代销、借用、寄存、租赁等合同或者其他法律关系占有、使用的他人财产；

（二）债务人在所有权保留买卖中尚未取得所有权的财产；

（三）所有权专属于国家且不得转让的财产；

（四）其他依照法律、行政法规不属于债务人的财产。

条文主旨

本条旨在对非债务人财产范围作出的界定。

理解与适用

本条在理解和适用时应注意以下几个问题：

1.本条规定的规范目的是为了解决司法实践中，人民法院受理破产申请后，非债务人财产范围界定模糊的问题。

2.本条司法解释以列举的方式对非债务人财产的范围作出了明确规定，具体包括：

（1）债务人基于仓储、保管、承揽、代销、借用、寄存、租赁等基于合同或者其他法律关系占有、使用的他人财产。这些财产虽然由债务人占有、使用，但因财产所有权属于原权利人，因此，该部分财产应当从债务人财产权中分离出来，由权利人取回。

除上述列举的范围外，实践中还存在基于委托交易、融资租赁、信托等基础法律关系，债务人占有、使用他人财产的情况。如委托交易关系中的取回权，其主要是基于委托交易关系而占有他人的财产，最典型的是保证金一类的金钱财产，如股民保证金、开证保证金等，受托人破产，委托人享有对上述财产的取回权。

（2）债务人在所有权保留买卖中尚未取得所有权的财产。在合同一方当事人进入破产程序时，如买受人未付清全部价款，出卖人对买卖标的物仍享有所有权，因此，出卖人原则上有权对该买卖标的物主张取回。

（3）所有权专属于国家且不得转让的财产。所有权专属于国家且不得转让的财产主要指划拨土地使用权，企业因国家无偿划拨使用的土地使用权，权属归国家所有。

3.国有土地使用权的特殊处理问题。

（1）如果划拨土地使用权在国有企业设立时，经政府有关部门批准已经被作为企业的注册资本予以登记，即作为股东投资投入（不管出于何种原因），则应当属于企业破产财产范围，地方政府不得再收回。

（2）以划拨土地使用权为标的物设定抵押时对抵押权的认定与处理。划拨土地使用权以及处分抵押房地产时，相当于划拨土地使用权的出让金部分不属于破产财产。①

🏷 **典型案例**

无偿划拨的土地使用权不属于破产财产范围
——某市红星国有化工厂破产案

案例要旨：企业以无偿划拨方式取得的国有土地使用权不属于破产财产，在该企业破产时，有关人民政府可以行使取回权，并依法处置。

来源：法信精选

【**设定担保物权的财产**】 **第三条** 债务人已依法设定担保物权的特定财产，人民法院应当认定为债务人财产。

对债务人的特定财产在担保物权消灭或者实现担保物

---

① 王欣新：《论破产案件中土地使用权的处理原则》，载《甘肃政法学院学报》2005年第5期。

权后的剩余部分，在破产程序中可用以清偿破产费用、共益债务和其他破产债权。

🏷 条文主旨

本条旨在对债务人已依法设定担保物权的特定财产属性作出的规定，明确债务人已依法设定担保物权的特定财产属于债务人财产，并强调担保权人依法享有优先受偿权。

🏷 理解与适用

一、债务人已依法设定担保物权的财产属性

担保物权是指以确保债务的清偿为目的，于债务人所有的物或者权利之上所设定，以取得担保作用的一种物权。担保物权的标的物是债务人所有的特定财产或者权利。《企业破产法》第13条规定，人民法院裁定受理破产申请的，应当同时指定管理人。管理人直从破产申请受理之时，开始全面接管债务人财产，在破产宣告后对债务人财产进行变价和清算。随着担保制度的完善和担保物范围的扩张，企业破产时，其多数资产上通常会随附有各种形式的担保物权，清理和实现担保物权成为管理人的一项重要工作。如果立法规定担保财产不履行债务人财产，将使管理人对担保物的按管活动失去法律依据。另外，担保物的变价款在优先清偿担保债权后，如有利于将直接清偿债务人的其他破产债权人，这就要求担保物理应纳入破产财产。

二、债务人已依法设定担保物权的财产执行

债权人基于债务人已设定担保物权而享有对该特定财产优先受偿的权利，在破产法理论上称之为别除权。

1. 债务人担保物的执行限制。破产法在明确别除权人享有优先受偿权的同时，对担保物的执行也作出一些限制性规定。

2. 管理人占有担保物的执行。债务人进入破产清算程序，别除权人有权以担保物折价受偿或者以拍卖、变卖该财产的价款优先受偿。别除权人行使其优先受偿权时，还应当遵循《物权法》《担保法》的有关规定。

3. 债权人占有担保物的执行。质权、留置权是以债务人的特定财产移转于债权人占有的移转占有型担保物权。为避免别除权人不当行使权利，管理人有必要对其进行监督，以使别除权人的优先受偿权限定于担保物的范围之内。

因别除权人的优先受偿权限定于担保物价值的范围之内，若担保物在其行使权利前灭失，优先受偿权则随之消灭，别除权人对破产人的债权只能作为普通破产债权受偿。但是，第三人包括管理人对担保物灭失负有赔偿责任的，在赔偿范围内，别除权人对赔偿金额仍享有优先受偿权，这是由担保物权的物上代位性决定的。

典型案例

有别除权财产的受偿独立于破产财产的清算程序

——中国信达资产管理公司成都办事处与国营江陵电缆厂破产纠纷案

案例要旨：破产宣告前成立的有财产担保的债权，债权人享有就该担保物优先受偿的权利。未被列为破产财产的债权其受偿独立于破产财产的清算程序，清算组无权在破产预案中对此类有效抵押债权的实现进行规定。

来源：法信精选

【共有财产】**第四条** 债务人对按份享有所有权的共有财产的相关份额，或者共同享有所有权的共有财产的相应财产权利，以及依法分割共有财产所得部分，人民法院均应认定为债务人财产。

人民法院宣告债务人破产清算，属于共有财产分割的法定事由。人民法院裁定债务人重整或者和解的，共有财产的分割应当依据物权法第九十九条的规定进行；基于重整或者和解的需要必须分割共有财产，管理人请求分割的，人民法院应予准许。

因分割共有财产导致其他共有人损害产生的债务，其他共有人请求作为共益债务清偿的，人民法院应予支持。

◆ 条文主旨

本条旨在规定对债务人的共有财产在破产程序中的分割与归入问题。

◆ 理解与适用

一、破产债务人共有财产法律关系

在破产清算程序中，债务人与他人共有的基础关系消灭，需要对共有财产进行分割，包括物理分割或者是价值分割，分割后将破产债务人获得的财产或通过转让获得的收益归入债务人财产。

1. 针对按份共有人应有部分的确定，我国《物权法》第104条规定："按份共有人对共有的不动产或者动产享有的份额，没有约定或者约定不明确的，按照出资额确定；不能确定出资额的，视为等额享有。"

2. 在共同共有中，每个人都享有共有权，不是享有所有权，但在实际上存在潜在的应有部分或潜在的份额，当这种共有关系终止时，共有财产就可以分割。潜在的应有部分或份额就变成了实际的应有部分。

二、破产债务人共有财产的分割规则

存在共有财产关系的情况下，一方破产并不必然导致另一方的破产。如果共有财产一方作为债务人破产，那么共有财产中属于债务人的份额应作为破产财产清偿债务。

在破产重整与和解程序中，债务人的主体资格还予以延续，就存在不同于破产清算中对债务人共有财产的处置问题。一般情况下，在重整与和解程序中，应当依据《物权法》的规定或者共有人的约定来分割债务人与他人的共有财产。但是如果基于重整或者和解的需要必须分割共

有财产，管理人请求分割的，人民法院应予准许，分割所得属于债务人财产。

债务人进入破产程序，即构成《物权法》第 99 条所规定的共有人有"重大理由"，需要对债务人与他人的共有财产进行分割，因分割共有财产导致其他共有人损害产生的债务属于共益债务，其他共有人有权向人民法院请求作为共益债务进行清偿，人民法院应予支持。

【执行回转财产】 第五条 破产申请受理后，有关债务人财产的执行程序未依照企业破产法第十九条的规定中止的，采取执行措施的相关单位应当依法予以纠正。依法执行回转的财产，人民法院应当认定为债务人财产。

🏷 条文主旨

本条旨在对破产申请受理后债务人财产的执行中止，以及纠正执行程序时执行回转财产属于债务人财产作出的规定。

🏷 理解与适用

一、破产程序与执行程序的冲突解决

债务人丧失清偿能力，因部分债权人对债务人提起的诉讼或仲裁而产生的执行程序在所难免。破产程序旨在为全体债权人创造公平受偿的条件和机会，而执行程序是一种个别执行，以满足个别债权的实现为目的。破产程序与执行程序的立法功能定位存在差异，从而引起破产程序与执行程序的冲突。破产程序优先于执行程序是解决破产程序与执行程序冲突问题的基本原则。根据《企业破产法》第 19~20 条之规定，法院受理破产案件后，针对债务人财产的保全措施应当解除，执行程序应当中止。尚未开始执行的，不得开始；已经开始而尚未执行完毕的，不得继续进行。债务人财产的所有诉求均须在同一个程序中进行，破产程序启动即具有中止执行程序的效力。

1.破产程序启动后中止执行的程序与条件破产程序启动后,有关债务人财产的其他执行程序应当中止。中止执行的具体情况如下:(1)对已提起但尚未执行完毕的执行程序应当中止;诉讼已经审结但尚未申请或移送执行的,不得再提起新的执行程序。(2)应当中止的仅限于以财产为标的的执行程序,对债务人提起的非财产性执行程序可继续进行。(3)有物权担保的债权人即别除权人就担保物提起的执行程序,原则上不应受中止效力的约束,除非当事人申请的是重整程序。

2.执行机关的财产型处罚与破产程序冲突的解决。为避免司法机关、行政机关利用公权力强制执行对债务人的罚金、罚款等财产型处罚,各国破产法大都把此类债权称之为劣后债权,即在破产清偿顺序中排列于普通破产债权之后的债权,并在破产程序中禁止国家机关通过任何法律程序强制实现其债权。

3.刑事财产罚及刑事附带民事赔偿与破产程序的衔接。刑事案件中涉及债务人财产的问题,主要包括没收财产、罚金等对被告人的财产型处罚、刑事附带民事诉讼的民事赔偿、追缴赃款赃物等。

二、纠正执行程序后的执行回转

执行回转是指在案件执行中或者执行完毕后,据以执行的法律文书被法院或其他机关撤销或者变更,执行机构对已被执行的财产重新采取执行措施,恢复到执行程序开始时状态的一种救济制度。破产程序中的执行回转制度具有区别于民事诉讼法的特殊规定,破产程序执行回转的依据是破产程序的启动,所有针对债务人财产的执行程序均应停止,以保障债务人以及全体债权人的利益,进而维护债务人财产的公平清偿秩序。司法机关或者其他行政机关在破产程序启动前的执行行为本身可能不存在错误,即不产生被撤销或变更的情形,但依据《企业破产法》第19条之规定,执行程序应当中止,相关采取执行措施的单位应当依法予以纠正。依法执行回转的财产,人民法院应当认定为债务人财产。在执行回转中,属于现金款项的,退还现金;是财物的,能恢复原状的恢复原状,能返还原物的则返还原物,若因执行机关或执行申请人导致财物毁损灭失的,要承担折价抵偿或损害赔偿责任。如果执行回转的标的存有孳息的,应当一并回转。

◆ 典型案例

人民法院受理破产申请后,有关债务人财产的保全措施应当解除,执行程序应当中止

——陕西省棉麻公司诉西北第五棉纺织厂破产清算组工商纠纷案

案例要旨: 人民法院受理破产案件后,以破产企业为债务人的其他经济纠纷案件,根据下列不同情况分别处理:已经审结但未执行的,应中止执行,由债权人凭生效的法律文书向受理破产案件的人民法院申报债权。

来源: 法信精选

【对债务人财产的保全】 第六条 破产申请受理后,对于可能因有关利益相关人的行为或者其他原因,影响破产程序依法进行的,受理破产申请的人民法院可以根据管理人的申请或者依职权,对债务人的全部或者部分财产采取保全措施。

◆ 条文主旨

本条旨在规定受理破产申请的人民法院对债务人财产采取保全措施的问题。

理解与适用

一、破产保全制度

破产保全制度，是指当事人提出破产申请以后（无论是进行破产重整还是进行破产清算），为了保证破产程序的顺利进行，最大限度地满足债权人利益的实现，破产法上设置的对债务人、债权人以及法院受破产程序开始约束，暂时停止针对债务人财产的有关行为的限制。

破产法中的财产保全制度在破产法律制度中居于重要地位，它关系到破产法宗旨及社会作用的实现和发挥。因此，建立一种制度以保证债务人进入破产程序之后，各个债权人的债权能够得到平等的保护，债权人在破产程序中都处于同等地位，债权人其他妨碍公平清偿的行为都将被解除，是破产保全制度的功能所在。

二、我国《企业破产法》中债务人财产保全制度的规定

我国企业破产法对债务人财产保全制度的相应规定，可以透过破产申请受理裁定的法律效力进行解读。我国《企业破产法》通过下述有关规定，建立了对债务人财产的保全制度。

1. 债务人对个别债权人的债务清偿无效。为保证对全体债权人的公平清偿，《企业破产法》第16条规定："人民法院受理破产申请后，债务人对个别债权人的债务清偿无效。"

2. 有关债务人财产的执行程序应当中止。根据《企业破产法》第19条的规定，人民法院受理破产申请后，有关债务人财产的执行程序应当中止。

3. 有关债务人财产的保全措施应当解除。人民法院受理破产申请后，债务人财产自动受到破产程序禁止个别清偿的保全效力的保护，所以，有关债务人财产的其他保全措施应当解除。

4. 对债务人企业的债务人和财产持有人的效力。《企业破产法》第17条第1款规定：人民法院受理破产申请后，债务人的债务人或者财产持

有人应当向管理人清偿债务或者交付财产。

三、司法解释对《企业破产法》中债务人财产保全制度的规定与完善

本条司法解释对破产程序中的财产保全进行了规定,主要从以下几个方面进行界定:

1. 时间上的适用条件。我国破产法以破产申请受理为破产程序开始的时间起点。对债务人全部或者部分财产进行保全在时间上的适用条件以破产案件受理后为宜。

2. 实质上的适用条件。在破产法中,对债务人财产保全作为一种临时性救济措施,是相对于破产程序而言的,是在债务人进入破产程序之后,由于利害关系人的行为或者其他原因给破产程序的推进,或者对债务人财产造成紧急损害或构成重大威胁等,由破产管理人向人民法院提出或人民法院依职权作出相应救济措施的制度。因此,可能潜在或者现实发生的来自于破产程序利益相关人的对债务人财产的重大威胁或现实侵害,是判断是否应当对债务人全部或者部分财产进行保全的实质适用条件。

3. 经管理人申请或人民法院依职权作出。对债务人财产保全在符合前述时间条件和实质条件时,应当由管理人向人民法院提出书面申请,陈明相应的事实和理由,避免对债务人财产造成紧急损害,影响破产程序依法推进。

4. 保全范围和措施。保全的范围为债务人的全部或者部分财产。此外,对债务人全部或者部分财产的保全措施应当参照《民事诉讼法》的相关规定,采取查封、扣押、冻结措施或者法律规定的其他方法。

【对债务人财产原有保全的解除】 **第七条** 对债务人财产已采取保全措施的相关单位,在知悉人民法院已裁定受理有关债务人的破产申请后,应当依照企业破产法第十九条的规定及时解除对债务人财产的保全措施。

🏷 条文主旨

本条旨在规定其他对债务人财产已经采取保全措施的单位在知悉人民法院已裁定受理有关债务人的破产申请后，应当及时解除保全措施。

🏷 理解与适用

一、受理破产案件的法院能否直接裁定解除其他法院对债务人财产的保全措施

长期以来，对于如何解除债务人进入破产程序之前的保全措施存在两种观点：(1)应由作出保全措施的人民法院解除。(2)在作出保全措施的法院不予解除的情况下，可以赋予受理破产案件法院解除的权力。

二、破产案件受理法院如何解除对债务人财产的保全措施

《企业破产法》对于解除财产保全措施的具体实施问题并没有作进一步的规定，由此导致破产案件审理中做法不一。从司法的统一性和规范性的角度考虑，由受理破产案件的法院直接裁定解除保全措施，更符合破产法关于保全措施解除规定的立法精神，也有助于破产程序的有效推进。

三、司法解释对债务人原有财产保全的解除的规定之完善

1.保全措施的解除应当是人民法院受理破产申请裁定的当然效力之一，即一旦人民法院受理了破产申请，附加于债务人财产上的保全措施自然解除，不需要人民法院另行作出宣告保全措施失去效力的裁定。本着贯彻破产法基本精神和尊重破产裁定效力的原则，本条司法解释的规定进一步解决了对债务人原有财产保全的解除问题。

2.人民法院受理破产申请后，债务人依法进入破产程序，为了实现对有关债权的公平清偿，维护全体债权人的合法权益，债务人财产自动受到破产程序禁止个别清偿的保全效力的保护，此处的"知悉人民法院已裁定受理有关债务人的破产申请"，既可以是裁定受理债务人破产申请的人民法院通知，亦可以是管理人通知或者是已采取保全措施的相关单位因公告得知。

🏷 典型案例

人民法院受理破产申请后，有关债务人财产的保全措施应当解除
——宜昌市仁和咨询公司与湖北永发印业总公司债务纠纷案

案例要旨：对债务人的财产采取保全措施是基于一定的条件和原因的出现才发生的，是人民法院在案件受理前或者作出判决前为了保证将来生效判决得到全部执行或者避免财产遭受损失，根据利害关系人或当事人的申请对债务人的财产所采取的措施。人民法院受理破产申请后，所有债权均应通过破产程序而受偿，因此，相应保全措施即丧失了其得以发生的原因和条件，应予解除。

来源：法信精选

【对债务人财产保全的恢复】 第八条　人民法院受理破产申请后至破产宣告前裁定驳回破产申请，或者依据企业破产法第一百零八条的规定裁定终结破产程序的，应当及时通知原已采取保全措施并已依法解除保全措施的单位按照原保全顺位恢复相关保全措施。

在已依法解除保全的单位恢复保全措施或者表示不再恢复之前，受理破产申请的人民法院不得解除对债务人财产的保全措施。

🏷 条文主旨

本条旨在对债务人退出破产程序时原保全措施及时恢复问题作出的规定。

理解与适用

一、破产程序退出的几种情形

1. 人民法院裁定驳回破产申请。
2. 破产宣告前,第三人为债务人提供足额担保的。
3. 破产宣告前,第三人为债务人清偿全部到期债务的。
4. 破产宣告前,债务人已清偿全部到期债务的。

二、进入破产程序并不改变债权人与债务人原有的债权债务法律关系

破产法是调整在债务人已经丧失清偿能力或可能丧失清偿能力的情况下的债权债务关系的法律。破产法解决的主要是如何公平清偿债务的问题,其并不能解决债务人与债权人之间根据其他法律产生的实体权利义务争议。

三、破产程序退出后,应当保证债权人按照对债务人财产原有保全措施的顺位产生的利益

根据民事诉讼法的原理和规定,申请在先的债权人对于债务人财产享有优先权利,有多个债权人对债务人同一财产申请保全时,应当进行轮候。破产程序退出后,对于债务人财产的保全措施应当恢复至进入破产程序之前的状态,从而保证债权人的合法权益,避免破产程序退出后,对债务人财产进行哄抢,导致债务人财产流失,损害原享有执行优先权利的债权人的利益。

四、债务人因前述原因退出破产程序的,人民法院应及时通知原已采取保全措施并已依法解除保全的单位按照原保全顺位恢复相关保全

五、在原采取保全措施并已依法解除的单位恢复保全措施或者表示不再恢复之前,受理破产申请的人民法院不得解除对债务人财产的保全

【撤销行为追回的财产】 **第九条** 管理人依据企业破产法第三十一条和第三十二条的规定提起诉讼,请求撤销涉及债务人财产的相关行为并由相对人返还债务人财产的,人民法院应予支持。

管理人因过错未依法行使撤销权导致债务人财产不当减损,债权人提起诉讼主张管理人对其损失承担相应赔偿责任的,人民法院应予支持。

◆ 条文主旨

本条旨在规定破产撤销权的行使及法律后果。

◆ 理解与适用

一、破产撤销权的行使主体

破产撤销权本质上是一种通过诉讼行使的请求权。我国《企业破产法》第31条和第32条都明确规定"管理人有权请求人民法院予以撤销"。本条司法解释进一步明确了管理人为破产撤销权的行使主体。

需要注意的是,在某些特殊情形下,撤销权可能不是由管理人来行使。这主要适用于以下两种情形:

1. 清算程序终结之后的撤销权行使主体。在破产清算程序中,管理人随着破产程序的终结而解散,并且终止执行职务。此时,如果发现债务人在破产申请受理前的法定期间内进行的欺诈债权人或损害对全体债权人公平清偿的行为,显然无法再由管理人行使撤销权。

2. 特殊破产程序中撤销权的行使主体。我国《企业破产法》规定,在重整期间,债务人的财产管理和营业事务执行有两种方式:(1)由债务人负责。(2)由管理人负责。在第一种情况下,结合《企业破产法》第73条的规定,债务人在管理人的监督下自行管理财产和营业事务,行使法定的管理人的职权,此时,考虑到撤销权的行使可能与经管债务人的利益发生冲突,加之我国目前债务人的破产欺诈行为严重、诚信不足,所以撤销权不宜由经管债务人自行行使，仍应由管理人统一行使。但是，管理人对撤销权的行使，要与经管债务人管理财产和营业事务的活动相互协调，双方发生冲突时，由人民法院决定。

二、破产撤销权诉讼的构成要件

根据本条司法解释的规定，管理人提起撤销权诉讼，需要具备以下三个基本构成要件：（1）以相对人为被告；（2）所诉之可撤销行为是指"涉及债务人财产的相关行为"；（3）追回的财产应当归入债务人财产。

三、管理人因过错未依法行使撤销权将可能承担相应的赔偿责任

本条司法解释第2款的规定实际上是《企业破产法》中关于管理人职责、义务和法律责任在破产撤销权行使过程中的细化和落实。在司法实践中，正确理解和适用本条司法解释第2款的规定，需要注意以下两点：

1. 管理人承担责任必须同时具备以下四个要件：（1）管理人未依法行使撤销权。（2）产生了债务人财产不当减损的后果。（3）"管理人未依法行使撤销权"与"债务人财产的不当减损"之间必须存在明确的因果关系。（4）管理人存在故意或重大过失。

2. 必须准确理解"相应赔偿责任"。如因管理人未依法履行职责，给债务人财产造成2000万元的不当减损，管理人的责任不是直接赔偿某一起诉的债权人，而是将该2000万元赔偿归入债务人财产向全体债权人进行分配或者按实际可分得的赔偿额赔偿某一债权人。

人民法院案例选案例

破产企业为旧债设定的抵押应予撤销

——浙江德威会计师事务所有限公司诉宁波鼎德典当有限责任公司、位保宏破产撤销权纠纷案

案例要旨： 法院受理破产申请前一年内，企业债权人将其对该企业无财产担保的债权转让给典当公司，再由企

业与典当公司签订将其厂房设定抵押的典当合同，典当公司以受让的债权折抵应支付给企业的当金。这一行为本质上是为旧债提供抵押担保，将无财产担保的债权升级为有担保的债权，损害了其他债权人的利益，破产管理人有权请求法院予以撤销。

来源：《人民法院案例选》2013 年第 1 期

【**程序转入下撤销行为的起算点**】 **第十条** 债务人经过行政清理程序转入破产程序的，企业破产法第三十一条和第三十二条规定的可撤销行为的起算点，为行政监管机构作出撤销决定之日。

债务人经过强制清算程序转入破产程序的，企业破产法第三十一条和第三十二条规定的可撤销行为的起算点，为人民法院裁定受理强制清算申请之日。

🏷 条文主旨

本条旨在规定行政清理、强制清算程序与破产程序衔接过程中的可撤销行为临界期起算点的认定问题。

🏷 理解与适用

一、金融机构由行政清理程序转入破产程序的可撤销行为起算点

本条司法解释第 1 款所指之"债务人"，主要是指商业银行、证券公司、保险公司等金融机构。因为，根据我国现行立法的规定，行政清理程序主要出现在商业银行、证券公司、保险公司等金融机构出现重大经营风险、存在破产原因的情形中。

正是针对这种金融机构破产中的特殊情形，本条司法解释第 1 款专门规定了可撤销行为的起算点。司法解释之所以将"行政监管机构作出撤销决定之日"界定为《企业破产法》第 31 条和第 32 条规定的可撤销行为的起算点，实则源于以下几个方面的原因：

1. 被撤销的金融机构往往都已具备了破产原因。

2. 监管部门撤销金融机构必将启动行政清理程序，而行政清理程序在很多方面具有类似于破产程序之特征。

3. 对于经行政清理转入破产清算的金融机构而言，在其启动行政清理程序时，事实上已经符合启动破产清算程序的条件，只是基于特殊程序前置的需要而未启动。

综上，本条司法解释第1款正是基于金融机构破产的特殊性以及金融立法中的特殊规定，根据实际情况，将"国务院金融监督管理机构作出撤销决定之日"作为可撤销行为的起算日期，这样不仅有利于维护全体债权人的合法利益，而且更符合破产撤销权制度设立的初衷与目的。

二、债务人由强制清算程序转入破产程序的可撤销行为起算点

本条司法解释第2款规定：债务人经过强制清算程序转入破产程序的，《企业破产法》第31条和第32条规定的可撤销行为的起算点，为人民法院裁定受理强制清算申请之日。公司从强制清算转入破产清算的情形，将法院裁定受理强制清算申请之日确定为可撤销行为的起算日，其原理与上述金融机构破产的原理具有一定的共通性。

从实践来看，在以下两种情形之下，应当由公司强制清算转入破产清算程序：（1）在公司强制清算中，清算组在清理公司财产、编制资产负债表和财产清单时，发现公司财产不足清偿债务的，除依据《公司法司法解释（二）》第17条的规定，通过与债权人协商制作有关债务清偿方案并清偿债务的外，应依据《公司法》第188条和《企业破产法》第7条第3款的规定向人民法院申请宣告破产；（2）在公司强制清算中，有关权利人依据《企业破产法》第2条和第7条的规定向人民法院提起破产申请的，人民法院应当依法进行审查。

从实际情况来看，公司强制清算程序实际上与破产程序具有高度相似性。在程序转换的衔接上，最高人民法院做了具体的要求：（1）在公司强制清算转入破产清算后，原强制清算中的清算组由《人民法院中介机构管理人名册》和《人民法院个人管理人名册》中的中介机构或者个人组成或者参加的，除该中介机构或者个人存在与本案有利害关系等不宜担任管理人或者管理人成员的情形外，人民法院可根据《企业破产法》及其司法解释的规定，指定该中介机构或者个人作为破产案件的管理人，或者吸收该中介机构作为新成立的清算组管理人的成员；（2）公司强制清算中已经完成的清算事项，如无违反企业破产法或者有关司法解释的情形的，在破产清算程序中应承认其效力。强制清算与破产清算在性质上和程序规则上的高度类似，也可以解释为何需要将"人民法院裁定受理强制清算申请之日"作为可撤销行为起算日。

【明显不合理价格交易撤销时的返还】 第十一条 人民法院根据管理人的请求撤销涉及债务人财产的以明显不合理价格进行的交易的，买卖双方应当依法返还从对方获取的财产或者价款。

因撤销该交易，对于债务人应返还受让人已支付价款所产生的债务，受让人请求作为共益债务清偿的，人民法院应予支持。

🏷 条文主旨

本条旨在对债务人以明显不合理价格交易撤销后双向返还作出规定。

🏷 理解与适用

一、如何区分破产撤销权行使的法律后果

撤销权行使的法律后果，是使债务人在破产申请受理前法定期间内实施的损害债权人利益的行为，因被撤销而丧失效力，管理人收回被处分的财产或恢复被处分的权利，利益归于破产财产，用于对全体债权人分配。

破产撤销权与民法中的撤销权在可撤销情形上来看，具有不同的规定，因此，不能一概得出只要行使破产撤销权，就必然导致相对人恢复

权利的问题,要看可撤销的具体情形。一般来说,对债务人所作的无偿转让财产或财产权利的行为、对原来没有财产担保的债务提供财产担保的行为以及放弃债权的行为,不存在相对人恢复权利的问题。对于相对人在可撤销行为履行中所作的对待给付(如以非正常低价购买债务人财产时支付的货币或以非正常高价向债务人出售的财产),则存在相对人权利恢复的问题。本条司法解释第1款正是对这种情形所作的规定。换言之,在"以明显不合理价格进行的交易"因破产撤销权的行使而被撤销时,"买卖双方应当依法返还从对方获取的财产或价款"。这是符合破产撤销权原理的正确解释。

二、如何认定"以明显不合理价格进行的交易"

以明显不合理价格进行的交易,是债务人违反正常经济原则处分其财产的行为,在其他国家通常称为非正常交易。在如何认定交易价格是否属于"明显不合理"的问题上,对价的合理性应由法院参考各种相关因素综合作出判断。市场价格仅是合理对价的参考因素,并非其唯一判断标准,其他参考因素还应包括债务人与相对人的关系、债务人的交易动机和目的、债务人的支付能力状况、交易行为是否为债务人的经营范围、交易环境等等。

三、"债务人应返还受让人已支付价款所产生的债务"可按照共益债务清偿

共益债务,又称财团债务或财团债权,是在破产程序中为全体债权人利益而由债务人财产负担的债务的总称。本条司法解释第2款借鉴了美国破产立法的经验,将"债务人应返还受让人已支付价款所产生的债务"规定为一种共益债务,这是在撤销权与相对人权益保护之间的一种合理的利益平衡。

关于共益债务的清偿,《企业破产法》在第43条作了规定,具体可分为顺序适用的三项原则:(1)随时清偿原则。第43条第1款规定:"破产费用和共益债务由债务人财产随时清偿",即"随时发生、随时清

偿"。(2) 顺序清偿原则。《企业破产法》第43条第2款规定:"债务人财产不足以清偿所有破产费用和共益债务的,先行清偿破产费用"。(3) 比例清偿原则。《企业破产法》第43条第3款规定:"债务人财产不足以清偿所有破产费用或者共益债务的,按照比例清偿"。

【未到期债务提前清偿撤销的例外】 第十二条 破产申请受理前一年内债务人提前清偿的未到期债务,在破产申请受理前已经到期,管理人请求撤销该清偿行为的,人民法院不予支持。但是,该清偿行为发生在破产申请受理前六个月内且债务人有企业破产法第二条第一款规定情形的除外。

条文主旨

本条旨在规定对未到期债务提前清偿行为不予撤销的例外情形。

理解与适用

本条在理解和适用时应注意以下几个问题:

1. 本条司法解释实际上是将"破产申请受理前1年内债务人提前清偿的未到期债务,在破产申请受理前已经到期"的清偿行为视为对到期债务的清偿,故不在《企业破产法》第31条规定的可撤销行为之列。对可撤销行为的认定必须符合立法本意,《企业破产法》确定的可撤销行为的起算点是破产申请受理时,而将"对未到期的债务提前清偿"列为可撤销行为,是因为在破产申请受理时该项债务仍属于未到期的债务,这时的提前清偿才构成前述的对其他债权人的利益损害。而对于本司法解释所规定的情形,虽然从清偿行为发生时的事实状态判断,该债务确实属于未到期债务,但即使债务人不在当时提前清偿,在人民法院受理破产申请之前,只要债务一到期,债权人均可以随时要求债务人履行清偿义务,债务人对到期债务履行清偿义务是一种法定义务,只要不是恶意串通行为，此种清偿行为皆为破产法所允许，因为破产法原则上并不禁止债务人对到期债务的自动履行。

2. 如果一概认定"破产申请受理前一年内债务人提前清偿的未到期债务，在破产申请受理前已经到期"的情形都不得被撤销，将不利于防范这种恶意行为，不利于保护全体债权人的利益。因此，本条司法解释的但书条款规定："该清偿行为发生在破产申请受理前六个月内且债务人有企业破产法第二条第一款规定情形的除外。"也就是说，对这种清偿行为，管理人有权请求人民法院予以撤销。

【债权人撤销权】 第十三条　破产申请受理后，管理人未依据企业破产法第三十一条的规定请求撤销债务人无偿转让财产、以明显不合理价格交易、放弃债权行为的，债权人依据合同法第七十四条等规定提起诉讼，请求撤销债务人上述行为并将因此追回的财产归入债务人财产的，人民法院应予受理。

相对人以债权人行使撤销权的范围超出债权人的债权抗辩的，人民法院不予支持。

条文主旨

本条旨在解决债权人能否在破产程序中行使撤销权的问题。

理解与适用

一、破产撤销权与债权人撤销权的比较

破产撤销权与债权人撤销权之间存在较为明显的区别：

1. 破产撤销权是专门针对债务人丧失清偿能力的特殊情况设置，是破产立法无溯及主义的产物，目的在于纠正债务人在破产程序开始前法定期间内的不当财产处分行为，其适用对象范围同民法撤销权有较大区别。

2. 在可撤销行为的主观构成要件要求上有所不同。

3.《合同法》规定的撤销权构成，依对个别债权人造成损害这一实质性要件认定，其行使是为维护个别债权人的利益，所以与个别债权人的债权有依附关系。

4. 债权人撤销权的行使权利主体为债权人，而破产撤销权一般只能由管理人行使，仅在特殊情况下才可以由其他人行使。

5. 撤销权的行使范围不同。

6. 在诉讼时效或除斥期间方面也存在一定区别。

二、债权人撤销权不因破产程序的启动而被排除适用

我国《企业破产法》将管理人界定为行使破产撤销权的法定主体，债权人无法提起破产撤销权之诉。但债权人不具备行使破产撤销权的法律资格，并不影响债权人依据合同法的规定提起债权人撤销权之诉。换言之，合同法上的债权人撤销权并不因破产程序的启动而被排除适用，其在破产程序中也具有适用的效力。而且，为维护债权人的权益，在破产程序中也有必要重视对民法撤销权与破产撤销权的综合运用。

三、债权人撤销权诉讼必须符合一定的构成要件

1. 只能依据《合同法》提起撤销权诉讼。

2. 必须以管理人未依法提起破产撤销权之诉为前提。

3. 债权人必须在起诉中说明"因此追回的财产归入债务人财产"。

🏷 人民法院案例选案例

破产程序中可行使普通撤销权

——东莞宝源（陶氏）机械厂有限公司诉宝源（陶氏）机械厂有限公司、宝源（陶氏）企业有限公司撤销权纠纷案

案例要旨：破产撤销权制度并未否定债权人在破产程序中可能享有的普通撤销权，普通撤销权是对破产程序中通过破产撤销权保护债权人利益的补充救济。破产撤销权

的行使优先于普通撤销权。当破产管理人无法依据《企业破产法》第31条的规定行使普通撤销权时，债权人可依据《合同法》第74条的规定行使普通撤销权。

来源：《人民法院案例选》2013年第2期

【有担保债务个别清偿行为撤销的例外】 第十四条 债务人对以自有财产设定担保物权的债权进行的个别清偿，管理人依据企业破产法第三十二条的规定请求撤销的，人民法院不予支持。但是，债务清偿时担保财产的价值低于债权额的除外。

条文主旨

本条是对有债务人财产担保的债务个别清偿行为不予撤销的例外规定。

理解与适用

本条司法解释旨在对清偿担保债权能否撤销的问题作出规定。在理解和适用该条文时，需要注意以下几个重要的问题：

1. 撤销债务人危机期间的不当个别清偿是破产法确立的一项重要的原则，其适用需要严格界定个别清偿行为的构成要件。该项规定是一柄双刃剑，虽然具有纠正恶意优先清偿之作用，但如不合理约束，也会使债务人在此期间内所有的自愿或非自愿的清偿行为面临可能全部被撤销的风险，损害善意第三人的权益，严重影响交易的安全和经济秩序的稳定。

2. 对担保债权的清偿原则上不属于危机期间的个别清偿。《企业破产法》第32条规定的"对个别债权人进行清偿"，是指对无财产担保债权人的个别清偿，对有财产担保债权人的清偿原则上不在此限。

3. "债务清偿时担保财产的价值低于债权额"的个别清偿应属于可撤

销的情形。有担保债权人基于物权担保的优先性局限于设定担保的财产价值范围内，因此，如果在清偿该笔债务时，设定担保的财产价值小于其债权额的，则对相关债权的清偿行为应予撤销。这是一种符合破产立法精神的规定，也是对担保债权人和普通债权人利益之间的合理平衡。

4. 在本条司法解释的适用过程中，还需要注意两点：（1）根据本条司法解释的但书条款，"债务清偿时担保财产的价值低于债权额的除外"，换言之，"债务清偿时担保财产的价值低于债权额"的时候，管理人有权请求撤销该笔个别清偿。（2）根据谁主张谁举证的原则，管理人应当对"债务清偿时担保财产的价值低于债权额"承担举证责任，应当向法院提供相关的评估报告或其他证据材料。

【履行生效法律文书或基于执行行为的个别清偿】 第十五条 债务人经诉讼、仲裁、执行程序对债权人进行的个别清偿，管理人依据企业破产法第三十二条的规定请求撤销的，人民法院不予支持。但是，债务人与债权人恶意串通损害其他债权人利益的除外。

条文主旨

本条旨在明确对履行生效法律文书或者基于执行行为形成的个别清偿能否撤销的问题。

理解与适用

本条在理解和适用时应注意以下几个问题：

1. 本条司法解释所指个别清偿，是指债务人在可撤销期间内，根据法院的判决、裁定、调解书或仲裁的裁决书所确定的给付义务，或者基于其他执行行为所为之自动履行或被强制执行。

2. 我国《企业破产法》并未对因履行生效法律文书或基于执行行为所发生的个别清偿能否撤销作出规定，但司法实践中确有债务人利用执行行为达到破产欺诈、偏袒清偿目的的情形。基于此，本条司法解释强调，债务人经诉讼、仲裁、执行程序对个别债权人进行的清偿，原则上不能撤销，但"债务人与债权人恶意串通损害其他债权人利益的除外"，此即原则之例外，主要判断标准在于当事人是否存在主观恶意。由于对是否存在主观上的恶意串通在举证方面有较大的难度，所以对债务人对与其有关联关系或其他利益关系的个别债权人的清偿等可能存在不合理清偿因素的情况，可以推定为存在恶意串通，而由受偿人举证其不存在恶意串通。

3. 本条司法解释涵盖的清偿实际上应该包括以下两个方面：一是在法院的民事判决书、民事调解书或仲裁裁决书生效之后尚未启动执行程序之前，债务人主动履行生效裁判文书中的债务清偿义务所形成的个别清偿；二是在上述裁判文书生效之后，债权人依法启动了执行程序，债务人被动履行债务清偿义务形成的个别清偿。

4. 依据本条司法解释规定，在存在债权人与债务人恶意串通损害其他债权人利益的情形之下，管理人可以对这种个别清偿行为行使破产撤销权。据此，管理人可以直接向受理破产案件的人民法院请求行使撤销权，无需通过申请再审的方式撤销个别清偿行为。

【必要个别清偿的撤销排除】 第十六条 债务人对债权人进行的以下个别清偿，管理人依据企业破产法第三十二条的规定请求撤销的，人民法院不予支持：

（一）债务人为维系基本生产需要而支付水费、电费等的；

（二）债务人支付劳动报酬、人身损害赔偿金的；

（三）使债务人财产受益的其他个别清偿。

🏷 条文主旨

本条对债务人在危机期内的个别清偿行为不予撤销的情况作出规定。

理解与适用

本条在理解和适用时应注意以下几个问题：

1. 我国《企业破产法》规定的偏颇性清偿行为主要包括第 31 条规定的"对未到期的债务提前清偿""对没有财产担保的债务提供财产担保"和第 32 条规定的"危机期间的个别清偿行为"（专指对到期债务的清偿），但对于例外情形的规定，仅限于第 32 条中的但书条款，即"个别清偿使债务人财产受益的除外"。综合我国的企业破产立法和司法实践情况来看，我国的偏颇性清偿行为之危机期间的个别清偿，在立法条文上确实存在一些有待完善之处。

（1）《企业破产法》第 32 条规定了危机期间的个别清偿行为可撤销，但并未明确这种清偿行为的构成要件是否需要具备主观恶意要件。

（2）有必要通过定义或者列举的方式来解释《企业破产法》第 32 条但书条款之"使债务人财产受益"。

2. 针对目前的立法和司法实践，结合国外的立法经验，本条司法解释明确以下两方面的情形不属于可撤销的个别清偿行为：

（1）为了正常商业活动所为之个别清偿，即本条司法解释所规定的"债务人为维系基本生产需要而支付水费、电费等"个别清偿。从破产实践来看，保障正常的生产经营秩序是债务人的基本生存利益，即便出现破产原因，只要债务人未进入破产程序，该生存利益仍应被摆在显要位置。

（2）本条司法解释列举之第二种情形即"债务人支付劳动报酬、人身损害赔偿金"的个别清偿。

（3）本条司法解释第（3）项规定是一种兜底条款，有助于法官在破产审判实践中依据具体的情形来自由裁量，以作出更有利于维护全体债权人利益的司法决定。

【无效行为追回的财产】 第十七条 管理人依据企业破产法第三十三条的规定提起诉讼,主张被隐匿、转移财产的实际占有人返还债务人财产,或者主张债务人虚构债务或者承认不真实债务的行为无效并返还债务人财产的,人民法院应予支持。

◆ 条文主旨

本条旨在明确管理人如何基于无效行为追回债务人的财产。

◆ 理解与适用

本条在理解和适用时应注意以下几个问题:

1. 根据《企业破产法》第 33 条规定,破产法中的无效行为包括:

(1)为逃避债务而隐匿、转移财产行为。隐匿是指将债务人财产秘密藏匿或转移至他人无法找到或自认为他人无法找到的处所,或者隐瞒不报债务人财产,使之不能依破产程序被管理人接管和处分。隐匿并不以转移财产所在地为要件,只要是秘密藏匿,意欲不为管理人、债权人和司法机关知晓,不论财产留在原处还是转藏他处,均构成隐匿行为。转移财产是指将债务人企业的财产转移至原所在地之外或债务人企业的控制之外,使管理人无法接管和处分。转移必涉及财产的移动,所以其适用的范围一般为动产。

(2)虚构债务或者承认不真实的债务的行为。虚构债务或者承认不真实的债务的行为也属于无效行为,这是《企业破产法》新增设的内容。

2. 在理解和适用本条司法解释时,应当注意两点:(1)管理人有权依据《企业破产法》第 33 条的规定,起诉被隐匿、转移财产的实际占有人返还债务人相关财产,或者主张债务人虚构债务或者承认不真实债务的行为无效,对此诉请,人民法院应予支持。(2)管理人基于涉及债务人财产的相关无效行为追回的财产属于债务人财产。这是由管理人的职责和法律地位所决定的,因为管理人有职责和义务为维护债务人财产利益之最大化而通过撤销与无效之诉来追回债务人的财产。

【可撤销行为和无效行为产生的赔偿】 第十八条 管理人代表债务人依据企业破产法第一百二十八条的规定，以债务人的法定代表人和其他直接责任人员对所涉债务人财产的相关行为存在故意或者重大过失，造成债务人财产损失为由提起诉讼，主张上述责任人员承担相应赔偿责任的，人民法院应予支持。

◆ 条文主旨

本条旨在对债务人的法定代表人和其他直接责任人员未尽忠实勤勉义务导致债务人财产不当减少的赔偿责任作出规定。

◆ 理解与适用

本条在理解和适用时应注意以下几个问题：

1.《企业破产法》第128条规定：债务人有本法第31条、第32条、第33条规定的行为，损害债权人利益的，债务人的法定代表人和其他直接责任人员依法承担赔偿责任。"根据上述规定，"债务人的法定代表人和其他直接责任人员"应当就破产法中的可撤销行为、无效行为引发的损害结果承担民事赔偿责任。接受赔偿的对象，在债务人因重整或者和解而继续存续的情况下，为债务人；在债务人破产清算的情况下，为该行为造成财产减少而致清偿利益受损失的债权人。其中，有担保财产受损失的，受害人为担保权人；债务人的其他财产受损失的，受害人为全体债权人。①

2. 如果管理人不主动行使诉权来追究相应主体的赔偿责任，债权人包括有担保债权人和无担保债权人时，人民法院可以行使释明权，让

---

① 王卫国：《破产法精义》，法律出版社2007年版，第374页。

债权人通过债权人会议或者债权人委员会督促管理人履行诉讼职责，但如果管理人不履行职责，债权人向人民法院提起诉讼的，人民法院应予支持。

【对外债权的诉讼时效】 第十九条 债务人对外享有债权的诉讼时效，自人民法院受理破产申请之日起中断。

债务人无正当理由未对其到期债权及时行使权利，导致其对外债权在破产申请受理前一年内超过诉讼时效期间的，人民法院受理破产申请之日起重新计算上述债权的诉讼时效期间。

条文主旨

本条旨在对法院裁定受理破产申请时，债务人对外享有债权在特定情况下的诉讼时效问题作出规定。

理解与适用

一、"人民法院受理破产申请"的情形应当如何认定？

在我国的诉讼时效障碍机制中，诉讼时效中断的事由包括起诉、请求、应诺三种。法院受理破产申请这一事由既非"提起诉讼"，也非"当事人一方同意履行义务"，因此需进一步考察是否属于"当事人一方提出要求"这一情形。依据《企业破产法》第14条第1款规定："人民法院应当自裁定受理破产申请之日起二十五日内通知已知债权人，并予以公告。"也就是说，将法院受理破产申请后必须进行的通知和公告，可以认为是"提出要求"的形式。

二、诉讼时效的重新起算

债务人放弃债权行为包括积极的放弃和消极的放弃。对于债务人积极的放弃债权行为，管理人可以根据《企业破产法》第31条的规定请求人民法院予以撤销。对于债务人消极放弃债权的行为之撤销，或使其产生类似撤销之法律效果，应当以有证据可以证明或推定是债务人主观恶意为前提。在实践中，债务人的债权超过诉讼时效，有可能是由债务人有意消极放弃债权行为造成，也有可能是无意的过失行为造成，如果不加区分一律都可以撤销，则无异于宣告进入破产程序之债务人的债权在法定可撤销期间内不受时效制度约束，这不仅将损害善意第三人的正当利益，还会影响整个诉讼时效制度的实施与效力，影响到交易安全和社会经济的稳定，与其可能保护的利益相比，显然有所失当。

因此，本条司法解释第2款规定，债务人无正当理由未对其到期债权及时行使权利，导致其对外债权在破产申请受理前一年内超过诉讼时效期间的，人民法院受理破产申请之日起重新计算上述债权的诉讼时效期间。"破产申请受理前一年内"，系借鉴《企业破产法》第31条规定管理人行使撤销权的临界期。此外，在举证责任的分配上，债务人负担证明未对其到期债权及时行使权利的行为存在正当理由的责任。

典型案例

管理人有权撤销债务人在法院受理破产申请前1年内所为的有害于破产债权人利益的行为

——某物业有限公司破产清算案

案例要旨： 因《企业破产法》第31条、第32条或者第33条规定的行为而取得的债务人的财产，管理人有权追回。

来源： 法信精选

【**追收未缴出资和抽逃出资**】 **第二十条** 管理人代表债务人提起诉讼，主张出资人向债务人依法缴付未履行的出资或者返还抽逃的出资本息，出资人以认缴出资尚未届至公司章程规定的缴纳期限或者违反出资义务已经超过诉讼时效为由抗

辩的，人民法院不予支持。

管理人依据公司法的相关规定代表债务人提起诉讼，主张公司的发起人和负有监督股东履行出资义务的董事、高级管理人员，或者协助抽逃出资的其他股东、董事、高级管理人员、实际控制人等，对股东违反出资义务或者抽逃出资承担相应责任，并将财产归入债务人财产的，人民法院应予支持。

条文主旨

本条旨在对管理人追收债务人企业的出资人未缴出资和抽逃出资作出规定。

理解与适用

本条在理解和适用时应注意以下几个问题：

1.企业法人以其全部法人财产对企业债务承担责任，出资人应缴未缴的出资和抽逃的出资均为法人财产的重要组成部分。倘若在人民法院受理破产申请时，债务人的出资人未履行或者未完全履行出资义务或者抽逃出资的，势必会削弱债务人的清偿能力，使债权人的权益得不到充分的保护。因此，本条司法解释要求管理人依法追收未缴出资或抽逃出资本息，以保护债务人财产最大化。

2.管理人追收未缴出资不受出资期限限制。人民法院受理破产申请构成了出资缴付加速到期的法定事由，出资人有义务及时将尚未界至缴纳期限的出资缴付到位。因此，管理人应当要求尚未完全履行出资义务的出资人，缴纳所认缴而未缴纳的出资，用于对债权人的清偿，而不受出资期限是否已到的限制。

3.股东出资责任之诉不适用诉讼时效规定。《最高人民法院关于审理民事案件适用诉讼时效制度若干问题的规定》第1条规定，基于投资关系产生的缴付出资请求权不适用诉讼时效，股东不能以超过诉讼时效为由对缴纳出资进行抗辩。《公司法司法解释（三）》第 20 条对此有更为明确的规定，依据该条规定，公司股东未履行或未全面履行出资义务或者抽逃出资，公司或者其他股东请求其向公司全面履行出资义务或者返还出资，被告股东以诉讼时效为由进行抗辩的，人民法院不予支持。

4. 其他主体的补充责任。股东出资后，该出资的财产权就属于公司所有，股东抽逃出资实质上是侵犯公司财产权，就行为性质而言系侵权行为。因此，其他股东、董事、高级管理人员或实际控制人协助股东抽逃出资，应构成共同侵权行为，这些人员应当与该股东一起承担连带责任。

5. 依据《企业破产法》的规定，破产申请受理时属于债务人的全部财产，以及破产申请受理后至破产程序终结前债务人取得的财产，为债务人财产。因此，管理人在破产程序中追收的未缴出资和抽逃出资本息属于债务人财产。

典型案例

破产债务人股东因欠缴出资对债务人所负的债务，不能与其对债务人享有的债权相抵销

——大连麦克轻钢彩板工程有限公司与辽宁省大连海洋渔业集团公司追收未缴出资纠纷案

案例要旨：通过股权转让协议取得破产债务人股东资格的，应承担原股东未履行完毕的股东出资义务，补足出资。债务人股东提出以其享有的破产债权与未缴出资额相抵销的诉讼主张，因债权基于借款合同而产生，与补足出资并非基于同一法律关系，二者不具有关联性，不予抵销。

来源：法信精选

【破产受理前基于债务人财产诉讼的审理】 第二十一条 破产申请受理前,债权人就债务人财产提起下列诉讼,破产申请受理时案件尚未审结的,人民法院应当中止审理:

(一)主张次债务人代替债务人直接向其偿还债务的;

(二)主张债务人的出资人、发起人和负有监督股东履行出资义务的董事、高级管理人员,或者协助抽逃出资的其他股东、董事、高级管理人员、实际控制人等直接向其承担出资不实或者抽逃出资责任的;

(三)以债务人的股东与债务人法人人格严重混同为由,主张债务人的股东直接向其偿还债务人对其所负债务的;

(四)其他就债务人财产提起的个别清偿诉讼。

债务人破产宣告后,人民法院应当依照企业破产法第四十四条的规定判决驳回债权人的诉讼请求。但是,债权人一审中变更其诉讼请求为追收的相关财产归入债务人财产的除外。

债务人破产宣告前,人民法院依据企业破产法第十二条或者第一百零八条的规定裁定驳回破产申请或者终结破产程序的,上述中止审理的案件应当依法恢复审理。

🏷 条文主旨

本条旨在规范破产申请受理前相关人民法院受理的就债务人财产提起的个别清偿诉讼的审理。

🏷 理解与适用

一、代位权诉讼的中止

人民法院受理破产申请前,债权人可以依据《合同法》第73条的规定提起代位权诉讼。在不涉及债务人破产程序的情形下,人民法院将判决次债务人直接向债权人承担偿还责任,或者判决出资人就公司债务不能清偿的部分,在其未出资本息或者抽逃出资本息范围内直接向债权人承担民事责任。但是，如果在人民法院作出生效判决前，债务人进入了破产程序，则人民法院需要考虑债务人已经进入破产程序这一特殊事由。这是因为债务人进入破产程序后人民法院对上述诉讼的判决不仅关乎个别债权人的利益，而且直接影响全体债权人的利益。毕竟无论是债务人怠于行使的债权还是出资人未履行的出资义务等，均应归属于债务人财产，如果债务人被宣告破产，应按照破产财产分配方案的规定向全体债权人进行分配。

二、驳回诉讼请求的例外

本条第2款明确规定，如果受理破产案件的人民法院宣告债务人破产，上述案件的审理法院应当参照《企业破产法》第16条的规定判决驳回债权人的诉讼请求。驳回债权人的诉讼请求并不会影响债权人的债权申报。债权人依然可以依据《企业破产法》第44条的规定向管理人申报债权。

但是，债权人变更其诉讼请求为追收的相关财产归入债务人财产的除外。因为，此种情况下并非向债权人本人而是向债务人履行清偿义务，保障了债务人的财产利益，并实质上保护了全体债权人的共同利益，人民法院对债权人诉讼请求的此种变更予以支持。

🏷 典型案例

人民法院受理破产申请后，已经开始而尚未终结的有关债务人的民事诉讼或者仲裁应当中止

——某百货商店有限公司申请破产案

案例要旨：人民法院受理破产申请后，已经开始而尚未终结的有关债务人的民事诉讼或者仲裁应当中止；在管理人接管债务人的财产后，该诉讼或者仲裁继续进行。

来源：法信精选

【破产受理前基于债务人财产诉讼的执行】 第二十二条 破产申请受理前，债权人就债务人财产向人民法院提起本规定第二十一条第一款所列诉讼，人民法院已经作出生效民事判决书或者调解书但尚未执行完毕的，破产申请受理后，相关执行行为应当依据企业破产法第十九条的规定中止，债权人应当依法向管理人申报相关债权。

● 条文主旨

本条旨在对破产申请受理前就债务人财产提起的个别清偿诉讼生效判决或者调解书的执行作出规定。

● 理解与适用

本条在理解和适用时应注意以下几个问题：

1. 本条是对《企业破产法司法解释（二）》第21条中关于行使代位权诉讼、要求出资人承担出资责任进入执行阶段的补充规定。

2. 此外，本条规定作为对《企业破产法》第19条规定的细化，进一步明确在进入破产程序后包括代位权诉讼在内的执行程序均应中止，以保障破产程序的顺利进行。在债务人进入破产程序后，所有债权人利益均将通过破产程序获得保障。在执行程序中止后，债权人可依法凭借法院生效民事判决书或民事调解书向管理人申报债权。若债务人最后经审查而发现不具备破产原因，经人民法院裁定驳回申请或终结破产程序的，原所有因破产程序而受限制的权益均应恢复原来状态，债权人可要求恢复执行程序以保障其债权。

● 典型案例

债务人进入破产程序后，债权人不能就该破产债权提起代位权诉讼

——中国长城资产管理公司长沙办事处与成功控股集团有限公司、酒鬼酒股份有限公司、湖南湘泉集团有限公司代位权纠纷上诉案

案例要旨：在债务人已进入破产程序情况下，债权人以债务人怠于行使其权利为由提起对债务人和次债务人的代位权诉讼，法院不应以普通程序受理该案件，债权人应在债务人破产程序中依法行使相关权利，由受理破产案件的法院确定次债务人是否存在应向债务人履行的债务。

来源：《民商事审判指导》2007年第1期

【破产受理后基于债务人财产诉讼的受理】 第二十三条 破产申请受理后，债权人就债务人财产向人民法院提起本规定第二十一条第一款所列诉讼的，人民法院不予受理。

债权人通过债权人会议或者债权人委员会，要求管理人依法向次债务人、债务人的出资人等追收债务人财产，管理人无正当理由拒绝追收，债权人会议依据企业破产法第二十二条的规定，申请人民法院更换管理人的，人民法院应予支持。

管理人不予追收，个别债权人代表全体债权人提起相关诉讼，主张次债务人或者债务人的出资人等向债务人清偿或者返还债务人财产，或者依法申请合并破产的，人民法院应予受理。

🏷 **条文主旨**

本条旨在对破产申请受理后就债务人财产所提诉讼的受理问题作出规定。

🏷 **理解与适用**

本条在理解和适用时应注意以下几个问题：

1.第1款规定了就债务人财产向人民法院提起的个别清偿诉讼，人

民法院不予受理。本款中所指的个别清偿诉讼，是"本规定第二十一条第一款所列的诉讼"，包括：（1）主张次债务人代替债务人直接向其偿还债务；（2）主张债务人的出资人、发起人和负有监督股东履行出资义务的董事、高级管理人员，或者协助抽逃出资的其他股东、董事、高级管理人员、实际控制人等直接向其承担出资不实或者抽逃出资责任；（3）以债务人的股东与债务人法人人格严重混同为由，主张债务人的股东直接向其偿还债务人对对其所负债务；（4）其他就债务人财产提起的个别清偿诉讼。

2. 第2款对不予受理后债权人可行使的权利作出规定，亦是人民法院不予受理后对债权人的相应救济途径。即债权人可以通过债权人会议或债权人委员会监督管理人依法向次债务人、债务人的出资人等追收债务人的财产。

3. 第3款是对债权人可以行使的权利及具体操作程序上的兜底性规定。

综上，三款条文构成了有机统一的整体，使破产受理后债权人就债务人财产提起的个别清偿诉讼问题具备了可操作性。需要指出的是，第2款与第3款的逻辑顺序为：原则上债权人应当通过督促管理人行使追收权利。除非经督促管理人仍不作为的，个别债权人可以代表全体债权人进行追收，但追收回来的财产应当归入债务人财产。可见，无论是管理人追收财产，抑或是人民法院受理，其所指向的财产均为债务人财产，是将来用作使债权人公平受偿的财产，从源头上杜绝了破产受理后个别清偿现象的发生，是破产法公平原则的具体体现。

审判要览案例

破产程序中禁止对个别债务进行清偿

——嘉兴市商业银行股份有限公司诉中国科技证券有限责任公司国债交易案

案例要旨：破产财产应当面对所有债权人依法进行分配，法律明确禁止债务人对个别债务实施清偿，不论债务是否到期，也不论债务人出于何种目的或动机。

来源：中国审判案例要览（2010年商事审判案例卷）

【非正常收入的追回】**第二十四条** 债务人有企业破产法第二条第一款规定的情形时，债务人的董事、监事和高级管理人员利用职权获取的以下收入，人民法院应当认定为企业破产法第三十六条规定的非正常收入：

（一）绩效奖金；

（二）普遍拖欠职工工资情况下获取的工资性收入；

（三）其他非正常收入。

债务人的董事、监事和高级管理人员拒不向管理人返还上述债务人财产，管理人主张上述人员予以返还的，人民法院应予支持。

债务人的董事、监事和高级管理人员因返还第一款第（一）项、第（三）项非正常收入形成的债权，可以作为普通破产债权清偿。因返还第一款第（二）项非正常收入形成的债权，依据企业破产法第一百一十三条第三款的规定，按照该企业职工平均工资计算的部分作为拖欠职工工资清偿；高出该企业职工平均工资计算的部分，可以作为普通破产债权清偿。

◆ **条文主旨**

本条旨在对债务人的董事、监事、高级管理人员的非正常收入的追回问题作出具体规定。

🏷 理解与适用

一、管理人追回非正常收入的相关原理

（一）高级管理人员的界定

高级管理人员，就是指公司管理层中担任重要职务、负责公司经营管理、掌握公司重要信息的人员，主要包括经理、副经理、财务负责人、上市公司董事会秘书和公司章程规定的其他人员。

（二）非正常收入的界定

1.获取非正常收入的大前提为债务人出现破产原因。这里的破产原因分为两大方面：（1）债务人不能清偿到期债务，并且资产不足以清偿全部债务。（2）债务人不能清偿到期债务，并且明显缺乏清偿能力。

2.非正常收入的范围。

（1）绩效奖金。在债务人已破产的情形下，不存在向职工发放绩效奖金的基础，如果债务人的董事、监事、高级管理人员仍然利用职权发放绩效奖金，显然与破产法的立法精神是违背的。

（2）普遍拖欠职工工资情况下获取的工资性收入。在这种情况下，债务人的董事、监事、高级管理人员仍然获取工资性收入，显然有违常理，管理人可以直接将其定性为"非正常收入"，有权予以追回。

（3）其他非正常收入。本项作为兜底条款，有利于保护债权人的利益，防止债务人的董事、监事、高级管理人员滥用职权获取不合理的收入。

二、管理人追回非正常收入的程序

当债务人进入破产程序后，管理人将对债务人的董事、监事、高级管理人员的"非正常收入"行使追回权，行使追回权的程序为：

1.调查董事、监事、高级管理人员的"非正常收入"。

2.向董事、监事、高级管理人员发送书面通知，通知其返还相应财产。

3. 向人民法院提起诉讼。

三、管理人如何处理追回的非正常收入

1. 全部纳入债务人财产向全体债权人进行分配

2. 分情况处理因非正常收入形成的债权

（1）对于债务人出现破产原因情况下债务人的董事、监事和高级管理人员获取的绩效奖金和其他明显不合理的收入，在破产程序中可以作为普通破产债权进行清偿。

（2）对于债务人因出现破产原因普遍拖欠职工工资情况下，债务人的董事、监事和高级管理人员获取的工资性收入，在债务人财产优先清偿破产费用、共益债务后，可根据《企业破产法》第113条的规定，按照该企业职工平均工资计算的部分，作为拖欠职工的工资进行清偿；高出该企业职工平均工资计算的部分，则可以作为普通破产债权予以清偿。

【质物和留置物的取回和变价】 第二十五条 管理人拟通过清偿债务或者提供担保取回质物、留置物，或者与质权人、留置权人协议以质物、留置物折价清偿债务等方式，进行对债权人利益有重大影响的财产处分行为的，应当及时报告债权人委员会。未设立债权人委员会的，管理人应当及时报告人民法院。

🏷 条文主旨

本条旨在规定质物、留置物的取回和协议变价问题。

🏷 理解与适用

一、管理人取回质物、留置物或者以折价方式清偿应当报告债权人委员会或者人民法院的相关原理

1.《企业破产法》第68条规定了债权人委员会的职权，其中包括监督债务人财产的管理和处分。

2.企业破产法》的规定列举了管理人应当向债权人委员会报告的工作内容,实际上就是对债权人委员会监督管理人管理和处分债务人财产行为的具体化。其中的兜底条款"对债权人利益有重大影响的其他财产处分行为"仍需要进一步在司法解释中予以明确和阐述。

3.本条司法解释明确将管理人通过清偿债务或者提供担保取回质物、留置物,以及管理人与质权人、留置权人协议以质物、留置物折价方式清偿债务的行为定性为对债权人利益有重大影响的其他财产处分行为,给司法实践提供了指引。

二、管理人进行相关行为的办法

(一)管理人的判断

如果管理人拟通过清偿债务或者提供担保取回质物、留置物,或者与质权人、留置权人协议以质物、留置物折价方式清偿债务的,应当基于合理理由作出判断:

1.管理人取回质物、留置物的理由可以包括:

(1)债权人的保管行为有可能导致质物、留置物价值减少或者毁损灭失,不利于质物、留置物的安全的;

(2)质物、留置物与债务人的其他财产是成套设备或者因为其他原因集中管理和处分更有利于财产价值最大化的;

(3)管理人认为应当取回质物、留置物的其他情况。

2.以质物、留置物折价方式清偿债务的理由。

(1)债权人同意按照市场价值接受以质物、留置物折价方式清偿债务的;(2)管理人取回、管理、处分质物、留置物需要支出较高成本,不利于债权人权益的;(3)不宜采取由管理人取回、管理、处分质物、留置物等措施的其他情况。

(二)履行的程序

1.评估。管理人应当委托有资格的评估机构,对质物、留置物的市场价值作出评估。

2.报告债权人委员会或者人民法院。管理人在报告债权人委员会或者人民法院时，应当说明拟采取该项通过清偿债务或者提供担保取回质物、留置物，或者与质权人、留置权人协议以质物、留置物折价方式清偿债务的决定的理由，并且附评估报告及其他相关证据。

3.执行。管理人应当根据债权人委员会或者人民法院反馈的意见，执行相关措施或者债权人委员会的决议、人民法院的指令，并且将执行的结果通过恰当方式报告债权人委员会或者人民法院。

三、债权人委员会监督的办法

（一）债权人委员会的监督措施

1.债权人委员会的成员认为管理人拟通过清偿债务或者提供担保取回质物、留置物，或者与质权人、留置权人协议以质物、留置物折价方式清偿债务的理由不充分时，可以要求管理人作出补充说明。

2.债权人委员会的成员认为管理人拟通过清偿债务或者提供担保取回质物、留置物，或者与质权人、留置权人协议以质物、留置物折价方式清偿债务的决定不恰当时，有权在符合相关议事规则的情况下要求召开债权人委员会会议，通过表决相关成员提交的反对管理人实施相应行为的提案的方式，作出是否反对管理人通过清偿债务或者提供担保取回质物、留置物，或者与质权人、留置权人协议以质物、留置物折价方式清偿债务的决议，并通知管理人。

（二）债权人委员会监督的效力

债权人委员会作出反对管理人通过清偿债务或者提供担保取回质物、留置物，或者与质权人、留置权人协议以质物、留置物折价方式清偿债务的决议的，管理人应当停止通过清偿债务或者提供担保取回质物、留置物，或者停止与质权人、留置权人协议以质物、留置物折价方式清偿债务。

四、剩余价款的处理

在破产程序中，该剩余价款应当由管理人管理，并用于清偿债务人的其他债务。对于质物、留置物的市场价格,应当按照管理人委托的评估机构作出的评估价值确定。采用与质权人、留置权人协议以质物、留置物折价方式清偿债务,且质物、留置物的评估价值高于应当清偿的债权金额的,管理人应当要求债权人支付超出的部分。

【非债务人财产取回权的行使时间】 第二十六条 权利人依据企业破产法第三十八条的规定行使取回权,应当在破产财产变价方案或者和解协议、重整计划草案提交债权人会议表决前向管理人提出。权利人在上述期限后主张取回相关财产的,应当承担延迟行使取回权增加的相关费用。

◆ 条文主旨

本条旨在明确债务人之外的财产权利人行使取回权的期限及法律后果。

◆ 理解与适用

本条在理解和适用时应注意以下几个问题:

1.破产法上的取回权分为一般取回权与特别取回权。本条所称取回权是指一般取回权。一般取回权是指在管理人接管的债务人财产中有他人财产时,该财产的权利人享有的不依破产程序取回其财产的权利。

2.本条司法解释在适用时要注意以下要点:

(1)一般取回权行使的主体是债务人占有的他人财产的所有权人或者其他权利人。

①由于此时财产为债务人所占有并为管理人所接管,因此,所有权人应当对自己享有财产所有权承担举证责任。如果债务人是基于合同占有他人财产,所有权人应当拿出合同来证明自己是该项财产的所有权人。如果是基于所有权保留或者质押、留置关系,债务人占有他人财产的,

财产权利人除了要证明上述法律关系存在之外，还应当提出证据证明，自己已符合取回财产的条件。

②除所有权人之外的其他主体，虽然不是财产的所有权人，但是依法对上述财产享有占有权或者用益物权，依法律规定或者所有权人的授权，也可以向债务人主张取回权。

③如果取回权人并没有向管理人主张取回权，那么如果破产管理人已经知道该财产的归属，可以通知权利人前来取回。如果通知后对方不予回应，或者管理人无法查清该财产的归属，无法通知的，管理人应当将该财产提存，并报告受理该破产申请的人民法院。

（2）权利人应当在破产财产变价方案或者和解协议、重整计划草案提交债权人会议表决前向管理人主张取回。

①本条规定的是行使取回权的法定时间要求。"应当"体现的是取回权人的义务。

②《企业破产法》规定取回权行使的时间是"人民法院受理破产申请后"，但是并没有明确一般取回权行使的终止时间。司法解释要求权利人"应当在破产财产变价方案或者和解协议、重整计划草案提交债权人会议表决前向管理人主张取回"，是因为破产财产变价方案或者和解协议、重整计划草案提交债权人会议表决也是一个非常关键的时间点。"破产财产变价方案"是针对破产清算程序而言，"和解协议、重整计划草案"是针对和解程序和重整程序而言。在这个时间点之前，管理人的工作主要集中在债务人财产清理方面，即通过债权申报、债务清理、财产追回等核实债务人财产的范围、数量、存在形式。这项工作复杂艰难，是其他破产程序进行的前提和基础。管理人在清理债务人财产的基础上制定破产财产变价方案或者和解协议、重整计划草案往往意味着债务人财产清理阶段已经结束，如果在这个时间点之后再出现财产权利人主张取回权，债务人财产的范围就有可能发生变化，财产变价分配方案、和解协议草案和重整计划草案可能需要重新制定，使破产程序陷入被动局

面。因此，为切实保护取回权人的利益，也为了保证破产程序的顺利进行，司法解释规定，"权利人应当在破产财产变价方案或者和解协议、重整计划草案提交债权人会议表决前向管理人主张取回"。

（3）一般取回权人如果不在破产财产变价方案或者和解协议、重整计划草案提交债权人会议表决前向管理人主张取回权，其法律后果是"承担延迟行使取回权增加的相关费用"。

①没有在规定的期限内行使取回权是一种客观判断，不考虑取回权人是否能够或者愿意在此期间主张取回权，也不考虑取回权人或者他人的过错，取回权人不能以任何理由对迟延主张进行抗辩，包括不可抗力。

②"承担延迟行使取回权增加的相关费用"是指因为取回权人在破产财产变价方案或者和解协议、重整计划草案提交债权人会议表决之后向管理人主张取回权，导致破产程序费用增加，这部分增加的费用，只要是由于取回权人迟延主张权利产生的，都应当由取回权人来承担。

【非债务人财产取回权的异议与诉讼】 第二十七条　权利人依据企业破产法第三十八条的规定向管理人主张取回相关财产，管理人不予认可，权利人以债务人为被告向人民法院提起诉讼请求行使取回权的，人民法院应予受理。

权利人依据人民法院或者仲裁机关的相关生效法律文书向管理人主张取回所涉争议财产，管理人以生效法律文书错误为由拒绝其行使取回权的，人民法院不予支持。

◆ 条文主旨

本条旨在规定一般取回权人与管理人就取回权行使产生争议时而享有的诉讼权利。

理解与适用

本条在理解和适用时应注意以下几个问题：

1. 本条的规范目的是明确一般取回权行使过程中产生争议时的处理程序，保护取回权人的合法权利。一般取回权是《企业破产法》规定的一项实体性权利，该项权利在行使过程中有可能产生争议。《企业破产法》没有明确该项权利产生争议时该通过什么样的程序来解决，因此可能导致取回权人的权利得不到保障。本条司法解释就是通过赋予一般取回权人相应诉讼权利的方式，来解决一般取回权行使过程中产生的争议。司法解释条文明确了一般取回权人在行使取回权过程中，如遇到管理人拒绝或者否认，可以债务人为被告提起诉讼，人民法院应当受理此类案件。财产权利人依据人民法院或者仲裁机关的生效法律文书向管理人主张取回所涉争议财产的，管理人不得以生效法律文书错误为由拒绝其行使取回权。但是如果人民法院已决定对作为取回权依据的生效法律文书案件进行再审，管理人可以暂停取回权人取回相应财产。

2. 所有权人或者其他权利人依据《企业破产法》第 38 条向管理人主张取回相关财产，管理人不予认可的情形通常包括：

（1）作为权利人主张取回权依据的仓储、保管、加工承揽、委托、信托、代销、借用、寄存、租赁等合同关系被管理人否认或者不承认所占有的财产与上述合同标的相同，或者否认权利人的合同主体资格等管理人与权利人发生争议；

（2）管理人与权利人对所有权保留合同或者让与担保合同中物权是否发生转移，权利人是否享有物权发生争议；

（3）债务人作为质押权人或者留置权人占有他人财产，财产权利人与管理人就是否应当返还质押物或者留置物发生争议；

（4）债务人占有他人享有用益物权的不动产，管理人与权利人就权利归属或者是否应当归还发生争议；

（5）他人以享有合法的占有权或者受财产所有权人委托为由向管理人主张取回权，管理人与权利人对占有权是否存在以及占有人是否有权主张取回权发生争议；

（6）权利人以债务人占有财产构成不当得利为由，向管理人主张取回权，管理人与权利人对占有该项财产是否构成不当得利产生争议；

（7）权利人以债务人占有财产构成无因管理为由，向管理人主张取回权，管理人与权利人对是否构成无因管理或者财产返还条件有争议等。

【非债务人财产取回权行使的对待给付】 第二十八条 权利人行使取回权时未依法向管理人支付相关的加工费、保管费、托运费、委托费、代销费等费用，管理人拒绝其取回相关财产的，人民法院应予支持。

◆ 条文主旨

本条旨在规定取回权人行使取回权时所负有的对待给付义务。

◆ 理解与适用

本条在理解和适用时应当注意以下几个问题：

1.本条的规范目的在于明确取回权行使的条件，规范取回权的行使，保护债务人财产不受损失。

2.取回权人支付的相关费用应当仅限于债务人有权占有和善意占有的情形，如果债务人是恶意占有他人财产，不能请求支付上述费用，取回权人可直接主张取回自己的财产。权利人要求行使取回权时，管理人可以要求支付的费用的情形只能适用于债务人占有他人财产是有权占有及善意占有的情形，如果债务人是恶意占有，则不能请求支付上述费用，债务人应当无条件返还取回权人的财产，给权利人造成损失的，还应当对权利人进行赔偿。

2. 管理人以权利人不支付合理的必要费用为由拒绝权利人行使取回权的权利基础可能是同时履行抗辩权，也可能是留置权。

同时履行抗辩权，是指在没有规定履行顺序的双务合同中，当事人一方在另一方未为对待给付前，有权拒绝先为给付。

留置权是指债权人按照合同的约定占有债务人的动产，债务人不按照合同约定的期限履行债务的，债权人有权依照法律规定留置财产，以该财产折价或者以拍卖、变卖该财产的价款优先受偿。留置权是一种法定的担保物权，破产债务人基于保管合同、运输合同、仓储合同等合法占有他人财产，委托人未依合同约定支付保管费、托运费的，债务人（保管人或承运人）依法行使留置权。当留置权所担保的债权消灭或债权虽未消灭，但财产权利人另行提供担保时，留置权人有义务将留置物返还于权利人。在上述条件未具备时，管理人就可以享有留置权为由，拒绝权利人行使取回权。

🏷 典型案例

法院受理破产申请后，权利人可以通过管理人取回债务人占有的不属于债务人的财产

——广东省始兴县造纸实业总公司申请破产案

案例要旨：人民法院受理破产申请后，已经开始而尚未终结的有关债务人的民事诉讼或者仲裁应当中止；在管理人接管债务人的财产后，该诉讼或者仲裁继续进行。

来源：法信精选

【需及时变现财产取回权的行使】**第二十九条** 对债务人占有的权属不清的鲜活易腐等不易保管的财产或者不及时变现价值将严重贬损的财产，管理人及时变价并提存变价款后，有关权利人就该变价款行使取回权的，人民法院应予支持。

条文主旨

本条旨在规定，管理人对债务人占有的权属不清的不易保管或可能严重贬值的他人财产，在权利人行使取回权之前可对相关财产进行变价提存，取回权人则就财产变价款行使取回权。

理解与适用

由于管理人对债务人占有的他人财产进行变现提存可能损害权利人的利益，因此，在适用本制度时应当非常谨慎。只有在符合以下几个条件时，管理人才可以将债务人占有的他人财产变现提存：

1. 债务人占有的他人财产权属不清。权属不清是指债务人占有的财产不属于债务人，但是又不清楚真正的权利人。如果债务人占有的他人财产有明确的权利人，管理人应当通知权利人行使取回权，原则上不适用变现提存的规定。

2. 权属不清的财产属于鲜活易腐不易保管的财产或者不及时变现价值将严重贬损的财产。鲜活易腐的财产是指在一般保管、运输条件下易于死亡或变质腐烂的物品。不及时变现价值将严重贬损的财产是指财产的价值会随着时间推移而严重丧失，虽财产本身并无变质腐败之患，但市场价值却会大幅降低。不具有以上属性的财产不适用变现提存的规定。管理人不当适用变现提存的权利，致使权利人利益受损的，可依本解释第33条的规定，向管理人主张赔偿请求。

3. 管理人的变现提存的行为和程序应当合法。管理人通常无权处分债务人之外的他人财产。在符合法律规定可以变现提存的条件时，管理人还应当遵循关于提存的程序性规定。

（1）管理人应当通过法定程序和方式将鲜活易腐不易保管的财产变现。

（2）管理人应当向提存机构提出申请，提存书上应载明提存人的名称,提存物的名称、种类、数量。

(3)经提存机构同意。

(4)提存机构授予管理人提存证书。

(5)权利人向管理人主张取回权时,管理人可将提存证书交给权利人,权利人可持提存证书到提存机构提取财产的变价款。提存的费用由权利人承担。

【违法转让构成善意取得时原财产权利人的权利行使】 第三十条 债务人占有的他人财产被违法转让给第三人,依据物权法第一百零六条的规定第三人已善意取得财产所有权,原权利人无法取回该财产的,人民法院应当按照以下规定处理:

(一)转让行为发生在破产申请受理前的,原权利人因财产损失形成的债权,作为普通破产债权清偿;

(二)转让行为发生在破产申请受理后的,因管理人或者相关人员执行职务导致原权利人损害产生的债务,作为共益债务清偿。

🏷 条文主旨

本条旨在规定债务人、管理人非法处分他人财产于第三人,第三人构成善意取得情形时,原财产权利人无法行使取回权的补救方式。

🏷 理解与适用

一、本条的规范目的

本条的目的在于明确债务人占有的他人财产,被非法转让给第三人,而第三人构成善意取得情形下,原财产权利人取回权无法行使的补救方式。其规范目的在于协调、保护善意第三人和取回权人的合法权益,维持交易秩序。

二、破产申请受理前的无权处分受让人构成善意取得的处理

1. 破产申请受理前债务人占有的他人财产被非法转让,受让人构成善意取得的,原财产权利人只能以自己的财产损失通过申报债权的方式来得到救济。在无处分权人(债务人)出现破产事由的情形下,债务人的财产已不能支付所有债权人的债权。此时,损害赔偿请求权和其他债权一样,没有优先效力,原财产权利人只能和其他债权人一样,通过向管理人申报债权的方式。在债务人没有财产,或者破产清偿率较低的情况下,原财产权利人的损失显然得不到充分的保障。

2. 原财产权利人在申报债权时,债权额应如何确定呢?本条司法解释将申报债权的基础定义为"财产损失形成的债权"。在界定财产权利人的"财产损失"时,应当以被非法转让的财产原值为基础确定损失额,不能简单地以债务人将原财产转让给第三人的转让价来确定。

三、破产申请受理后的无权处分受让人构成善意取得的处理

1. 破产申请受理后管理人非法转让债务人占有的他人财产,受让人构成善意取得,原财产权利人的损失作为共益债务来处理,由债务人财产随时清偿。

2. 相对于破产申请受理之前财产被非法转让而言,破产申请受理之后财产被非法转让的实施主体是管理人,管理人处分财产的行为通常表现为一种职务行为。

3. 破产管理人因职务行为非法处分他人财产给他人造成损失的,根据《企业破产法》第42条的规定,属于"管理人或相关人员执行职务致人损害所产生的债务",应当作为共益债务处理,由债务人财产随时清偿。共益债务是指在破产程序中为了全体债权人的共同利益而发生的各种债务。共益债务在清偿时优先于其他债权,包括普通债权、对债务人特定财产享有担保权的债权和劳动债权,在发生时随时由债务人财产进行支付,不需要参加破产分配程序。

4. 对于共益债务是否需要申报,《企业破产法》没有规定。目前较

多的意见认为，债权人认为其债权应当列入共益债务的，同样需要申报。因为共益债务与劳动债权、破产费用不能相提并论，不具有后者的确定性，因此，权利人应当向管理人申报债权，管理人再决定是否列入共益债务。对共益债务是否存在以及金额发生争议的，应当向受理破产案件的人民法院提起诉讼。

🏷 典型案例

未经登记的不动产物权变动不发生法律效力
——赵五保与天津市新厦房地产开发经营公司破产清算组、天津市嘉盛房屋置换有限责任公司、刘立华确认房屋所有权纠纷上诉案

案例要旨：当事人之间转让不动产的合同，自合同成立时生效，未办理物权登记的，不影响合同效力。但国家对不动产实行统一登记制度。不动产的物权变动应当依法进行登记才能发生法律效力；未经登记，不发生法律效力。

来源：法信精选

【违法转让未构成善意取得时受让人的权利行使】**第三十一条** 债务人占有的他人财产被违法转让给第三人，第三人已向债务人支付了转让价款，但依据物权法第一百零六条的规定未取得财产所有权，原权利人依法追回转让财产的，对因第三人已支付对价而产生的债务，人民法院应当按照以下规定处理：

（一）转让行为发生在破产申请受理前的，作为普通破产债权清偿；

（二）转让行为发生在破产申请受理后的，作为共益债务清偿。

🏷 条文主旨

本条旨在规定债务人占有的他人财产被违法转让给第三人，第三人已经向债务人支付转让价款，但因不构成善意取得，财产被原财产权人

追回的情形下第三人的权利保护问题。

🏷 理解与适用

一、关于损失额的确定

1. 本条司法解释将第三人向管理人申报债权的损失额和列为共益债务的损失额均表述为"已支付对价"形成的债权债务损失，对此不能狭隘地理解为损失就是第三人支付的对价。

损失还应包括所有因履行合同而支付对价产生的各种损失，包括但不限于价款及利息。按照我国《合同法》的规定，民事损害赔偿除交通运输等领域限额赔偿之外，原则上应当遵循完全赔偿原则。

2. 根据完全赔偿原则，违约方应赔偿受害人的实际损失和可得利益的损失。但完全赔偿并不意味着各种损害都应当赔偿。对于赔偿范围的确定在遵循完全赔偿原则的基础上还应当遵循合理预见规则。合理预见规则的适用应注意三点：（1）合理预见规则是限制包括实际损失和可得利益损失的损失总额的规则，不仅仅用以限制可得利益的损失。（2）合理预见规则不适用于约定损害赔偿。（3）是否预见到或者应当预见到的可能损失，应当根据订立合同时的事实或情形加以判断。

3. 因损害赔偿请求权的行使受诉讼时效的限制。因此，第三人应在知道或者应当知道自己权利受到损害之日起2年内行使上述请求权。

二、破产申请受理前非法转让行为的第三人之权利保护

债务人占有的他人财产被违法转让给第三人，第三人已经向债务人支付转让价款，但又不构成善意取得时，如果转让行为发生在破产申请受理前，第三人可就其已支付对价损失形成的债权，作为普通破产债权申报。

三、破产申请受理后非法转让行为的第三人之权利保护

转让行为发生在破产申请受理之后，债务人占有的他人财产被管理人及其相关人员违法转让给第三人。第三人已经支付转让价款但又不构

成善意取得时,第三人可以就其已支付对价所产生的债务向债务人主张损害赔偿请求。由于该部分损失是由管理人及其相关人员在履行职责过程中的不当行为产生,故应当作为共益债务,由债务人财产随时清偿。此种情形下,第三人如同其构成善意取得情形下原财产权利人享有的权利一样,此处不再赘述。

🏷 典型案例

善意取得的受让人须不知出卖人无权处分且支付合理对价

——大连海洋大学诉大连三阳渔业有限公司、大连水产集团有限公司破产清算组船舶权属纠纷案

案例要旨:除公法上的没收、征用、捕获等原因以及民法上的混同、抛弃等原因外,导致船舶所有权消灭的原因主要表现为船舶灭失、船舶转让和船舶被法院拍卖。善意取得的受让人必须具有不知道出卖人无权处分的善意,并且支付合理的对价,否则不能认定为善意取得。

来源:法信精选

【占有物毁损、灭失时代偿性取回权的行使】**第三十二条** 债务人占有的他人财产毁损、灭失,因此获得的保险金、赔偿金、代偿物尚未交付给债务人,或者代偿物虽已交付给债务人但能与债务人财产予以区分的,权利人主张取回就此获得的保险金、赔偿金、代偿物的,人民法院应予支持。

保险金、赔偿金已经交付给债务人,或者代偿物已经交付给债务人且不能与债务人财产相区分的,人民法院应当按照以下规定处理:

(一)财产毁损、灭失发生在破产申请受理前的,权利人因财产损失形成的债权,作为普通破产债权清偿;

(二)财产毁损、灭失发生在破产申请受理后的,因管理人或者相关

人员执行职务导致权利人损害产生的债务，作为共益债务清偿。

债务人占有的他人财产毁损、灭失，没有获得相应的保险金、赔偿金、代偿物，或者保险金、赔偿物、代偿物不足以弥补其损失的部分，人民法院应当按照本条第二款的规定处理。

◆ 条文主旨

本条旨在规定代偿取回权的行使途径、方式及补救方法。

◆ 理解与适用

一、代偿取回权的标的

能否行使代偿取回权，不宜以代偿财产是种类物还是特定物来区分。只要代偿财产是针对原取回权标的物之灭失而作出的对待给付，且能够与破产财产相区分，就应当允许权利人对代偿财产行使取回权。也就是说，即便代偿财产是种类物或者价金、保险金、补偿金，但如果通过某种判断，可以和破产财产区分清楚，就应当允许取回权人行使代偿取回权。

代偿取回权的标的分为三类：（1）特定物。（2）种类物或特定金额。（3）原财产被转让而受让人尚未支付对价时，管理人取得的对受让人的请求权。

二、代偿取回权产生的原因

代偿取回权产生的原因既可以由债务人或者管理人不当转让取回权人的财产形成，也可以因自然原因、第三人原因造成。

1. 由债务人转让取回权人的财产发生的代偿取回权。

2. 由管理人转让取回权人的财产发生的代偿取回权。

3. 取回权人的财产因自然原因或者第三人原因遭遇毁损灭失后的代偿取回权。

三、代偿取回权的行使

（一）代偿取回权行使的途径

代偿取回权的行使可以通过诉讼和非诉讼途径来行使。如果代偿财产处于管理人的控制之下，并且管理人对权利人的权利予以承认，权利人可通过管理人直接行使对代偿财产的取回权。此外，按照我国破产法关于债权人委员会的职权设置，取回权人要求行使代偿取回权的，应受到债权人委员会的监督。

（二）代偿取回权行使的方式

根据代偿财产的形态，代偿取回权行使可分为以下几种情况：

1. 代偿财产是特定物，并且该特定物仍然现存于管理人控制的破产财团之中的，权利人可以向管理人提出请求，直接行使取回权。

2. 代偿财产是种类物或者特定金额。对种类物和特定金额行使代偿取回权应符合以下几个要件：（1）请求对种类物或者特定金额行使代偿取回权的主体必须是原来享有取回权的权利人。（2）种类物或特定金额能够同破产财产严格区分，不存在损害其他债权人利益的危险。（3）种类物或者特定金额是针对原取回权标的替代形态，与原取回权标的毁损灭失或者转让有直接因果关系。

3. 取回权人财产被破产人或者管理人转让，受让人尚未返还财产或者支付对价。

（三）代偿取回权与重整程序的关系

《企业破产法》第76条规定了一般取回权的行使会受到重整程序的限制。那么，上述重整程序中对一般取回权行使的限制是否及于代偿取回权呢？该条规定不应适用于对代偿取回权的限制。因为代偿取回权以他人财产的灭失为前提。代偿取回权行使时，原财产已不存在，管理人占有的代偿财产已失去合同依据，代偿财产也不一定符合债务人原来设定的使用目的，故应允许取回权人行使代偿取回权。如果在重整期间，出于重整计划的需要或者资金紧缺，不能及时返还他人代偿财产的，应事先取得取回权人同意或者另行签订合同。

四、占有物毁损、灭失时代偿物欠缺时的权利行使

债务人占有他人财产发生毁损、灭失，如果财产毁损、灭失具有代偿财产，债务人可以将代偿财产交付给权利人，如果财产的毁损、灭失没有代偿财产或者代偿财产不足，财产权利人应当依据债务人占有财产期间所应承担的保管义务的大小，向债务人主张赔偿请求。

1. 如果债务人的保管义务是基于保管、运输、委托、借用、加工承揽等合同而产生，财产发生毁损、灭失，没有代偿财产，债务人向权利人承担赔偿责任范围应当包括：原财产的价值；原财产产生的利息、孳息；按照合同约定，财产权利人可得利益损失；因维护权利而产生的必要费用等。

2. 如果债务人是基于不当得利或者无因管理等原因占有权利人财产，此期间财产发生毁损、灭失而无法返还的，此种情形下，由于债务人只负有将现存财产返还的义务，因此，如果债务人已尽到了一般注意义务，则权利人主张的赔偿范围也仅限于财产的现存价值损失，包括原财产产生的利息、孳息，债务人在支付上述损失时还可以要求扣除维护、保管等必要费用。

3. 如果债务人是基于盗窃、侵占等原因非法且恶意占有权利人财产，财产毁损、灭失之后，权利人请求债务人赔偿财产的范围就不限于现存价值，而是包括财产的原值和利息、孳息及其他直接经济损失，债务人无权要求扣除维护、保管等必要费用，也不能主张扣除有益支出费用。

典型案例

广东富邦融资租赁有限公司与东莞安加鞋业有限公司、东莞登富鞋业有限公司普通破产债权确认纠纷案

关键词：财产毁损、灭失；代偿物；普通破产债权

来源：法信精选

【占有物转让、毁损、灭失时管理人等的责任】**第三十三条** 管理人或者相关人员在执行职务过程中,因故意或者重大过失不当转让他人财产或者造成他人财产毁损、灭失,导致他人损害产生的债务作为共益债务,由债务人财产随时清偿不足弥补损失,权利人向管理人或者相关人员主张承担补充赔偿责任的,人民法院应予支持。

上述债务作为共益债务由债务人财产随时清偿后,债权人以管理人或者相关人员执行职务不当导致债务人财产减少给其造成损失为由提起诉讼,主张管理人或者相关人员承担相应赔偿责任的,人民法院应予支持。

条文主旨

本条旨在规定管理人或者相关人员在因故意或者重大过失不当转让他人财产或者造成他人财产毁损、灭失时应当承担的法律责任。

理解与适用

一、本条的规范目的解读

本条的目的是通过明确管理人或者相关人员在因故意或者重大过失不当转让他人财产或者造成他人财产毁损、灭失时应当承担的法律责任,来平衡债权人、债务人以及取回权人之间的利益关系,保护财产权利人和债权人的利益。根据《企业破产法》第42条的规定,管理人或者相关人员执行职务致人损害所产生的债务作为共益债务,由债务人财产随时予以清偿,以优先保障此类债权人权利的实现。但是,如果债务人财产不足以清偿该债务的,管理人或者相关人员基于其履行职责的故意或者重大过失应对权利人承担补充赔偿责任。这里将管理人或者相关人员承担责任限定在故意或者重大过失的前提下。如果管理人或者相关人员不存在故意或者重大过失的,则权利人的权利仅能在债务人财产中作为共益债务获得清偿。即使债务人财产不足以清偿该债务的,管理人或者相关人员也不承担责任。另外，在管理人或者相关人员不当履行职责致人损害形成的债务作为共益债务由债务人财产清偿后，因管理人或者相关人员对此债务的形成负有责任，因此，因债务人财产清偿上述债务造成的债务人财产减少的部分，即为管理人或者相关人员不当履行职责给全体债权人造成的损失。因此，债权人有权要求管理人或者相关人员承担该部分损失。

二、管理人及相关人员是否构成故意或重大过失的判断

按照我国《企业破产法》第130条的规定，管理人承担民事赔偿责任的基础是违反了忠实、勤勉义务。因此，判断管理人的行为是否构成"故意"和"重大过失"，要结合管理人是否尽到忠实、勤勉义务来综合判断。

1.在破产管理人承担的民事义务中，破产管理人所承担的忠实义务居于首要位置。在实践中，破产管理人的忠实义务常有以下表现形式：（1）破产管理人不得因自己的身份而受益；（2）破产管理人不得收受贿赂、某种秘密利益或所允诺的其他好处；（3）破产管理人必须严守竞业禁止原则；（4）破产管理人非经允许不得泄漏破产业务的商业秘密；（5）破产管理人不得侵吞破产财产及其掌握的其他财产（如别除权的标的财产）；（6）破产管理人不得利用破产财团的信息和商事机会。破产管理人的忠实义务采用了客观的标准，无须深入考察破产管理人的主观意图，违反忠实义务的认定相对简单和直接。

2.勤勉义务的核心内容是一般注意义务。在实践中，破产管理人的注意义务具体表现为：（1）谨慎接管债务人移交的全部财产和与财产有关的一切账册文件；（2）对破产财团的管理处分，包括保管清理破产财产、继续经营债务人事业等；（3）对破产债权的调查审查；（4）对取回权、别除权的标的物的善管义务；（5）尽心处理各种诉讼仲裁活动；（6）依法变价和分配破产财产；（7）向法院、债权人和其他利害关系人报告工作和通告信息；（8）请求召开债权人会议；（9）审慎选择委托提供相关服务的专业人士；(10) 与破产程序相关的其他注意义务。破产管理人除了要承担其作为破产管理人的注意义务以外，还要承担其他法律上的注意义务。

三、向管理人或者相关人员主张赔偿责任的条件和顺序

依据本条规定要求管理人或者相关人员承担赔偿责任要符合规定的条件，并且按照一定的顺序进行。

1. 在适用本条规定时，应当首先将管理人或者相关人员从事的非职务行为或者无过错行为、一般过错行为排除在外。其次，在确定管理人及相关人员的职务行为构成"故意"或"重大过失"的情况下，应首先将其损失按《企业破产法》第42条的规定列入共益债务，由债务人财产随时清偿。在债务人财产严重不足，其损失列为共益债务仍不能满足权利人请求时，才可以向管理人或者其他相关人员提出损害赔偿请求。

2. 因共益债务的列支而致债务人财产的减少，普通债权人受到的损害与管理人或者相关人员有直接的关系，故其可以向管理人或者相关人员提出赔偿请求。管理人或者相关人员的赔偿责任应限于其过错导致的债务人财产减少，且受到"可预见规则"和"赔偿限额"的限制。甚至有观点认为，管理人或者相关人员赔偿的范围一般不应超过其所取得的报酬。

【所有权保留买卖合同的挑拣履行】**第三十四条** 买卖合同双方当事人在合同中约定标的物所有权保留，在标的物所有权未依法转移给买受人前，一方当事人破产的，该买卖合同属于双方均未履行完毕的合同，管理人有权依据企业破产法第十八条的规定决定解除或者继续履行合同。

🏷 **条文主旨**

本条旨在规定所有权保留买卖合同的一方当事人破产时，管理人能否决定解除或者继续履行合同。

🏷 **理解与适用**

一、本条的规范目的解读

本条是要解决《企业破产法》第 18 条规定之管理人对未履行完毕合同的选择权中"所有权保留买卖合同的挑拣履行"的问题。《企业破产法》第 18 条之所以规定债务人的管理人对未履行完毕的合同有解除权，是因为债务人已经进入破产程序，在很多情况下已经不再具备继续履行合同的能力，尤其是在债务人进入破产清算程序后，原则上只应在清算目的范围内活动，所以对未履行完毕的合同可以决定不再履行。但是，对于所有权保留合同如何认定其未履行完毕，在出卖人、买受人破产的不同情形下如何处置，《合同法》和《企业破产法》中均未有明确的规定，实践中也有不同的做法。因此，本条司法解释对所有权保留买卖合同未履行完毕的认定标准以及管理人解除或者继续履行的选择权作出了规定。

二、出卖人或者买受人的管理人挑拣履行所有权保留买卖合同的法律适用

（一）所有权保留买卖合同尚未履行完毕的认定标准

所有权保留买卖合同尚未履行完毕的认定标准有二：（1）买受人尚未支付价款或者其他义务；（2）出卖人尚未转移标的物的所有权至买受人。

（二）一方当事人破产时其管理人有权挑拣履行所有权保留买卖合同

可以从以下四个方面分析管理人对于未履行完毕的所有权保留买卖合同的解除选择权：

1. 管理人基于债务人财产最大化的目的具有挑拣履行合同的决定权，可以要求对方当事人继续履行合同，或者单方解除合同。

2. 管理人有权决定选择的对象是破产申请受理前双方当事人均未履

行完毕的合同，不包括一方履行完毕、另一方当事人未履行完毕的合同。

3. 管理人的决定权受到一定限制。一方面，表示履行的意思表示必须明示并通知对方当事人，而且必须在自破产申请受理之日起两个月内通知；另一方面，为保障对方当事人的合法权益，管理人要求对方当事人履行合同时必须满足对方当事人的担保请求。

4. 所有权保留买卖合同不适用不动产。《最高人民法院关于审理买卖合同纠纷案件适用法律问题的解释》第34条明确规定："买卖合同当事人主张合同法第一百三十四条关于标的物所有权保留的规定适用于不动产的，人民法院不予支持。"该司法解释的规定应当适用于破产程序，因此，所有权保留买卖合同在破产程序中也不能适用于不动产。

典型案例

泰州扬光金属结构有限公司与江苏鑫吴输电设备制造有限公司加工合同纠纷

关键词：破产清算；所有权保留买卖合同；共益债务

来源：法信精选

【出卖人破产决定继续履行合同时买卖合同出卖人取回权的行使】

第三十五条 出卖人破产，其管理人决定继续履行所有权保留买卖合同的，买受人应当按照原买卖合同的约定支付价款或者履行其他义务。

买受人未依约支付价款或者履行完毕其他义务，或者将标的物出卖、出质或者作出其他不当处分，给出卖人造成损害，出卖人管理人依法主张取回标的物的，人民法院应予支持。但是，买受人已经支付标的物总价款百分之七十五以上或者第三人善意取得标的物所有权或者其他物权的除外。

因本条第二款规定未能取回标的物，出卖人管理人依法主张买受人继续支付价款、履行完毕其他义务，以及承担相应赔偿责任的，人民法院应予支持。

🏷 条文主旨

本条旨在规定出卖人管理人决定继续履行所有权保留买卖合同的情形下行使出卖人取回权的条件及其法律后果。

🏷 理解与适用

一、本条的规范目的解读

本条规定的目的，是要解决所有权保留合同的出卖人破产的情形下，《企业破产法》第18条规定之出卖人管理人对未履行完毕合同的继续履行选择权和《合同法》第134条规定之出卖人取回权之间的衔接、配合。在出卖人破产的情形下，由于出卖人是债权人，不存在债权加速到期的事由，因此出卖人管理人选择继续履行合同时，买受人应当依照合同约定的付款期限或者其他义务的履行期限继续履行；同时，出卖人在买受人履行合同义务的情形下，其合同权利方能实现，如果买受人违约或者有侵害出卖人合同权利的行为，出卖人管理人可以通过行使合同法上规定的取回权来维护自身的合法权利。因此，本条司法解释对未履行完毕的所有权保留买卖合同中出卖人破产时，管理人选择继续履行和行使合同法上取回权的条件及法律后果作出了规定，以及时有效地最大化债务人的财产。

二、出卖人破产时管理人决定继续履行合同和行使取回权的法律适用

（一）出卖人破产时管理人有权选择继续履行所有权保留买卖合同

1.出卖人破产时，管理人决定继续履行所有权保留买卖合同的，应当及时以书面形式通知买受人。如果管理人自破产申请受理之日起2个

月内未通知买受人,则买受人可以视为管理人选择了解除合同。同时,在此种情形下,买受人也可以向管理人发出书面催告,管理人自收到买受人催告之日起30日内未答复的,买受人也可以视为管理人选择了解除合同。

2.管理人决定继续履行合同的,买受人应当履行。由于是出卖人破产,不存在债权加速到期的情形,所以买受人应当按照买卖合同约定的期限、方式履行支付价款或者其他义务。

(二)买受人有违约或者危害债权行为时出卖人管理人可以行使取回权

出卖人行使取回权可以采取两种方式:(1)通过实施合同约定条款和事后协商的方式请求买受人返还标的物;(2)申请人民法院直接强制执行协议内容的方式请求买受人返还标的物。

(三)买受人的回赎权和出卖人管理人的再卖权

《买卖合同司法解释》中有关买受人的回赎权和出卖人的再卖权的规定在破产程序中应当予以适用。

1.买受人的回赎权是指所有权保留买卖中出卖人对标的物行使取回权后,在一定期间内买受人支付价款或完成其他条件后享有的重新占有标的物的权利。行使回赎权的结果是使买受人可以依契约之约定履行债务并完成所有权取得之条件,同时继续占有使用标的物。

2.买受人在回赎期间内没有回赎标的物的,出卖人可以另行出卖标的物。

【出卖人破产决定解除合同时出卖人追收权利的行使】第三十六条 出卖人破产,其管理人决定解除所有权保留买卖合同,并依据企业破产法第十七条的规定要求买受人向其交付买卖标的物的,人民法院应予支持。

买受人以其不存在未依约支付价款或者履行完毕其他义务,或者将标的物出卖、出质或者作出其他不当处分情形抗辩的，人民法院不予支持。

买受人依法履行合同义务并依据本条第一款将买卖标的物交付出卖人管理人后，买受人已支付价款损失形成的债权作为共益债务清偿。但是，买受人违反合同约定，出卖人管理人主张上述债权作为普通破产债权清偿的，人民法院应予支持。

条文主旨

本条旨在规定出卖人管理人决定解除所有权保留买卖合同时，出卖人管理人要求买受人交付买卖标的物的条件及其法律后果。

理解与适用

一、本条的规范目的解读

本条规定是解决所有权保留买卖合同的出卖人破产时，《企业破产法》第18条规定之出卖人管理人对未履行完毕合同行使解除权后如何追收买卖标的物以及买受人已支付价款如何清偿的问题。出卖人破产，出卖人管理人决定解除合同的，买受人以自身不存在违约或者侵害合同权利的行为进行抗辩时，在理论上有不同观点。此外，买受人把标的物交付给出卖人管理人后，其已经支付的价款如何清偿也需进一步予以明确。本条司法解释对出卖人管理人的解除权以及行使解除权之后买卖标的物的交付和买受人已经支付价款债权的处理等问题作出了明确规定。

二、出卖人破产时管理人决定解除合同和收回买卖标的物的法律适用

1.出卖人破产，出卖人管理人决定解除合同的，原买卖合同不再履行。对于出卖人而言，其基于标的物所有权尚未转移至买受人所有的事实，其有权依据《企业破产法》第17条的规定，将属于出卖人的财产追回后作为债务人财产。

2. 出卖人管理人要求买受人向其交付买卖标的物，是基于所有权保留的约定。因为其对买卖标的物仍然享有所有权，在合同解除后，出卖人管理人有权向买受人追回相关财产，此时并非买卖合同出卖人取回权的行使。

3. 买卖合同解除后，一方面，出卖人应当依法追回所有权尚属于出卖人的标的物；另一方面，出卖人应当将买受人已经支付其的相应价款返还给买受人。但是，由于此时出卖人已经进入破产程序，买受人作为出卖人的债权人，基于出卖人返还价款损失形成的债权，应当区分买受人是否存在违约行为而确定其清偿地位。

4. 须注意的是，无论在何种情形下，出卖人就该买卖标的物价值贬损的部分，可以从买受人已经支付价款中予以扣除。

【买受人破产决定继续履行合同时买卖合同出卖人取回权的行使】
第三十七条 买受人破产，其管理人决定继续履行所有权保留买卖合同的，原买卖合同中约定的买受人支付价款或者履行其他义务的期限在破产申请受理时视为到期，买受人管理人应当及时向出卖人支付价款或者履行其他义务。

买受人管理人无正当理由未及时支付价款或者履行完毕其他义务，或者将标的物出卖、出质或者作出其他不当处分，给出卖人造成损害，出卖人依据合同法第一百三十四条等规定主张取回标的物的，人民法院应予支持。但是，买受人已支付标的物总价款百分之七十五以上或者第三人善意取得标的物所有权或者其他物权的除外。

因本条第二款规定未能取回标的物，出卖人依法主张买受人继续支付价款、履行完毕其他义务，以及承担相应赔偿责任的，人民法院应予支持。对因买受人未支付价款或者未履行完毕其他义务，以及买受人管理人将标的物出卖、出质或者作出其他不当处分导致出卖人损害产生的债务，出卖人主张作为共益债务清偿的，人民法院应予支持。

条文主旨

本条旨在规定买受人管理人决定继续履行所有权保留买卖合同时，出卖人行使取回权的条件及其法律后果。

理解与适用

一、本条的规范目的解读

本条是对买受人破产的情形下，管理人决定继续履行合同时，相关权利义务作出的规定。所有权保留买卖合同的买受人破产时，该合同义务存在加速到期的情形，因此买受人管理人应当及时履行合同义务，否则出卖人可以根据《合同法》第134条的规定行使合同法上的取回权。本条司法解释对出卖人行使取回权及其限制条件作出了明确规定。此外，出卖人行使取回权未能取回标的物的情形下，出卖人如何维护自身权益，其形成的债权地位如何确定也需要予以明确。本条司法解释对此也作出了明确规定。

二、买受人管理人决定继续履行合同和出卖人取回标的物的法律适用

1. 买受人进入了破产程序，原约定的履行期限自破产申请受理之日加速到期。买受人管理人应当及时向出卖人支付尚未支付的全部价款或者履行完毕其他义务。买受人管理人支付完毕全部价款或者履行完毕全部义务后，该买卖标的物归入债务人财产。

2. 如果买受人管理人无正当理由未及时履行支付价款或者其他义务的，构成对买受人的违约，出卖人可以依据《合同法》的相关规定行使合同取回权。在这里需要注意的是，出卖人行使的取回权是合同取回权，而非破产取回权，所以出卖人行使取回权时应当受到《合同法》及其司法解释、《物权法》的限制。

（1）出卖人的取回权应当受到"买受人已经支付的价款达到标的物

总价款的75%以上"的限制。

（2）出卖人的取回权受到善意取得制度的限制。

（3）出卖人行使取回权但未能取回标的物的，出卖人可以依据所有权保留买卖合同要求买受人管理人继续履行合同义务并承担违约责任。

（4）出卖人不能行使取回权的情形下，其因买受人及其管理人造成的损失债权可以作为共益债务予以清偿。

【买受人破产决定解除合同时出卖人破产取回权的行使】 第三十八条　买受人破产，其管理人决定解除所有权保留买卖合同，出卖人依据企业破产法第三十八条的规定主张取回买卖标的物的，人民法院应予支持。

出卖人取回买卖标的物，买受人管理人主张出卖人返还已支付价款的，人民法院应予支持。取回的标的物价值明显减少给出卖人造成损失的，出卖人可从买受人已支付价款中优先予以抵扣后，将剩余部分返还给买受人；对买受人已支付价款不足以弥补出卖人标的物价值减损损失形成的债权，出卖人主张作为共益债务清偿的，人民法院应予支持。

条文主旨

本条旨在规定买受人管理人决定解除所有权保留买卖合同时出卖人行使破产取回权的条件及其法律后果。

理解与适用

一、本条的规范目的解读

本条规定是解决在所有权保留买卖合同中买受人破产的情形下，管理人决定解除合同时，出卖人行使取回权的各种具体问题。买受人破产的，买受人管理人决定解除合同的，根据买卖双方合同的特别约定，出卖人对买卖标的物享有所有权。因此，出卖人有权依据《企业破产法》

第38条的规定，取回该标的物。但是在出卖人行使取回权时，如何平衡双方之间的权益，则有认识上的差异。因此，本条对买受人管理人行使解除权、出卖人行使取回权时双方利益的平衡作出了具体规定。

二、买受人管理人决定解除合同和出卖人行使取回权的法律适用

1. 买受人管理人解除合同的，应当按照《企业破产法》第18条的规定，及时解除合同，并通知出卖人。出卖人自买受人管理人决定解除合同的通知到达后，可以向买受人的管理人行使取回权，并可以按照《合同法》和所有权保留买卖合同的规定，主张买受人管理人赔偿损失。

2. 在这里还需特别注意的问题是，即使买受人已支付标的物总价款75%以上，而其没有完全按照合同约定支付完毕全部价款或者完成其他义务的，买卖标的物所有权仍然归出卖人所有，在此情形下，出卖人基于其对标的物的所有权，当然有权在买受人破产时行使破产法下的取回权，而这个取回权的行使不受《最高人民法院关于审理买卖合同纠纷案件适用法律问题的解释》第36条的限制。

3. 出卖人因为买卖标的物贬损而形成的损失债权，首先以买受人已支付价款予以弥补，不足以弥补的损失债权再按照共益债务由买受人管理人予以随时清偿。

【在途标的物取回权的行使】 **第三十九条** 出卖人依据企业破产法第三十九条的规定，通过通知承运人或者实际占有人中止运输、返还货物、变更到达地，或者将货物交给其他收货人等方式，对在运途中标的物主张了取回权但未能实现，或者在货物未达管理人前已向管理人主张取回在运途中标的物，在买卖标的物到达管理人后，出卖人向管理人主张取回的，管理人应予准许。

出卖人对在运途中标的物未及时行使取回权，在买卖标的物到达管理人后向管理人行使在运途中标的物取回权的，管理人不应准许。

条文主旨

本条旨在规定出卖人行使在途标的物取回权的条件及其法律后果，以及出卖人未及时行使在途标的物取回权的法律后果。

理解与适用

一、我国出卖人取回权制度

买受人破产时，出卖人行使在途货物取回权的法理基础有二：（1）《合同法》第 308 条规定的中途停运权。该条规定比较简单，不能完整、全面解决中途停运权的法律问题。（2）《企业破产法》第 39 条规定的出卖人在途标的物取回权。根据该条的规定，出卖人行使中途停运权，并取回在途标的物的条件有三：（1）法院受理破产申请时买卖标的物处于在运途中；（2）出卖人尚未收到全部买卖价款；（3）管理人未主张付清价款请求交付标的物。但是该条规定仍然较为原则，一些问题仍未得到明确。

二、出卖人行使在途标的物取回权的法律适用

在具体适用该条规定时，需要区分两种情形：（1）出卖人通过向承运人或者实际占有人（非买受人）行使中途停运权的方式，取回在途标的物；（2）出卖人通过向买受人的管理人行使取回权的方式，取回已经被买受人的管理人实际占有的标的物。

（一）出卖人通过行使中途停运权的方式取回在途标的物

出卖人行使该项取回权时，应当通知承运人或者实际占有人。具体而言，出卖人对在运途中标的物行使取回权的方式有两种：（1）通知承运人或者实际占有人中止运输、返还货物、变更到达地；（2）通知承运人或者实际占有人将货物交给其他收货人。

（二）出卖人通过向买受人的管理人行使取回权的方式取回标的物

1. 如果承运人或者实际占有人没有按照要求保障出卖人的取回权实现，导致买卖标的物最终交付到管理人的，因出卖人主张行使取回权时符合《企业破产法》第39条规定的条件，即使买卖标的物事后到达管理人的，出卖人仍然有权向管理人主张取回。

2. 此外，如果出卖人在标的物在运途中，由于特殊原因无法通过承运人等行使取回权的，也可以直接向管理人主张取回。待货物到达管理人后，管理人应当将标的物返还给出卖人。

3. 出卖人取回权的行使不以提出解除合同为前提条件。但是，取回权行使后可能导致合同终止。所以，出卖人向买受人的管理人行使在运途中标的物取回权的，应当向债务人返还其已支付的货款，从而达到恢复原状的法律效果。

（三）出卖标的物到达管理人后尚未行使取回权的有关问题

在买卖标的物到达管理人后，出卖人无权依据《企业破产法》第39条的规定向管理人主张取回买卖标的物。但是，如果基于法律的特别规定或者当事人的特别约定，在买卖标的物到达管理人后，该标的物的所有权仍为出卖人所有的，出卖人可以依据《企业破产法》第38条的规定，向管理人行使非债务人财产取回权。

【重整期间紧急取回权的行使】 第四十条　债务人重整期间，权利人要求取回债务人合法占有的权利人的财产，不符合双方事先约定条件的，人民法院不予支持。但是，因管理人或者自行管理的债务人违反约定，可能导致取回物被转让、毁损、灭失或者价值明显减少的除外。

🏷 条文主旨

本条旨在规定债务人重整期间权利人行使紧急取回权的条件。

🏷 **理解与适用**

一、本条的规范目的解读

本条规定是解决债务人重整期间权利人行使紧急取回权的具体条件之问题。为了保障企业重整成功，《企业破产法》第 76 条对权利人取回权的行使作出了限制性规定，即法院裁定受理重整后，债务人合法占有的他人财产，该财产的权利人在重整期间不得任意取回，除非符合事先约定的条件。但是，在有证据证明管理人或者自行管理的债务人违反双方合同约定，可能导致相关财产被转让、毁损、灭失或者价值明显减少的情形下，权利人是否有权行使取回权，《企业破产法》未作出明确规定，实践中也有不同做法。本条为维护各方利益的适度平衡，明确规定了权利人在重整期间行使紧急取回权的具体条件。

二、重整期间权利人紧急取回权的法律适用

在审判实践中，适用紧急取回权规则需要注意的问题是：

（一）重整期间的开始

所谓重整期间，仅指重整申请受理至重整计划草案得到债权人会议分组表决通过及人民法院审查批准，或重整计划草案未能得到债权人会议分组表决通过或人民法院不予批准的期间，不包括重整计划得到批准后的执行期间。

（二）违反约定可能导致取回权人的相关财产受损的情形

在债务人负责重整期间的债务人财产管理和营业事务执行的情形下，尽管管理人可以对其进行监督，但是仍难以完全避免债务人发生欺诈、违法、违约等行为，可能导致取回物被转让、毁损、灭失或者价值明显减少。在此种紧急情形下，权利人可以行使取回权，以维持权利人和债务人之间的利益平衡。在管理人负责重整期间的债务人财产管理和营业事务执行的情形下，如果管理人违反债务人和权利人之间的约定，有欺诈、违法、不称职等行为，可能导致取回物有损坏或者价值明显减少的可能时，权利人可以行使取回权，以制约管理人的不当行为。

【破产抵销权的行使】 第四十一条 债权人依据企业破产法第四十条的规定行使抵销权，应当向管理人提出抵销主张。

管理人不得主动抵销债务人与债权人的互负债务，但抵销使债务人财产受益的除外。

条文主旨

本条旨在对破产抵销权行使方式和主体作出具体解释。

理解与适用

一、破产抵销权的概念解析

破产法上的抵销权（简称破产抵销权），是指债权人在破产申请受理前对债务人即破产人负有债务的，无论是否已到清偿期限、标的是否相同，均可在破产财产最终分配确定前向管理人主张相互抵销的权利。

二、破产抵销权的行使方式

破产抵销权的行使，应向管理人以明示的意思表示为之。破产抵销权的行使应以抵销的单方意思表示为之。这种意思表示，应向特定的对象作出，这一特定对象就是管理人。

此外，债权人行使破产抵销权抵销的债权以依法申报、确认为前提。

三、破产抵销权的行使主体

在破产程序中，在破产抵销权的条件全部具备时，只能由破产债权人向管理人主张行使，管理人不得主动行使抵销权。从债权性质而言，破产债权人的债权为主动债权，破产人的债权为被动债权。

四、管理人行使破产抵销权的例外情形

如果行使抵销权不仅不会使破产财产减少，反而使债务人的财产受益，管理人主张抵销权并不违反管理人为全体债权人利益履职的角色定位，因此在此情形下管理人可以主动主张抵销权。

此外，在破产最终分配方案确定之后，对债权人依据方案实际分配的债权数额，可以与其对破产人的债务相抵销。这在法律上并不属于破产法上的抵销，而属于民法上的抵销。所以，自然也就无须受破产法之限制，管理人可以主动主张抵销。

🏷 人民司法案例

与破产企业互负债务形成于破产申请一年之前的，有权主张破产抵销权

——忠成数码科技有限公司破产管理人诉中国建设银行股份有限公司温州分行破产抵销纠纷

案例要旨：银行与破产企业互负债务，如果银行对破产企业所负债务形成于破产申请一年之前，无论银行是否已知破产企业有不能清偿到期债务或破产申请的事实，以及银行以何种方式所负债务，均不影响银行主张破产抵销权。银行对破产企业的债权已经破产管理人审查确认，在未经债权人会议审议并经法院裁定确认之前，程序上存在瑕疵。但若银行主张抵销的债权金额远大于所欲抵销的债务金额，则可认定该程序瑕疵对银行破产抵销权的行使不构成实质性障碍。

来源：《人民司法·案例》2015年第6期

【**破产抵销的生效**】 **第四十二条** 管理人收到债权人提出的主张债务抵销的通知后，经审查无异议的，抵销自管理人收到通知之日起生效。

管理人对抵销主张有异议的，应当在约定的异议期限内或者自收到主张债务抵销的通知之日起三个月内向人民法院提起诉讼。无正当理由逾期提起的，人民法院不予支持。

人民法院判决驳回管理人提起的抵销无效诉讼请求的，该抵销自管理人收到主张债务抵销的通知之日起生效。

🏷 条文主旨

本条旨在对破产抵销权的生效和管理人异议权作出具体解释。

🏷 理解与适用

一、本条的规范目的解读

本条规定是明确《企业破产法》第40条规定之破产抵销权的生效和管理人异议权的行使问题。目前法律对此的规定存在空白，司法实践中，对抵销的生效日期是债权人提出主张之日，还是管理人收到主张通知之日，抑或是管理人确认或者法院判决确认之日的问题，以及如管理人不确认时是由管理人向人民法院提起诉讼还是债权人提起诉讼等问题争议较大。根据本条司法解释的规定，首先，破产抵销权作为法定抵销权，是一种形成权。如抵销权成立，则自管理人收到主张债务抵销的通知之日起发生法律效力。其次，如果管理人对抵销主张存有异议，则需要在一定期间内通过诉讼的方式提出，既赋予管理人异议权，又对其异议权的行使进行必要限定，保证公平的同时兼顾效率。本条规定解决了《企业破产法》中的破产抵销权何时生效的问题，同时明确了管理人审查权及异议权的行使，统一了此类问题的处理方式。

二、对本条规定的理解与适用

（一）破产抵销权的生效

债权人向管理人提出抵销主张后，管理人无异议的，该抵销自管理人收到主张债务抵销的通知之日起发生互负债务消灭的法律后果。但是，抵销的意思表示到达管理人时不必然发生效力，还需要管理人的审查程序。

管理人在收到债权人主张债务抵销的通知后应进行全面的审查：

1.管理人要对破产抵销权所依附的基础债权是否为破产债权进行审

查。这种审查应当包括：（1）对债权真实性的审查。（2）对债权人资格的审查。（3）对诉讼时效的审查。

2.管理人还要审查该抵销主张是否符合《企业破产法》及相关司法解释规定的破产抵销权的积极要件，并依法排除禁止破产抵销的情况。

（二）对破产抵销权的异议及救济途径

管理人对抵销主张有异议的，应当在约定的合理异议期限内，或者自其收到主张债务抵销的通知之日起3个月内向人民法院提起诉讼。由此可见，对于破产抵销权的异议通过诉讼途径解决，并且此诉讼的提起主体是管理人，而非债权人。同时，对于管理人提起诉讼的时间亦参考了《最高人民法院关于适用〈中华人民共和国合同法〉若干问题的解释（二）》第24条关于债务抵销异议期限的规定。、

（三）破产抵销权的溯及力

根据本条司法解释，抵销自管理人收到债权人主张债务抵销的通知之日起发生法律效力。但是本条司法解释对于破产抵销权是否具有溯及效力并未作出规定。有观点认为，破产抵销源于民事法律中法定抵销，应沿袭抵销具有溯及效力的民法精神。这种观点有一定的借鉴意义。

🏷 **典型案例**

破产程序中抵销权须由债权人主动向清算组提出并与其破产宣告前成立的债权相互抵销，清算组或破产人不得主张债务抵销

——上海东方上市企业博览中心有限公司破产案

案例要旨： 对于国有企业破产清算还债案件，人民法院结合案件实际情况，严格依照破产法监督指导破产程序，运用证据规则处理好受理和清算，发挥中介机构在清算中的作用，采用适当方式保障债权人行使决定权，对有关事项作出相应的认定和处理。

来源：《商事案例判解》，人民法院出版社2005年版

【未到期债务和不同种类品质债务的破产抵销】 **第四十三条** 债权人主张抵销，管理人以下列理由提出异议的，人民法院不予支持：

（一）破产申请受理时，债务人对债权人负有的债务尚未到期；

（二）破产申请受理时，债权人对债务人负有的债务尚未到期；

（三）双方互负债务标的物种类、品质不同。

条文主旨

本条旨在规定破产抵销权不受民法抵销中双方债务已届清偿期和标的种类、品质相同这两个条件的限制。

理解与适用

一、破产抵销不受债权债务期限的限制

本条司法解释明确规定了主张破产抵销时不受债权债务期限的限制，且从两个方面进行了规定，即不论是债务人对债权人负有的债务抑或是债权人对债务人负有的债务尚未到期，均不构成主张破产抵销的限制。

（一）债务人对债权人负有的债务尚未到期时的抵销

《企业破产法》第46条明确规定，未到期的债权，在破产申请受理时视为到期。因此，债务人对债权人负有的尚未到期债务在破产申请受理时即视为到期。既然该债务视为到期，其破产抵销当然不应受到限制。

（二）债权人对债务人负有的债务尚未到期时的抵销

债权人在其债务履行期限届满前放弃期限利益属于其处分自己民事权利的范畴。因此，在债权人同时对债务人负有债务，其行使民法上的抵销权时亦不应受到限制。而且，破产抵销权制度设立的目的即在于债权人通过主张抵销，而不经过破产程序就能优先得到清偿，避免相同的当事人之间同样性质的债权却处于不平等的清偿地位，从而有违公平原则。对于对债务人负有未到期债务的债权人的排除适用亦势必与破产抵销权设立之目的相悖。因此，不管从当事人民事权利的自由处分还是从破产抵销权设立的目的来看，债权人对债务人负有的债务尚未到期都不应限制其主张抵销。

二、破产抵销权不受债权标的物种类、品质的限制

破产抵销权由于其行使主体只能是债权人，且不需双方当事人的合意，究其实质为法定抵销权。之所以规定主张破产抵销不受债务标的物种类、品质的限制，原因在于，在破产程序中，以货币分配为原则，所有债权在算定债权额时，均以货币为评价标准，即应置换为货币。故给付种类不同的债权在这里的区别已被消除。

【破产申请受理前民法抵销的无效】 第四十四条 破产申请受理前六个月内，债务人有企业破产法第二条第一款规定的情形，债务人与个别债权人以抵销方式对个别债权人清偿，其抵销的债权债务属于企业破产法第四十条第（二）、（三）项规定的情形之一，管理人在破产申请受理之日起三个月内向人民法院提起诉讼，主张该抵销无效的，人民法院应予支持。

● 条文主旨

本条旨在对破产申请受理前民法中抵销的无效作出相关规定。

● 理解与适用

一、本条的规范目的解读

本条是解决破产申请受理前债务人与个别债权人借民法上的抵销权实施个别清偿时如何处理的问题。本条规定将抵销权禁止与《企业破产法》第32条有效衔接，通过否定抵销效力的方式撤销原假借抵销实现的对个别债权人的优先清偿，有利于避免债务人财产在企业危机期间的不当减少。

二、本条规定的理解与适用

本条司法解释从三个层面对禁止抵销情形予以规定：（1）债务人实施抵销行为的时间为破产申请受理前6个月内，债务人具有《企业破产法》第2条第1款规定的情形，债务人与其个别债权人依据《合同法》第99条的规定，以抵销方式对个别债权人进行清偿的行为被定性为恶意清偿行为；（2）前述行为包括两种情形：债权人恶意对债务人负担债务和债务人的债务人恶意取得对债务人的债权，当然，同时也针对例外之阻却情形作出规定；（3）管理人向法院提起主张无效诉讼的时间为在破产申请受理之日起3个月内这一期间。

（一）企业危机期间的抵销与个别清偿性质相同

债务人在此情况下实施的与债权人之间的抵销行为，实际上使债权人的债权因抵销而获得全额、优先之受偿，与个别清偿行为的性质相同，亦应当承担同样之法律结果，故该条款实际上是将《企业破产法》第32条规定与第40条规定相衔接。

（二）企业危机期间不得抵销的两种情形

1. 债权人对债务人恶意负担的债务不得抵销。该禁止抵销事项确定为债权人已知债务人有不能清偿到期债务或者破产申请的事实而对债务人负担债务的情形。其前提条件在于"已知"。"已知"作为一种主观状态，实践中认定时可能存在较大的难度。既然债权人是基于恶意，其往往都声称对债务人处于危机的情况并不"已知"，只能通过其他事实予以推定。

2. 债务人的债务人恶意取得对债务人的债权不得抵销。根据正常的商业判断，债务人的债务人在得知债务人有不能清偿到期债务或者破产申请的事实，对债务人的债权有很大可能转化为破产债权的情况下，仍然对债务人取得债权，法律可以推定其有行使破产抵销权的恶意。

（三）管理人行使抵销权的期间

债权人集体利益最大化原则要求管理人调查债务人财产状况时不仅

包括债务人现有财产，还应当以债务人破产申请受理为基准日，针对此前一定期限内的债务人财产交易行为进行调查，以确保债权人受偿的财产基础。如果发现债务人在企业危机期间具有前述抵销行为，应当在破产申请受理之日起 3 个月内向人民法院提起诉讼。该 3 个月属于除斥期间。

🏷 典型案例

破产申请受理前，银行依据与借款人达成的前述约定进行扣款还贷的行为应属个别清偿

——瑞安市新亚汽配有限公司管理人诉中国工商银行股份有限公司瑞安支行请求撤销个别清偿行为纠纷案

案例要旨：在我国法律体系中，存款属物权，与贷款属债权不同，银行不得根据其与借款人之在借款人不能按期还贷之时可扣划其存款以偿还贷款本息之约定主张抵销权之行使。破产申请受理前，银行依据与借款人达成的前述约定进行扣款还贷的行为应属个别清偿，银行主张该行为属行使抵销权的，不应予以支持。

来源：《商事法律文件解读》总第 135 辑

【别除权人债权的抵销】 **第四十五条** 企业破产法第四十条所列不得抵销情形的债权人，主张以其对债务人特定财产享有优先受偿权的债权，与债务人对其不享有优先受偿权的债权抵销，债务人管理人以抵销存在企业破产法第四十条规定的情形提出异议的，人民法院不予支持。但是，用以抵销的债权大于债权人享有优先受偿权财产价值的除外。

🏷 条文主旨

本条旨在规定别除权之债权在进行破产抵销时可不受《企业破产法》第 40 条禁止抵销规定的限制。

理解与适用

一、本条的规范目的解读

《企业破产法》第 40 条规定三种禁止抵销情形,但未对特殊债权的抵销作出相应的例外规定,本条规定即是《企业破产法》第 40 条规定的补充,当用于抵销的债权为享有别除权之债权时,即使存在《企业破产法》第 40 条规定的三种禁止抵销的情形,也仍可以予以抵销,债务人管理人不得以存在禁止抵销情形为由而提出异议。

二、本条规定的理解与适用

(一)享有别除权的债权的抵销

别除权并非破产法所创设,别除权来源于其基础权利,只有别除权的基础权利成立并有效时,别除权之债权的破产抵销方可不受禁止抵销情形的限制。

(二)所抵销的债权范围

1. 本条司法解释规定,用以抵销的债权大于债权人享有优先受偿权财产价值的除外。

2. 当担保物权的别除权与特别优先权的别除权同时存在的,因特别优先权优于担保物权,在破产清偿顺序上应当先清偿特别优先权的别除权债权,然后担保物权别除权之债权方能对担保财产剩余的部分优先清偿。

(三)应注意的几个问题

1. 别除权人放弃优先受偿权利后,别除权之债权亦转化为普通债权,此时的抵销必须受《企业破产法》第 40 条的限制。

2. 如前所述,别除权之债权的破产抵销从本质上讲属于民法上的抵销。

3. 本条司法解释规定了对特定财产享有优先受偿权的债权与债务人对其不享有优先受偿权的债权抵销不受破产禁止抵销之限制,即对抵销的债务人的债权仅限定为不享有优先受偿权的债权。

【抵销的禁止】 第四十六条 债务人的股东主张以下列债务与债务人对其负有的债务抵销，债务人管理人提出异议的，人民法院应予支持：

（一）债务人股东因欠缴债务人的出资或者抽逃出资对债务人所负的债务；

（二）债务人股东滥用股东权利或者关联关系损害公司利益对债务人所负的债务。

🏷 条文主旨

本条旨在对禁止抵销的互负债务作出规定，是对《企业破产法》第40条禁止抵销规定的补充。

🏷 理解与适用

一、债务人股东因欠缴出资或者抽逃出资所负债务之禁止抵销

1.欠缴出资的认定，"欠缴出资"应当包括如下情形：

（1）在《公司法》确定的分期缴纳出资制下，股东承诺以货币出资，出资期限届满股东尚未缴纳出资且至破产申请受理时仍未缴纳或未全面缴纳出资的，或者破产申请受理时出资期限虽未届满但股东亦未缴纳或未全面缴纳出资的。

（2）出资的非货币财产存在质量瑕疵，包括未对非货币财产出资评估作价，或者评估确定的价额显著低于公司章程所定价额。

（3）出资的非货币财产存在权利瑕疵。包括：第一，出资人对用于出资的非货币财产不享有处分权；第二，出资人以划拨土地使用权出资，或者以设定权利负担的土地使用权出资；第三，以需要办理权属登记的财产出资，已经交付公司使用但未办理权属变更手续；第四，以需要办理权属登记的财产出资,已经办理权属变更手续但未交付给公司使用。

2.抽逃出资的认定。"抽逃出资"的认定应当准用《最高人民法院关于适用〈中华人民共和国公司法〉若干问题的规定(三)》第12条规定的内容。

3.对因股东欠缴出资或抽逃出资而承担连带责任的当事人的抵销权的禁止。

因股东欠缴出资而承担连带责任的当事人包括:(1)股东在公司设立时欠缴出资的,公司的发起人;(2)股东在公司增资时欠缴出资的,未尽《公司法》第148条第1款规定的义务而使出资未缴足的董事、高级管理人员;(3)股东欠缴出资并转让股权,对此知道或者应当知道的受让人。

二、债务人股东滥用股东权利或者关联关系所负债务之禁止抵销

1.本规定的适用对象。本规定的适用对象仅限于债务人股东,既包括法人股东,也包括自然人股东,既包括控股股东,也包括非控股股东。

2.本规定的行为要件。本规定的行为要件是"滥用股东权利或者关联关系",对行为要件采取了原则性规定的方式。我国学者则更为系统地归纳了行为要件的表现内容。最常见的内容可概括为两种,股权资本显著不足以及股东与公司之间人格的高度混同。其中后者又常表现为以下形式:(1)股东与公司之间在资产或财产边界方面的混淆不分;(2)股东与公司之间在财务方面的混淆不分;(3)股东与公司之间在业务方面的混淆不分;(4)股东与公司之间在机构方面的混淆不分;(5)股东与公司之间在人员方面的混淆不分;(6)子公司的机关陷入瘫痪状态,母公司直接操纵子公司的决策活动;(7)其他方面的人格混同。

3.本规定的适用范围。用于抵销的债权债务依其性质,可分为如下四种情形:

(1)股东对债务人的债务系滥用权利所致(以下简称不当债务),债权为正常债权。

（2）股东对债务人的债务为不当债务，债权为不当债权。

（3）股东对债务人的债务为正常债务，债权为不当债权。

（4）股东对债务人的债务为正常债务，债权为正常债权。

🏷 **典型案例**

破产债务人股东因抽逃出资对债务人所负的债务，不得与其对债务人享有的债权相抵销

——A公司诉郭某、陶某等返还出资案

案例要旨：破产债务人股东因抽逃出资而造成出资不实的，应返还出资。债务人股东主张以破产债权对其欠缴的注册资本金行使破产抵销权的，因该主张违反了资本充实原则，严重损害了其他债权人与公司的合法权益，法院不予支持。

来源：法信精选

【破产受理后债务人衍生诉讼的管辖】 **第四十七条** 人民法院受理破产申请后，当事人提起的有关债务人的民事诉讼案件，应当依据企业破产法第二十一条的规定，由受理破产申请的人民法院管辖。

受理破产申请的人民法院管辖的有关债务人的第一审民事案件，可以依据民事诉讼法第三十八条的规定，由上级人民法院提审，或者报请上级人民法院批准后交下级人民法院审理。

受理破产申请的人民法院，如对有关债务人的海事纠纷、专利纠纷、证券市场因虚假陈述引发的民事赔偿纠纷等案件不能行使管辖权的，可以依据民事诉讼法第三十七条的规定，由上级人民法院指定管辖。

🏷 **条文主旨**

本条旨在对破产申请受理后新提起的有关债务人破产衍生诉讼案件

的管辖作出规定。

理解与适用

一、我国关于破产衍生诉讼管辖的立法

在债务人企业的破产案件受理后，当事人提起的有关债务人的民事诉讼称为衍生诉讼。

我国《企业破产法》关于破产衍生诉讼的管辖问题见于第21条。《企业破产法》对破产衍生诉讼的管辖问题规定不具体，缺乏可操作性，实践中，由于管辖权不明而使破产案件审理效率不高，当事人实体权利受到损害。因此，本条司法解释对破产衍生诉讼案件的管辖进一步作出了详细、明确的规定。但是总的来说，目前我国对破产衍生诉讼管辖问题的研究还比较薄弱，需要进一步加强。

二、对本条规定的理解与适用

1.对本条司法解释第1款的规定的理解，注意以下几点：

（1）本条司法解释采取的是狭义的破产衍生诉讼概念。狭义的破产衍生诉讼仅指破产申请受理后当事人新提起的有关债务人的民事诉讼。

（2）根据《企业破产法》第21条规定，在法院受理破产申请后，所有新提起的有关债务人的民事诉讼，均由受理破产申请的法院管辖。《企业破产法》关于管辖的规定，相对于《民事诉讼法》的管辖规定，属于特别法，在法律适用上应当优先。此外，《企业破产法》规定的法定专属管辖不能排除仲裁条款的效力。

2.对本条司法解释第2款的规定的理解，应当注意：本条第2款在《民事诉讼法》第38条规定的基础上确认了破产衍生诉讼案件管辖权的转移。

3.对本条司法解释第3款的规定的理解，应当注意：对破产案件有管辖权的人民法院不能行使对衍生诉讼的管辖权，主要是基于法律对管辖的特别规定或一些特殊原因。一些案情比较复杂、影响较大或专业技术性较高的案件，法律特别规定由中级人民法院管辖，如证券市场因虚假陈述引发的民事赔偿案件和专利纠纷等案件。遇到此类衍生诉讼，受理破产申请的人民法院，可依据《民事诉讼法》第37条规定，请求由上级人民法院指定管辖，将衍生诉讼案件交由其管辖审理。

◆ 典型案例

破产申请受理后，有关债务人的民事诉讼，只能向受理破产申请的人民法院提起

——黄炼与中房集团孝感房地产开发公司破产清算组职工破产债权确认纠纷上诉案

案例要旨： 人民法院受理破产申请后，有关债务人的民事诉讼，只能向受理破产申请的人民法院提起。

来源： 法信精选

【法律适用】 **第四十八条** 本规定施行前本院发布的有关企业破产的司法解释，与本规定相抵触的，自本规定施行之日起不再适用。

◆ 条文主旨

本条旨在对新旧司法解释之法律适用作出规定。

◆ 理解与适用

本条在理解和适用时应注意以下几个问题：

1. 在我国制定破产法、建立破产制度以后，最高人民法院制定了大量与破产法有关的司法解释和司法解释性质的文件。在《企业破产法》施行以后，由于对诸多有关破产问题的司法解释和司法解释性质的文件没有及时予以清理，导致一些法律适用的冲突，需要及时加以解决。

2.本条司法解释的法律适用原则，主要依据为《立法法》第 83 条所规定的新法优于旧法规则。

3.本解释施行前最高人民法院发布的司法解释包括两部分，主要是在《企业破产法》施行前，针对《企业破产法（试行）》发布的司法解释和司法解释性文件，少部分是《企业破产法》施行后，针对《企业破产法》发布的司法解释和司法解释性文件。对于这两类司法解释和司法解释性文件，若对同一问题的内容与本司法解释相应规定相抵触，则该内容不应再适用。

第二部分

相关法律、法规、司法解释等

一、法律

中华人民共和国企业破产法

(2006年8月27日)

目 录

第一章 总 则
第二章 申请和受理
 第一节 申 请
 第二节 受 理
第三章 管理人
第四章 债务人财产
第五章 破产费用和共益债务
第六章 债权申报
第七章 债权人会议
 第一节 一般规定
 第二节 债权人委员会
第八章 重 整
 第一节 重整申请和重整期间
 第二节 重整计划的制定和批准
 第三节 重整计划的执行
第九章 和 解
第十章 破产清算
 第一节 破产宣告
 第二节 变价和分配
 第三节 破产程序的终结

第十一章　法律责任
第十二章　附　则

第一章　总　则

第一条　为规范企业破产程序，公平清理债权债务，保护债权人和债务人的合法权益，维护社会主义市场经济秩序，制定本法。

第二条　企业法人不能清偿到期债务，并且资产不足以清偿全部债务或者明显缺乏清偿能力的，依照本法规定清理债务。

企业法人有前款规定情形，或者有明显丧失清偿能力可能的，可以依照本法规定进行重整。

第三条　破产案件由债务人住所地人民法院管辖。

第四条　破产案件审理程序，本法没有规定的，适用民事诉讼法的有关规定。

第五条　依照本法开始的破产程序，对债务人在中华人民共和国领域外的财产发生效力。

对外国法院作出的发生法律效力的破产案件的判决、裁定，涉及债务人在中华人民共和国领域内的财产，申请或者请求人民法院承认和执行的，人民法院依照中华人民共和国缔结或者参加的国际条约，或者按照互惠原则进行审查，认为不违反中华人民共和国法律的基本原则，不损害国家主权、安全和社会公共利益，不损害中华人民共和国领域内债权人的合法权益的，裁定承认和执行。

第六条　人民法院审理破产案件，应当依法保障企业职工的合法权益，依法追究破产企业经营管理人员的法律责任。

第二章　申请和受理

第一节　申　请

第七条　债务人有本法第二条规定的情形，可以向人民法院提出重整、和解或者破产清算申请。

债务人不能清偿到期债务，债权人可以向人民法院提出对债务人进行重整或者破产清算的申请。

企业法人已解散但未清算或者未清算完毕，资产不足以清偿债务的，依法负有清算责任的人应当向人民法院申请破产清算。

第八条 向人民法院提出破产申请，应当提交破产申请书和有关证据。

破产申请书应当载明下列事项：

（一）申请人、被申请人的基本情况；

（二）申请目的；

（三）申请的事实和理由；

（四）人民法院认为应当载明的其他事项。

债务人提出申请的，还应当向人民法院提交财产状况说明、债务清册、债权清册、有关财务会计报告、职工安置预案以及职工工资的支付和社会保险费用的缴纳情况。

第九条 人民法院受理破产申请前，申请人可以请求撤回申请。

第二节 受 理

第十条 债权人提出破产申请的，人民法院应当自收到申请之日起五日内通知债务人。债务人对申请有异议的，应当自收到人民法院的通知之日起七日内向人民法院提出。人民法院应当自异议期满之日起十日内裁定是否受理。

除前款规定的情形外，人民法院应当自收到破产申请之日起十五日内裁定是否受理。

有特殊情况需要延长前两款规定的裁定受理期限的，经上一级人民法院批准，可以延长十五日。

第十一条 人民法院受理破产申请的，应当自裁定作出之日起五日内送达申请人。

债权人提出申请的，人民法院应当自裁定作出之日起五日内送达债务人。债务人应当自裁定送达之日起十五日内，向人民法院提交财产状况说明、债务清册、债权清册、有关财务会计报告以及职工工资的支付和社会保险费用的缴纳情况。

第十二条 人民法院裁定不受理破产申请的，应当自裁定作出之日起五日内送达申请人并说明理由。申请人对裁定不服的，可以自裁定送达之日起十日内向上一级人民法院提起上诉。

人民法院受理破产申请后至破产宣告前，经审查发现债务人不符合本法第二条规定情形的，可以裁定驳回申请。申请人对裁定不服的，可以自裁定送达之日起十日内向上一级人民法院提起上诉。

第十三条 人民法院裁定受理破产申请的，应当同时指定管理人。

第十四条　人民法院应当自裁定受理破产申请之日起二十五日内通知已知债权人，并予以公告。

通知和公告应当载明下列事项：

（一）申请人、被申请人的名称或者姓名；

（二）人民法院受理破产申请的时间；

（三）申报债权的期限、地点和注意事项；

（四）管理人的名称或者姓名及其处理事务的地址；

（五）债务人的债务人或者财产持有人应当向管理人清偿债务或者交付财产的要求；

（六）第一次债权人会议召开的时间和地点；

（七）人民法院认为应当通知和公告的其他事项。

第十五条　自人民法院受理破产申请的裁定送达债务人之日起至破产程序终结之日，债务人的有关人员承担下列义务：

（一）妥善保管其占有和管理的财产、印章和账簿、文书等资料；

（二）根据人民法院、管理人的要求进行工作，并如实回答询问；

（三）列席债权人会议并如实回答债权人的询问；

（四）未经人民法院许可，不得离开住所地；

（五）不得新任其他企业的董事、监事、高级管理人员。

前款所称有关人员，是指企业的法定代表人；经人民法院决定，可以包括企业的财务管理人员和其他经营管理人员。

第十六条　人民法院受理破产申请后，债务人对个别债权人的债务清偿无效。

第十七条　人民法院受理破产申请后，债务人的债务人或者财产持有人应当向管理人清偿债务或者交付财产。

债务人的债务人或者财产持有人故意违反前款规定向债务人清偿债务或者交付财产，使债权人受到损失的，不免除其清偿债务或者交付财产的义务。

第十八条　人民法院受理破产申请后，管理人对破产申请受理前成立而债务人和对方当事人均未履行完毕的合同有权决定解除或者继续履行，并通知对方当事人。管理人自破产申请受理之日起二个月内未通知对方当事人，或者自收到对方当事人催告之日起三十日内未答复的，视为解除合同。

管理人决定继续履行合同的，对方当事人应当履行；但是，对方当事人有权要求管理人提供担保。管理人不提供担保的，视为解除合同。

第十九条　人民法院受理破产申请后，有关债务人财产的保全措施应当解除，执行程序应当中止。

第二十条 人民法院受理破产申请后,已经开始而尚未终结的有关债务人的民事诉讼或者仲裁应当中止;在管理人接管债务人的财产后,该诉讼或者仲裁继续进行。

第二十一条 人民法院受理破产申请后,有关债务人的民事诉讼,只能向受理破产申请的人民法院提起。

第三章 管 理 人

第二十二条 管理人由人民法院指定。

债权人会议认为管理人不能依法、公正执行职务或者有其他不能胜任职务情形的,可以申请人民法院予以更换。

指定管理人和确定管理人报酬的办法,由最高人民法院规定。

第二十三条 管理人依照本法规定执行职务,向人民法院报告工作,并接受债权人会议和债权人委员会的监督。

管理人应当列席债权人会议,向债权人会议报告职务执行情况,并回答询问。

第二十四条 管理人可以由有关部门、机构的人员组成的清算组或者依法设立的律师事务所、会计师事务所、破产清算事务所等社会中介机构担任。

人民法院根据债务人的实际情况,可以在征询有关社会中介机构的意见后,指定该机构具备相关专业知识并取得执业资格的人员担任管理人。

有下列情形之一的,不得担任管理人:

(一)因故意犯罪受过刑事处罚;

(二)曾被吊销相关专业执业证书;

(三)与本案有利害关系;

(四)人民法院认为不宜担任管理人的其他情形。

个人担任管理人的,应当参加执业责任保险。

第二十五条 管理人履行下列职责:

(一)接管债务人的财产、印章和账簿、文书等资料;

(二)调查债务人财产状况,制作财产状况报告;

(三)决定债务人的内部管理事务;

(四)决定债务人的日常开支和其他必要开支;

(五)在第一次债权人会议召开之前,决定继续或者停止债务人的营业;

(六)管理和处分债务人的财产;

(七)代表债务人参加诉讼、仲裁或者其他法律程序;

（八）提议召开债权人会议；

（九）人民法院认为管理人应当履行的其他职责。

本法对管理人的职责另有规定的，适用其规定。

第二十六条　在第一次债权人会议召开之前，管理人决定继续或者停止债务人的营业或者有本法第六十九条规定行为之一的，应当经人民法院许可。

第二十七条　管理人应当勤勉尽责，忠实执行职务。

第二十八条　管理人经人民法院许可，可以聘用必要的工作人员。

管理人的报酬由人民法院确定。债权人会议对管理人的报酬有异议的，有权向人民法院提出。

第二十九条　管理人没有正当理由不得辞去职务。管理人辞去职务应当经人民法院许可。

第四章　债务人财产

第三十条　破产申请受理时属于债务人的全部财产，以及破产申请受理后至破产程序终结前债务人取得的财产，为债务人财产。

第三十一条　人民法院受理破产申请前一年内，涉及债务人财产的下列行为，管理人有权请求人民法院予以撤销：

（一）无偿转让财产的；

（二）以明显不合理的价格进行交易的；

（三）对没有财产担保的债务提供财产担保的；

（四）对未到期的债务提前清偿的；

（五）放弃债权的。

第三十二条　人民法院受理破产申请前六个月内，债务人有本法第二条第一款规定的情形，仍对个别债权人进行清偿的，管理人有权请求人民法院予以撤销。但是，个别清偿使债务人财产受益的除外。

第三十三条　涉及债务人财产的下列行为无效：

（一）为逃避债务而隐匿、转移财产的；

（二）虚构债务或者承认不真实的债务的。

第三十四条　因本法第三十一条、第三十二条或者第三十三条规定的行为而取得的债务人的财产，管理人有权追回。

第三十五条　人民法院受理破产申请后，债务人的出资人尚未完全履行出资义务的，管理人应当要求该出资人缴纳所认缴的出资，而不受出资期限的限制。

第三十六条　债务人的董事、监事和高级管理人员利用职权从企业获取的非正常收入和侵占的企业财产，管理人应当追回。

第三十七条　人民法院受理破产申请后，管理人可以通过清偿债务或者提供为债权人接受的担保，取回质物、留置物。

前款规定的债务清偿或者替代担保，在质物或者留置物的价值低于被担保的债权额时，以该质物或者留置物当时的市场价值为限。

第三十八条　人民法院受理破产申请后，债务人占有的不属于债务人的财产，该财产的权利人可以通过管理人取回。但是，本法另有规定的除外。

第三十九条　人民法院受理破产申请时，出卖人已将买卖标的物向作为买受人的债务人发运，债务人尚未收到且未付清全部价款的，出卖人可以取回在运途中的标的物。但是，管理人可以支付全部价款，请求出卖人交付标的物。

第四十条　债权人在破产申请受理前对债务人负有债务的，可以向管理人主张抵销。但是，有下列情形之一的，不得抵销：

（一）债务人的债务人在破产申请受理后取得他人对债务人的债权的；

（二）债权人已知债务人有不能清偿到期债务或者破产申请的事实，对债务人负担债务的；但是，债权人因为法律规定或者有破产申请一年前所发生的原因而负担债务的除外；

（三）债务人的债务人已知债务人有不能清偿到期债务或者破产申请的事实，对债务人取得债权的；但是，债务人的债务人因为法律规定或者有破产申请一年前所发生的原因而取得债权的除外。

第五章　破产费用和共益债务

第四十一条　人民法院受理破产申请后发生的下列费用，为破产费用：

（一）破产案件的诉讼费用；

（二）管理、变价和分配债务人财产的费用；

（三）管理人执行职务的费用、报酬和聘用工作人员的费用。

第四十二条　人民法院受理破产申请后发生的下列债务，为共益债务：

（一）因管理人或者债务人请求对方当事人履行双方均未履行完毕的合同所产生的债务；

（二）债务人财产受无因管理所产生的债务；

（三）因债务人不当得利所产生的债务；

（四）为债务人继续营业而应支付的劳动报酬和社会保险费用以及由此产生的其

他债务；

（五）管理人或者相关人员执行职务致人损害所产生的债务；

（六）债务人财产致人损害所产生的债务。

第四十三条 破产费用和共益债务由债务人财产随时清偿。

债务人财产不足以清偿所有破产费用和共益债务的，先行清偿破产费用。

债务人财产不足以清偿所有破产费用或者共益债务的，按照比例清偿。

债务人财产不足以清偿破产费用的，管理人应当提请人民法院终结破产程序。人民法院应当自收到请求之日起十五日内裁定终结破产程序，并予以公告。

第六章 债权申报

第四十四条 人民法院受理破产申请时对债务人享有债权的债权人，依照本法规定的程序行使权利。

第四十五条 人民法院受理破产申请后，应当确定债权人申报债权的期限。债权申报期限自人民法院发布受理破产申请公告之日起计算，最短不得少于三十日，最长不得超过三个月。

第四十六条 未到期的债权，在破产申请受理时视为到期。

附利息的债权自破产申请受理时起停止计息。

第四十七条 附条件、附期限的债权和诉讼、仲裁未决的债权，债权人可以申报。

第四十八条 债权人应当在人民法院确定的债权申报期限内向管理人申报债权。

债务人所欠职工的工资和医疗、伤残补助、抚恤费用，所欠的应当划入职工个人账户的基本养老保险、基本医疗保险费用，以及法律、行政法规规定应当支付给职工的补偿金，不必申报，由管理人调查后列出清单并予以公示。职工对清单记载有异议的，可以要求管理人更正；管理人不予更正的，职工可以向人民法院提起诉讼。

第四十九条 债权人申报债权时，应当书面说明债权的数额和有无财产担保，并提交有关证据。申报的债权是连带债权的，应当说明。

第五十条 连带债权人可以由其中一人代表全体连带债权人申报债权，也可以共同申报债权。

第五十一条 债务人的保证人或者其他连带债务人已经代替债务人清偿债务的，以其对债务人的求偿权申报债权。

债务人的保证人或者其他连带债务人尚未代替债务人清偿债务的，以其对债务人的将来求偿权申报债权。但是，债权人已经向管理人申报全部债权的除外。

第五十二条　连带债务人数人被裁定适用本法规定的程序的，其债权人有权就全部债权分别在各破产案件中申报债权。

第五十三条　管理人或者债务人依照本法规定解除合同的，对方当事人以因合同解除所产生的损害赔偿请求权申报债权。

第五十四条　债务人是委托合同的委托人，被裁定适用本法规定的程序，受托人不知该事实，继续处理委托事务的，受托人以由此产生的请求权申报债权。

第五十五条　债务人是票据的出票人，被裁定适用本法规定的程序，该票据的付款人继续付款或者承兑的，付款人以由此产生的请求权申报债权。

第五十六条　在人民法院确定的债权申报期限内，债权人未申报债权的，可以在破产财产最后分配前补充申报；但是，此前已进行的分配，不再对其补充分配。为审查和确认补充申报债权的费用，由补充申报人承担。

债权人未依照本法规定申报债权的，不得依照本法规定的程序行使权利。

第五十七条　管理人收到债权申报材料后，应当登记造册，对申报的债权进行审查，并编制债权表。

债权表和债权申报材料由管理人保存，供利害关系人查阅。

第五十八条　依照本法第五十七条规定编制的债权表，应当提交第一次债权人会议核查。

债务人、债权人对债权表记载的债权无异议的，由人民法院裁定确认。

债务人、债权人对债权表记载的债权有异议的，可以向受理破产申请的人民法院提起诉讼。

第七章　债权人会议

第一节　一般规定

第五十九条　依法申报债权的债权人为债权人会议的成员，有权参加债权人会议，享有表决权。

债权尚未确定的债权人，除人民法院能够为其行使表决权而临时确定债权额的外，不得行使表决权。

对债务人的特定财产享有担保权的债权人，未放弃优先受偿权利的，对于本法第六十一条第一款第（七）项、第（十）项规定的事项不享有表决权。

债权人可以委托代理人出席债权人会议，行使表决权。代理人出席债权人会议，应当向人民法院或者债权人会议主席提交债权人的授权委托书。

债权人会议应当有债务人的职工和工会的代表参加，对有关事项发表意见。

第六十条 债权人会议设主席一人，由人民法院从有表决权的债权人中指定。

债权人会议主席主持债权人会议。

第六十一条 债权人会议行使下列职权：

（一）核查债权；

（二）申请人民法院更换管理人，审查管理人的费用和报酬；

（三）监督管理人；

（四）选任和更换债权人委员会成员；

（五）决定继续或者停止债务人的营业；

（六）通过重整计划；

（七）通过和解协议；

（八）通过债务人财产的管理方案；

（九）通过破产财产的变价方案；

（十）通过破产财产的分配方案；

（十一）人民法院认为应当由债权人会议行使的其他职权。

债权人会议应当对所议事项的决议作成会议记录。

第六十二条 第一次债权人会议由人民法院召集，自债权申报期限届满之日起十五日内召开。

以后的债权人会议，在人民法院认为必要时，或者管理人、债权人委员会、占债权总额四分之一以上的债权人向债权人会议主席提议时召开。

第六十三条 召开债权人会议，管理人应当提前十五日通知已知的债权人。

第六十四条 债权人会议的决议，由出席会议的有表决权的债权人过半数通过，并且其所代表的债权额占无财产担保债权总额的二分之一以上。但是，本法另有规定的除外。

债权人认为债权人会议的决议违反法律规定，损害其利益的，可以自债权人会议作出决议之日起十五日内，请求人民法院裁定撤销该决议，责令债权人会议依法重新作出决议。

债权人会议的决议，对于全体债权人均有约束力。

第六十五条 本法第六十一条第一款第（八）项、第（九）项所列事项，经债权人会议表决未通过的，由人民法院裁定。

本法第六十一条第一款第（十）项所列事项，经债权人会议二次表决仍未通过的，由人民法院裁定。

对前两款规定的裁定，人民法院可以在债权人会议上宣布或者另行通知债权人。

第六十六条 债权人对人民法院依照本法第六十五条第一款作出的裁定不服的，债权额占无财产担保债权总额二分之一以上的债权人对人民法院依照本法第六十五条第二款作出的裁定不服的，可以自裁定宣布之日或者收到通知之日起十五日内向该人民法院申请复议。复议期间不停止裁定的执行。

第二节 债权人委员会

第六十七条 债权人会议可以决定设立债权人委员会。债权人委员会由债权人会议选任的债权人代表和一名债务人的职工代表或者工会代表组成。债权人委员会成员不得超过九人。

债权人委员会成员应当经人民法院书面决定认可。

第六十八条 债权人委员会行使下列职权：

（一）监督债务人财产的管理和处分；

（二）监督破产财产分配；

（三）提议召开债权人会议；

（四）债权人会议委托的其他职权。

债权人委员会执行职务时，有权要求管理人、债务人的有关人员对其职权范围内的事务作出说明或者提供有关文件。

管理人、债务人的有关人员违反本法规定拒绝接受监督的，债权人委员会有权就监督事项请求人民法院作出决定；人民法院应当在五日内作出决定。

第六十九条 管理人实施下列行为，应当及时报告债权人委员会：

（一）涉及土地、房屋等不动产权益的转让；

（二）探矿权、采矿权、知识产权等财产权的转让；

（三）全部库存或者营业的转让；

（四）借款；

（五）设定财产担保；

（六）债权和有价证券的转让；

（七）履行债务人和对方当事人均未履行完毕的合同；

（八）放弃权利；

（九）担保物的取回；

（十）对债权人利益有重大影响的其他财产处分行为。

未设立债权人委员会的，管理人实施前款规定的行为应当及时报告人民法院。

第八章 重 整

第一节 重整申请和重整期间

第七十条 债务人或者债权人可以依照本法规定，直接向人民法院申请对债务人进行重整。

债权人申请对债务人进行破产清算的，在人民法院受理破产申请后、宣告债务人破产前，债务人或者出资额占债务人注册资本十分之一以上的出资人，可以向人民法院申请重整。

第七十一条 人民法院经审查认为重整申请符合本法规定的，应当裁定债务人重整，并予以公告。

第七十二条 自人民法院裁定债务人重整之日起至重整程序终止，为重整期间。

第七十三条 在重整期间，经债务人申请，人民法院批准，债务人可以在管理人的监督下自行管理财产和营业事务。

有前款规定情形的，依照本法规定已接管债务人财产和营业事务的管理人应当向债务人移交财产和营业事务，本法规定的管理人的职权由债务人行使。

第七十四条 管理人负责管理财产和营业事务的，可以聘任债务人的经营管理人员负责营业事务。

第七十五条 在重整期间，对债务人的特定财产享有的担保权暂停行使。但是，担保物有损坏或者价值明显减少的可能，足以危害担保权人权利的，担保权人可以向人民法院请求恢复行使担保权。

在重整期间，债务人或者管理人为继续营业而借款的，可以为该借款设定担保。

第七十六条 债务人合法占有的他人财产，该财产的权利人在重整期间要求取回的，应当符合事先约定的条件。

第七十七条 在重整期间，债务人的出资人不得请求投资收益分配。

在重整期间，债务人的董事、监事、高级管理人员不得向第三人转让其持有的债务人的股权。但是，经人民法院同意的除外。

第七十八条 在重整期间，有下列情形之一的，经管理人或者利害关系人请求，人民法院应当裁定终止重整程序，并宣告债务人破产：

（一）债务人的经营状况和财产状况继续恶化，缺乏挽救的可能性；

（二）债务人有欺诈、恶意减少债务人财产或者其他显著不利于债权人的行为；

（三）由于债务人的行为致使管理人无法执行职务。

第二节 重整计划的制定和批准

第七十九条 债务人或者管理人应当自人民法院裁定债务人重整之日起六个月内，同时向人民法院和债权人会议提交重整计划草案。

前款规定的期限届满，经债务人或者管理人请求，有正当理由的，人民法院可以裁定延期三个月。

债务人或者管理人未按期提出重整计划草案的，人民法院应当裁定终止重整程序，并宣告债务人破产。

第八十条 债务人自行管理财产和营业事务的，由债务人制作重整计划草案。

管理人负责管理财产和营业事务的，由管理人制作重整计划草案。

第八十一条 重整计划草案应当包括下列内容：

（一）债务人的经营方案；

（二）债权分类；

（三）债权调整方案；

（四）债权受偿方案；

（五）重整计划的执行期限；

（六）重整计划执行的监督期限；

（七）有利于债务人重整的其他方案。

第八十二条 下列各类债权的债权人参加讨论重整计划草案的债权人会议，依照下列债权分类，分组对重整计划草案进行表决：

（一）对债务人的特定财产享有担保权的债权；

（二）债务人所欠职工的工资和医疗、伤残补助、抚恤费用，所欠的应当划入职工个人账户的基本养老保险、基本医疗保险费用，以及法律、行政法规规定应当支付给职工的补偿金；

（三）债务人所欠税款；

（四）普通债权。

人民法院在必要时可以决定在普通债权组中设小额债权组对重整计划草案进行表决。

第八十三条 重整计划不得规定减免债务人欠缴的本法第八十二条第一款第（二）项规定以外的社会保险费用；该项费用的债权人不参加重整计划草案的表决。

第八十四条 人民法院应当自收到重整计划草案之日起三十日内召开债权人会议，对重整计划草案进行表决。

出席会议的同一表决组的债权人过半数同意重整计划草案，并且其所代表的债权额占该组债权总额的三分之二以上的，即为该组通过重整计划草案。

债务人或者管理人应当向债权人会议就重整计划草案作出说明，并回答询问。

第八十五条 债务人的出资人代表可以列席讨论重整计划草案的债权人会议。

重整计划草案涉及出资人权益调整事项的，应当设出资人组，对该事项进行表决。

第八十六条 各表决组均通过重整计划草案时，重整计划即为通过。

自重整计划通过之日起十日内，债务人或者管理人应当向人民法院提出批准重整计划的申请。人民法院经审查认为符合本法规定的，应当自收到申请之日起三十日内裁定批准，终止重整程序，并予以公告。

第八十七条 部分表决组未通过重整计划草案的，债务人或者管理人可以同未通过重整计划草案的表决组协商。该表决组可以在协商后再表决一次。双方协商的结果不得损害其他表决组的利益。

未通过重整计划草案的表决组拒绝再次表决或者再次表决仍未通过重整计划草案，但重整计划草案符合下列条件的，债务人或者管理人可以申请人民法院批准重整计划草案：

（一）按照重整计划草案，本法第八十二条第一款第一项所列债权就该特定财产将获得全额清偿，其因延期清偿所受的损失将得到公平补偿，并且其担保权未受到实质性损害，或者该表决组已经通过重整计划草案；

（二）按照重整计划草案，本法第八十二条第一款第（二）项、第（三）项所列债权将获得全额清偿，或者相应表决组已经通过重整计划草案；

（三）按照重整计划草案，普通债权所获得的清偿比例，不低于其在重整计划草案被提请批准时依照破产清算程序所能获得的清偿比例，或者该表决组已经通过重整计划草案；

（四）重整计划草案对出资人权益的调整公平、公正，或者出资人组已经通过重整计划草案；

（五）重整计划草案公平对待同一表决组的成员，并且所规定的债权清偿顺序不违反本法第一百一十三条的规定；

（六）债务人的经营方案具有可行性。

人民法院经审查认为重整计划草案符合前款规定的，应当自收到申请之日起三十日内裁定批准，终止重整程序，并予以公告。

第八十八条 重整计划草案未获得通过且未依照本法第八十七条的规定获得批准，或者已通过的重整计划未获得批准的，人民法院应当裁定终止重整程序，并宣告债务人破产。

第三节 重整计划的执行

第八十九条 重整计划由债务人负责执行。

人民法院裁定批准重整计划后,已接管财产和营业事务的管理人应当向债务人移交财产和营业事务。

第九十条 自人民法院裁定批准重整计划之日起,在重整计划规定的监督期内,由管理人监督重整计划的执行。

在监督期内,债务人应当向管理人报告重整计划执行情况和债务人财务状况。

第九十一条 监督期届满时,管理人应当向人民法院提交监督报告。自监督报告提交之日起,管理人的监督职责终止。

管理人向人民法院提交的监督报告,重整计划的利害关系人有权查阅。

经管理人申请,人民法院可以裁定延长重整计划执行的监督期限。

第九十二条 经人民法院裁定批准的重整计划,对债务人和全体债权人均有约束力。

债权人未依照本法规定申报债权的,在重整计划执行期间不得行使权利;在重整计划执行完毕后,可以按照重整计划规定的同类债权的清偿条件行使权利。

债权人对债务人的保证人和其他连带债务人所享有的权利,不受重整计划的影响。

第九十三条 债务人不能执行或者不执行重整计划的,人民法院经管理人或者利害关系人请求,应当裁定终止重整计划的执行,并宣告债务人破产。

人民法院裁定终止重整计划执行的,债权人在重整计划中作出的债权调整的承诺失去效力。债权人因执行重整计划所受的清偿仍然有效,债权未受清偿的部分作为破产债权。

前款规定的债权人,只有在其他同顺位债权人同自己所受的清偿达到同一比例时,才能继续接受分配。

有本条第一款规定情形的,为重整计划的执行提供的担保继续有效。

第九十四条 按照重整计划减免的债务,自重整计划执行完毕时起,债务人不再承担清偿责任。

第九章 和 解

第九十五条 债务人可以依照本法规定,直接向人民法院申请和解;也可以在人民法院受理破产申请后、宣告债务人破产前,向人民法院申请和解。

债务人申请和解,应当提出和解协议草案。

第九十六条 人民法院经审查认为和解申请符合本法规定的,应当裁定和解,予以公告,并召集债权人会议讨论和解协议草案。

对债务人的特定财产享有担保权的权利人,自人民法院裁定和解之日起可以行使权利。

第九十七条 债权人会议通过和解协议的决议,由出席会议的有表决权的债权人过半数同意,并且其所代表的债权额占无财产担保债权总额的三分之二以上。

第九十八条 债权人会议通过和解协议的,由人民法院裁定认可,终止和解程序,并予以公告。管理人应当向债务人移交财产和营业事务,并向人民法院提交执行职务的报告。

第九十九条 和解协议草案经债权人会议表决未获得通过,或者已经债权人会议通过的和解协议未获得人民法院认可的,人民法院应当裁定终止和解程序,并宣告债务人破产。

第一百条 经人民法院裁定认可的和解协议,对债务人和全体和解债权人均有约束力。

和解债权人是指人民法院受理破产申请时对债务人享有无财产担保债权的人。

和解债权人未依照本法规定申报债权的,在和解协议执行期间不得行使权利;在和解协议执行完毕后,可以按照和解协议规定的清偿条件行使权利。

第一百零一条 和解债权人对债务人的保证人和其他连带债务人所享有的权利,不受和解协议的影响。

第一百零二条 债务人应当按照和解协议规定的条件清偿债务。

第一百零三条 因债务人的欺诈或者其他违法行为而成立的和解协议,人民法院应当裁定无效,并宣告债务人破产。

有前款规定情形的,和解债权人因执行和解协议所受的清偿,在其他债权人所受清偿同等比例的范围内,不予返还。

第一百零四条 债务人不能执行或者不执行和解协议的,人民法院经和解债权人请求,应当裁定终止和解协议的执行,并宣告债务人破产。

人民法院裁定终止和解协议执行的,和解债权人在和解协议中作出的债权调整的承诺失去效力。和解债权人因执行和解协议所受的清偿仍然有效,和解债权未受清偿的部分作为破产债权。

前款规定的债权人，只有在其他债权人同自己所受的清偿达到同一比例时，才能继续接受分配。

有本条第一款规定情形的，为和解协议的执行提供的担保继续有效。

第一百零五条 人民法院受理破产申请后，债务人与全体债权人就债权债务的处理自行达成协议的，可以请求人民法院裁定认可，并终结破产程序。

第一百零六条 按照和解协议减免的债务，自和解协议执行完毕时起，债务人不再承担清偿责任。

第十章 破产清算

第一节 破产宣告

第一百零七条 人民法院依照本法规定宣告债务人破产的，应当自裁定作出之日起五日内送达债务人和管理人，自裁定作出之日起十日内通知已知债权人，并予以公告。

债务人被宣告破产后，债务人称为破产人，债务人财产称为破产财产，人民法院受理破产申请时对债务人享有的债权称为破产债权。

第一百零八条 破产宣告前，有下列情形之一的，人民法院应当裁定终结破产程序，并予以公告：

（一）第三人为债务人提供足额担保或者为债务人清偿全部到期债务的；

（二）债务人已清偿全部到期债务的。

第一百零九条 对破产人的特定财产享有担保权的权利人，对该特定财产享有优先受偿的权利。

第一百一十条 享有本法第一百零九条规定权利的债权人行使优先受偿权利未能完全受偿的，其未受偿的债权作为普通债权；放弃优先受偿权利的，其债权作为普通债权。

第二节 变价和分配

第一百一十一条 管理人应当及时拟订破产财产变价方案，提交债权人会议讨论。

管理人应当按照债权人会议通过的或者人民法院依照本法第六十五条第一款规

定裁定的破产财产变价方案，适时变价出售破产财产。

第一百一十二条　变价出售破产财产应当通过拍卖进行。但是，债权人会议另有决议的除外。

破产企业可以全部或者部分变价出售。企业变价出售时，可以将其中的无形资产和其他财产单独变价出售。

按照国家规定不能拍卖或者限制转让的财产，应当按照国家规定的方式处理。

第一百一十三条　破产财产在优先清偿破产费用和共益债务后，依照下列顺序清偿：

（一）破产人所欠职工的工资和医疗、伤残补助、抚恤费用，所欠的应当划入职工个人账户的基本养老保险、基本医疗保险费用，以及法律、行政法规规定应当支付给职工的补偿金；

（二）破产人欠缴的除前项规定以外的社会保险费用和破产人所欠税款；

（三）普通破产债权。

破产财产不足以清偿同一顺序的清偿要求的，按照比例分配。

破产企业的董事、监事和高级管理人员的工资按照该企业职工的平均工资计算。

第一百一十四条　破产财产的分配应当以货币分配方式进行。但是，债权人会议另有决议的除外。

第一百一十五条　管理人应当及时拟订破产财产分配方案，提交债权人会议讨论。

破产财产分配方案应当载明下列事项：

（一）参加破产财产分配的债权人名称或者姓名、住所；

（二）参加破产财产分配的债权额；

（三）可供分配的破产财产数额；

（四）破产财产分配的顺序、比例及数额；

（五）实施破产财产分配的方法。

债权人会议通过破产财产分配方案后，由管理人将该方案提请人民法院裁定认可。

第一百一十六条　破产财产分配方案经人民法院裁定认可后，由管理人执行。

管理人按照破产财产分配方案实施多次分配的，应当公告本次分配的财产额和债权额。管理人实施最后分配的，应当在公告中指明，并载明本法第一百一十七条第二款规定的事项。

第一百一十七条　对于附生效条件或者解除条件的债权，管理人应当将其分配额提存。

管理人依照前款规定提存的分配额，在最后分配公告日，生效条件未成就或者解除条件成就的，应当分配给其他债权人；在最后分配公告日，生效条件成就或者解除条件未成就的，应当交付给债权人。

第一百一十八条　债权人未受领的破产财产分配额，管理人应当提存。债权人自最后分配公告之日起满二个月仍不领取的，视为放弃受领分配的权利，管理人或者人民法院应当将提存的分配额分配给其他债权人。

第一百一十九条　破产财产分配时，对于诉讼或者仲裁未决的债权，管理人应当将其分配额提存。自破产程序终结之日起满二年仍不能受领分配的，人民法院应当将提存的分配额分配给其他债权人。

第三节　破产程序的终结

第一百二十条　破产人无财产可供分配的，管理人应当请求人民法院裁定终结破产程序。

管理人在最后分配完结后，应当及时向人民法院提交破产财产分配报告，并提请人民法院裁定终结破产程序。

人民法院应当自收到管理人终结破产程序的请求之日起十五日内作出是否终结破产程序的裁定。裁定终结的，应当予以公告。

第一百二十一条　管理人应当自破产程序终结之日起十日内，持人民法院终结破产程序的裁定，向破产人的原登记机关办理注销登记。

第一百二十二条　管理人于办理注销登记完毕的次日终止执行职务。但是，存在诉讼或者仲裁未决情况的除外。

第一百二十三条　自破产程序依照本法第四十三条第四款或者第一百二十条的规定终结之日起二年内，有下列情形之一的，债权人可以请求人民法院按照破产财产分配方案进行追加分配：

（一）发现有依照本法第三十一条、第三十二条、第三十三条、第三十六条规定应当追回的财产的；

（二）发现破产人有应当供分配的其他财产的。

有前款规定情形，但财产数量不足以支付分配费用的，不再进行追加分配，由人民法院将其上交国库。

第一百二十四条　破产人的保证人和其他连带债务人，在破产程序终结后，对债权人依照破产清算程序未受清偿的债权，依法继续承担清偿责任。

第十一章 法律责任

第一百二十五条 企业董事、监事或者高级管理人员违反忠实义务、勤勉义务，致使所在企业破产的，依法承担民事责任。

有前款规定情形的人员，自破产程序终结之日起三年内不得担任任何企业的董事、监事、高级管理人员。

第一百二十六条 有义务列席债权人会议的债务人的有关人员，经人民法院传唤，无正当理由拒不列席债权人会议的，人民法院可以拘传，并依法处以罚款。债务人的有关人员违反本法规定，拒不陈述、回答，或者作虚假陈述、回答的，人民法院可以依法处以罚款。

第一百二十七条 债务人违反本法规定，拒不向人民法院提交或者提交不真实的财产状况说明、债务清册、债权清册、有关财务会计报告以及职工工资的支付情况和社会保险费用的缴纳情况的，人民法院可以对直接责任人员依法处以罚款。

债务人违反本法规定，拒不向管理人移交财产、印章和账簿、文书等资料的，或者伪造、销毁有关财产证据材料而使财产状况不明的，人民法院可以对直接责任人员依法处以罚款。

第一百二十八条 债务人有本法第三十一条、第三十二条、第三十三条规定的行为，损害债权人利益的，债务人的法定代表人和其他直接责任人员依法承担赔偿责任。

第一百二十九条 债务人的有关人员违反本法规定，擅自离开住所地的，人民法院可以予以训诫、拘留，可以依法并处罚款。

第一百三十条 管理人未依照本法规定勤勉尽责，忠实执行职务的，人民法院可以依法处以罚款；给债权人、债务人或者第三人造成损失的，依法承担赔偿责任。

第一百三十一条 违反本法规定，构成犯罪的，依法追究刑事责任。

第十二章 附 则

第一百三十二条 本法施行后，破产人在本法公布之日前所欠职工的工资和医疗、伤残补助、抚恤费用，所欠的应当划入职工个人账户的基本养老保险、基本医疗保险费用，以及法律、行政法规规定应当支付给职工的补偿金，依照本法第一百十三条的规定清偿后不足以清偿的部分，以本法第一百零九条规定的特定财产优先于对该特定财产享有担保权的权利人受偿。

第一百三十三条 在本法施行前国务院规定的期限和范围内的国有企业实施破

产的特殊事宜，按照国务院有关规定办理。

第一百三十四条 商业银行、证券公司、保险公司等金融机构有本法第二条规定情形的，国务院金融监督管理机构可以向人民法院提出对该金融机构进行重整或者破产清算的申请。国务院金融监督管理机构依法对出现重大经营风险的金融机构采取接管、托管等措施的，可以向人民法院申请中止以该金融机构为被告或者被执行人的民事诉讼程序或者执行程序。

金融机构实施破产的，国务院可以依据本法和其他有关法律的规定制定实施办法。

第一百三十五条 其他法律规定企业法人以外的组织的清算，属于破产清算的，参照适用本法规定的程序。

第一百三十六条 本法自 2007 年 6 月 1 日起施行，《中华人民共和国企业破产法（试行）》同时废止。

中华人民共和国民事诉讼法

（2017 年 6 月 27 日）

目　录

第一编　总　则
　第一章　任务、适用范围和基本原则
　第二章　管　辖
　　第一节　级别管辖
　　第二节　地域管辖
　　第三节　移送管辖和指定管辖
　第三章　审判组织
　第四章　回　避
　第五章　诉讼参加人
　　第一节　当事人
　　第二节　诉讼代理人
　第六章　证　据
　第七章　期间、送达

第一节 期 间
第二节 送 达
第八章 调 解
第九章 保全和先予执行
第十章 对妨害民事诉讼的强制措施
第十一章 诉讼费用

第二编 审判程序
第十二章 第一审普通程序
第一节 起诉和受理
第二节 审理前的准备
第三节 开庭审理
第四节 诉讼中止和终结
第五节 判决和裁定
第十三章 简易程序
第十四章 第二审程序
第十五章 特别程序
第一节 一般规定
第二节 选民资格案件
第三节 宣告失踪、宣告死亡案件
第四节 认定公民无民事行为能力、限制民事行为能力案件
第五节 认定财产无主案件
第六节 确认调解协议案件
第七节 实现担保物权案件
第十六章 审判监督程序
第十七章 督促程序
第十八章 公示催告程序

第三编 执行程序
第十九章 一般规定
第二十章 执行的申请和移送
第二十一章 执行措施
第二十二章 执行中止和终结

第四编 涉外民事诉讼程序的特别规定
第二十三章 一般原则

第二十四章　管　辖
第二十五章　送达、期间
第二十六章　仲　裁
第二十七章　司法协助

二、司法解释

最高人民法院
关于审理企业破产案件指定管理人的规定

2007 年 4 月 12 日　　　　　　　　　　　　　　法释〔2007〕8 号

为公平、公正审理企业破产案件，保证破产审判工作依法顺利进行，促进管理人制度的完善和发展，根据《中华人民共和国企业破产法》的规定，制定本规定。

一、管理人名册的编制

第一条 人民法院审理企业破产案件应当指定管理人。除企业破产法和本规定另有规定外，管理人应当从管理人名册中指定。

第二条 高级人民法院应当根据本辖区律师事务所、会计师事务所、破产清算事务所等社会中介机构及专职从业人员数量和企业破产案件数量，确定由本院或者所辖中级人民法院编制管理人名册。

人民法院应当分别编制社会中介机构管理人名册和个人管理人名册。由直辖市以外的高级人民法院编制的管理人名册中，应当注明社会中介机构和个人所属中级人民法院辖区。

第三条 符合企业破产法规定条件的社会中介机构及其具备相关专业知识并取得执业资格的人员，均可申请编入管理人名册。已被编入机构管理人名册的社会中介机构中，具备相关专业知识并取得执业资格的人员，可以申请编入个人管理人名册。

第四条 社会中介机构及个人申请编入管理人名册的，应当向所在地区编制管理人名册的人民法院提出，由该人民法院予以审定。

人民法院不受理异地申请，但异地社会中介机构在本辖区内设立的分支机构提出申请的除外。

第五条 人民法院应当通过本辖区有影响的媒体就编制管理人名册的有关事项进行公告。公告应当包括以下内容：

（一）管理人申报条件；

（二）应当提交的材料；

（三）评定标准、程序；

（四）管理人的职责以及相应的法律责任；

（五）提交申报材料的截止时间；

（六）人民法院认为应当公告的其他事项。

第六条 律师事务所、会计师事务所申请编入管理人名册的，应当提供下列材料：

（一）执业证书、依法批准设立文件或者营业执照；

（二）章程；

（三）本单位专职从业人员名单及其执业资格证书复印件；

（四）业务和业绩材料；

（五）行业自律组织对所提供材料真实性以及有无被行政处罚或者纪律处分情况的证明；

（六）人民法院要求的其他材料。

第七条 破产清算事务所申请编入管理人名册的，应当提供以下材料：

（一）营业执照或者依法批准设立的文件；

（二）本单位专职从业人员的法律或者注册会计师资格证书，或者经营管理经历的证明材料；

（三）业务和业绩材料；

（四）能够独立承担民事责任的证明材料；

（五）行业自律组织对所提供材料真实性以及有无被行政处罚或者纪律处分情况的证明，或者申请人就上述情况所作的真实性声明；

（六）人民法院要求的其他材料。

第八条 个人申请编入管理人名册的，应当提供下列材料：

（一）律师或者注册会计师执业证书复印件以及执业年限证明；

（二）所在社会中介机构同意其担任管理人的函件；

（三）业务专长及相关业绩材料；

（四）执业责任保险证明；

（五）行业自律组织对所提供材料真实性以及有无被行政处罚或者纪律处分情况的证明；

（六）人民法院要求的其他材料。

第九条 社会中介机构及个人具有下列情形之一的，人民法院可以适用企业破产法第二十四条第三款第（四）项的规定：

（一）因执业、经营中故意或者重大过失行为，受到行政机关、监管机构或者行业自律组织行政处罚或者纪律处分之日起未逾三年；

（二）因涉嫌违法行为正被相关部门调查；

（三）因不适当履行职务或者拒绝接受人民法院指定等原因，被人民法院从管理人名册除名之日起未逾三年；

（四）缺乏担任管理人所应具备的专业能力；

（五）缺乏承担民事责任的能力；

（六）人民法院认为可能影响履行管理人职责的其他情形。

第十条 编制管理人名册的人民法院应当组成专门的评审委员会，决定编入管理人名册的社会中介机构和个人名单。评审委员会成员应不少于七人。

人民法院应当根据本辖区社会中介机构以及社会中介机构中个人的实际情况，结合其执业业绩、能力、专业水准、社会中介机构的规模、办理企业破产案件的经验等因素制定管理人评定标准，由评审委员会根据申报人的具体情况评定其综合分数。

人民法院根据评审委员会评审结果，确定管理人初审名册。

第十一条 人民法院应当将管理人初审名册通过本辖区有影响的媒体进行公示，公示期为十日。

对于针对编入初审名册的社会中介机构和个人提出的异议，人民法院应当进行审查。异议成立、申请人确不宜担任管理人的，人民法院应将该社会中介机构或者个人从管理人初审名册中删除。

第十二条 公示期满后，人民法院应审定管理人名册，并通过全国有影响的媒体公布，同时逐级报最高人民法院备案。

第十三条 人民法院可以根据本辖区的实际情况，分批确定编入管理人名册的社会中介机构及个人。

编制管理人名册的全部资料应当建立档案备查。

第十四条 人民法院可以根据企业破产案件受理情况、管理人履行职务以及管理人资格变化等因素，对管理人名册适时进行调整。新编入管理人名册的社会中介机构和个人应当按照本规定的程序办理。

人民法院发现社会中介机构或者个人有企业破产法第二十四条第三款规定情形的，应当将其从管理人名册中除名。

二、管理人的指定

第十五条　受理企业破产案件的人民法院指定管理人，一般应从本地管理人名册中指定。

对于商业银行、证券公司、保险公司等金融机构以及在全国范围内有重大影响、法律关系复杂、债务人财产分散的企业破产案件，人民法院可以从所在地区高级人民法院编制的管理人名册列明的其他地区管理人或者异地人民法院编制的管理人名册中指定管理人。

第十六条　受理企业破产案件的人民法院，一般应指定管理人名册中的社会中介机构担任管理人。

第十七条　对于事实清楚、债权债务关系简单、债务人财产相对集中的企业破产案件，人民法院可以指定管理人名册中的个人为管理人。

第十八条　企业破产案件有下列情形之一的，人民法院可以指定清算组为管理人：

（一）破产申请受理前，根据有关规定已经成立清算组，人民法院认为符合本规定第十九条的规定；

（二）审理企业破产法第一百三十三条规定的案件；

（三）有关法律规定企业破产时成立清算组；

（四）人民法院认为可以指定清算组为管理人的其他情形。

第十九条　清算组为管理人的，人民法院可以从政府有关部门、编入管理人名册的社会中介机构、金融资产管理公司中指定清算组成员，人民银行及金融监督管理机构可以按照有关法律和行政法规的规定派人参加清算组。

第二十条　人民法院一般应当按照管理人名册所列名单采取轮候、抽签、摇号等随机方式公开指定管理人。

第二十一条　对于商业银行、证券公司、保险公司等金融机构或者在全国范围有重大影响、法律关系复杂、债务人财产分散的企业破产案件，人民法院可以采取公告的方式，邀请编入各地人民法院管理人名册中的社会中介机构参与竞争，从参与竞争的社会中介机构中指定管理人。参与竞争的社会中介机构不得少于三家。

采取竞争方式指定管理人的，人民法院应当组成专门的评审委员会。

评审委员会应当结合案件的特点，综合考量社会中介机构的专业水准、经验、机构规模、初步报价等因素，从参与竞争的社会中介机构中择优指定管理人。被指定为管理人的社会中介机构应经评审委员会成员二分之一以上通过。

采取竞争方式指定管理人的，人民法院应当确定一至两名备选社会中介机构，作为需要更换管理人时的接替人选。

第二十二条 对于经过行政清理、清算的商业银行、证券公司、保险公司等金融机构的破产案件，人民法院除可以按照本规定第十八条第（一）项的规定指定管理人外，也可以在金融监督管理机构推荐的已编入管理人名册的社会中介机构中指定管理人。

第二十三条 社会中介机构、清算组成员有下列情形之一，可能影响其忠实履行管理人职责的，人民法院可以认定为企业破产法第二十四条第三款第（三）项规定的利害关系：

（一）与债务人、债权人有未了结的债权债务关系；

（二）在人民法院受理破产申请前三年内，曾为债务人提供相对固定的中介服务；

（三）现在是或者在人民法院受理破产申请前三年内曾经是债务人、债权人的控股股东或者实际控制人；

（四）现在担任或者在人民法院受理破产申请前三年内曾经担任债务人、债权人的财务顾问、法律顾问；

（五）人民法院认为可能影响其忠实履行管理人职责的其他情形。

第二十四条 清算组成员的派出人员、社会中介机构的派出人员、个人管理人有下列情形之一，可能影响其忠实履行管理人职责的，可以认定为企业破产法第二十四条第三款第（三）项规定的利害关系：

（一）具有本规定第二十三条规定情形；

（二）现在担任或者在人民法院受理破产申请前三年内曾经担任债务人、债权人的董事、监事、高级管理人员；

（三）与债权人或者债务人的控股股东、董事、监事、高级管理人员存在夫妻、直系血亲、三代以内旁系血亲或者近姻亲关系；

（四）人民法院认为可能影响其公正履行管理人职责的其他情形。

第二十五条 在进入指定管理人程序后，社会中介机构或者个人发现与本案有利害关系的，应主动申请回避并向人民法院书面说明情况。人民法院认为社会中介机构或者个人与本案有利害关系的，不应指定该社会中介机构或者个人为本案管理人。

第二十六条 社会中介机构或者个人有重大债务纠纷或者因涉嫌违法行为正被相关部门调查的，人民法院不应指定该社会中介机构或者个人为本案管理人。

第二十七条 人民法院指定管理人应当制作决定书,并向被指定为管理人的社会中介机构或者个人、破产申请人、债务人、债务人的企业登记机关送达。决定书应与受理破产申请的民事裁定书一并公告。

第二十八条 管理人无正当理由,不得拒绝人民法院的指定。

管理人一经指定,不得以任何形式将管理人应当履行的职责全部或者部分转给其他社会中介机构或者个人。

第二十九条 管理人凭指定管理人决定书按照国家有关规定刻制管理人印章,并交人民法院封样备案后启用。

管理人印章只能用于所涉破产事务。管理人根据企业破产法第一百二十二条规定终止执行职务后,应当将管理人印章交公安机关销毁,并将销毁的证明送交人民法院。

第三十条 受理企业破产案件的人民法院应当将指定管理人过程中形成的材料存入企业破产案件卷宗,债权人会议或者债权人委员会有权查阅。

三、管理人的更换

第三十一条 债权人会议根据企业破产法第二十二条第二款的规定申请更换管理人的,应由债权人会议作出决议并向人民法院提出书面申请。

人民法院在收到债权人会议的申请后,应当通知管理人在两日内作出书面说明。

第三十二条 人民法院认为申请理由不成立的,应当自收到管理人书面说明之日起十日内作出驳回申请的决定。

人民法院认为申请更换管理人的理由成立的,应当自收到管理人书面说明之日起十日内作出更换管理人的决定。

第三十三条 社会中介机构管理人有下列情形之一的,人民法院可以根据债权人会议的申请或者依职权径行决定更换管理人:

(一)执业许可证或者营业执照被吊销或者注销;

(二)出现解散、破产事由或者丧失承担执业责任风险的能力;

(三)与本案有利害关系;

(四)履行职务时,因故意或者重大过失导致债权人利益受到损害;

(五)有本规定第二十六条规定的情形。

清算组成员参照适用前款规定。

第三十四条 个人管理人有下列情形之一的,人民法院可以根据债权人会议的申请或者依职权径行决定更换管理人:

(一)执业资格被取消、吊销;

（二）与本案有利害关系；

（三）履行职务时，因故意或者重大过失导致债权人利益受到损害；

（四）失踪、死亡或者丧失民事行为能力；

（五）因健康原因无法履行职务；

（六）执业责任保险失效；

（七）有本规定第二十六条规定的情形。

清算组成员的派出人员、社会中介机构的派出人员参照适用前款规定。

第三十五条 管理人无正当理由申请辞去职务的，人民法院不予许可。正当理由的认定，可参照适用本规定第三十三条、第三十四条规定的情形。

第三十六条 人民法院对管理人申请辞去职务未予许可，管理人仍坚持辞去职务并不再履行管理人职责的，人民法院应当决定更换管理人。

第三十七条 人民法院决定更换管理人的，原管理人应当自收到决定书之次日起，在人民法院监督下向新任管理人移交全部资料、财产、营业事务及管理人印章，并及时向新任管理人书面说明工作进展情况。原管理人不能履行上述职责的，新任管理人可以直接接管相关事务。

在破产程序终结前，原管理人应当随时接受新任管理人、债权人会议、人民法院关于其履行管理人职责情况的询问。

第三十八条 人民法院决定更换管理人的，应将决定书送达原管理人、新任管理人、破产申请人、债务人以及债务人的企业登记机关，并予公告。

第三十九条 管理人申请辞去职务未获人民法院许可，但仍坚持辞职并不再履行管理人职责，或者人民法院决定更换管理人后，原管理人拒不向新任管理人移交相关事务，人民法院可以根据企业破产法第一百三十条的规定和具体情况，决定对管理人罚款。对社会中介机构为管理人的罚款5万元至20万元人民币，对个人为管理人的罚款1万元至5万元人民币。

管理人有前款规定行为或者无正当理由拒绝人民法院指定的，编制管理人名册的人民法院可以决定停止其担任管理人一年至三年，或者将其从管理人名册中除名。

第四十条 管理人不服罚款决定的，可以向上一级人民法院申请复议，上级人民法院应在收到复议申请后五日内作出决定，并将复议结果通知下级人民法院和当事人。

最高人民法院关于审理企业破产案件确定管理人报酬的规定

2007年4月12日　　　　　　　　　　法释〔2007〕9号

为公正、高效审理企业破产案件，规范人民法院确定管理人报酬工作，根据《中华人民共和国企业破产法》的规定，制定本规定。

第一条 管理人履行企业破产法第二十五条规定的职责，有权获得相应报酬。

管理人报酬由审理企业破产案件的人民法院依据本规定确定。

第二条 人民法院应根据债务人最终清偿的财产价值总额，在以下比例限制范围内分段确定管理人报酬：

（一）不超过一百万元（含本数，下同）的，在12%以下确定；

（二）超过一百万元至五百万元的部分，在10%以下确定；

（三）超过五百万元至一千万元的部分，在8%以下确定；

（四）超过一千万元至五千万元的部分，在6%以下确定；

（五）超过五千万元至一亿元的部分，在3%以下确定；

（六）超过一亿元至五亿元的部分，在1%以下确定；

（七）超过五亿元的部分，在0.5%以下确定。

担保权人优先受偿的担保物价值，不计入前款规定的财产价值总额。

高级人民法院认为有必要的，可以参照上述比例在30%的浮动范围内制定符合当地实际情况的管理人报酬比例限制范围，并通过当地有影响的媒体公告，同时报最高人民法院备案。

第三条 人民法院可以根据破产案件的实际情况，确定管理人分期或者最后一次性收取报酬。

第四条 人民法院受理企业破产申请后，应当对债务人可供清偿的财产价值和管理人的工作量作出预测，初步确定管理人报酬方案。管理人报酬方案应当包括管理人报酬比例和收取时间。

第五条 人民法院采取公开竞争方式指定管理人的，可以根据社会中介机构提出的报价确定管理人报酬方案，但报酬比例不得超出本规定第二条规定的限制范围。

上述报酬方案一般不予调整，但债权人会议异议成立的除外。

第六条 人民法院应当自确定管理人报酬方案之日起三日内，书面通知管理人。管理人应当在第一次债权人会议上报告管理人报酬方案内容。

第七条 管理人、债权人会议对管理人报酬方案有意见的，可以进行协商。双方就调整管理人报酬方案内容协商一致的，管理人应向人民法院书面提出具体的请求和理由，并附相应的债权人会议决议。

人民法院经审查认为上述请求和理由不违反法律和行政法规强制性规定，且不损害他人合法权益的，应当按照双方协商的结果调整管理人报酬方案。

第八条 人民法院确定管理人报酬方案后，可以根据破产案件和管理人履行职责的实际情况进行调整。

人民法院应当自调整管理人报酬方案之日起三日内，书面通知管理人。管理人应当自收到上述通知之日起三日内，向债权人委员会或者债权人会议主席报告管理人报酬方案调整内容。

第九条 人民法院确定或者调整管理人报酬方案时，应当考虑以下因素：

（一）破产案件的复杂性；

（二）管理人的勤勉程度；

（三）管理人为重整、和解工作做出的实际贡献；

（四）管理人承担的风险和责任；

（五）债务人住所地居民可支配收入及物价水平；

（六）其他影响管理人报酬的情况。

第十条 最终确定的管理人报酬及收取情况，应列入破产财产分配方案。在和解、重整程序中，管理人报酬方案内容应列入和解协议草案或重整计划草案。

第十一条 管理人收取报酬，应当向人民法院提出书面申请。申请书应当包括以下内容：

（一）可供支付报酬的债务人财产情况；

（二）申请收取报酬的时间和数额；

（三）管理人履行职责的情况。

人民法院应当自收到上述申请书之日起十日内，确定支付管理人的报酬数额。

第十二条 管理人报酬从债务人财产中优先支付。

债务人财产不足以支付管理人报酬和管理人执行职务费用的，管理人应当提请人民法院终结破产程序。但债权人、管理人、债务人的出资人或者其他利害关系人愿意垫付上述报酬和费用的，破产程序可以继续进行。

上述垫付款项作为破产费用从债务人财产中向垫付人随时清偿。

第十三条 管理人对担保物的维护、变现、交付等管理工作付出合理劳动的，有权向担保权人收取适当的报酬。管理人与担保权人就上述报酬数额不能协商一致的，人民法院应当参照本规定第二条规定的方法确定，但报酬比例不得超出该条规定限制范围的10%。

第十四条　律师事务所、会计师事务所通过聘请本专业的其他社会中介机构或者人员协助履行管理人职责的，所需费用从其报酬中支付。

破产清算事务所通过聘请其他社会中介机构或者人员协助履行管理人职责的，所需费用从其报酬中支付。

第十五条　清算组中有关政府部门派出的工作人员参与工作的不收取报酬。其他机构或人员的报酬根据其履行职责的情况确定。

第十六条　管理人发生更换的，人民法院应当分别确定更换前后的管理人报酬。其报酬比例总和不得超出本规定第二条规定的限制范围。

第十七条　债权人会议对管理人报酬有异议的，应当向人民法院书面提出具体的请求和理由。异议书应当附有相应的债权人会议决议。

第十八条　人民法院应当自收到债权人会议异议书之日起三日内通知管理人。管理人应当自收到通知之日起三日内作出书面说明。

人民法院认为有必要的，可以举行听证会，听取当事人意见。

人民法院应当自收到债权人会议异议书之日起十日内，就是否调整管理人报酬问题书面通知管理人、债权人委员会或者债权人会议主席。

最高人民法院民二庭负责人就《最高人民法院关于审理企业破产案件指定管理人的规定》和《最高人民法院关于审理企业破产案件确定管理人报酬的规定》答记者问

问：《中华人民共和国企业破产法》（以下简称《企业破产法》）将于2007年6月1日起施行，为配合《企业破产法》的施行，最高人民法院根据《企业破产法》的授权，制定了《关于审理企业破产案件指定管理人的规定》（以下简称《指定管理人的规定》）和《关于审理企业破产案件确定管理人报酬的规定》（以下简称《管理人报酬的规定》）。在制定这两个规定时，最高人民法院是如何考虑现实情况和管理人制度发展需要的？

答：管理人制度是立法机关借鉴发达国家破产法立法经验和考虑我国审判实践需要而设立的制度。最高人民法院在制定两个规定时，坚持以下几个方面的指导

思想:

(一) 培育管理人市场, 逐步形成一支专业化的管理人队伍

破产程序中的管理人制度在我国是一项全新的制度,《企业破产法(试行)》规定的清算组虽然在一定程度上也发挥了管理人的作用, 但是由于存在清算组成立时间晚、独立性差、缺乏承担民事责任能力的缺点, 不能满足高效、公正破产程序的需求, 因此, 借鉴发达国家的立法经验, 引进管理人制度成为立法的当然之选。担任管理人的社会中介机构或个人, 需具备高于一般中介服务的专业知识和能力,《企业破产法》规定了清算组, 律师事务所、会计师事务所、破产清算事务所等社会中介机构以及中介机构中的个人可以担任管理人, 其中又以中介机构为管理人的主要人选。但是, 是否所有法律列明的中介机构都有担任管理人的能力, 值得探讨。以破产清算事务所为例, 由于长期以来我国并没有专门的管理人资格考试和相应的行业协会以及专门的资质管理, 因此, 破产清算事务所良莠不齐, 虽然有相当一部分破产清算事务所在国有企业破产中发挥了重要作用, 积累了丰富的破产清算经验, 但更多的破产清算事务所成立之初就存在一些问题, 如人员结构复杂、组织形式多样、承担民事责任能力差、缺乏必要的专业知识, 其能否胜任管理人职责令人担忧。因此, 在起草《指定管理人的规定》时, 我们审慎确定进入管理人名册的资格和条件, 既考虑到现实情况, 保证办理企业破产案件的质量, 又照顾到管理人专业队伍的培育, 为进一步完善管理人制度打下一定基础。

(二) 兼顾地区差异, 便于人民法院指定管理人

我国幅员辽阔、地区差异大、经济发展不平衡, 导致各地人民法院受理破产案件数量差异极大。以 2005 年为例, 受理破产案件最多的省份为吉林, 共受理 524 件, 超过 300 件的省份有河北、吉林、江苏、山东、湖北、湖南、广东。而同期, 海南、西藏、宁夏却不足 10 件。同样, 社会中介机构的数量差异也很大, 最新的统计数据表明, 广东有律师事务所 1132 家、律师 13684 人, 北京有律师事务所 950 家、律师 11994 人, 而宁夏只有律师事务所 61 家、律师 588 人, 西藏有律师事务所 14 家、律师 52 人。会计师事务所也有相似情形。我院在起草《指定管理人的规定》时, 既要保证这一规定在全国范围内适用, 又要考虑地区间的不平衡。

统计数据表明, 至 2006 年年底, 全国共有律师事务所 12400 多家, 会计师事务所 6425 家; 破产清算事务所由于目前还没有行业协会, 无法作出较为准确的统计, 但以天津为例, 就有 100 余家。2005 年全国法院受理企业破产案件 4978 件。鉴于这种情况, 指定管理人的规定要解决以下问题: 一是受理破产案件的法院如何在众多的社会中介机构以及中介机构中的个人指定管理人; 二是指定管理人时基本原则应如何掌握; 三是如何能够公正、高效地在受理破产申请的同时即指定管理人。为此,《指

定管理人的规定》规定了管理人名册制度，确定了指定管理人的基本原则以及针对不同类型案件指定管理人的方法。

（三）建立管理人指定的监督制约机制，保证指定管理人的公正性

《企业破产法》建立管理人制度的一个重要内容就是赋予管理人收取报酬的权利，从而与其所应当承担的职责相适应，这也是管理人制度能够吸引专业水准较高的社会中介机构和人员的基本保证。与此同时，管理人也会成为律师事务所等中介机构拓展业务领域的目标之一。虽然法律赋予了律师事务所、会计师事务所、破产清算事务所等社会中介机构成为管理人的能力，但破产清算事务同现有的中介机构数量相比，仍然是有限的，不可能所有社会中介机构都能成为人民法院审理企业破产案件指定管理人的人选，这就必然形成法院在编制管理人名册、指定管理人时相对人的竞争。为保证这种竞争的公平性，避免这一过程中发生有损人民法院形象的行为，《指定管理人的规定》采取分散权力、随机确定、权力制约、加强监督等方式，确保相关人民法院在编制管理人名册、指定管理人时，公正行使权力，从而促进管理人市场的良性竞争。

（四）便于人民法院和债权人会议的监督

管理人能否胜任职务、依法、公正、忠实执行职务，勤勉尽责，是保证破产程序顺利进行的决定性因素。因此，对其实施必要的监督就显得尤为重要。法律赋予债权人会议和债权人委员会对管理人的监督权，就是要从机制上对管理人执行职务的行为和能力加以监督，监督的结果之一就是债权人会议可以申请人民法院更换管理人。管理人的更换直接涉及人民法院指定管理人程序的审查和重新启动，因此，有必要对债权人会议申请更换管理人的理由细化，使法律规定的这一权利和程序有操作性。

此外，《企业破产法》规定管理人由人民法院指定，其执行职务向人民法院报告工作。债权人会议并不是经常召开，如果一旦出现管理人应当更换的事由，而债权人会议又不能及时申请更换，必然影响破产程序的进行。法律又没有规定债权人或其他利害关系人可以申请更换管理人，因此，《指定管理人的规定》要求当管理人出现应予更换的事由，而债权人会议又难以提出申请的情况下，人民法院可以依职权予以更换，从而保证对管理人监督的有效实施。

（五）正确把握债权人利益最大化与管理人报酬激励作用的关系

债权人利益的最大化是破产程序的目标。从表面上看，管理人的报酬高低与债权人利益是有冲突的，如果管理人报酬高了，会使债权人的受偿额减少。但是，管理人能力对于破产财产的增加、破产程序的效率都起着至关重要的作用。一个高素质的管理人可以在单位时间内完成更多的管理工作，有利于最大限度地收回债务人财产，

从而提高债权人的受偿额。而管理人报酬首先是管理人付出劳动的对价，报酬的高低直接影响到是否对可以担任管理人的社会中介机构的吸引程度。如果过低，难以吸引高素质的社会中介机构或个人介入到这一行业中，客观效果上既不利于债权人利益的最大化，也不利于人民法院审理企业破产案件的公正与效率。因此，正确把握管理人报酬标准是起草《管理人报酬规定》的前提。

问：《企业破产法》规定管理人可以由有关部门、机构的人员组成的清算组或者依法设立的律师事务所、会计师事务所、破产清算事务所等社会中介机构或者社会中介机构中具备相关专业知识并取得执业资格的人员担任。在制定《指定管理人的规定》时，如何考虑管理人的积极条件？

答：《企业破产法》没有对管理人设置专门的执业资格，更没有设置管理人资格考试制度，希望利用现有的律师、会计师执业资格的资源解决这个问题，规定凡依法设立的律师事务所、会计师事务所、破产清算事务所，具有律师、注册会计师等专业资格的执业人员均可以担任管理人，其立法本意是避免造成新的市场准入障碍。但客观事实是，破产管理事务是一项十分复杂、实践性很强的综合性业务，融社会、经济、法律问题于一体，不仅大量的法律事务与非法律事务交织在一起，而且可能面临破产清算、重整、和解多重任务，对管理人素质、能力的要求应该说要高于一般的律师、会计师。采取何种方式解决管理人能力与破产管理人事务的复杂程度，成为指定管理人的难题。这也是在第一次征求意见稿中增设管理人积极条件的原因。

有关方面对增加社会中介机构和个人为管理人的条件提出了不同意见，主要包括：一是法律没有设资格限制，最高人民法院在司法解释中增设条件有同法律抵触之嫌；二是法律只授权最高人民法院规定指定管理人的办法，而不是设定管理人的积极条件；三是只要是依法设立的律师事务所、会计师事务所均能履行好管理人职责；四是增设条件有难度，如果过高，有些地区就可能出现无管理人可供指定；如果过低，则失去了提高"门槛"的意义。

在《指定管理人的规定》中，吸收了有关部门的意见，没有再规定管理人的积极条件，对相关问题通过以下方式解决：一是在编制管理人名册时，保留指定管理人的消极条件，强调担任管理人的专业能力和承担民事责任的能力；二是编制管理人名册时，应当根据本地区破产案件数量和社会中介机构及其从业人员的数量分批择优确定名单。

问：如何保证人民法院在指定管理人时的公正性？

答：《企业破产法》规定管理人由人民法院指定。为保证这一工作的公正性，指定管理人的规定从管理人名册的编制、指定管理人的方式等方面作出了具体的规定。

实行管理人名册制度是基于人民法院指定管理人的便利性、有效性、公正性的考虑。编制一个经过资质审核的、公开的管理人名册，可以消除法院管理人指定工作的盲目性和随意性。其他国家和地区建立管理人名单，大体有两种较常见的做法：第一种是建立专门的破产管理人名单。如德国的法院根据一份1600名左右的破产管理人名单颁发选任证书。第二种是将专业协会提供的会员名单作为破产管理人名单。我国台湾地区的破产管理人名单是由律师公会提供的名单和会计师公会提供的名册构成的。法国的破产管理人全国委员会有一个约500人的破产管理人名单。由于《企业破产法》将破产清算事务所作为破产管理人的一种形式，且短期内立即在律师、会计师、破产清算事务所中建立统一的破产管理人协会、开展资格考试还不具备条件，还没有一支专门的管理人队伍，所以，其他国家和地区那种直接将律师协会会员名单、会计师协会会员名单、破产管理人协会会员名单作为编制破产管理人名册的做法尚不可行。《指定管理人的规定》借鉴其他国家和地区的经验，针对我国实际情况，规定了由人民法院制定管理人名册。制定一个经审核的、公开的管理人名册，既可以消除法院管理人指定工作的盲目性和随意性，又可以为进一步完善管理人制度打下一定的基础。

人民法院编制管理人名册涉及两个方面的问题：一是由哪级法院编制管理人名册。在法律适用准备期较短、全国地区差异大、管理人制度在实践中几乎为空白的情况下，如何建立管理人名册就面临一个地区之间、现实与理想之间的平衡问题。综合各方面意见，《指定管理人的规定》采取了由各地高级人民法院决定由其编制管理人名册还是由中级人民法院编制管理人名册的方案。高级人民法院在作出此项决定时，应当考虑的因素是本地区破产案件数量和社会中介机构及从业人员的数量。如西藏、宁夏、海南等省区以及直辖市，一般可以由高级人民法院编制管理人名册，而广东、山东、江苏等较为发达的地区可由中级人民法院编制管理人名册。二是编制名册的人民法院应当由哪些人员或部门参与此项工作。

为保证管理人名册编制工作的公平公正，需要组成一个临时机构完成此项工作。具体说主要是两个方面的内容：

1.临时机构的组成，评审委员会由四个方面的人员组成，一是审理企业破产案件审判庭的人员，这部分人员对《企业破产法》及破产案件的审理比较熟悉，有利于对管理人专业水准和执业能力的审查；二是法院内部司法技术辅助工作部门的人员，这部分人员在人民法院对外聘请社会中介机构进行审计、评估、拍卖等工作中具有较为丰富的经验，有利于对社会中介机构的综合评价；三是有关审判委员会委员，这部分人员有丰富的审判经验，具有较强的决策能力，有利于管理人名册编制的高效与公正；四是法院内部监察部门人员，这部分人员的介入有利于对此项工作的监督。其中，司法技术辅助工作部门作为具体工作部门，负责申请材料的整理工作。

2. 审定机制。对于社会中介机构和个人编入管理人名册需要考察的因素较多，以单一的投票表决难以体现申请人各自的综合条件，指定管理人的规定设计了评分机制，由评审委员会根据申请人的情况和事先确定的评定标准打分，确定申请人的综合分数，从而体现择优编制名册的原则。而这一机制与审判委员会的表决机制有所不同，如要求审判委员会按此机制审定管理人名册，其工作量似难以为审判委员会承受。这一机制既有参加人员及人数上的最低要求，又有评分机制的设计，可以将编制管理人名册权力适当分散，审定结果相对客观公正。

在个案指定管理人时，《指定管理人的规定》区分两种情况作出规定：

1. 清算组适用的案件，由清算组担任管理人存在诸多弊端：行政色彩浓，不是侧重于公平保护债权人的利益；政府部门派出人员担任清算组成员只是兼职，清算组清算效率没有保障；清算组作为临时性组织，没有责任财产，成员系无偿工作，对清算组违法失职行为无法追究法律责任。基于以上原因，由清算组担任管理人应有所限制，但是考虑到新旧《企业破产法》适用的衔接、一些法律的规定以及一些特殊案件的需要，《企业破产法》保留了清算组为管理人的形式。《指定管理人的规定》对清算组适用的案件范围作出了界定。

2. 从管理人名册中指定管理人，《指定管理人的规定》设计了三种指定方式：一是随机指定方式；二是竞争方式；三是接受推荐方式。随机产生是主要指定管理人的方式，以避免在指定管理人的环节中过多的人为干预可能带来的不利影响。有些同志认为破产案件的管理人工作情况复杂，对采取随机方式指定的管理人能否与破产案件难易程度相适应产生疑虑。我们认为，（1）随机指定方式针对的是一般破产案件，对于重大疑难或专业性强的金融机构破产案件本规定还规定了其他的指定方式；（2）随机指定方式指定的范围限于管理人名册，人民法院在编制管理人名册时，即对社会中介机构和个人进行了筛选，编入名册的管理人应能具备一般破产案件的管理工作能力；（3）随机指定社会中介机构已经为破产案件审判实践所使用，在其他审判、执行案件中，也采取此种办法聘用社会中介机构，效果良好；（4）其他国家和地区为公平对待管理人也有采取轮候的随机方式指定管理人的做法。因此，我们认为，采取随机方式指定管理人可以公正高效地完成管理人的指定工作。

问：管理人的报酬为什么只规定了按可供分配的财产价值总额按比例收取，而没有规定按时计酬？

答：以各国的立法例看，确定管理人报酬的方法主要有两种：按时间计酬法和按标的额计酬法。前者根据管理人工作时间计酬，后者根据债务人财产按照一定比例计酬。两者各有利弊：按时间计酬法可以鼓励管理人对债务人财产进行非常彻底的管理，但可能会导致管理人拖延破产程序，增加工作时间，而这些工作对案件未必是必要的。按标的额计酬法的优点是鼓励管理人尽可能多地清收债务人财产扩大分配，但对管理人从事与增加财产无直接关系的工作缺乏激励作用。确定《管理人报酬规定》只规定按可分配财产价值总额作为收取报酬的基数是基于以下原因：（1）目前全面推广按时间计酬法尚不成熟，配套体制欠缺，道德风险高，社会认知度差；（2）按标的额计酬法简单易行，社会公众易于接受；（3）按标的额计酬法特有的激励机制鼓励管理人多收回财产，有利于保护债权人利益；（4）国际上多数国家和地区采取按标的额计酬法确定管理人报酬。随着相关法律的完善和社会信用度的提高，在条件成熟的时候，可以将按时计酬法引入到确定管理人报酬中来。

问：管理人报酬是如何确定的？

答：管理人的报酬与其工作业绩有关，而破产案件一般历时较长，管理人既不可能在案件初期得到所有报酬，也不可能在较长工作时间里对报酬问题不管不问，故多数国家或地区都采取事先确定方案、事中观察调整、事后实际支付的做法，类似于财政支出中预算、决算程序。《管理人报酬规定》采取了同样的确定程序，即人民法院在受理破产案件后，应当对管理人的工作量和可分配财产数额作出初步预测并决定管理人报酬方案，确定管理人报酬计算标准和收取时间；人民法院决定管理人报酬方案后，可以根据破产案件和管理人执行职务的实际情况对原方案进行调整；管理人最终按照管理人报酬方案确定的内容收取报酬。

问：如何区分人民法院与债权人会议在确定管理人报酬问题上的作用？

答：法院和债权人会议是确定管理人报酬的两个主体。多数国家或地区规定，管理人报酬由法院决定，如美国、德国、意大利、日本、韩国、我国台湾地区。也有一些国家根据不同的破产程序由不同主体决定管理人的报酬，债权人会议或者其他机构有权确定管理人报酬，如英国、澳大利亚、加拿大等国家。但上述国家同时规定，如果债权人会议不能就此作出决议，则由法院决定。管理人报酬从债务人财产中优先支付，如果管理人报酬过高，可能直接影响债权人的清偿水平。从保护债权人利益出发，应当在管理人报酬方面让债权人会议有所作为。债权人会议应有权对管理人报酬进行审查并与管理人进行协商。其对管理人报酬有异议的，有权向人民法院提出。债权人与管理人存在一定的利益冲突，如管理人报酬完全由债权人会议决定，管理人利益难以得到有效保护。在破产案件之初，需要及时确定管理人报酬方案。此时债权人会议尚未召开，债权人会议实践中也难以决定管理人报酬方案。因此，在管理人报酬问题上，债权人会议拥有知情权、协商权和异议权，人民法院拥有决定权。

问：管理人报酬比例是如何确定的？

答：管理人报酬应当有个基本的上限。如果管理人报酬没有高限，一方面，债务人财产中大部分甚至全部被管理人收取，债权人公平受偿的目的无法实现，管理人职能本末倒置；另一方面，债权人无法预期未来实际的债权清偿情况，可能对申请债务人破产望而却步。所以，对于管理人最高报酬作出合理限制是必要的。国外有部分国家既规定上限，又规定下限，如美国规定下限为60美元，德国为500欧元，但所谓下限多为象征性规定，现实中极少采用，其本身具有的保护管理人利益的功能实践中很难体现。下限过高会造成管理人不劳而获，过低则失去实际价值。参考国外的相关立法例并结合我国的实际情况，《管理人报酬规定》以债务人最终清偿的财产价值作为计酬标的，分段规定了管理人报酬的上限比例。《管理人报酬规定》确定的管理人报酬比例上限，具有以下特点：（1）与其他国家或地区相比，本规定内容具体、标准适中、符合实际、易于掌握。国际上一些国家或地区对管理人报酬标准也作出了相应规定，但针对个人破产之外的企业破产案件的规定较为简单，尺度宽、标准松，法官自由裁量大。本规定在起草过程中，既注意吸收借鉴国际成熟经验，也注意结合我国实际，是综合考量的结果。（2）与国内其他行业报酬相比，本规定确定的管理人报酬比例适当。从事管理人职业的多为律师、会计师等，管理人报酬水平与上述专业人员在同等时间内从事本专业的平均报酬水平基本一致，同时也照顾到管理人工作专业强、任务重、时间长、责任大等特点。（3）《管理人报酬规定》特别注意不同地区差异问题。就管理人报酬的上限标准，广泛征求了东部发达地区以及中西部经济欠发达地区的意见，进行了反复修改，反映了地区实际差异。（4）管理人报酬与管理人素质息息相关，过低的报酬将无法吸引高素质的专业人员从事管理人事业。《管理人报酬规定》具有一定的前瞻性。我国地区经济发展水平差异很大，同样的报酬标准，有些地方认为高得离谱，有些地方认为低得可怜。管理人报酬比例限制范围面临众口难调的局面。应当认识到，劳动力价格地区差异现象符合市场经济规律，要求整齐划一是不切实际的，所以，管理人报酬比例限制范围应当重视不同地区的差异性，留出二次调整的机会，保证管理人报酬比例上限在不同地区的合理性。为此，《管理人报酬规定》授权各高级人民法院可以根据当地实际的经济发展水平，在本规定确定标准的一定幅度内上下调整上限比例，制订符合本地实际情况的管理人报酬比例限制范围。

问：债务人财产不足以支付管理人报酬如何处理？

答：债务人财产不足以支付管理人报酬时，一般应终结破产程序。但是，破产程序的一个重要功能是检验债务人是否存在欺诈，并通过撤销等手段追索债务人隐匿转移的财产。如果将表面上"无产可破"的债务人一律拒之破产程序之外，可能纵容债务人的逃债行为。因为债务人将财产转移得越干净，支付管理人报酬的可能性越低，而通过破产程序发现追回债务人逃债财产的可能性也越低。这样将形成债务人逃债越彻底，债务人越安全的法律漏洞。因此，各个国家和地区设计出很多办法，在债务人表面上无产可破但可能存在隐蔽财产时将破产程序进行下去。因为债务人转移财产的行为必然会影响到一定的利害关系人，这些利害关系人具有通过破产程序挽回损失的利益驱动，其垫付一部分款项使破产程序继续下去，符合包括垫付人在内的各方当事人利益。因此，《管理人报酬规定》采用了利害关系人垫付的办法解决这一问题。

最高人民法院关于执行《最高人民法院审理企业破产案件指定管理人的规定》《最高人民法院审理企业破产案件确定管理人报酬的规定》几个问题的通知

2007年4月12日 　　　　　法明传〔2007〕129号

各省、自治区、直辖市高级人民法院，新疆维吾尔自治区高级人民法院生产建设兵团分院：

《中华人民共和国企业破产法》已由第十届全国人民代表大会常务委员会第二十三次会议审议通过，并于2007年6月1日施行。为保证企业破产法的顺利施行，根据企业破产法的授权，最高人民法院制定了《最高人民法院审理企业破产案件指定管理人的规定》《最高人民法院审理企业破产案件确定管理人报酬的规定》。为保证上述两个规定的正确执行，现就有关问题通知如下：

一、虽然两个规定正式施行日与企业破产法相同，即为2007年6月1日，为保证企业破产法的顺利实施，各高级人民法院从规定公布之日起即应参照上述规定开展相关工作。

二、高级人民法院要充分考虑本辖区律师事务所、会计师事务所、破产清算事务所等社会中介机构及专职从业人员数量，以及企业破产案件数量等因素。根据工作量情况确定由本院或者中级人民法院编制管理人名册，力争将此项工作在2007年6月1日前完成。

三、编制管理人名册的法院应当制定申请编入管理人名册的社会中介机构和个人的评定标准和程序，并予以公布。标准应当参照指定管理人的规定第十条第二款规定的内容确定。

四、编制管理人名册的评审委员会，应当由审理企业破产案件审判庭的人员、人民法院司法技术辅助工作部门人员、相关审判委员会委员、监察部门人员组成。司法技术辅助工作部门负责具体工作。

五、采取随机方式指定管理人的工作，由司法技术辅助工作部门完成，基层人民法院未设置司法技术辅助工作部门的，应当在司法行政部门中设专人承担此项工作。

六、采取竞争方式指定管理人的评审委员会，应参照编制管理人名册评审委员会的组成方式。

七、高级人民法院认为确定管理人报酬的规定中，关于管理人报酬的限制范围与本地经济水平差距较大的，可以在规定标准30%的浮动范围内制定符合本地区情况的标准。

八、受理企业破产案件的人民法院在初步确定管理人报酬方案时，应注意留有余地，不宜直接适用上限规定。

请各级人民法院将执行两个规定的过程中遇到的问题和情况及时逐级报告我院。

最高人民法院关于《中华人民共和国企业破产法》施行时尚未审结的企业破产案件适用法律若干问题的规定

2007年4月25日　　　　　　　　　　　法释〔2007〕10号

为正确适用《中华人民共和国企业破产法》，对人民法院审理企业破产法施行前受理的、施行时尚未审结的企业破产案件具体适用法律问题，规定如下：

第一条 债权人、债务人或者出资人向人民法院提出重整或者和解申请，符合下列条件之一的，人民法院应予受理：

（一）债权人申请破产清算的案件，债务人或者出资人于债务人被宣告破产前提出重整申请，且符合企业破产法第七十条第二款的规定；

（二）债权人申请破产清算的案件，债权人于债务人被宣告破产前提出重整申请，且符合企业破产法关于债权人直接向人民法院申请重整的规定；

（三）债务人申请破产清算的案件，债务人于被宣告破产前提出重整申请，且符合企业破产法关于债务人直接向人民法院申请重整的规定；

（四）债务人依据企业破产法第九十五条的规定申请和解。

第二条 清算组在企业破产法施行前未通知或者答复未履行完毕合同的对方当事人解除或者继续履行合同的，从企业破产法施行之日起计算，在该法第十八条第一款规定的期限内未通知或者答复的，视为解除合同。

第三条　已经成立清算组的，企业破产法施行后，人民法院可以指定该清算组为管理人。

尚未成立清算组的，人民法院应当依照企业破产法和《最高人民法院关于审理企业破产案件指定管理人的规定》及时指定管理人。

第四条　债权人主张对债权债务抵销的，应当符合企业破产法第四十条规定的情形；但企业破产法施行前，已经依据有关法律规定抵销的除外。

第五条　对于尚未清偿的破产费用，应当按企业破产法第四十一条和第四十二条的规定区分破产费用和共益债务，并依据企业破产法第四十三条的规定清偿。

第六条　人民法院尚未宣告债务人破产的，应当适用企业破产法第四十六条的规定确认债权利息；已经宣告破产的，依据企业破产法施行前的法律规定确认债权利息。

第七条　债权人已经向人民法院申报债权的，由人民法院将相关申报材料移交给管理人；尚未申报的，债权人应当直接向管理人申报。

第八条　债权人未在人民法院确定的债权申报期内向人民法院申报债权的，可以依据企业破产法第五十六条的规定补充申报。

第九条　债权人对债权表记载债权有异议，向受理破产申请的人民法院提起诉讼的，人民法院应当依据企业破产法第二十一条和第五十八条的规定予以受理。但人民法院对异议债权已经作出裁决的除外。

债权人就争议债权起诉债务人，要求其承担偿还责任的，人民法院应当告知该债权人变更其诉讼请求为确认债权。

第十条　债务人的职工就清单记载有异议，向受理破产申请的人民法院提起诉讼的，人民法院应当依据企业破产法第二十一条和第四十八条的规定予以受理。但人民法院对异议债权已经作出裁决的除外。

第十一条　有财产担保的债权人未放弃优先受偿权利的，对于企业破产法第六十一条第一款第（七）项、第（十）项规定以外的事项享有表决权。但该债权人对于企业破产法施行前已经表决的事项主张行使表决权，或者以其未行使表决权为由请求撤销债权人会议决议的，人民法院不予支持。

第十二条　债权人认为债权人会议的决议违反法律规定，损害其利益，向人民法院请求撤销该决议，裁定尚未作出的，人民法院应当依据企业破产法第六十四条的规定作出裁定。

第十三条　债权人对于财产分配方案的裁定不服，已经申诉的，由上一级人民法院依据申诉程序继续审理；企业破产法施行后提起申诉的，人民法院应当告知其依据企业破产法第六十六条的规定申请复议。

债权人对于人民法院作出的债务人财产管理方案的裁定或者破产财产变价方案的裁定不服,向受理破产申请的人民法院申请复议的,人民法院应当依据企业破产法第六十六条的规定予以受理。

债权人或者债务人对破产宣告裁定有异议,已经申诉的,由上一级人民法院依据申诉程序继续审理;企业破产法施行后提起申诉的,人民法院不予受理。

第十四条 企业破产法施行后,破产人的职工依据企业破产法第一百三十二条的规定主张权利的,人民法院应予支持。

第十五条 破产人所欠董事、监事和高级管理人员的工资,应当依据企业破产法第一百一十三条第三款的规定予以调整。

第十六条 本规定施行前本院作出的有关司法解释与本规定相抵触的,人民法院审理尚未审结的企业破产案件不再适用。

《最高人民法院关于〈中华人民共和国企业破产法〉施行时尚未审结的企业破产案件适用法律若干问题的规定》的理解与适用

宋晓明　张勇健　刘　敏

最高人民法院法释〔2007〕10号《关于〈中华人民共和国企业破产法〉施行时尚未审结的企业破产案件适用法律若干问题的规定》(以下简称《规定》)经2007年4月23日最高人民法院审判委员会第1425次会议通过,已于2007年4月25日公布,自2007年6月1日起施行。现就该《规定》涉及的有关主要问题作以介绍。

一、《规定》的适用范围和制定的背景、过程

《规定》的适用范围仅限于人民法院在2007年6月1日《企业破产法》施行前受理的、施行时尚未审结的企业破产案件。据我们初步预计,《企业破产法》施行时全国法院尚未审结的企业破产案件约在10000件左右。企业破产案件不同于一般的民商事案件,其案情复杂、审理周期长,一般企业破产案件的审理周期都需经2～3年时间,个别案件甚至更长。因此,在《企业破产法》施行后相当长的一段时间内,各级人民法院在审理企业破产案件时均将面临新旧破产法律规范的衔接适用问题。基于

统一裁判尺度、指导各级人民法院审理尚未审结案件的需要，对《企业破产法》施行后，人民法院审理这类破产案件究竟适用旧的破产法律规范，还是适用《企业破产法》，以及什么情况下适用旧的破产法律规范，什么情况下适用《企业破产法》等问题，均作出明确的规定。由于《企业破产法》在总结司法实践经验和借鉴国外先进立法的前提下，创设了许多新的法律制度，与原有破产法律规范相比，差异很大。原有破产法律规范散见于《企业破产法（试行）》《民事诉讼法》企业法人破产还债程序，以及2002年《最高人民法院关于审理企业破产案件若干问题的规定》等司法解释中，且破产法律规范多数属于程序性规范，显得非常琐碎和繁杂。为了各级人民法院审理尚未审结的企业破产案件正确适用法律，最高人民法院在对比新旧破产法律规范差异的基础上，通过对重大差异逐条明确的方式，制定了《规定》。

为高质、高效地完成《规定》的调研和起草工作，最高人民法院结合该部分工作的特点，专门成立了《规定》起草工作小组。工作小组经过充分调研，多次召开研讨会，于2006年11月形成了《〈规定〉（第一次征求意见稿）》；该征求意见稿下发给全国各高级人民法院书面征求意见，并于2006年11月10日和12月4日两次召开专家学者征求意见座谈会、2006年11月21日和11月28日两次召开法院系统征求意见座谈会，对《规定》（第一次征求意见稿）》广泛、深入地征求了意见。全国人大法工委经济法室、中国证券监督管理委员会风险处置办公室、国家工商总局企业注册局和北京市工商局的同志，中国人民大学、中国政法大学和中国社会科学院法学所的学者，中华全国律师协会、北京市律师协会和中国注册会计师协会等行业协会的同志，以及全国各高级人民法院和部分中级人民法院的法官等对《规定》（第一次征求意见稿）》提出了大量宝贵的意见。通过对各方意见的消化和吸收，最高人民法院对《〈规定〉（第一次征求意见稿）》再次进行充分论证和修改，并于2006年12月12日形成了《〈规定〉（第二次征求意见稿）》。针对第二次征求意见稿，最高人民法院除分别向全国人大法工委、全国31个高级人民法院，以及该院立案庭、民一庭、民三庭、民四庭、审监庭、研究室等有关方面发出书面征求意见函征求意见外，还专门召开了破产案件审判实践经验比较丰富的15个省、直辖市高级人民法院的座谈会，并组织该院民二庭审判长联席会对其逐条进行讨论。在对《〈规定〉（第二次征求意见稿）》广泛征求意见和深入研究的基础上，经过反复修改，形成了《〈规定〉送审稿》，并报最高人民法院审判委员会讨论通过。

二、《规定》起草的指导思想

由于《企业破产法》不同于其他法律，既有实体性法律规范，又有程序性法律规范，甚至很多规范既带有程序性规范的特征又同时涉及当事人的实体权利，因此，最高人民法院从法制发展、社会需要及法律规范适用的基本规律等方面通盘考虑的基础上，制定了《规定》。具体包括以下几个方面：（1）由于破产法的发展趋势是从不完善到完善，从一般性保护到更加侧重保护当事人合法权益的进步过程，因此，《企业破产法》不论是从程序安排上，还是制度设计上，都比旧的破产法律规范更加科学、合理，原则上人民法院在审理尚未审结案件时应当尽可能适用《企业破产法》规定的程序；（2）因破产法多为程序性法律规范，对尚未进行的程序适用《企业破产法》不存在对原已进行行为的否定，故在此并不涉及到法律适用的溯及力问题；（3）因破产案件的审理是个渐进的过程，《企业破产法》施行后，尚未审结案件已经按照旧的破产法律规范进行了的程序，即已经完成的程序性行为不适用《企业破产法》规定的程序重新进行；（4）对于破产法中个别实体性法律规范，主要是《企业破产法》关于撤销权行使和无效行为认定部分，因涉及对《企业破产法》公布前有关民事行为效力的否定，从当事人权利预期角度考虑，根据法不溯及既往的适用原则，对尚未审结案件中有关债务人行为的无效认定仍应适用《企业破产法（试行）》第12条和第35条的规定。

三、《规定》中涉及的几个主要问题

（一）有关债务人的民事诉讼问题

关于债务人的民事诉讼与债务人的破产程序如何协调处理问题，从中外破产立法例和司法实践看，主要有以下两种处理方法：（1）吸收合并审判主义。即破产程序启动后，由破产程序吸收债务人的民事诉讼，债务人的民事诉讼在破产程序中一并予以处理。这以我国旧的破产法律规范和司法实践为代表。吸收合并主义，具有缩短债务人财产纠纷的审理周期、减少诉讼成本，以及方便受理破产案件的人民法院统一协调处理纠纷的优点。但是，这种模式存在对于当事人实体民事权利有失正当程序救济的缺点，无法充分保证权利人的合法权益。（2）分别审判主义。即对债务人的破产程序与债务人财产的民事诉讼程序，采取分别审判的处理方法。在破产程序主要进行债务人的破产清算，对债务人财产纠纷另行通过普通民事诉讼程序予以解决，两者分别进行，并行不悖。此为国际上通行的破产立法体例与司法惯例。

我国《企业破产法》改变了原有的立法模式，采取了分别审判主义的处理方法。该法第4条、第20条、第21条、第48条和第58条分别规定：破产案件审理程序，《企业破产法》没有规定的，适用《民事诉讼法》的有关规定；人民法院受理破产申请后，已经开始而尚未终结的有关债务人的民事诉讼或者仲裁应当中止，在管理人接

管债务人的财产后，该诉讼或者仲裁继续进行；人民法院受理破产申请后，有关债务人的民事诉讼，只能向受理破产申请的人民法院提起；破产企业的职工或者债权人对清单或者债权表记载的债权有异议的，可以向受理破产申请的人民法院提起诉讼。

对于尚未审结的案件中有关债务人的民事诉讼，应当区分两种情况分别予以考虑：

1.关于人民法院受理破产申请时，已经开始而尚未审结的有关破产企业的民事诉讼案件，在破产申请受理后如何处理的问题。

对此问题，《企业破产法（试行）》没有作出规定，2002年《最高人民法院关于审理企业破产案件若干问题的规定》（以下简称2002年司法解释）和《企业破产法》规定差别很大。2002年司法解释第19条和第20条就破产企业在民事诉讼案件中的不同诉讼地位分别作出了规定。对于以债务人为原告的其他民事纠纷案件原则上规定应当继续审理，只是就企业破产案件受理时民事纠纷案件所处的程序不同区分了不同的审理法院。即破产申请受理时，以债务人为原告的其他民事纠纷案件尚在一审程序的，受诉人民法院应当将案件移送受理破产案件的人民法院；案件已进行到二审程序的，受诉人民法院应当继续审理。以债务人为被告的其他债务纠纷案件，对于原告与债务人之间的法律关系原则上规定应当中止诉讼，由债权人向受理破产案件的人民法院申报债权，人民法院在债权审查中以裁定方式对争议债权作出认定，而不再针对债权人与破产企业之间的法律关系进行普通程序审理。对于上述案件中除债务人外，尚有其他被告或无独立请求权的第三人的，在破产程序终结后，再就原告和其他被告或无独立请求权的第三人之间的法律关系恢复审理；没有其他被告或无独立请求权的第三人的，则在破产程序终结后，终结民事诉讼案件。而《企业破产法》第20条规定，人民法院受理破产申请后，已经开始而尚未终结的有关债务人的民事诉讼或者仲裁应当中止；在管理人接管债务人的财产后，该诉讼或者仲裁继续进行。即所有有关债务人的已经开始而尚未终结的民事纠纷案件都要继续按照审判程序审理或者按照仲裁程序仲裁，以此确定双方争议的法律关系。企业破产法更注重对有关当事人实体权益和程序权益的保障，即强调必须要按照审判程序继续审理或者按照仲裁程序继续仲裁，以确定当事人双方的权利义务。而原有旧的破产法律规范则更强调破产案件审理的效率问题。

对于尚未审结的破产案件中已经开始而尚未终结的有关债务人的民事诉讼案件，《规定》中虽然因其系法院内部职能分工问题而未作出明确规定，但笔者认为，应当掌握以下原则：（1）以债务人为原告的一审案件，已经按照2002年司法解释移交给受理破产案件的人民法院的，应当按照2002年司法解释规定由受理破产案件的人民法院继续审理；尚未移交的，依据《企业破产法》的规定，不再移交，由原受理法院继续审理;(2)以破产企业为被告的案件,以受理破产案件的人民法院是否已经按照2002年司法解释的规定就相关争议作出裁定为分界线:已经中止诉讼,且人民法院对相关争议已经作出裁定的,不适用《企业破产法》的规定继续审理;尚未作出裁定的,则应当适用《企业破产法》的规定,由原受理法院继续审理。

2.关于人民法院受理破产申请后有关债务人的其他实体权益之争如何解决的问题。

《企业破产法》第48条和第58条分别规定了职工对清单中记载的有关债务人所欠其工资和医疗、伤残补助、抚恤费用,所欠的应当划入职工个人账户的基本养老保险、基本医疗保险费用,以及法律、行政法规规定应当支付给职工的补偿金存在异议的,或者债务人、债权人对债权表记载的债权有异议的,均可向受理破产申请的人民法院提起诉讼,由人民法院按照民事诉讼的审判程序进行审理,改变了旧的破产法律体制下,对破产程序开始后所有有关债务人的权益之争均吸收到破产案件审理中、由受理破产案件的人民法院审查确定的模式。企业破产法的立法目的在于充分保障有关利益主体的诉讼权利和实体权利。由于企业破产法的设置更加有利于权利人从程序上到实体上的充分保障,因此,《规定》将《企业破产法》的上述规定亦适用于尚未审结的案件中,即尚未审结的案件中债务人的职工对清单有异议,或者债权人对债权表记载的债权有异议,向受理破产申请的人民法院提起诉讼的,人民法院应当依据《企业破产法》第21条、第48条和第58条的规定予以受理。但如果《企业破产法》施行前,受理破产案件的人民法院已经经过审查对异议债权作出裁决的,不再按照审判程序进行审理。

这里应当注意以下几个问题:

1.债权人或者职工对债权表或者清单中记载的债权存在异议,包括两种情形:(1)债权人或者职工对债权表或者清单中记载的本人的债权存在异议,这种情况下提起的诉讼案件,原告应为异议债权人或者职工、被告应为债务人;(2)债权人或者职工对债权人或者清单中记载的本人的债权没有异议,而是对债权表或者清单中记载的其他债权人或者其他职工的债权有异议,因其他债权的存在与否或者数额多少,直接影响到异议债权人最终权利实现的大小,因此在此情形下,应当允许异议债权人对债权表或者清单中记载的他人债权提起诉讼,这种情况下提起的诉讼案件,原告应为异议债权人或者职工、被告应为其他债权人或者其他职工以及债务人。

2.《企业破产法》第58条虽然规定债务人对债权表记载的债权有异议的,也可向受理破产申请的人民法院提起诉讼。我们认为,债权表系管理人在审查债权人的申报材料、核对企业账册等基础上编制的,管理人此时的身份应当是作为债务人的代表,其行为应当代表了债务人的意思表示。原则上该债权表记载的内容应当视为是债务人的意思表示。如果管理人在代表债务人进行核对申报债权时，疏于履行职责，因故意或者重大过失造成债务人财产损失的（此时体现为登记了不真实的债权，或者登记的债权数额高于真实数额），公司的股东有权依据公司法的规定，向管理人提起股东代表诉讼，以追究管理人的民事责任。但是，由于此时企业已经出现了破产原因，企业财产是否受到损失已经对公司的股东没有任何实际意义，股东也不可能基于自身利益的维护再去提起股东代表诉讼，而此时企业财产的多少恰恰只与企业其他债权人的利益息息相关。同时，债务人破产申请受理后，其原执行机关已经丧失其职能，而由管理人代行其执行职能，因此，债务人难以因对债权表记载债权存在异议提起诉讼。

3. 基于破产程序开始后有关债务人诉讼案件统一归口审理的需要，按照《企业破产法》第21条的规定，人民法院受理破产申请后，有关债务人的民事诉讼，只能向受理破产申请的人民法院提起。即破产申请受理后，所有新提起的有关债务人的诉讼案件均由受理破产案件的人民法院集中管辖。这里"有关债务人的民事诉讼"既包括债务人为原告的民事诉讼案件，又包括债务人为被告的民事诉讼案件。

4. 在审判组织上，上述有关债务人财产的民事诉讼案件应当由受理破产案件的人民法院根据案件性质和人民法院内部职能分工，并依据《民事诉讼法》的有关规定由相关业务庭以独任审判或者组成合议庭的方式进行审理。

5. 虽然《企业破产法》基于依法保障权利的考虑，确立了对有关债务人财产的纠纷均按照审判程序进行审理的制度，但考虑到破产案件审理的效率，在人民法院审理有关债务人的民事纠纷时应当尽可能地加快审理这类案件，以保障破产案件的顺利、高效进行，从而充分保障全体债权人的利益。

6. 由于对债务人破产案件与有关债务人财产纠纷案件分别进行，两种审判程序往往不能同步进行。如有关债务人财产纠纷案件先行完成，已经审判确认的债权当然参加破产财产分配。但是，如果债务人破产清算提前完成，至破产财产分配时，相关债务纠纷案件仍未审结，此时对于诉讼或者仲裁未决的债权，管理人应当预留其分配额，并依据《企业破产法》第119条规定将其提存，自破产程序终结之日起满2年仍不能受领分配的，人民法院应当将提存的分配额分配给其他债权人。

除上述权益纠纷外，根据《企业破产法》的立法精神，其他诸多有关债务人财产的争议，如债务人合同履行诉讼、追收债务人对外债权诉讼、撤销债务人处分财产行为诉讼、确认债务人处分财产行为无效诉讼、取回权诉讼、别除权诉讼和抵销权诉讼等，亦均需通过诉讼程序予以解决。因此，在《企业破产法》施行后，尚未审结的企业破产案件中有关债务人的财产纠纷，均应适用《企业破产法》的有关规定，按照审判程序予以审理。当然，如果当事人在合同中明确有仲裁条款规定的，究竟是按照原仲裁条款仲裁解决，还是一并按照审判程序予以审理，尚存在很大争议，笔者倾向于仍按照仲裁程序确定双方的权利义务关系。

（二）有关债务人职工的特殊保护问题

《企业破产法》对破产企业职工的权益给予了特别的制度保障，将在《企业破产法》之前仅仅是针对国有企业的政策性破产中对职工的保护扩大到所有的企业破产，该法第132条明确规定，《企业破产法》施行后，破产人在该法公布之日前所欠职工的工资和医疗、伤残补助、抚恤费用，所欠的应当划入职工个人账户的基本养老保险、基本医疗保险费用，以及法律、行政法规规定应当支付给职工的补偿金，依照该法第113条的规定清偿后不足以清偿的部分，以该法第109条规定的特定财产优先于对该特定财产享有担保权的权利人受偿。该规定系从解决历史遗留问题、做好职工安置工作、维护社会稳定的角度出发，对职工权益在按照正常破产清偿顺序无法得到实现时做出的特殊制度设置。各地人民法院在审理破产案件时应当从稳定大局、解决社会矛盾的高度认真贯彻执行。

在适用《企业破产法》第132条时应当特别注意以下几个问题：

1.享受这一特殊政策保护的范畴仅仅局限于《企业破产法》公布之日前，即2006年8月27日前所欠的职工权益，而形成于《企业破产法》公布之日后所欠的职工权益不属本条适用的范畴，这部分职工权益只能从破产企业已经设定担保物权之外的其他财产中受偿，企业其他财产不足以清偿的，法律不再保护。

2.需要强调的是，即使是2006年8月27日前形成的职工权益，也必须是在按照正常清偿顺序无法得到清偿时才可从设定担保的财产中受偿，而不能在破产企业尚有其他财产可以清偿时先行从担保财产中清偿，这里体现的是对担保物权人优先受偿权的保护。

3.即使2006年8月27日前所欠职工的权益依据《企业破产法》第132条的规定以设定担保的财产进行清偿的情况下，对于企业破产案件中因按照正常清偿顺序无法实现的破产费用、共益债务以及职工的其他权益（尽管上述权益在清偿顺序中排位优先于或者等同于企业破产法公布之日前所欠的职工权益）不得亦要求优先于担保物权人受偿。

4.在具体操作中，可以将《企业破产法》公布之日前所欠的全部职工权益数额从变现的担保物价值中予以提存，提存之外的其余部分可由担保物权人先行受偿。提存部分视《企业破产法》公布之日前所欠的职工权益按照正常顺序清偿的具体情形，再行确定担保物权人行使优先受偿权的范围。

对于尚未审结的案件，既然国家在《企业破产法》制定中对职工保护问题下了这么大的决心，从全局的角度考虑，应当将该特殊政策保护适用于尚未审结的案件中,以尽可能加大对职工利益的保护。因此,《规定》中明确规定,《企业破产法》施行后,破产人的职工依据《企业破产法》第132条的规定主张权利的,人民法院应予支持。

(三)关于破产预防制度

《企业破产法》在原有破产法律规范的基础上,增加了重整这一新的制度,同时对原有和解整顿程序作了进一步的完善,即在企业出现破产原因时,《企业破产法》除了注重对债权人的公平保护以外,还强调对债务人的挽救。最高人民法院在制定《规定》时通过对破产清算程序向重整或者和解程序转化的规定,充分贯彻了《企业破产法》挽救企业的立法思想。

破产清算制度旨在利用法律规定的方法,强制将债务人的全部财产依一定程序变价及公平分配,以一次性了结债务人的全部债务。其功能重在合理分配债务人的破产财产,目的是为了实现对全体债权人的公平保护。但是破产清算在发挥其上述积极职能的同时,也不可避免地暴露出其固有的缺点,诸如因破产程序费时、费力、费用高昂等原因,导致债权人通过破产清算程序能够获得的实际利益并不大;由于企业间存在着错综复杂的债权债务关系、相互持股关系、互保关系以及其他关系,一个企业的破产清算往往引起相关企业的连锁反应,对社会经济交易秩序的正常流转造成重大的影响;此外,由于企业倒闭,还将导致大量劳动者下岗,影响社会的稳定等。因此,随着破产法律制度的不断发展,传统破产法仅注重债权人利益保护的法律价值观受到了极大的冲击。在此背景下,产生了以挽救债务人为目的的破产预防制度。该制度的产生从根本上动摇了破产法的传统框架,促成了破产法律价值观的历史性变化,使之在不损害债权人利益的前提下,朝着挽救债务人和维护社会经济秩序的方向转化。① 这种转化应该说更符合现代社会的内在要求。尤其是重整制度,其制度设置的根本目的即在于拯救债务人,其把债权人权利的实现建立在债务人再生的基础上,力图在企业营运价值保留的前提下,使债权人能够得到比在破产清算的情况下更为有利的清偿结果;同时,通过债务人企业产权、资本结构、经营战略和内部管理等多方面的调整,消除破产原因,摆脱经济困境,获得重生。② 重整相比于和解而言,虽然二者均为破产预防制度,但因法律对于重整设置了很多区别于和解的程序和制度,调动了包括债务人、债权人、出资人,以及战略投资者等众多利害关系人在内的主体参与到债务人的挽救中来,再加上司法强制力的干预,使得重整程序对于挽救企业而言,

---

① 沈达明、郑淑君:《比较破产法初论》,对外贸易出版社1993年版,第235页。
② 常怡主编:《比较民事诉讼法》,中国政法大学出版社2002年版,第714页;转引自齐树洁主编:《破产法研究》,厦门大学出版社2004年版,第440页。

力度更大、效果更好。正因为如此，我国《企业破产法》才将该制度明确地规定到法律中来，力图使尚有挽救机会的企业通过重整程序的进行得以重生，在使债权人权利得到高于破产清算下的清偿比例的同时，实现对债务人的挽救。

鉴于和解和重整制度对于整个社会的积极作用，《规定》对于尚未审结的案件，即按照旧的破产法律规范规定，已经进入破产清算程序的企业破产案件，在一定条件下，允许自破产清算程序向重整或者和解程序的转化。这里体现了《规定》制定时侧重对债务人拯救的价值取向，这与《企业破产法》的立法本意也是一致的。由于旧的破产法律规范系狭义的破产概念，仅包括破产清算程序，其所规定的和解整顿程序是包含在破产清算程序中的，且无重整程序的规定。而《企业破产法》系广义的破产概念，其包括破产清算程序及以和解和重整为内容的破产预防程序。《企业破产法》将破产清算、和解和重整设置为三个相对独立的程序。在企业法人不能清偿到期债务，并且资产不足以清偿全部债务或明显缺乏清偿能力的，或者有明显丧失清偿能力可能的，债务人可以直接提出重整、和解或者破产清算的申请，债权人可以直接提出重整或者破产清算的申请。由于尚未审结案件的申请人，在启动破产清算程序时系基于旧的破产法律规范的规定，因制度的原因仅能提起破产清算程序，因此，在《企业破产法》施行后，只要尚未宣告债务人破产的，应当尽可能赋予有关主体申请转入和解或者重整的机会。这里应当包括两种情形：（1）符合《企业破产法》规定情形下破产清算向和解或者重整程序的转化。即债权人申请破产清算的案件，债务人或者出资人于债务人被宣告破产前提出重整申请，且符合《企业破产法》第70条第2款的规定；或者债务人依据《企业破产法》第95条的规定申请和解的，人民法院经审查认为重整或者和解申请符合《企业破产法》的规定的，应当裁定债务人重整或者和解。债权人、债务人或者出资额占债务人注册资本1/10以上的出资人，依据《企业破产法》第70条第2款或者第95条的规定，在人民法院受理破产申请后、宣告债务人破产前，向人民法院提出重整或者和解申请的，人民法院经审查认为重整或者和解申请符合《企业破产法》的规定的，应当裁定债务人重整或者和解；（2）考虑到旧的破产法律规范没有重整程序的规定，而《企业破产法》规定了重整程序，且从现代企业破产法的发展方向看，企业的挽救受到更多的关注，《企业破产法》规定债权人或者债务人可以直接向人民法院申请重整等因素，对于《企业破产法》施行前债权人申请破产清算的案件，《企业破产法》施行后，债权人于宣告债务人破产前提出重整申请；或者《企业破产法》施行前债务人申请破产清算的案件，《企业破产法》施行后，债务人于宣告其破产前提出重整申请的，虽然并不符合《企业破产法》第90条第2款关于破产清算向重整程序转化的规定，但是只要符合《企业破产法》关于债权人或者债务人直接向人民法院申请重整的规定，人民法院亦应予以受理。

（四）关于尚未审结案件中程序性问题的法律适用

破产法大多属于程序性规范，鉴于其琐碎和繁杂的特点，最高人民法院在制定《规定》时，不可能将所有与旧的破产法律规范存在差异的部分一一列举，故基于《规定》通篇掌握的基本原则，笔者认为，人民法院审理尚未审结的企业破产案件，对于尚未进行的程序，《规定》未作出规定的，均应适用《企业破产法》的有关规定。如特殊债权分配额的提存、债务人有关人员的义务，以及保全措施的解除和执行程序的中止等。①

（五）关于最高人民法院司法解释继续适用的问题

考虑到最高人民法院此前所作出的司法解释，尤其是2002年的司法解释，对破产清算中的很多问题，均有比较细致、合理的规定，是目前破产案件审理中的主要依据，现并未明令废止，且其法律依据除了《企业破产法（试行）》外，还包括《民事诉讼法》。更为重要的是很多规定还有继续适用的必要性。故对于此前所作司法解释中与《企业破产法》和《规定》不相抵触的部分，在尚未审结案件中可以继续适用；而相抵触的部分，不再继续适用。同时，最高人民法院也在考虑对以前所作司法解释进行系统的归纳和整理，拟将能够继续适用的部分重新制定统一的司法解释，而废止此前的司法解释。因该项工作的完成还有一段时间，基于尚未审结案件工作的需要，《规定》中通过作出"本院此前所作相关司法解释与本规定相抵触的，尚未审结的企业破产案件中不再适用"的规定，来解决最高人民法院此前所作相关司法解释的继续适用问题。

---

① 关于特殊债权分配额的提存程序：《企业破产法》施行后，未审结破产案件的管理人可以依据《企业破产法》第117条、第118条、第119条的规定提存处理相关附生效条件或者解除条件的债权分配额、债权人未受领的破产财产分配额，以及诉讼或者仲裁未决的债权分配额。关于债务人有关人员的义务：《企业破产法》施行后，人民法院应当书面通知债务人的有关人员承担《企业破产法》第15条规定的义务。债务人的有关人员拒不配合人民法院、管理人、债权人会议履行义务的，人民法院可以对其予以训诫、拘传、拘留和罚款。关于保全措施的解除和执行程序的中止：《企业破产法》施行后，人民法院在审理未审结破产案件时，发现债务人财产被查封、扣押、冻结的，应当依据《企业破产法》第19条的规定，通知相关单位及时解除有关债务人财产的保全措施，中止执行程序，由管理人统一接管处理债务人的财产。人民法院裁定驳回破产申请的，原保全措施和执行程序应当予以恢复。对于解除债务人财产保全措施和中止执行程序中造成的权利人的损失，申请人应当承担赔偿责任。

最高人民法院
关于执行《关于〈中华人民共和国企业破产法〉施行时尚未审结的企业破产案件适用法律若干问题的规定》的通知

2007年5月26日　　　　　　　　　　　　　　法〔2007〕81号

各省、自治区、直辖市高级人民法院，新疆维吾尔自治区高级人民法院生产建设兵团分院：

为保证《中华人民共和国企业破产法》(以下简称企业破产法)的顺利施行和最高人民法院《关于〈中华人民共和国企业破产法〉施行时尚未审结的企业破产案件适用法律若干问题的规定》(以下简称《规定》)的正确执行，现就有关问题通知如下：

一、企业破产法施行后，尚未审结的企业破产案件中，已经开始而尚未终结的有关债务人的民事诉讼案件，分别按照以下方式处理：

（一）以债务人为原告的一审案件，已经移交给受理破产案件的人民法院的，由受理破产案件的人民法院继续审理；尚未移交的，适用企业破产法第二十条的规定。

以债务人为原告的二审案件，由二审人民法院继续审理。

（二）以债务人为被告的案件，已经中止诉讼，且受理破产案件的人民法院对相关争议已经作出裁定的，不适用企业破产法的规定；尚未作出裁定的，依照企业破产法第二十条的规定继续审理。

二、根据企业破产法的规定，破产申请受理后，所有有关债务人的民事诉讼只能向受理破产申请的人民法院提起。尚未审结的企业破产案件中，债权人或者债务人的职工依据企业破产法和《规定》第九条或者第十条的规定，向人民法院提起诉讼的，受理破产案件的人民法院应当根据案件性质和人民法院内部职能分工，并依据民事诉讼法的有关规定，由相关审判庭以独任审判或者组成合议庭的方式进行审理。

三、对于有关债务人的其他民事诉讼，如债务人合同履行诉讼、追收债务人对外债权诉讼、撤销债务人处分财产行为诉讼、确认债务人处分财产行为无效诉讼、取回权诉讼、别除权诉讼和抵销权诉讼等，受理破产案件的人民法院应比照本通知第二条规定处理。

四、为保证破产程序的顺利进行，依据本通知第一条、第二条和第三条的规定审理有关债务人的民事诉讼案件的人民法院，应当在审限内尽可能加快审理有关债务人的民事诉讼案件，避免因拖延审理对相关权利人的权利造成不必要的损害。

五、尚未审结的企业破产案件中有关债务人财产行为的无效认定，适用《中华人民共和国企业破产法（试行）》的有关规定。

六、人民法院审理企业破产案件适用企业破产法第一百三十二条和《规定》第十四条时，应当注意以下几个问题：

（一）企业破产法第一百三十二条仅适用于企业破产法公布之日前所欠的职工权益，形成于企业破产法公布之日后所欠的职工权益不属本条适用的范畴，该部分职工权益只能从破产企业已经设定担保物权之外的其他财产，或者担保物权人明确放弃行使优先受偿权后的已设定担保物权的财产中受偿；

（二）企业破产法公布之日前形成的职工权益，在按照正常清偿顺序无法得到清偿时，才可从已经设定物权担保的财产中受偿。在债务人尚有其他财产可以清偿时，不得先行从已经设定物权担保的财产中清偿；

（三）在企业破产法公布之日前所欠的职工权益，依法以设定物权担保的财产进行清偿的情况下，对于企业破产案件中因按照正常清偿顺序无法实现的破产费用、共益债务以及职工的其他权益不得优先于担保物权人受偿。

七、人民法院审理尚未审结的企业破产案件，对于尚未进行的程序，《规定》未作出规定的，原则上均应适用企业破产法的有关规定。

请各级人民法院将执行企业破产法和《规定》中遇到的问题和情况及时逐级报告我院。

最高人民法院
关于债权人对人员下落不明或者财产状况不清的债务人申请破产清算案件如何处理的批复

2008年8月7日　　　　　　　　　　　法释〔2008〕10号

贵州省高级人民法院：

你院《关于企业法人被吊销营业执照后，依法负有清算责任的人未向法院申请破产，债权人是否可以申请被吊销营业执照的企业破产的请示》(〔2007〕黔高民二破请终字1号)收悉。经研究，批复如下：

债权人对人员下落不明或者财产状况不清的债务人申请破产清算，符合企业破产法规定的，人民法院应依法予以受理。债务人能否依据企业破产法第十一条第二款的规定向人民法院提交财产状况说明、债权债务清册等相关材料，并不影响对债权人申请的受理。

人民法院受理上述破产案件后，应当依据企业破产法的有关规定指定管理人追收债务人财产；经依法清算，债务人确无财产可供分配的，应当宣告债务人破产并终结破产程序；破产程序终结后二年内发现有依法应当追回的财产或者有应当供分配的其他财产的，债权人可以请求人民法院追加分配。

债务人的有关人员不履行法定义务，人民法院可依据有关法律规定追究其相应法律责任；其行为导致无法清算或者造成损失，有关权利人起诉请求其承担相应民事责任的，人民法院应依法予以支持。

此复。

《最高人民法院关于债权人对人员下落不明或者财产状况不清的债务人申请破产清算案件如何处理的批复》的理解与适用

宋晓明　张勇健　刘　敏

最高人民法院法释〔2008〕10号《关于债权人对人员下落不明或者财产状况不清的债务人申请破产清算案件如何处理的批复》经2008年8月4日最高人民法院审判委员会第1450次会议通过，已于2008年8月18日公布，自2008年8月18日起施行。现就该批复中所涉主要问题作一介绍。

一、在企业法人已解散但未清算或者未清算完毕，资产不足以清偿债务的情形下，依法负有清算责任的人未向人民法院申请破产清算，债权人是否有权申请债务人破产清算的问题。

我国《企业破产法》采破产申请主义。[①] 在这种立法例下，首先要明确的就是破

---

① 在破产程序的启动方式上，各国破产立法的规定有破产申请主义和职权主义两种模式。破产申请主义是指法院必须依据依法享有申请破产权的权利人的申请启动破产程序，而无权在无人申请的情况下，自行依职权启动破产程序。职权主义是指法院启动破产程序，并不以存在当事人等的申请为必备条件，只要债务人发生破产原因，在法律规定的特定情况下，法院可以依职权启动破产程序。

产申请人。《企业破产法》第7条对一般债务人[①]破产的申请权人作出了明确的规定，即债务人有破产法规定的破产原因[②]时，可以向人民法院提出重整、和解或者破产清算的申请；债务人不能清偿到期债务，债权人可以向人民法院提出对债务人进行重整或者破产清算的申请；企业法人已解散但未清算或者未清算完毕，资产不足以清偿债务的，依法负有清算责任的人[③]应当向人民法院申请破产清算。也就是说，对于一般债务人而言，其破产申请权人为债务人、债权人和依法负有清算责任的人。

《企业破产法》之所以规定在企业法人已解散但未清算或者未清算完毕，资产不足以清偿债务的情形下，依法负有清算责任的人应当向人民法院申请破产清算，其目的在于明确对企业法人负有清算责任的人在企业法人出现解散事由应当清算而未清算，或者虽然开始清算但未清算完毕时，如果发现企业法人出现破产原因时，有义务[④]依法向人民法院申请破产清算，以便通过及时启动破产清算程序保障债权人利益得到公平实现，促进社会经济秩序良性运转。该规定并未排除债权人在债务人不能清偿到期债务时向人民法院申请债务人破产的权利。债权人、债务人以及依法负有清算责任的人的破产申请权，并不互相排斥。因此，当企业法人已解散但未清算或者未清算完毕，资产不足以清偿债务的情形下，依法负有清算责任的人未向人民法院申请破产清算时，债权人当然有权根据《企业破产法》第7条第2款的规定，向人民法院提出对债务人进行破产清算的申请。人民法院不能以此情况下债权人无申请权为由，不受理债权人提出的破产申请。

二、债权人对人员下落不明或者财产状况不清的债务人申请破产清算，未向人民法院提交财产状况说明、债务清册、债权清册、有关财务会计报告等，是否影响案件受理的问题。

对于申请权人提出的破产申请，人民法院在审查是否予以受理时，应当从实质

[①] 这里的一般债务人是指除商业银行、证券公司、保险公司等金融机构以外的企业法人。对于商业银行、证券公司、保险公司等金融机构特殊债务人的破产，《企业破产法》第134条还特别规定，除一般意义上的破产申请权人有权申请金融机构破产外，国务院金融监督管理机构亦有权向人民法院提出对该金融机构进行重整或者破产清算的申请。

[②] 《企业破产法》第2条：企业法人不能清偿到期债务，并且资产不足以清偿全部债务或者明显缺乏清偿能力的，依照本法规定清理债务。企业法人有前款规定情形，或者有明显丧失清偿能力可能的，可以依照本法规定进行重整。

[③] 依法负有清算责任的人，应当包括未清算完毕情形下已经成立的清算组，以及应清算未清算情形下依法负有启动清算程序的清算义务人，即有限责任公司为公司全体股东，股份有限公司为公司董事和控股股东。

[④] 对于依法负有清算责任的人的破产申请权，从立法本意及表述（"应当"）上看，准确的解释应更多地体现为破产申请义务，而非简单意义上的申请权利。

要件和程序要件两个方面进行审查。实质要件的审查包括破产能力要件（破产主体资格）和原因要件（破产界线）的审查。程序要件的审查包括对申请人资格、申请书和有关证据等的审查。也就是说，只有经人民法院审查申请人提出的破产申请不符合上述实质要件或者形式要件时，人民法院才能作出不予受理的裁定。对于上述原因要件和程序要件，按照《企业破产法》的规定，应当区分不同情况进行审查。

1. 关于实质要件的审查。

（1）破产能力要件。依据我国《企业破产法》第2条和第135条规定，原则上仅赋予企业法人破产资格，自然人不具有破产能力；其他法律规定企业法人以外的组织（如合伙企业、农村专业合作社、民办学校等组织）的清算，属于破产清算的，参照适用《企业破产法》的规定。（2）破产原因要件。根据《企业破产法》第2条和第7条的规定，对于不同的申请权人申请破产的，其所要求具备的破产原因要件是不同的。债务人申请破产的，对于债务人资不抵债现象明显、易于判断的案件，要审查其是否不能清偿到期债务①并且资产不足以清偿全部债务；②对于债务人资不抵债现象不易判断，难以根据形式证据如资产负债表迅速查明的案件，要审查其是否不能清偿到期债务并且明显缺乏清偿能力。债权人申请破产的，要审查的破产原因仅仅为不能清偿到期债务，而未要求对不能清偿到期债务的原因进行审查。③

2. 关于程序要件的审查。

（1）申请人资格要件。对于申请人资格问题，在前述第一个问题中已经进行了

---

① 包括不能以财产（支付货币及财产）、信用（借新还旧或协议延期还债）或者能力（债务人以提供债权人接受的劳务、技能服务等折抵货币清偿债务）等任何方式清偿债务；而且债务人是在较长的期间内不能清偿，或曰一般地停止清偿，而不是因一时资金周转困难等问题暂时中止支付。

② 是指消极财产（债务）的估价总额超过了积极财产（财产）估价总额的客观状况，也称债务超过，其着眼点在于资债比例关系，考虑债务人的偿还能力仅以实有财产为限，不考虑信用、能力等可能的偿还因素。

③ 《企业破产法》第7条第2款对于债权人提出对债务人进行重整或者破产清算申请的原因仅规定为债务人不能清偿到期债务，而并未对债务人系基于什么原因不能清偿到期债务作出规定。笔者认为，《企业破产法》对债权人申请债务人破产的条件是从宽的，没有要求债权人对债务人不能清偿到期债务作出是资产不足以清偿债务或者明显缺乏清偿能力的证明。而是通过《企业破产法》第10条和第108条的规定，由债务人异议或者阻却程序来解决债权人不当申请问题的。即债务人认为其不存在不能清偿到期债务并且资产不足以清偿全部债务，或者不能清偿债务并且明显缺乏清偿能力的，其对于债权人提出的破产申请的异议，可以在收到人民法院通知之日起7日内向人民法院提出，并且以偿还该笔到期债务的方式阻却破产清算申请的受理。甚至在人民法院受理债权人申请后，宣告债务人破产前，债务人仍可通过清偿全部到期债务或者由第三人为其提供足额担保，或者为其清偿全部到期债务的方式阻却破产清算程序的继续。

详细的介绍，在此不再赘述。但是，对债权人申请人资格而言，我国《企业破产法》没有对债权人的资格作出进一步的明确规定，如债权人申请人数以及债权人代表的债权额是否限制；未到期债权人、外国债权人、对债务人特定财产享有担保物权的债权人、税收债权以及其他公法上的债权（如罚款、罚金等债权）之债权人、存在争议债权之债权人、职工债权人、超过诉讼时效债权之债权人，以及不具有财产给付内容请求的权利人有无破产申请权等等问题，均有待于进一步明确。①

（2）申请书及有关证据材料要件。这个要件的确定应该说是与前述实质要件紧密结合的，即通过申请权人提交的申请及有关证据材料证明其申请符合《企业破产法》规定的实质要件。根据《企业破产法》第8条对申请人向人民法院提出破产申请应当提交材料的规定看，对债权人申请破产和债务人申请破产审查的内容是不一样的。对债权人而言，仅要求其提交破产申请书和有关材料，所提交材料一方面是要证明其自身债权依法存在，其符合申请人资格，另一方面要证明债务人存在不能清偿到期债务的有关事实。这里，因债权人客观上无法举证证明债务人是否资不抵债，因此，第一，在债权人申请债务人破产时，《企业破产法》未以资产不足以清偿全部债务作为其申请的破产原因；第二，在要求债权人提交材料中也未要求债权人提交有关债务人资产负债情况的有关证据。《企业破产法》第8条第3款关于向人民法院提出破产申请时，应当提交财产状况说明、债务清册、债权清册、有关财务会计报告、职工安置预案以及职工工资的支付和社会保险费用的缴纳情况的规定，是针对债务人申请破产时的要求，而非对债权人的要求。债权人对债务人提出破产申请，只需提交破产申请书和有关证明债务人不能清偿到期债务的证据，并未要求债权人提交有关财务凭证等，事实上债权人也没有提交上述财务凭证的能力（包括债权人没有能力证明债务人是否资产不足以清偿全部债务或者明显缺乏清偿能力）。因此，人民法院以无法取得债务人财产状况说明、债权债务清册等相关资料，破产程序不能依法进行为由，裁定不予受理债权人的申请，缺乏法律依据。只要债权人对债务人提出的破产申请符合《企业破产法》规定的上述条件的，人民法院即应依法予以受理。

综上，人民法院应当严格按照《企业破产法》规定的受理条件决定破产案件的受理问题，而不能在《企业破产法》之外另设门槛，阻却已经符合《企业破产法》规定的受理条件的案件进入司法程序。人民法院作为企业法人退市中的"清道夫"，应当肩负起规范法人退出的历史使命，对于实践中普遍存在的"植物人公司"（亦称为

---

① 我们认为，在法律或者司法解释没有作出明确禁止性规定时，基于上述原因裁定不受理破产申请应该说是没有法律依据的（其中，存在争议债权之债权人、超过诉讼时效债权之债权人从法理上看，应无权申请）。

"僵尸"),可以也有必要通过司法程序终止其法人资格,彻底清理法人市场中的垃圾。人民法院不能因为这类案件的审理存在一定难度而将其拒之门外。只有这样,才能充分发挥破产法在净化市场、促进社会经济秩序良性发展方面的作用。

三、关于债权人对人员下落不明或者财产状况不清的债务人的破产申请受理后如何审理的问题。

实践中之所以就债权人对人员下落不明或者财产状况不清的债务人提出的破产申请应否受理存在争议,很大程度是由于困惑于这类案件受理后如何审理的问题。我们认为,依据《企业破产法》的现有规定,应该说在一定程度上还是能够解决这类案件的审理问题的。例如:(1)《企业破产法》明确规定债务人的有关人员(包括企业的法定代表人以及企业的财务管理人员和其他经营管理人员)负有义务妥善保管其占有和管理的财产、印章和账簿、文书等资料;根据人民法院、管理人的要求进行工作,并如实回答询问;列席债权人会议并如实回答债权人的询问;以及未经人民法院许可,不得离开住所地等。如有义务列席债权人会议的债务人的有关人员,经人民法院传唤,无正当理由拒不列席债权人会议的,人民法院可以拘传,并依法处以罚款。债务人的有关人员违反《企业破产法》规定,拒不陈述、回答,或者作虚假陈述、回答的,人民法院可以依法处以罚款;债务人违反《企业破产法》的规定,拒不向人民法院提交或者提交不真实的财产状况说明、债务清册、债权清册、有关财务会计报告以及职工工资的支付情况和社会保险费用的缴纳情况的,人民法院可以对直接责任人员依法处以罚款;债务人违反《企业破产法》的规定,拒不向管理人移交财产、印章和账簿、文书等资料的,或者伪造、销毁有关财产证据材料而使财产状况不明的,人民法院可以对直接责任人员依法处以罚款;债务人的有关人员违反《企业破产法》的规定,擅自离开住所地的,人民法院可以予以训诫、拘留,可以依法并处以罚款。人民法院可以充分利用《企业破产法》的上述规定,通过对债务人有关人员责任的追究,责令其依法向人民法院提交有关材料,以保障整个清算程序的顺利进行;(2)充分发挥管理人作用。管理人制度是《企业破产法》确立的一项新的制度,是我国破产法走向规范化、市场化、国际化的一项重大制度革新。人民法院在审理破产案件中一定要充分调动管理人的积极性,发挥其应有的作用。管理人应当尽可能穷尽所有手段,发现、追收债务人财产。如债务人存在无偿转让财产、以明显不合理的价格进行交易、对没有财产担保的债务提供财产担保、对未到期债务提前清偿、放弃到期债权、对个别债权人违法清偿的,以及为逃避债务而隐匿、转移财产、虚构债务或者承认不真实的债务等行为的,应当通过对上述行为予以撤销或者认定无效等方式,由管理人将行为相对人因此而取得的债务人的财产依法予以追回;债务人的出资人尚未完全履行出资义务的,管理人应当要求该出资人缴纳所认缴的出资;债务人的董事、监事和高级管理人员利用职权从企业获取的非正常收入和侵占的企业财产，管理人应当追回；（3）如经依法清算，债务人确实无财产可供分配的（包括债务人财产不足以清偿破产费用的），管理人应当根据《企业破产法》的有关规定请求人民法院裁定终结破产程序；破产程序终结之日起 2 年内又发现有依法应当追回的财产或者有应当供分配的其他财产的，债权人可以请求人民法院追加分配；（4）管理人未依照《企业破产法》的规定勤勉尽责，忠实执行职务的，人民法院可以根据《企业破产法》第 130 条的规定对其予以处罚；给债权人、债务人或者第三人造成损失的，有关权利人亦可要求其承担相应的赔偿责任；（5）债务人有无效行为或者可撤销行为，损害债权人利益的，可依法追究债务人的法定代表人和其他直接责任人员的赔偿责任。

四、因无法获得债务人的有关材料导致破产清算程序客观上无法进行时如何处理的问题。

《企业破产法》中现定的"依法清算"，是指在全面掌握债务人财产和负债情况基础上，对所有既有法律关系的彻底、概括的清理。对于债务人人员下落不明或者财产状况不清的破产案件，在穷尽上述既有手段后，如债务人仍不能或拒不向人民法院提交有关材料的，人民法院可以以此为由裁定终结破产清算程序。但这里一定要注意，依照《企业破产法》的规定依法清算，债务人确无财产可供分配导致的终结破产清算程序，和因无法清算导致的终结破产清算程序，其法律后果是截然不同的。因依法清算，债务人确无财产可供分配时终结破产清算程序的结果，对债务人而言是免责的结果，① 债务人仅以其破产财产为限承担责任，债务人破产清算程序终结后，除破产程序终结之日起 2 年内发现有依法应当追回的财产或者债务人有应当供分配的其他财产的，可以追加分配外，对于债务人未能依破产程序清偿的债务，原则上不再予以清偿。而因债务人的清算义务人② 怠于履行义务，导致债务人主要财产、账册、重要

---

① 破产免责制度，是指在破产程序终结后，依照破产法的规定，对于债务人未能依破产程序清偿的债务，在法定范围内免除其继续清偿的责任。免责制度在对债务人的救济政策中处于核心地位，可以使债务人在破产程序终结后新取得的收入不至于无限期地陷入对破产宣告前债务的清偿包袱之中，从而鼓励其在破产程序终结后继续积极参与社会经济活动，为社会和个人创造新的财富。当然，国外立法中的免责制度更多的是针对自然人破产案件。包括当然免责主义和许可免责主义。在目前我国破产法尚未确立自然人破产制度前，准确说债务人免责是指债务人的出资人免责，即债务人的出资人仅以其对债务人的出资为限承担有限责任。

② 清算义务人，是指法人出现不能存续的事由（包括公司法下狭义的解散事由，也包括破产法下的破产原因的出现）后，依法负有启动相应清算程序的主体。有限责任公司的清算义务人为公司全体股东，股份有限公司的清算义务人为公司的董事和控股股东，非公司制企业法人原则上为企业的出资人。

文件等灭失无法清算而终结的，虽然债务人的法人资格因清算程序终结而终止，但其既有的民事责任并不当然消灭，而是应当由其清算义务人承担偿还责任。① 对于债务人免责的例外，在国外立法例中亦有类似规定，依据《美国破产法》规定，债务人隐藏、销毁、毁坏、伪造或未能保管或保留好可以确定债务人财政状况和商业经营状况的情报档案的；债务人在该案或与此有关的案件中故意或欺诈地作假宣誓或假账的；在确定拒绝免除债务人法律规定的债务之前，债务人未能对其财产损失和偿付其债务的财产不足部分作出令人满意的解释的；债务人不服从法院命令，例如出示文件、回答关键性问题等；债务人故意隐藏、延误、欺诈债权人或管理破产财产的官员，转让、转移、毁坏、隐藏或授权转让、转移、销毁、毁坏诉讼提出之日前1年属于债务人财产和诉讼提出后的破产财产的；债务人不是个人的等情况下，法院可以拒绝豁免债务人的债务。②

上述原则的确立，对于督促债务人的有关人员向人民法院提交财产状况说明、债权债务清册等有关材料，配合破产程序依法进行应可发挥较大作用。人民法院在受理有关案件后，可以通过释明权的行使，明确告知债务人，其违反法律规定，拒不向法院提交有关财产状况说明等材料的，除债务人的有关直接责任人员要承担相应的法律责任外，对债务人的清算义务人而言，将可能面临直接承担债务人全部债务的法律后果。我们相信，在此情况下，大多数债务人将会自觉回归到依法清算、依法了结既有法律关系的正途中来的。那么，目前法院审理这类案件中困惑的问题将迎刃而解，这也是我们制定这个司法解释的根本目的。

---

① 参见《最高人民法院关于适用〈中华人民共和国公司法〉若干问题的规定（二）》第18条第2～3款和第20条第1款的规定。即有限责任公司的股东、股份有限公司的董事、控股股东因怠于履行义务，导致公司主要财产、账册、重要文件等灭失，无法进行清算，债权人主张其对公司债务承担连带清偿责任的，人民法院应依法予以支持；上述情形系实际控制人原因造成，债权人主张实际控制人对公司债务承担相应民事责任的，人民法院应依法予以支持。（第18条第2、3款）公司解散应当在依法清算完毕后，申请办理注销登记。公司未经清算即办理注销登记，导致公司无法进行清算，债权人主张有限责任公司的股东、股份有限公司的董事、控股股东，以及公司的实际控制人对公司债务承担清偿责任的，人民法院应依法予以支持（第20条第1款）。

② 中国社会科学出版社第三编辑室编：《美国法典（商业贸易法海关法卷）》，中国社会科学出版社1997年版，第770～771页。

最高人民法院
关于对因资不抵债无法继续办学被终止的民办学校如何组织清算问题的批复

2010年12月29日　　　　　　　　法释〔2010〕20号

贵州省高级人民法院：

你院《关于遵义县中山中学被终止后人民法院如何受理"组织清算"的请示》（〔2010〕黔高研请字第1号）收悉。经研究，答复如下：

依照《中华人民共和国民办教育促进法》第九条批准设立的民办学校因资不抵债无法继续办学被终止，当事人依照《中华人民共和国民办教育促进法》第五十八条第二款规定向人民法院申请清算的，人民法院应当依法受理。人民法院组织民办学校破产清算，参照适用《中华人民共和国企业破产法》规定的程序，并依照《中华人民共和国民办教育促进法》第五十九条规定的顺序清偿。

《最高人民法院关于适用〈中华人民共和国企业破产法〉若干问题的规定（一）》的理解与适用

宋晓明　张勇健　刘　敏

一、问题的提出

2011年8月29日，最高人民法院法释〔2011〕22号《关于适用〈中华人民共和国企业破产法〉若干问题的规定（一）》（以下简称本规定）经最高人民法法院审判委员会第1527次会议通过，已于2011年9月9日公布，自2011年9月26日起施行。现就该司法解释中所涉的主要问题作一介绍。

《企业破产法》自2007年6月1日施行以来，在完善优胜劣汰竞争机制、优化社会资源配置、调整社会产业结构、拯救危困企业、保障债权公平有序受偿等方面发挥了积极的作用。但在实践中，有的法院尚未充分认识到《企业破产法》在调整市场经济中的重要作用，加之现行体制、机制等方面的原因，对于申请人提出的符合法律规定的受理破产案件条件的申请，以种种理由不予立案，影响了《企业破产法》的贯彻实施。作为衡量一个国家是否是市场经济重要标准之一的《企业破产法》，其作用的发挥必须通过人民法院受理和审理破产案件来实现。从我国目前的情况看，全国法院每年受理破产案件的数量相比于每年工商管理部门吊销、注销的企业数量，相差甚远。一些企业未依法经法定程序退市，严重扰乱了市场经济秩序。为了尽快扭转这种不正常局面，充分发挥《企业破产法》的应有作用，我们首先从法院系统内部着力，推动破产案件的受理，制定了本规定。

二、理解与适用

（一）债务人破产原因的认定和适用问题

《企业破产法》采取概括主义立法模式对破产原因作出了规定，但由于法律条文的表述以及我国立法所采标准的特殊性，实践中对于破产原因的认定标准，存在不同理解和认识，因此有必要予以明确。根据《企业破产法》第二条第一款关于"企业法人不能清偿到期债务，并且资产不足以清偿全部债务或者明显缺乏清偿能力"的规定，判断债务人是否存在破产原因有两个并列的标准，一是债务人不能清偿到期债务并且资产不足以清偿全部债务，二是债务人不能清偿到期债务并且明显缺乏清偿能力。即人民法院必须在债务人具备"不能清偿到期债务并且资产不足以清偿全部债务"，或者"不能清偿到期债务并且明显缺乏清偿能力"的破产原因之一时，方能裁定受理债务人的破产清算申请。本规定中通过几个条文分别对破产原因中"不能清偿到期债务"、"资产不足以清偿全部债务"和"明显缺乏清偿能力"几个关键概念作出了解释。

在认定债务人是否具备破产原因时，一定要注意区分破产原因与申请人提出债务人破产申请的条件这两个不同的概念。《企业破产法》第二条和第七条分别就上述两个概念作出了规定。破产原因是人民法院在判断破产申请是否应予受理时审查的内容，而提出债务人破产申请的条件是申请人向人民法院提出债务人破产申请时应当具备的要件。对于债务人自行提出破产申请的，债务人的破产原因和其提出破产申请的条件是一致的，但对债权人而言，则差别很大。根据《企业破产法》第七条第二款的规定，债务人不能清偿到期债务是债权人提出债务人破产申请的条件，债权人向人民法院提出申请时，只要证明债务人不能清偿其到期债务即可。至于债务人系基于什么原因不能清偿其到期债务，以及债务人是否出现了"不能清偿到期债务并且资产不足以清偿全部债务"，或者"不能清偿到期债务并且明显缺乏清偿能力"的破产原因，无需债权人提出债务人破产申请时举证证明，因此，只要债权人提出申请时证明债务人不能清偿其到期债务，且债务人未能依据《企业破产法》第十条第一款的规定，及时举证证明其既非资产不足以清偿全部债务，也没有明显缺乏清偿能力的，人民法院即可当然推定债务人出现了上述两个破产原因之一。因此，在债权人申请债务人破产清算的情形下，不能清偿到期债务既是债权人提出破产申请的条件，也是债务人存在破产原因的推定依据。

另外，在认定债务人是否具备破产原因时还要特别强调，由于民事主体具有独立的资格和地位，对每一个单独民事主体的清偿能力需分别审查，不同民事主体之间不存在清偿能力或破产原因认定上的连带关系，其他主体对债务人所负债务负有的连带责任是对债权人的责任，而不能视为债务人本人清偿能力的延伸或再生，因此，对债务人丧失清偿能力的认定，不应以其他对该债务负有清偿义务的人如连带责任人、保证人也不能代为清偿为条件。

（二）破产原因中不能清偿到期债务要件的认定和适用

根据《企业破产法》第二条第一款和第七条第二款的规定，不能清偿到期债务是两个破产原因的共同前提。不能清偿到期债务是指债务人以明示或默示的形式表示其不能支付到期债务，其强调的是债务人不能清偿债务的外部客观行为，而不是债务人的财产客观状况。认定不能清偿到期债务应当同时具备三个方面的要件：第一，债权债务关系依法成立。如债务人不否认或者无正当理由否认债权债务关系，或者债务已经生效法律文书确定。原则上，当事人对债权债务关系存在争议，应当通过诉讼程序予以解决，但如果债务人提出的异议，经人民法院形式审查后，发现没有任何证据支持或者明显与事实不符的，不应对人民法院受理破产案件构成影响。这样规定的主要目的是为了防止债务人以毫无理由和证据的异议为由拖延破产程序启动。此外，如果已经过生效法律文书确认的，由于已经取得执行名义，应当视为债权债务关系已经确定。第二，债务人不能清偿的是已到偿还期限的债务。如债权人在债务到期前认为债务人到期后将无法偿还，不能视为不能清偿。破产程序本质上属于概括执行程序，债务尚未到期的，债务人不负有立即履行的义务，故不应受执行程序的约束。第三，债务人未清偿债务的状态客观存在。不论债务人的客观经济状况如何，只要其没有完全清偿到期债务的，均构成不能清偿到期债务。将不能清偿到期债务作为破产原因中的主要依据，尤其是作为债权人申请债务人破产清算时破产原因的推定依据，易于为债权人发现和举证证明，能够使债权人尽早启动破产程序，从而保护债权人的合法权益。

（三）破产原因中资产不足以清偿全部债务要件的认定和适用

资产不足以清偿全部债务是指债务人的实有资产不足以清偿全部债务，即通常所说的"资不抵债"或"债务超过"。资不抵债的着眼点是资债比例关系，考察债务人的偿还能力仅以实有财产为限，不考虑信用、能力等可能影响债务人清偿能力的因素，计算债务数额时，不考虑是否到期，均纳入债务总额之内。通常用来判断债务人是否资不抵债的标准为资产负债表，其反映了企业资产、负债、所有者权益的总体规模和结构，以此判断债务人的资产状况具有明确性和客观性。但是考虑到资产负债表反映的企业资产价值具有期限性和不确定性，在其由企业自行制定的情况下甚至可能存在严重的虚假情况，因此，本条同时规定审计报告或者资产评估报告等也可作为判断债务人资产总额是否资不抵债的依据。资产不足以清偿全部债务是对债务人客观偿债能力的判断，因此应当以债务人的真实财产数额为基础。如果当事人认为债务人的资产负债表，或者审计报告、资产评估报告等记载的资产状况与实际状况不符的，应当允许当事人提交相应证据予以证明，从而推翻资产负债表、审计报告或者资产评估报告的结论。

（四）破产原因中明显缺乏清偿能力要件的认定和适用

明显缺乏清偿能力是指债务人因丧失清偿能力而无法偿还到期债务的客观财产状况，即不能以财产、信用或者能力等任何方式清偿债务。债务人不能清偿到期债务时通常都已资不抵债，但有的情况下，在债务人账面资产尚超过负债时，也可能因资产结构不合理，发生对到期债务缺乏现实支付能力，如现金严重不足、资产长期无法变现等而无法支付的情况。明显缺乏清偿能力的着眼点在于债务关系能否正常了结，与资不抵债的着眼点在于资债比例关系不同。《企业破产法》将"债务人不能清偿到期债务并且明显缺乏清偿能力"作为破产原因之一，目的在于涵盖"债务人不能清偿到期债务并且资产不足以清偿全部债务"之外的其他情形，以适度缓和破产程序适用标准，弱化破产原因中关于资不抵债的要求。由于《企业破产法》的规定过于抽象，导致实践中的认定困难，大大影响了该项标准的适用效果，故本规定列举了明显缺乏清偿能力的几种主要情形，包括债务人因资金严重不足或财产不能变现等原因无法清偿债务、法定代表人下落不明且无其他人员负责管理财产无法清偿债务、经人民法院强制执行无法清偿债务，以及长期亏损且经营扭亏困难无法清偿债务等情形，从而减轻破产原因认定上的困难，推进破产程序的有效运行。

（五）企业法人解散时破产程序的启动及破产原因的认定

《企业破产法》采取破产申请主义。根据《企业破产法》第七条第三款的规定，企业法人已解散但未清算或者未清算完毕，资产不足以清偿全部债务的，依法负有清算责任的人应当向人民法院申请破产清算。这里依法负有清算责任的人包括未清算完毕情形下已经成立的清算组,以及应清算未清算情形下依法负有启动清算程序的清算义务人。《企业破产法》此款规定的目的在于,规定依法负有清算责任的人有申请债务人破产清算的法定义务,以保障破产清算程序的及时启动。但规定此种情况下负有清算责任的人的法定义务并不意味着排除其他申请权人,尤其是债权人向人民法院申请债务人破产的权利。只要债权人申请破产原因成就,债权人就可以依据《企业破产法》第七条第二款的规定,提出对债务人的破产清算申请。因此,在债务人已解散但未清算或者未在合理期限内清算完毕,且未清偿债务的情形下,由于债务人对所有债权均负有清偿义务,故债权人以债务人未能清偿债务为由向人民法院提出破产清算申请的,人民法院不应以债权人在此情形下无申请权为由不予受理。对于债权人的申请,债务人可以依据《企业破产法》第十条的规定提出异议,如果债务人能举证证明其未出现不能清偿到期债务并且资产不足以清偿全部债务,或者不能清偿到期债务并且明显缺乏清偿能力的破产原因的,人民法院应当对债权人的破产清算申请不予受理,并告知债权人通过启动强制清算程序获得清偿。

(六)债权人申请债务人破产时的举证责任分配

债权人申请债务人破产的原因是债务人不能清偿到期债务。因此,对债权人而言,其在提出破产申请时,除需提交自身债权依法存在的证据以及破产申请书之外,还应当举证证明债务人存在未清偿到期债务的有关事实。由于《企业破产法》未以债务人资产不足以清偿全部债务或者明显缺乏清偿能力,作为债权人提出申请的原因或条件,因此未要求债权人申请时提交债务人的有关财务凭证等材料,事实上债权人也没有能力提交此类证据材料。人民法院应当严格按照《企业破产法》规定的上述条件,审查债权人提出的破产申请,而不应对债权人的证明责任提出不切实际的要求,变相提高债权人提出破产申请的门槛。根据《企业破产法》第十一条第二款的规定,人民法院裁定受理债权人提出的破产申请后,债务人应当在法定期限内向人民法院提交相关财务凭证等材料。这表明:其一,债权人提出破产申请的,提交有关财务凭证材料的义务人为债务人,人民法院不应将此举证义务分配给债权人;其二,即便债务人不提交上述材料,只要债权人对债务人提出的破产申请符合《企业破产法》规定的上述条件,人民法院也应予以受理,不应以此为由裁定不予受理或者驳回破产申请;其三,人民法院裁定受理破产申请后,债务人不提交有关财务凭证等材料的,人民法院可以对债务人的直接责任人员依法采取罚款等强制措施。这里要注意,因为《企业破产法》第七条规定的债务人自行申请破产的条件和依法负有清算责任的人申请债务人破产的条件与债权人不同,因此,在债务人或者依法负有清算责任的人申请债务人破产时的举证责任是不同的,应当严格依据法律规定由上述主体依法举证。

第二部分 相关法律、法规、司法解释等

（七）出具书面凭证和及时审查问题

《企业破产法》规定的法定审查期限自人民法院收到申请之日起算，考虑到实践中有的法院消极对待当事人的破产申请，不接收申请人的申请材料，或在接收申请人的申请材料后不出具收到申请及所附证据的书面凭证，导致审查期间迟迟无法开始计算，损害了当事人的合法权益。为确保人民法院依法对破产申请进行审查，方便申请人督促人民法院依法接收申请人的申请材料并在法定期限内作出是否受理破产申请的裁定，本规定规定，人民法院收到申请人的申请后，负有及时向申请人出具收到申请及所附证据的书面凭证的义务，以此作为判断人民法院受理行为合法性的依据，并以此日期开始计算相关受理破产申请的法定期限。

考虑到司法实践中，各级法院在审查当事人提出的破产申请是否符合法律规定时，掌握的执法尺度确有不同，为规范和统一人民法院对破产申请的审查行为，本规定对人民法院收到破产申请后的审查内容进行了明确。根据《企业破产法》第二条、第七条和第八条的规定，人民法院对于破产申请应从实质要件和形式要件两个方面进行形式上的审查。实质要件的审查是对申请是否符合破产程序开始条件的判断，主要包括申请人主体资格、债务人主体资格以及债务人是否具有破产原因三项内容。形式要件的审查是对申请人依法所应提交的书面材料进行的审查。考虑到人民法院在审查中可能会要求申请人对申请材料进行必要的补充、补正，本规定规定，此种情况下，人民法院应当及时告知申请人所需补充或补正的事项，以避免以此为由拖延实际审查时间，损害当事人合法权益。由于人民法院对破产申请的审查需以当事人提供的材料为基础和依据，因此，当事人补充、补正材料的期间不计入法定的审查期内。

（八）破产案件诉讼费用的收取问题

关于企业破产案件诉讼费用问题，《企业破产法》第四十一条、第四十三条和第一百一十三条，以及《诉讼费用交纳办法》第十条、第十四条、第二十条和第四十二条等明确规定，破产案件诉讼费用作为破产费用，应在案件受理后根据破产财产情况确定数额，并从债务人财产中随时拨付，申请人不负有预交破产案件诉讼费用的义务。但在目前司法实践中，有的法院要求申请人预交破产案件诉讼费用，并在申请人未预先交纳案件诉讼费用时，以此为由裁定不予受理破产申请或者驳回破产申请，这种做法明显不符合法律规定。对此，本规定进一步重申，申请人依法向人民法院申请破产的诉讼费用，从债务人财产中拨付，相关当事人以申请人未预先交纳诉讼费用为由，对破产申请提出异议的，人民法院应不予支持。

（九）对未依法裁定是否受理的审判监督程序

为加强上级法院对下级法院的监督，督促人民法院对于当事人提出的破产申请依法作出是否受理的裁定，本规定特别规定了上一级人民法院对下级法院不依法裁定是否受理破产申请的审判监督程序。根据《企业破产法》的规定,申请人提出破产申请后,人民法院应当及时审查并依法作出裁定。对于人民法院作出的不予受理裁定,申请人可依据《企业破产法》第十二条的规定,向上一级法院提起上诉,以充分保证当事人的诉讼权利。但在司法实践中,有的法院消极对待当事人的破产申请,在接收破产申请后对申请根本不予审查,或者审查后既不及时作出受理裁定亦不作出不予受理裁定,甚至根本不接收当事人提出的申请,使得《企业破产法》规定的申请人对于不予受理裁定的上诉权形同虚设,严重损害了申请人的有关权利。因此,为加强对法院不依法裁定时的监督,本规定特别规定在人民法院未接收申请人提出的破产申请、未向申请人出具收到申请及所附证据的书面凭证,或者未在法定期限内作出是否受理的裁定这三种情形下,申请人可直接向上一级人民法院提出破产申请。上一级人民法院收到破产申请后,应当责令下级法院依法审查并及时作出是否受理的裁定;下级法院应当及时作出裁定。下级法院仍不作出裁定的,上一级人民法院可以径行作出裁定,并可同时指令下级人民法院审理该案件。

最高人民法院
关于正确适用《中华人民共和国企业破产法》若干问题的规定(一)充分发挥人民法院审理企业破产案件司法职能作用的通知

2011 年 9 月 21 日　　　　　　　　　　法〔2011〕281 号

各省、自治区、直辖市高级人民法院,解放军军事法院,新疆维吾尔自治区高级人民法院生产建设兵团分院:

《最高人民法院关于适用〈中华人民共和国企业破产法〉若干问题的规定(一)》(法释〔2011〕22号)经最高人民法院审判委员会第1527次会议讨论通过,现已公布。为使各级人民法院更好地适用该司法解释,提高审理企业破产案件的质量和效率,调动审判部门和广大法官办理企业破产案件的积极性,充分发挥人民法院在促进加快转变经济发展方式,构建社会主义市场经济秩序方面的积极作用,特通知如下:

一、人民法院应认真履行职责,依法受理企业破产案件

各级人民法院要认真学习和正确理解该司法解释的精神,充分认识企业破产法

在保障债权公平有序受偿、优化社会资源配置、完善优胜劣汰的竞争机制和拯救危困企业等方面的积极作用。要转变观念、克服困难,对当事人提出的符合受理条件的破产申请,应当依法予以受理。要综合运用破产重整、破产和解和破产清算程序,建立和完善市场主体依法退出机制,充分发挥企业破产法对市场经济的调整作用,推动经济社会又好又快发展。

二、人民法院应加强审理破产案件法官专业化队伍建设

随着我国市场经济体制的逐步完善,企业破产案件将呈逐年增长趋势,新类型疑难案件也会不断出现,这对人民法院审判工作提出了更高的要求。一方面,企业破产案件审理周期长、难度大、事务性工作繁重,人民法院长期以来案多人少的矛盾尤为突出。另一方面,由于破产案件审理的复杂性和特殊性,客观上需要一支不仅具备较为扎实的法学理论功底,而且还要有化解社会矛盾、处置突发事件、协调各方利益诉求等多方面工作能力的专业化法官队伍。为此,人民法院要加强法官专业化队伍建设,在人员和物资保障方面给予支持。有条件的法院可以根据受理企业破产案件的数量,成立专门的破产案件审判庭,或指定专门的合议庭负责审理破产案件。

三、人民法院应建立合理的企业破产案件专门绩效考评机制

企业破产法是社会主义市场经济法律体系的重要组成部分,其作用的发挥必须通过人民法院受理和审理企业破产案件来实现。鉴于审理企业破产案件的特殊性,建立合理的专门绩效考评机制以充分调动受理法院、承办法官的积极性是十分必要的。各高级人民法院应根据本辖区的工作实际,积极探索能够全面客观反映审理破产案件工作量的科学考评标准,充分体现破产审判部门和法官的工作绩效。

各级人民法院对执行中发现的新情况、新问题应逐级报告最高人民法院。

特此通知。

最高人民法院
关于税务机关就破产企业欠缴税款产生的滞纳金提起的债权确认之诉应否受理问题的批复

2012年6月26日　　　　　　　　　　　法释〔2012〕9号

青海省高级人民法院：

你院《关于税务机关就税款滞纳金提起债权确认之诉应否受理问题的请示》（青民他字〔2011〕1号）收悉。经研究，答复如下：

税务机关就破产企业欠缴税款产生的滞纳金提起的债权确认之诉，人民法院应依法受理。依照企业破产法、税收征收管理法的有关规定，破产企业在破产案件受理前因欠缴税款产生的滞纳金属于普通破产债权。对于破产案件受理后因欠缴税款产生的滞纳金，人民法院应当依照《最高人民法院关于审理企业破产案件若干问题的规定》第六十一条规定处理。

此复。

最高人民法院
关于个人独资企业清算是否可以参照适用企业破产法规定的破产清算程序的批复

2012年12月11日　　　　　　　　　　　法释〔2012〕16号

贵州省高级人民法院：

你院《关于个人独资企业清算是否可以参照适用破产清算程序的请示》（〔2012〕黔高研请字第2号）收悉。经研究，批复如下：

根据《中华人民共和国企业破产法》第一百三十五条的规定，在个人独资企业不能清偿到期债务，并且资产不足以清偿全部债务或者明显缺乏清偿能力的情况下，可以参照适用企业破产法规定的破产清算程序进行清算。

根据《中华人民共和国个人独资企业法》第三十一条的规定，人民法院参照适用破产清算程序裁定终结个人独资企业的清算程序后,个人独资企业的债权人仍然可以就其未获清偿的部分向投资人主张权利。

《最高人民法院关于个人独资企业清算是否可以参照适用企业破产法规定的破产清算程序的批复》的理解与适用

宋晓明　张勇健　刘　敏

《最高人民法院关于个人独资企业清算是否可以参照适用企业破产法规定的破产清算程序的批复》已于 2012 年 12 月 10 日由最高人民法院审判委员会第 1563 次会议通过,并于 2012 年 12 月 18 日起施行。现将该批复的起草情况和涉及的有关问题作以说明。

一、司法解释制定的起因

贵州省高级人民法院以〔2012〕黔高研请字 2 号《关于个人独资企业清算是否可以参照适用破产清算程序的请示》就个人独资企业不能清偿到期债务并且资产不足以清偿全部债务或者明显缺乏清偿能力的情况下,是否可以参照适用《企业破产法》规定的破产清算程序进行清算问题向最高人民法院请示。鉴于其请示的问题具有普遍性,其他法院也多次就此问题向最高人民法院请示,因此,最高人民法院决定以批复形式对上述问题予以答复。

二、对主要问题的说明

1. 个人独资企业是否具有破产能力以及是否可以参照适用企业破产法规定的破产清算程序问题。

破产能力是指债务人能够适用破产程序解决债务问题的资格,这种资格来源于破产法的特别规定。关于破产能力有两种立法例:一般破产主义和商人破产主义。一般破产主义是指破产法适用于不能清偿债务的所有债务人,债务人的破产能力不因其为商人或非商人而有所差别。它承认所有民事主体的破产能力,不能清偿债务的自然人、法人乃至遗产,均可由债务人自己或者债权人向法院申请破产。一般破产立法模式现已推广到许多国家，成为现代破产立法的趋势。商人破产主义是指破产法仅适用于商人而不适用于非商人。商人破产主义随着时间的推移越来越不适应时代发展的需要，原先采用商人破产主义的国家，也逐渐通过修订破产法改而采用一般破产主义。

我国《企业破产法》仅适用于企业法人的弊端受到众多学者的批评，在破产法修改时，学界普遍认为应当确立一般破产主义，扩大破产法的适用范围。但是，在多大程度上扩大破产法的适用范围，在认识上尚存在分歧。一种观点认为，破产法应当适用于所有企业，即破产法不仅适用于企业法人，还应当扩大适用于非企业法人，如合伙企业、个人独资企业等；另一种观点认为，破产法应当适用于所有民事主体，即除适用于企业法人、合伙企业、个人独资企业等商主体外，还应当适用于自然人。对上述争论问题，我国《企业破产法》修订最终采取了折中的处理方式，即虽然原则上规定《企业破产法》还是仅适用于企业法人，但是，对于企业法人以外的组织，在出现破产原因的情况下，可以参照适用《企业破产法》规定的程序进行债务清理。即《企业破产法》第135条规定："其他法律规定企业法人以外的组织的清算，属于破产清算的，参照适用本法规定的程序。"这种折中规定，应该说是我国破产法的一大进步，为将来破产法律制度的进一步发展和完善做了有益的尝试和铺垫。因此，虽然目前我国破产法尚未将企业法人以外的其他主体作为破产法适用的对象，但对于企业法人以外的其他经济组织，是可以参照适用破产清算程序进行清算的。鉴于目前施行的《个人独资企业法》制定于1999年，其在《企业破产法》2007年施行后尚未通过修订与《企业破产法》的上述规定进行衔接，但类似主体合伙企业的破产清算问题，在与《企业破产法》同时修订的《合伙企业法》中专门对此作出了衔接性的规定，即《合伙企业法》第92条规定："合伙企业不能清偿到期债务的，债权人可以依法向人民法院提出破产清算申请，也可以要求普通合伙人清偿。合伙企业依法被宣告破产的，普通合伙人对合伙企业债务仍应承担无限连带责任。"因此，个人独资企业应当符合《企业破产法》第135条的准用性规定。

2. 个人独资企业参照适用破产清算程序的必要性。

《个人独资企业法》虽然规定了企业解散必须进行清算，但对如何清算，尤其是对企业不能清偿到期债务并且资产不足以清偿全部债务或者明显缺乏清偿能力的情况下如何进行清算并未作出明确的规定，由此导致个人独资企业在清算中实施企业资产的清理处置、债权的审查确认、分配方案的制订执行等清算事务时，因清算程序和争议解决机制欠缺极易发生清算僵局或者清算混乱。因此，参照适用《企业破产法》规定的破产清算程序对个人独资企业进行清算，既可以保障清算程序的有序进行和债务的公平受偿（尤其是职工利益的优先保障)，也可以确保企业平稳退出市场，维护社会经济秩序的稳定，具有现实的必要性。

3.个人独资企业参照适用破产清算程序终结清算程序后其债务清偿问题。

如上所述,因目前我国破产法尚未赋予企业法人以外的其他经济组织适用破产程序解决债务问题的能力,虽然在处置现有资产和解决清算争端中可以参照适用《企业破产法》规定的破产清算程序进行清算,但并不因此产生对未能清偿债务当然免责的法律后果,因此,在个人独资企业参照适用破产清算程序终结清算程序后其尚未清偿的债务,仍应当根据《个人独资企业法》第31条的规定由投资人以其个人的其他财产予以清偿。

《最高人民法院关于适用〈中华人民共和国企业破产法〉若干问题的规定(二)》的理解与适用

宋晓明　张勇健　刘　敏

最高人民法院法释〔2013〕22号《关于适用〈中华人民共和国企业破产法〉若干问题的规定(二)》(以下简称《破产法司法解释(二)》)经2013年7月29日由最高人民法院审判委员会第1586次会议通过,已于2013年9月5日发布,自2013年9月16日起施行。现就《破产法司法解释(二)》涉及的有关主要问题作一介绍。

一、《破产法司法解释(二)》的制定背景和出台目的

《企业破产法》施行以来,在保障债权公平有序受偿、完善优胜劣汰竞争机制、优化社会资源配置、调整社会产业结构、拯救危困企业等方面发挥了积极作用。破产程序作为法人退出机制中的一项重要制度,关涉一个企业的生死和众多利害关系人的利益,甚至会影响到一个地区的社会稳定和经济的持续健康发展。因此,依法审理企业破产案件,依法公正合理地保护破产企业相关利害关系人的利益,保障企业稳妥退出市场或得到有效挽救,意义重大。但是,由于企业破产法律程序繁琐,涉及大量程序性、实体性权利行使,尤其是债务人财产这部分,因涉及与《合同法》《物权法》《公司法》《侵权责任法》《证券法》《民事诉讼法》等多部法律的衔接,更为复杂,而我国目前的相关法律制度尚不完善,各地法院在审理破产案件时对债务人财产的认定掌握的执法尺度不一,影响了债权人权利的依法保护,为此,我们围绕债务人财产认定中所涉的法律适用问题制定了该司法解释。

二、《破产法司法解释（二）》中涉及的几个主要问题

（一）债务人财产和破产财产

《企业破产法》理论中债务人财产又称为破产财团或者财团财产。我国《企业破产法》对债务人财产这个概念在破产宣告前后的不同阶段，分别用了债务人财产和破产财产两个不同称谓，但其本质均为法人财产，二者范围是一致的。债务人财产是债务人对其债权人承担债务的责任财产，在破产程序中是债权人得以公平、有序受偿的重要物质保障。债务人财产在破产程序中具有非常重要的意义。在债务人财产的构成范围上有固定主义与膨胀主义两种立法模式。固定主义模式下，债务人财产在破产申请受理或者破产宣告时即已确定，是指破产申请受理时或破产宣告时债务人所有的财产。膨胀主义模式下，债务人财产在破产宣告后仍有所扩大膨胀，即不仅包括破产申请或者被宣告破产时债务人所有的财产，而且包括其在破产程序终结前所新取得的财产。我国《企业破产法》在破产财产范围上采用的是膨胀主义立法模式。根据我国《企业破产法》的规定，债务人财产包括破产申请受理时属于债务人的全部财产，也包括破产申请受理后至破产程序终结前债务人取得的财产，甚至包括破产程序终结后又发现的应当供分配的其他债务人财产。即，债务人财产既包括债务人破产时占有的静态财产和债务人破产时没有占有但基于相关权利依法应当追回的属于债务人的动态财产，也包括债务人继续营业时新取得的财产。破产程序中的各项实体性权利，包括撤销权、取回权、抵销权、债务人财产保全的自动解除和执行中止，以及有关债务人财产的衍生诉讼等是紧紧围绕着债务人财产的确定、增加、减少而展开的。债务人财产的准确把握和有效追收，直接决定着破产程序能否顺利进行，以及债权人能否得到最大化的权利保护和公平受偿。司法解释分别从债务人财产的界定、撤销权、取回权、抵销权、债务人财产的保全和执行，以及有关债务人财产的衍生诉讼审理等多个角度对债务人财产作出了规定。

（二）破产撤销权

破产撤销权是破产法为防止债务人在丧失清偿能力的情况下，通过无偿转让、非正常交易或者偏袒性清偿债务等方法损害全体或者多数债权人利益，破坏公平清偿原则而设立的特殊制度。通常情况下，只有债务人在破产程序启动时所拥有的财产才受破产法的约束，即属于债务人财产。而破产程序启动前债务人已经转让的财产原则上不属于债务人财产。但是，由于一些债务人出于种种利益动机，往往会在破产程序启动前竭力转移财产、逃避债务，或对个别债权人进行偏袒性清偿，一些债权人也利用各种不正当手段争夺财产，从而造成经济秩序的混乱，以致破产法公平清偿的立法目的无法实现。撤销权制度的设置是以维护债权人整体利益、保护公平清偿为基础

的，其在一定程度上舍弃了对债务人与行为相对人交易自由的保护。通过对债务人相关行为的撤销，保全了债务人责任财产，维护了债权人相互之间的实质平等，实现了破产财产在全体债权人之间的公平分配。撤销权行使的法律后果，是使债务人在破产申请受理前法定期间内实施的损害债权人利益的行为因被撤销而丧失效力。我国《企业破产法》对撤销权作出了规定。鉴于司法实践中破产撤销权行使的复杂性特点，《规定》对一些特殊问题，如经行政清理程序或公司强制清算程序转入破产清算程序中所涉可撤销行为的起算点问题、危机期内债务人对未到期债务提前清偿和债务人个别清偿行为撤销的例外情形等作出了明确规定。

（三）债权人撤销权和管理人撤销权

《合同法》下债权人撤销权和《企业破产法》下管理人撤销权，均将债务人无偿转让财产、放弃债权、以明显不合理的价格转让财产这三类行为，规定为可撤销的行为。一般情况下，债务人进入破产程序后，对上述行为的撤销应由管理人依据《企业破产法》的规定予以撤销。但是我们考虑到，一方面，由于合同法撤销权和破产法撤销权行使权利的方式和期限有所不同，有的情况下管理人依据破产法不能撤销的行为，债权人依据合同法却可以撤销。另一方面，上述两个撤销权事由竞合的场合，如管理人不作为导致破产撤销权落空时，债权人也可通过行使合同法撤销权追回相关债务人财产。因此，从实现债务人财产最大化角度，《规定》规定，在管理人未依据《企业破产法》撤销债务人上述行为的，债权人可以依据《合同法》的规定提起撤销权诉讼，但这里要特别强调的是，债权人提起的该类诉讼性质上当属代表诉讼，由此追回的财产应当归入债务人财产，而不得用以清偿个别债权人，如果债权人起诉主张追回的财产应当清偿其个别债权的，人民法院对此诉讼应不予受理。

（四）债务人对外享有债权的诉讼时效

根据《企业破产法》的规定，法院受理破产申请后，由管理人接管债务人的财产、印章、账簿和文书等资料，调查债务人财产状况，代表债务人参加诉讼、仲裁或者其他法律程序，替代债务人原管理层进行有关债务人财产的管理、处置、变价、分配等工作。但是，由于管理人并未参与企业原经营管理活动，其在接管后客观上需要一定的时间清理财产、查看账簿文书等，以便追收债务人财产。而且，根据《企业破产法》第17条的规定，破产申请受理后债务人的债务人应当向管理人清偿债务，因此，提出清偿要求是破产程序依法启动的题中应有之意。因此，为避免管理人接管过程中因诉讼时效超导致债务人财产不当减损，据此，《规定》规定，债务人对外享有的债权，其诉讼时效自破产申请受理之日起中断。另外，对于债务人无正当理由未对其到期债权及时行使权利，导致其对外债权超过诉讼时效期间的不作为行为，我们认为，其实质是债务人恶意放弃其到期债权的行为。债务人放弃债权的行为包括积极的放弃行为和消极的放弃行为。对于债务人积极的放弃债权行为，管理人可通过行使破产撤销权实现有效债权的复归。但对于债务人不及时主张对外债权的消极的放弃债权行为，客观上并无可以撤销的行为，因而无法撤销。因此，为实现对债务人恶意减少其财产的消极放弃债权行为产生类似于撤销其积极放弃债权行为的法律效果，《规定》从重新计算诉讼时效的角度作出了制度安排。

（五）债权人基于债务人财产提起的有关诉讼

债务人对外享有的债权、出资人应缴而未缴的出资，以及债务人股东与债务人财产严重混同时的股东财产等，在法律属性上都属于债务人财产。破产程序启动前，债权人就债务人财产获得清偿，贯彻的是先来先得原则，在债权人提起代位权诉讼或者起诉主张瑕疵出资股东或抽逃出资股东或严重混同股东承担相应民事责任的，人民法院应予以支持。但是破产程序启动后，所有债务人财产均应纳入到破产程序中一并清偿全体债权人，管理人应依法向债务人的债务人追收债务，以及向债务人的出资人追收欠缴出资、抽逃出资、混同财产等，以实现债务人财产的完整性，保障全体债权人利益最大化。因此，破产申请受理后，所有基于债务人财产的清偿均应通过破产程序解决，而不得通过个案诉讼、仲裁或者执行等方式获得个别清偿。对此，《规定》作出了明确规定，即，破产申请受理前，债权人基于债务人财产提起的代位权等诉讼，在破产申请受理时案件尚未审结的，法院应当中止审理，并在破产宣告后驳回债权人的诉讼请求；破产申请受理前已经就相关案件作出了生效法律文书但尚未执行完毕的，破产申请受理后，应当中止执行，债权人应当依法向管理人申报债权；破产申请受理后，债权人就债务人财产新提起的直接清偿所欠其债务的诉讼，人民法院应不予受理，债权人应当依据《企业破产法》规定的程序行使权利。

（六）取回权的行使

破产程序中涉及的取回权包括非债务人财产取回权、代偿性取回权、出卖人在途标的物取回权、出卖人取回权，这里面有破产法下的取回权，也有其他法律中规定的取回权在破产程序中的具体适用。非债务人财产取回权，是指在破产程序中对于不属于债务人的财产，其所有权人或者其他权利人通过管理人将该财产予以取回的权利，其权利行使的基础为民法上的所有权和其他财产权利。代偿性取回权，是指当非债务人财产取回权行使的标的财产毁损、灭失时，该财产的权利人依法对取回权标的物的代偿财产行使取回的权利，是对非债务人财产取回权制度的必要补充。出卖人在途标的物取回权，是《企业破产法》中规定的一项特殊的取回权，是指尚未收到全部价款的动产出卖人，将买卖标的物发送后，如果买受人在尚未收到标的物前破产的，出卖人可以请求取回标的物的权利，其目的在于担保已经脱离了对标的物控制权的出卖人获得买卖价款的权利。出卖人取回权，是《合同法》上的权利在破产程序中的行使,是指当事人在买卖合同中约定所有权保留,在标的物所有权转移前,买受人未按约定支付价款或完成特定条件,或将标的物出卖、出质或者作出其他不当处分,对出卖人造成损害的,出卖人有权主张取回买卖标的物,该权利行使时涉及与《企业破产法》下管理人挑拣履行权的衔接。《规定》对上述取回权的行使分别作出了规范。

（七）债务人占有的他人财产被违法转让给第三人的，相关当事人之间的权利行使

一般情况下，破产程序启动后，对于债务人占有的他人财产，财产权利人有权通过行使取回权取回其财产。但是，如果其财产被违法转让给第三人的，因涉及第三人的善意取得问题，原财产权利人的权利行使受到一定的影响。根据《物权法》第106条的规定，第三人受让被违法转让的财产符合善意取得条件的，该财产的所有权归第三人所有，原财产权利人不能对该财产行使取回权。原财产权利人有权向无处分权的债务人请求赔偿。对于该赔偿，应当根据无权处分行为发生的时间和行使的主体予以区分。如果无权处分行为发生在破产申请受理前的，因系债务人自身无权处分行为，该赔偿属于一般侵权之债的赔偿，在破产程序中应当作为普通破产债权予以清偿；如果无权处分行为发生在破产申请受理后的，因系管理人所为，根据《企业破产法》的规定，管理人或者相关人员执行职务致人损害产生的债务，应当作为共益债务予以清偿。第三人受让财产不符合善意取得条件的，第三人未取得被转让财产的所有权，原财产权利人均有权依据交付情况分别向债务人或者第三人主张取回该财产。如果第三人已经向债务人支付了转让价款，而所涉财产又被原财产权利人追回后，第三人就已支付价款损失有权向债务人主张返还。对于该损失赔偿债权，也应根据转让行为发生的时间和行使主体区分，按照普通破产债权或共益债务进行清偿。

（八）代偿性取回权

债务人占有的他人财产毁损、灭失，有相应的保险金、赔偿金、代偿物的，原财产权利人是否可以就其行使代偿性取回权问题，争议还是比较大的，主要涉及原财产权利人与全体债权人的利益平衡问题。我们在制定该《规定》时，一方面通过确立代偿性取回权制度加大对原财产权利人权利的保护力度，另一方面又通过对代偿性取回权行使范围进行必要限制的方式适度保护了其他债权人利益。即以能否将财产毁损、灭失获得的保险金、赔偿金或者代偿物与债务人财产予以区分，作为权利人能否行使代偿性取回权的前提。如果能够予以区分的，权利人可以取回就此获得的保险金、赔偿金或者代偿物；如果不能与债务人财产予以区分的，权利人则不能行使代偿性取回权，而只能根据财产毁损、灭失发生的时间分别按照普通破产债权或者共益债务在破产程序中获得清偿。

(九)买卖合同所有权保留制度与破产法的衔接

问题涉及了买卖合同出卖人取回权行使和破产法下管理人挑拣履行权的行使。买卖合同一方当事人进入破产程序的,一方面是买受人未按照约定支付完毕价款或者履行其他约定条件,另一方面,基于双方合同约定,买卖标的物所有权尚未转移给买受人所有,因此该买卖合同应属双方均未履行完毕的合同。根据《企业破产法》的规定,管理人有权基于债务人利益最大化的目的,自行决定继续履行或者解除该合同。因此,该合同是否继续履行,其选择权在于破产管理人。在出卖人破产还是买受人破产的不同情形下,破产管理人是选择继续履行合同还是解除合同,对相关权利人能否行使合同法出卖人取回权有很大差别。出卖人破产,管理人决定继续履行合同的,不存在债权加速到期的事由,双方应当按照原买卖合同的约定继续履行合同,如果买受人未按照双方合同约定期限支付价款或者完成特定条件,或者将标的物出卖、出质或者作出其他不当处分,对出卖人造成损害的,出卖人有权行使买卖合同出卖人的取回权;出卖人破产,管理人决定解除合同的,原买卖合同不再履行,出卖人基于标的物所有权尚未转移至买受人所有的事实,有权依据《企业破产法》的规定,将属于出卖人的财产追回后作为债务人财产,此时出卖人行使的并非合同法下出卖人的取回权,因此不以买受人违约为权利行使的前提条件;买受人破产,管理人决定继续履行合同的,根据《企业破产法》第46条的规定,买受人支付有关款项或者履行其他义务的期限自破产申请受理之日加速到期,管理人应当及时向出卖人支付尚未支付的全部价款或者履行完毕其他义务,如果管理人无正当理由未及时履行义务的,构成对买受人的违约,出卖人可以行使买卖合同出卖人取回权;买受人破产,管理人决定解除合同的,根据合同约定,出卖人对买卖标的物享有所有权,出卖人有权依据《企业破产法》第38条的规定取回该标的物。

(十)出卖人在运途中标的物取回权

出卖人在途标的物取回权源于英美货物买卖法的中途停运权。我国《合同法》第308条对此也有相应规定。出卖人在途标的物取回权行使的条件,一是法院受理破产申请时买卖标的物处于在运途中;二是出卖人尚未收到全部买卖价款。出卖人在途标的物取回权行使不以出卖人对买卖标的物享有所有权为前提。出卖人行使该取回权时,可以通过承运人或者实际占有人行使权利。原则上,承运人或者实际占有人应当按照出卖人的要求保障其取回权的实现。如果承运人或者实际占有人没有按照要求保障出卖人的取回权实现,导致买卖标的物最终交付到管理人的,因出卖人主张行使取回权时符合《企业破产法》第39条规定的条件,即使买卖标的物事后到达管理人的,出卖人仍然有权向管理人主张取回。管理人不得以标的物已经不符合在运途中的要件为由,拒绝其取回权行使。另外,如果出卖人在标的物在运途中,由于特殊原因无法通过承运人等行使取回权的，也可以直接向管理人主张取回。待货物到达管理人后，管理人应当将标的物返回出卖人。出卖人对在途标的物取回权行使的一个重要前提是买卖标的物处于在运途中。如果出卖人未在买卖标的物到达管理人前及时主张行使在途标的物取回权的，其即丧失了行使该项取回权的权利。在买卖标的物到达管理人后，出卖人无权依据《企业破产法》第 39 条的规定向管理人主张取回买卖标的物。

（十一）破产抵销权与民法抵销权

破产抵销权是民法抵销权制度在破产程序中的特别运用，两者在维护当事人权益等方面有很大差别。民法抵销权适用的主要目的，是为了节省当事人双方的结算时间和费用，避免交叉诉讼。而破产抵销权，是为了使债权人的破产债权在抵销范围内得以从破产财产中得到全额、优先的清偿，避免和其他债权人一样接受破产财产的按比例清偿，使其在破产程序中拥有不同于其他债权人的优先地位。破产抵销权和民法抵销权在具体行使时还是有很大差别的。第一，民法抵销权作为债的消灭方式，互负债权债务的交叉债权人基于消灭双方互负债务的目的均可主动提出抵销主张。但破产法抵销权，因其立法目的在于担保债权人的债权优先实现，因此，该权利只能由破产债权的债权人行使，而管理人不得在破产债权人未提出抵销主张的情况下主动提出抵销。第二，抵销双方债的标的种类相同和抵销双方的债务均已届至清偿期这两个条件是民法抵销权行使的必备条件。但在破产抵销权行使时，并不受民法抵销权上述两个条件的限制，即使是种类不同的债务或者尚未到期的债务也可行使破产抵销权。理由：一是破产程序是一种概括执行程序，破产财产分配以货币分配为主，在破产程序中所有的债权债务关系都通过债权申报转化为可以用金钱代表的债权债务，因此，破产抵销权的行使，并不要求双方互负债务的标的种类相同，不同种类的债务也可以进行抵销；二是根据《企业破产法》的规定，债权人对债务人享有的未到期债权，在破产申请受理时视为到期，即债务人对债权人负有的债务虽然尚未届至合同约定的履行期限，但由于债务人进入破产程序，其对债权人的清偿义务加速到期；三是债权人对债务人负有的债务虽然没有届至履行期限，如果债权人不主张抵销的，则债权人仍可按照原约定期限履行债务，但如果作为主动债权的债权人自行选择以其尚未届至履行期限的债务向对方已经届至履行期限的债务抵销的，则可视为其放弃其期限利益，因此该抵销应为有效。

（十二）有关债务人民事诉讼的管辖

有关债务人的破产衍生诉讼从案件受理时间上区分包括两类案件。一类案件是破产申请受理前法院已经受理但在破产申请受理时尚未审结的有关债务人的民事诉讼，另一类案件是破产申请受理后当事人新提起的有关债务人的民事诉讼。对于第一类案件的管辖，适用民事诉讼案件管辖的一般规定确定管辖法院，并且在法院受理破产申请后,不再移送管辖,仍由原受理法院继续审理。对于第二类案件,根据《企业破产法》第21条的规定,在法院受理破产申请后,所有新提起的有关债务人的民事诉讼,均由受理破产申请的法院管辖。《企业破产法》关于破产衍生诉讼的集中管辖规定,目的在于保障破产事务的协调处理。相对于《民事诉讼法》,《企业破产法》属于特别法,在法律适用上,应当优先适用《企业破产法》的规定。即对于所有新提起的有关债务人的民事诉讼,受理破产申请的法院当然享有管辖权,当事人不得以《民事诉讼法》的有关规定否定受理破产案件法院的管辖权。如果确有特殊原因,依法享有管辖权的受理破产案件的法院不便审理的,可以依据《民事诉讼法》的规定,报请其上级法院指定管辖,或者在上下级法院间转移管辖权。

最高人民法院
关于审理企业破产案件若干问题的规定[①]

2002年7月30日　　　　　　　　　　　法释〔2002〕23号

为正确适用《中华人民共和国企业破产法(试行)》(以下简称企业破产法)、《中华人民共和国民事诉讼法》(以下简称民事诉讼法),规范对企业破产案件的审理,结合人民法院审理企业破产案件的实际情况,特制定以下规定。

一、关于企业破产案件管辖

第一条 企业破产案件由债务人住所地人民法院管辖。债务人住所地指债务人的主要办事机构所在地。债务人无办事机构的,由其注册地人民法院管辖。

第二条 基层人民法院一般管辖县、县级市或者区的工商行政管理机关核准登记企业的破产案件;

---

① 该司法解释针对2007年6月1日起已经失效的1986年12月2日发布,1988年11月1日开始实施的《中华人民共和国企业破产法(试行)》作出的规定。随着上述法律的失效该司法解释原则上亦应失效。因工作上的衔接考虑,尚未宣布失效。但在适用中应特别注意与2007年6月1日起施行的《中华人民共和国企业破产法》及之后发布的相关司法解释进行甄别,凡是与《中华人民共和国企业破产法》及之后发布的相关司法解释不一致的或与《中华人民共和国企业破产法》基本制度、原则不一致的绝对不能再适用;不矛盾的,在新的司法解释出台前可参照适用。该司法解释适时将予以废止。

中级人民法院一般管辖地区、地级市（含本级）以上的工商行政管理机关核准登记企业的破产案件；

纳入国家计划调整的企业破产案件，由中级人民法院管辖。

第三条 上级人民法院审理下级人民法院管辖的企业破产案件，或者将本院管辖的企业破产案件移交下级人民法院审理，以及下级人民法院需要将自己管辖的企业破产案件交由上级人民法院审理的，依照民事诉讼法第三十九条的规定办理；省、自治区、直辖市范围内因特殊情况需对个别企业破产案件的地域管辖作调整的，须经共同上级人民法院批准。

二、关于破产申请与受理

第四条 申请（被申请）破产的债务人应当具备法人资格，不具备法人资格的企业、个体工商户、合伙组织、农村承包经营户不具备破产主体资格。

第五条 国有企业向人民法院申请破产时，应当提交其上级主管部门同意其破产的文件；其他企业应当提供其开办人或者股东会议决定企业破产的文件。

第六条 债务人申请破产，应当向人民法院提交下列材料：

（一）书面破产申请；

（二）企业主体资格证明；

（三）企业法定代表人与主要负责人名单；

（四）企业职工情况和安置预案；

（五）企业亏损情况的书面说明，并附审计报告；

（六）企业至破产申请日的资产状况明细表，包括有形资产、无形资产和企业投资情况等；

（七）企业在金融机构开设账户的详细情况，包括开户审批材料、账号、资金等；

（八）企业债权情况表，列明企业的债务人名称、住所、债务数额、发生时间和催讨偿还情况；

（九）企业债务情况表，列明企业的债权人名称、住所、债权数额、发生时间；

（十）企业涉及的担保情况；

（十一）企业已发生的诉讼情况；

（十二）人民法院认为应当提交的其他材料。

第七条 债权人申请债务人破产，应当向人民法院提交下列材料：

（一）债权发生的事实与证据；

（二）债权性质、数额、有无担保，并附证据；

（三）债务人不能清偿到期债务的证据。

第八条 债权人申请债务人破产，人民法院可以通知债务人核对以下情况：

（一）债权的真实性；

（二）债权在债务人不能偿还的到期债务中所占的比例；

（三）债务人是否存在不能清偿到期债务的情况。

第九条 债权人申请债务人破产，债务人对债权人的债权提出异议，人民法院认为异议成立的，应当告知债权人先行提起民事诉讼。破产申请不予受理。

第十条 人民法院收到破产申请后，应当在七日内决定是否立案；破产申请人提交的材料需要更正、补充的，人民法院可以责令申请人限期更正、补充。按期更正、补充材料的，人民法院自收到更正补充材料之日起七日内决定是否立案；未按期更正、补充的，视为撤回申请。

人民法院决定受理企业破产案件的，应当制作案件受理通知书，并送达申请人和债务人。通知书作出时间为破产案件受理时间。

第十一条 在人民法院决定受理企业破产案件前，破产申请人可以请求撤回破产申请。

人民法院准许申请人撤回破产申请的，在撤回破产申请之前已经支出的费用由破产申请人承担。

第十二条 人民法院经审查发现有下列情况的，破产申请不予受理：

（一）债务人有隐匿、转移财产等行为，为了逃避债务而申请破产的；

（二）债权人借破产申请毁损债务人商业信誉，意图损害公平竞争的。

第十三条 人民法院对破产申请不予受理的，应当作出裁定。

破产申请人对不予受理破产申请的裁定不服的，可以在裁定送达之日起十日内向上一级人民法院提起上诉。

第十四条 人民法院受理企业破产案件后，发现不符合法律规定的受理条件或者有本规定第十二条所列情形的，应当裁定驳回破产申请。

人民法院受理债务人的破产申请后，发现债务人巨额财产下落不明且不能合理解释财产去向的，应当裁定驳回破产申请。

破产申请人对驳回破产申请的裁定不服的，可以在裁定送达之日起十日内向上一级人民法院提起上诉。

第十五条 人民法院决定受理企业破产案件后，应当组成合议庭，并在十日内完成下列工作：

（一）将合议庭组成人员情况书面通知破产申请人和被申请人，并在法院公告栏张贴企业破产受理公告。公告内容应当写明：破产申请受理时间、债务人名称，申报债权的期限、地点和逾期未申报债权的法律后果、第一次债权人会议召开的日期、地点；

（二）在债务人企业发布公告，要求保护好企业财产，不得擅自处理企业的账册、文书、资料、印章，不得隐匿、私分、转让、出售企业财产；

（三）通知债务人立即停止清偿债务，非经人民法院许可不得支付任何费用；

（四）通知债务人的开户银行停止债务人的结算活动，并不得扣划债务人款项抵扣债务。但经人民法院依法许可的除外。

第十六条　人民法院受理债权人提出的企业破产案件后，应当通知债务人在十五日内向人民法院提交有关会计报表、债权债务清册、企业资产清册以及人民法院认为应当提交的资料。

第十七条　人民法院受理企业破产案件后，除应当按照企业破产法第九条的规定通知已知的债权人外，还应当于三十日内在国家、地方有影响的报纸上刊登公告，公告内容同第十五条第（一）项的规定。

第十八条　人民法院受理企业破产案件后，除可以随即进行破产宣告成立清算组的外，在企业原管理组织不能正常履行管理职责的情况下，可以成立企业监管组。企业监管组成员从企业上级主管部门或者股东会议代表、企业原管理人员、主要债权人中产生，也可以聘请会计师、律师等中介机构参加。企业监管组主要负责处理以下事务：

（一）清点、保管企业财产；

（二）核查企业债权；

（三）为企业利益而进行的必要的经营活动；

（四）支付人民法院许可的必要支出；

（五）人民法院许可的其他工作。

企业监管组向人民法院负责，接受人民法院的指导、监督。

第十九条　人民法院受理企业破产案件后，以债务人为原告的其他民事纠纷案件尚在一审程序的，受诉人民法院应当将案件移送受理破产案件的人民法院；案件已进行到二审程序的，受诉人民法院应当继续审理。

第二十条　人民法院受理企业破产案件后，对债务人财产的其他民事执行程序应当中止。

以债务人为被告的其他债务纠纷案件，根据下列不同情况分别处理：

（一）已经审结但未执行完毕的，应当中止执行，由债权人凭生效的法律文书向受理破产案件的人民法院申报债权。

（二）尚未审结且无其他被告和无独立请求权的第三人的，应当中止诉讼，由债权人向受理破产案件的人民法院申报债权。在企业被宣告破产后，终结诉讼。

（三）尚未审结并有其他被告或者无独立请求权的第三人的，应当中止诉讼，由债权人向受理破产案件的人民法院申报债权。待破产程序终结后，恢复审理。

（四）债务人系从债务人的债务纠纷案件继续审理。

三、关于债权申报

第二十一条 债权人申报债权应当提交债权证明和合法有效的身份证明；代理申报人应当提交委托人的有效身份证明、授权委托书和债权证明。

申报的债权有财产担保的，应当提交证明财产担保的证据。

第二十二条 人民法院在登记申报的债权时，应当记明债权人名称、住所、开户银行、申报债权数额、申报债权的证据、财产担保情况、申报时间、联系方式以及其他必要的情况。

已经成立清算组的，由清算组进行上述债权登记工作。

第二十三条 连带债务人之一或者数人破产的，债权人可就全部债权向该债务人或者各债务人行使权利，申报债权。债权人未申报债权的，其他连带债务人可就将来可能承担的债务申报债权。

第二十四条 债权人虽未在法定期间申报债权，但有民事诉讼法第七十六条规定情形的，在破产财产分配前可向清算组申报债权。清算组负责审查其申报的债权，并由人民法院审查确定。债权人会议对人民法院同意该债权人参加破产财产分配有异议的，可以向人民法院申请复议。

四、关于破产和解与破产企业整顿

第二十五条 人民法院受理企业破产案件后，在破产程序终结前，债务人可以向人民法院申请和解。人民法院在破产案件审理过程中，可以根据债权人、债务人具体情况向双方提出和解建议。

人民法院作出破产宣告裁定前，债权人会议与债务人达成和解协议并经人民法院裁定认可的，由人民法院发布公告，中止破产程序。

人民法院作出破产宣告裁定后，债权人会议与债务人达成和解协议并经人民法院裁定认可，由人民法院裁定中止执行破产宣告裁定，并公告中止破产程序。

第二十六条 债务人不按和解协议规定的内容清偿全部债务的，相关债权人可以申请人民法院强制执行。

第二十七条 债务人不履行或者不能履行和解协议的，经债权人申请，人民法院应当裁定恢复破产程序。和解协议系在破产宣告前达成的，人民法院应当在裁定恢复破产程序的同时裁定宣告债务人破产。

第二十八条 企业由债权人申请破产的，如被申请破产的企业系国有企业，依照企业破产法第四章的规定，其上级主管部门可以申请对该企业进行整顿。整顿申请应当在债务人被宣告破产前提出。

企业无上级主管部门的，企业股东会议可以通过决议并以股东会议名义申请对企业进行整顿。整顿工作由股东会议指定人员负责。

第二十九条 企业整顿期间，企业的上级主管部门或者负责实施整顿方案的人员应当定期向债权人会议和人民法院报告整顿情况、和解协议执行情况。

第三十条 企业整顿期间，对于债务人财产的执行仍适用企业破产法第十一条的规定。

五、关于破产宣告

第三十一条 企业破产法第三条第一款规定的"不能清偿到期债务"是指：

（一）债务的履行期限已届满；

（二）债务人明显缺乏清偿债务的能力。

债务人停止清偿到期债务并呈连续状态，如无相反证据，可推定为"不能清偿到期债务"。

第三十二条 人民法院受理债务人破产案件后，有下列情形之一的，应当裁定宣告债务人破产：

（一）债务人不能清偿债务且与债权人不能达成和解协议的；

（二）债务人不履行或者不能履行和解协议的；

（三）债务人在整顿期间有企业破产法第二十一条规定情形的；

（四）债务人在整顿期满后有企业破产法第二十二条第二款规定情形的。

宣告债务人破产应当公开进行。由债权人提出破产申请的，破产宣告时应当通知债务人到庭。

第三十三条 债务人自破产宣告之日起停止生产经营活动。为债权人利益确有必要继续生产经营的，须经人民法院许可。

第三十四条 人民法院宣告债务人破产后，应当通知债务人的开户银行，限定其银行账户只能由清算组使用。人民法院通知开户银行时应当附破产宣告裁定书。

第三十五条 人民法院裁定宣告债务人破产后应当发布公告，公告内容包括债务人亏损情况、资产负债状况、破产宣告时间、破产宣告理由和法律依据以及对债务人的财产、账册、文书、资料和印章的保护等内容。

第三十六条 破产宣告后，破产企业的财产在其他民事诉讼程序中被查封、扣押、冻结，受理破产案件的人民法院应当立即通知采取查封、扣押、冻结措施的人民法院予以解除，并向受理破产案件的人民法院办理移交手续。

第三十七条 企业被宣告破产后，人民法院应当指定必要的留守人员。破产企业的法定代表人、财会、财产保管人员必须留守。

第三十八条 破产宣告后，债权人或者债务人对破产宣告有异议的，可以在人民法院宣告企业破产之日起十日内，向上一级人民法院申诉。上一级人民法院应当组成合议庭进行审理，并在三十日内作出裁定。

六、关于债权人会议

第三十九条 债权人会议由申报债权的债权人组成。

债权人会议主席由人民法院在有表决权的债权人中指定。必要时，人民法院可以指定多名债权人会议主席，成立债权人会议主席委员会。

少数债权人拒绝参加债权人会议，不影响会议的召开。但债权人会议不得作出剥夺其对破产财产受偿的机会或者不利于其受偿的决议。

第四十条 第一次债权人会议应当在人民法院受理破产案件公告三个月期满后召开。除债务人的财产不足以支付破产费用、破产程序提前终结外，不得以一般债权的清偿率为零为理由取消债权人会议。

第四十一条 第一次债权人会议由人民法院召集并主持。人民法院除完成本规定第十七条确定的工作外，还应当做好以下准备工作：

（一）拟订第一次债权人会议议程；

（二）向债务人的法定代表人或者负责人发出通知，要求其必须到会；

（三）向债务人的上级主管部门、开办人或者股东会议代表发出通知，要求其派员列席会议；

（四）通知破产清算组成员列席会议；

（五）通知审计、评估人员参加会议；

（六）需要提前准备的其他工作。

第四十二条 债权人会议一般包括以下内容：

（一）宣布债权人会议职权和其他有关事项；

（二）宣布债权人资格审查结果；

（三）指定并宣布债权人会议主席；

（四）安排债务人法定代表人或者负责人接受债权人询问；

（五）由清算组通报债务人的生产经营、财产、债务情况并作清算工作报告和提出财产处理方案及分配方案；

（六）讨论并审查债权的证明材料、债权的财产担保情况及数额、讨论通过和解协议、审阅清算组的清算报告、讨论通过破产财产的处理方案与分配方案等。讨论内容应当记明笔录。债权人对人民法院或者清算组登记的债权提出异议的，人民法院应当及时审查并作出裁定；

（七）根据讨论情况，依照企业破产法第十六条的规定进行表决。

以上第（五）至（七）项议程内的工作在本次债权人会议上无法完成的，交由下次债权人会议继续进行。

第四十三条　债权人认为债权人会议决议违反法律规定或者侵害其合法权益的，可以在债权人会议作出决议后七日内向人民法院提出，由人民法院依法裁定。

第四十四条　清算组财产分配方案经债权人会议两次讨论未获通过的，由人民法院依法裁定。

对前款裁定，占无财产担保债权总额半数以上债权的债权人有异议的，可以在人民法院作出裁定之日起十日内向上一级人民法院申诉。上一级人民法院应当组成合议庭进行审理，并在三十日内作出裁定。

第四十五条　债权人可以委托代理人出席债权人会议，并可以授权代理人行使表决权。代理人应当向人民法院或者债权人会议主席提交授权委托书。

第四十六条　第一次债权人会议后又召开债权人会议的，债权人会议主席应当在发出会议通知前三日报告人民法院，并由会议召集人在开会前十五日将会议时间、地点、内容、目的等事项通知债权人。

七、关于清算组

第四十七条　人民法院应当自裁定宣告企业破产之日起十五日内成立清算组。

第四十八条　清算组成员可以从破产企业上级主管部门、清算中介机构以及会计、律师中产生，也可以从政府财政、工商管理、计委、经委、审计、税务、物价、劳动、社会保险、土地管理、国有资产管理、人事等部门中指定。人民银行分（支）行可以按照有关规定派人参加清算组。

第四十九条　清算组经人民法院同意可以聘请破产清算机构、律师事务所、会计事务所等中介机构承担一定的破产清算工作。中介机构就清算工作向清算组负责。

第五十条　清算组的主要职责是：

（一）接管破产企业。向破产企业原法定代表人及留守人员接收原登记造册的资产明细表、有形资产清册，接管所有财产、账册、文书档案、印章、证照和有关资料。破产宣告前成立企业监管组的，由企业监管组和企业原法定代表人向清算组进行移交；

（二）清理破产企业财产，编制财产明细表和资产负债表，编制债权债务清册，组织破产财产的评估、拍卖、变现；

（三）回收破产企业的财产，向破产企业的债务人、财产持有人依法行使财产权利；

（四）管理、处分破产财产，决定是否履行合同和在清算范围内进行经营活动。确认别除权、抵销权、取回权；

（五）进行破产财产的委托评估、拍卖及其他变现工作；

（六）依法提出并执行破产财产处理和分配方案；

（七）提交清算报告；

（八）代表破产企业参加诉讼和仲裁活动；

（九）办理企业注销登记等破产终结事宜；

（十）完成人民法院依法指定的其他事项。

第五十一条　清算组对人民法院负责并且报告工作，接受人民法院的监督。人民法院应当及时指导清算组的工作，明确清算组的职权与责任，帮助清算组拟订工作计划，听取清算组汇报工作。

清算组有损害债权人利益的行为或者其他违法行为的，人民法院可以根据债权人的申请或者依职权予以纠正。

人民法院可以根据债权人的申请或者依职权更换不称职的清算组成员。

第五十二条　清算组应当列席债权人会议，接受债权人会议的询问。债权人有权查阅有关资料、询问有关事项；清算组的决定违背债权人利益的，债权人可以申请人民法院裁定撤销该决定。

第五十三条　清算组对破产财产应当及时登记、清理、审计、评估、变价。必要时，可以请求人民法院对破产企业财产进行保全。

第五十四条　清算组应当采取有效措施保护破产企业的财产。债务人的财产权利如不依法登记或者及时行使将丧失权利的，应当及时予以登记或者行使；对易损、易腐、跌价或者保管费用较高的财产应当及时变卖。

八、关于破产债权

第五十五条 下列债权属于破产债权：

（一）破产宣告前发生的无财产担保的债权；

（二）破产宣告前发生的虽有财产担保但是债权人放弃优先受偿的债权；

（三）破产宣告前发生的虽有财产担保但是债权数额超过担保物价值部分的债权；

（四）票据出票人被宣告破产，付款人或者承兑人不知其事实而向持票人付款或者承兑所产生的债权；

（五）清算组解除合同，对方当事人依法或者依照合同约定产生的对债务人可以用货币计算的债权；

（六）债务人的受托人在债务人破产后，为债务人的利益处理委托事务所发生的债权；

（七）债务人发行债券形成的债权；

（八）债务人的保证人代替债务人清偿债务后依法可以向债务人追偿的债权；

（九）债务人的保证人按照《中华人民共和国担保法》第三十二条的规定预先行使追偿权而申报的债权；

（十）债务人为保证人的，在破产宣告前已经被生效的法律文书确定承担的保证责任；

（十一）债务人在破产宣告前因侵权、违约给他人造成财产损失而产生的赔偿责任；

（十二）人民法院认可的其他债权。

以上第（五）项债权以实际损失为计算原则。违约金不作为破产债权，定金不再适用定金罚则。

第五十六条 因企业破产解除劳动合同，劳动者依法或者依据劳动合同对企业享有的补偿金请求权，参照企业破产法第三十七条第二款第（一）项规定的顺序清偿。

第五十七条 债务人所欠非正式职工（含短期劳动工）的劳动报酬，参照企业破产法第三十七条第二款第（一）项规定的顺序清偿。

第五十八条 债务人所欠企业职工集资款，参照企业破产法第三十七条第二款第（一）项规定的顺序清偿。但对违反法律规定的高额利息部分不予保护。

职工向企业的投资，不属于破产债权。

第五十九条 债务人退出联营应当对该联营企业的债务承担责任的，联营企业的债权人对该债务人享有的债权属于破产债权。

第六十条 与债务人互负债权债务的债权人可以向清算组请求行使抵销权，抵销权的行使应当具备以下条件：

（一）债权人的债权已经得到确认；

（二）主张抵销的债权债务均发生在破产宣告之前。

经确认的破产债权可以转让。受让人以受让的债权抵销其所欠债务人债务的，人民法院不予支持。

第六十一条 下列债权不属于破产债权：

（一）行政、司法机关对破产企业的罚款、罚金以及其他有关费用；

（二）人民法院受理破产案件后债务人未支付应付款项的滞纳金，包括债务人未执行生效法律文书应当加倍支付的迟延利息和劳动保险金的滞纳金；

（三）破产宣告后的债务利息；

（四）债权人参加破产程序所支出的费用；

（五）破产企业的股权、股票持有人在股权、股票上的权利；

（六）破产财产分配开始后向清算组申报的债权；

（七）超过诉讼时效的债权；

（八）债务人开办单位对债务人未收取的管理费、承包费。

上述不属于破产债权的权利，人民法院或者清算组也应当对当事人的申报进行登记。

第六十二条 政府无偿拨付给债务人的资金不属于破产债权。但财政、扶贫、科技管理等行政部门通过签订合同，按有偿使用、定期归还原则发放的款项，可以作为破产债权。

第六十三条 债权人对清算组确认或者否认的债权有异议的，可以向清算组提出。债权人对清算组的处理仍有异议的，可以向人民法院提出。人民法院应当在查明事实的基础上依法作出裁决。

九、关于破产财产

第六十四条 破产财产由下列财产构成：

（一）债务人在破产宣告时所有的或者经营管理的全部财产；

（二）债务人在破产宣告后至破产程序终结前取得的财产；

（三）应当由债务人行使的其他财产权利。

第六十五条 债务人与他人共有的物、债权、知识产权等财产或者财产权，应当在破产清算中予以分割,债务人分割所得属于破产财产;不能分割的,应当就其应得部分转让,转让所得属于破产财产。

第六十六条 债务人的开办人注册资金投入不足的,应当由该开办人予以补足,补足部分属于破产财产。

第六十七条 企业破产前受让他人财产并依法取得所有权或者土地使用权的,即便未支付或者未完全支付对价,该财产仍属于破产财产。

第六十八条 债务人的财产被采取民事诉讼执行措施的,在受理破产案件后尚未执行的或者未执行完毕的剩余部分,在该企业被宣告破产后列入破产财产。因错误执行应当执行回转的财产,在执行回转后列入破产财产。

第六十九条 债务人依照法律规定取得代位求偿权的,依该代位求偿权享有的债权属于破产财产。

第七十条 债务人在被宣告破产时未到期的债权视为已到期,属于破产财产,但应当减去未到期的利息。

第七十一条 下列财产不属于破产财产:

(一)债务人基于仓储、保管、加工承揽、委托交易、代销、借用、寄存、租赁等法律关系占有、使用的他人财产;

(二)抵押物、留置物、出质物,但权利人放弃优先受偿权的或者优先偿付被担保债权剩余的部分除外;

(三)担保物灭失后产生的保险金、补偿金、赔偿金等代位物;

(四)依照法律规定存在优先权的财产,但权利人放弃优先受偿权或者优先偿付特定债权剩余的部分除外;

(五)特定物买卖中,尚未转移占有但相对人已完全支付对价的特定物;

(六)尚未办理产权证或者产权过户手续但已向买方交付的财产;

(七)债务人在所有权保留买卖中尚未取得所有权的财产;

(八)所有权专属于国家且不得转让的财产;

(九)破产企业工会所有的财产。

第七十二条 本规定第七十一条第(一)项所列的财产,财产权利人有权取回。

前款财产在破产宣告前已经毁损灭失的,财产权利人仅能以直接损失额为限申报债权;在破产宣告后因清算组的责任毁损灭失的,财产权利人有权获得等值赔偿。

债务人转让上述财产获利的,财产权利人有权要求债务人等值赔偿。

十、关于破产财产的收回、处理和变现

第七十三条 清算组应当向破产企业的债务人和财产持有人发出书面通知,要求债务人和财产持有人于限定的时间向清算组清偿债务或者交付财产。

破产企业的债务人和财产持有人有异议的,应当在收到通知后的七日内提出,由人民法院作出裁定。

破产企业的债务人和财产持有人在收到通知后既不向清算组清偿债务或者交付财产,又没有正当理由不在规定的异议期内提出异议的,由清算组向人民法院提出申请,经人民法院裁定后强制执行;

破产企业在境外的财产,由清算组予以收回。

第七十四条 债务人享有的债权,其诉讼时效自人民法院受理债务人的破产申请之日起,适用《中华人民共和国民法通则》第一百四十条关于诉讼时效中断的规定。债务人与债权人达成和解协议,中止破产程序的,诉讼时效自人民法院中止破产程序裁定之日起重新计算。

第七十五条 经人民法院同意,清算组可以聘用律师或者其他中介机构的人员追收债权。

第七十六条 债务人设立的分支机构和没有法人资格的全资机构的财产,应当一并纳入破产程序进行清理。

第七十七条 债务人在其开办的全资企业中的投资权益应当予以追收。

全资企业资不抵债的,清算组停止追收。

第七十八条 债务人对外投资形成的股权及其收益应当予以追收。对该股权可以出售或者转让,出售、转让所得列入破产财产进行分配。

股权价值为负值的,清算组停止追收。

第七十九条 债务人开办的全资企业,以及由其参股、控股的企业不能清偿到期债务,需要进行破产还债的,应当另行提出破产申请。

第八十条 清算组处理集体所有土地使用权时,应当遵守相关法律规定。未办理土地征用手续的集体所有土地使用权,应当在该集体范围内转让。

第八十一条 破产企业的职工住房,已经签订合同、交付房款,进行房改给个人的,不属于破产财产。未进行房改的,可由清算组向有关部门申请办理房改事项,向职工出售。按照国家规定不具备房改条件,或者职工在房改中不购买住房的,由清算组根据实际情况处理。

第八十二条 债务人的幼儿园、学校、医院等公益福利性设施,按国家有关规定处理,不作为破产财产分配。

第八十三条　处理破产财产前，可以确定有相应评估资质的评估机构对破产财产进行评估，债权人会议、清算组对破产财产的评估结论、评估费用有异议的，参照最高人民法院《关于民事诉讼证据的若干规定》第二十七条的规定处理。

第八十四条　债权人会议对破产财产的市场价格无异议的，经人民法院同意后，可以不进行评估。但是国有资产除外。

第八十五条　破产财产的变现应当以拍卖方式进行。由清算组负责委托有拍卖资格的拍卖机构进行拍卖。

依法不得拍卖或者拍卖所得不足以支付拍卖所需费用的，不进行拍卖。

前款不进行拍卖或者拍卖不成的破产财产，可以在破产分配时进行实物分配或者作价变卖。债权人对清算组在实物分配或者作价变卖中对破产财产的估价有异议的，可以请求人民法院进行审查。

第八十六条　破产财产中的成套设备，一般应当整体出售。

第八十七条　依法属于限制流通的破产财产，应当由国家指定的部门收购或者按照有关法律规定处理。

十一、关于破产费用

第八十八条　破产费用包括：

（一）破产财产的管理、变卖、分配所需要的费用；

（二）破产案件的受理费；

（三）债权人会议费用；

（四）催收债务所需费用；

（五）为债权人的共同利益而在破产程序中支付的其他费用。

第八十九条　人民法院受理企业破产案件可以按照《人民法院诉讼收费办法补充规定》预收案件受理费。

破产宣告前发生的经人民法院认可的必要支出，从债务人财产中拨付。债务人财产不足以支付的，如系债权人申请破产的，由债权人支付。

第九十条　清算期间职工生活费、医疗费可以从破产财产中优先拨付。

第九十一条　破产费用可随时支付，破产财产不足以支付破产费用的，人民法院根据清算组的申请裁定终结破产程序。

十二、关于破产财产的分配

第九十二条 破产财产分配方案经债权人会议通过后，由清算组负责执行。财产分配可以一次分配，也可以多次分配。

第九十三条 破产财产分配方案应当包括以下内容：

（一）可供破产分配的财产种类、总值、已经变现的财产和未变现的财产；

（二）债权清偿顺序、各顺序的种类与数额，包括破产企业所欠职工工资、劳动保险费用和破产企业所欠税款的数额和计算依据，纳入国家计划调整的企业破产，还应当说明职工安置费的数额和计算依据；

（三）破产债权总额和清偿比例；

（四）破产分配的方式、时间；

（五）对将来能够追回的财产拟进行追加分配的说明。

第九十四条 列入破产财产的债权，可以进行债权分配。债权分配以便于债权人实现债权为原则。

将人民法院已经确认的债权分配给债权人的，由清算组向债权人出具债权分配书，债权人可以凭债权分配书向债务人要求履行。债务人拒不履行的，债权人可以申请人民法院强制执行。

第九十五条 债权人未在指定期限内领取分配的财产的，对该财产可以进行提存或者变卖后提存价款，并由清算组向债权人发出催领通知书。债权人在收到催领通知书一个月后或者在清算组发出催领通知书两个月后，债权人仍未领取的，清算组应当对该部分财产进行追加分配。

十三、关于破产终结

第九十六条 破产财产分配完毕，由清算组向人民法院报告分配情况，并申请人民法院终结破产程序。

人民法院在收到清算组的报告和终结破产程序申请后，认为符合破产程序终结规定的，应当在七日内裁定终结破产程序。

第九十七条 破产程序终结后，由清算组向破产企业原登记机关办理企业注销登记。

破产程序终结后仍有可以追收的破产财产、追加分配等善后事宜需要处理的，经人民法院同意，可以保留清算组或者保留部分清算组成员。

第九十八条 破产程序终结后出现可供分配的财产的，应当追加分配。追加分配的财产，除企业破产法第四十条规定的由人民法院追回的财产外，还包括破产程序中因纠正错误支出收回的款项，因权利被承认追回的财产，债权人放弃的财产和破产程序终结后实现的财产权利等。

第九十九条　破产程序终结后，破产企业的账册、文书等卷宗材料由清算组移交破产企业上级主管机关保存；无上级主管机关的，由破产企业的开办人或者股东保存。

十四、其　他

第一百条　人民法院在审理企业破产案件中，发现破产企业的原法定代表人或者直接责任人员有企业破产法第三十五条所列行为的，应当向有关部门建议，对该法定代表人或者直接责任人员给予行政处分；涉嫌犯罪的，应当将有关材料移送相关国家机关处理。

第一百零一条　破产企业有企业破产法第三十五条所列行为，致使企业财产无法收回，造成实际损失的，清算组可以对破产企业的原法定代表人、直接责任人员提起民事诉讼，要求其承担民事赔偿责任。

第一百零二条　人民法院受理企业破产案件后，发现企业有巨额财产下落不明的，应当将有关涉嫌犯罪的情况和材料，移送相关国家机关处理。

第一百零三条　人民法院可以建议有关部门对破产企业的主要责任人员限制其再行开办企业，在法定期限内禁止其担任公司的董事、监事、经理。

第一百零四条　最高人民法院发现各级人民法院，或者上级人民法院发现下级人民法院在破产程序中作出的裁定确有错误的，应当通知其纠正；不予纠正的，可以裁定指令下级人民法院重新作出裁定。

第一百零五条　纳入国家计划调整的企业破产案件，除适用本规定外，还应当适用国家有关企业破产的相关规定。

第一百零六条　本规定自 2002 年 9 月 1 日起施行。在本规定发布前制定的有关审理企业破产案件的司法解释，与本规定相抵触的，不再适用。

最高人民法院
关于破产企业国有划拨土地使用权应否列入破产财产等问题的批复

2003年4月16日 　　　　　　　　　　　　　法释〔2003〕6号

湖北省高级人民法院：

你院鄂高法〔2002〕158号《关于破产企业国有划拨土地使用权应否列入破产财产以及有关抵押效力认定等问题的请示》收悉。经研究，答复如下：

一、根据《中华人民共和国土地管理法》第五十八条第一款第（四）项及《城镇国有土地使用权出让和转让暂行条例》第四十七条的规定，破产企业以划拨方式取得的国有土地使用权不属于破产财产，在企业破产时，有关人民政府可以予以收回，并依法处置。纳入国家兼并破产计划的国有企业，其依法取得的国有土地使用权，应依据国务院有关文件规定办理。

二、企业对其以划拨方式取得的国有土地使用权无处分权，以该土地使用权为标的物设定抵押，除依法办理抵押登记手续外，还应经具有审批权限的人民政府或土地行政管理部门批准。否则，应认定抵押无效。如果企业对以划拨方式取得的国有土地使用权设定抵押时，履行了法定的审批手续，并依法办理了抵押登记，应认定抵押有效。根据《中华人民共和国城市房地产管理法》第五十条和《中华人民共和国担保法》第五十六条的规定，抵押权人只有在以抵押标的物折价或拍卖、变卖所得价款缴纳相当于土地使用权出让金的款项后，对剩余部分方可享有优先受偿权。但纳入国家兼并破产计划的国有企业，其用以划拨方式取得的国有土地使用权设定抵押的，应依据国务院有关文件规定办理。

三、国有企业以关键设备、成套设备、厂房设定抵押的效力问题，应依据法释〔2002〕14号《关于国有工业企业以机器设备等财产为抵押物与债权人签订的抵押合同的法律效力问题的批复》办理。

国有企业以建筑物设定抵押的效力问题，应区分两种情况处理：如果建筑物附着于以划拨方式取得的国有土地使用权之上，将该建筑物与土地使用权一并设定抵押的，对土地使用权的抵押需履行法定的审批手续，否则，应认定抵押无效；如果建筑物附着于以出让、转让方式取得的国有土地使用权之上，将该建筑物与土地使用权一并设定抵押的，即使未经有关主管部门批准，亦应认定抵押有效。

本批复自公布之日起施行,正在审理或者尚未审理的案件,适用本批复,但对提起再审的判决、裁定已经发生法律效力的案件除外。

此复。

最高人民法院
关于适用《中华人民共和国民事诉讼法》的解释

2015年1月30日　　　　　　　　　　法释〔2015〕5号

目　录

一、管　辖

二、回　避

三、诉讼参加人

四、证　据

五、期间和送达

六、调　解

七、保全和先予执行

八、对妨害民事诉讼的强制措施

九、诉讼费用

十、第一审普通程序

十一、简易程序

十二、简易程序中的小额诉讼

十三、公益诉讼

十四、第三人撤销之诉

十五、执行异议之诉

十六、第二审程序

十七、特别程序

十八、审判监督程序

十九、督促程序

二十、公示催告程序

二十一、执行程序

二十二、涉外民事诉讼程序的特别规定
二十三、附　则

2012年8月31日，第十一届全国人民代表大会常务委员会第二十八次会议审议通过了《关于修改〈中华人民共和国民事诉讼法〉的决定》。根据修改后的民事诉讼法，结合人民法院民事审判和执行工作实际，制定本解释。

一、管　辖

第一条　民事诉讼法第十八条第一项规定的重大涉外案件，包括争议标的额大的案件、案情复杂的案件，或者一方当事人人数众多等具有重大影响的案件。

第二条　专利纠纷案件由知识产权法院、最高人民法院确定的中级人民法院和基层人民法院管辖。

海事、海商案件由海事法院管辖。

第三条　公民的住所地是指公民的户籍所在地，法人或者其他组织的住所地是指法人或者其他组织的主要办事机构所在地。

法人或者其他组织的主要办事机构所在地不能确定的，法人或者其他组织的注册地或者登记地为住所地。

第四条　公民的经常居住地是指公民离开住所地至起诉时已连续居住一年以上的地方，但公民住院就医的地方除外。

第五条　对没有办事机构的个人合伙、合伙型联营体提起的诉讼，由被告注册登记地人民法院管辖。没有注册登记，几个被告又不在同一辖区的，被告住所地的人民法院都有管辖权。

第六条　被告被注销户籍的，依照民事诉讼法第二十二条规定确定管辖；原告、被告均被注销户籍的，由被告居住地人民法院管辖。

第七条　当事人的户籍迁出后尚未落户，有经常居住地的，由该地人民法院管辖；没有经常居住地的，由其原户籍所在地人民法院管辖。

第八条　双方当事人都被监禁或者被采取强制性教育措施的，由被告原住所地人民法院管辖。被告被监禁或者被采取强制性教育措施一年以上的，由被告被监禁地或者被采取强制性教育措施地人民法院管辖。

第九条　追索赡养费、抚育费、扶养费案件的几个被告住所地不在同一辖区的，可以由原告住所地人民法院管辖。

第十条　不服指定监护或者变更监护关系的案件，可以由被监护人住所地人民法院管辖。

第十一条 双方当事人均为军人或者军队单位的民事案件由军事法院管辖。

第十二条 夫妻一方离开住所地超过一年，另一方起诉离婚的案件，可以由原告住所地人民法院管辖。

夫妻双方离开住所地超过一年，一方起诉离婚的案件，由被告经常居住地人民法院管辖；没有经常居住地的，由原告起诉时被告居住地人民法院管辖。

第十三条 在国内结婚并定居国外的华侨，如定居国法院以离婚诉讼须由婚姻缔结地法院管辖为由不予受理，当事人向人民法院提出离婚诉讼的，由婚姻缔结地或者一方在国内的最后居住地人民法院管辖。

第十四条 在国外结婚并定居国外的华侨，如定居国法院以离婚诉讼须由国籍所属国法院管辖为由不予受理，当事人向人民法院提出离婚诉讼的，由一方原住所地或者在国内的最后居住地人民法院管辖。

第十五条 中国公民一方居住在国外，一方居住在国内，不论哪一方向人民法院提起离婚诉讼，国内一方住所地人民法院都有权管辖。国外一方在居住国法院起诉，国内一方向人民法院起诉的，受诉人民法院有权管辖。

第十六条 中国公民双方在国外但未定居，一方向人民法院起诉离婚的，应由原告或者被告原住所地人民法院管辖。

第十七条 已经离婚的中国公民，双方均定居国外，仅就国内财产分割提起诉讼的，由主要财产所在地人民法院管辖。

第十八条 合同约定履行地点的，以约定的履行地点为合同履行地。

合同对履行地点没有约定或者约定不明确，争议标的为给付货币的，接收货币一方所在地为合同履行地；交付不动产的，不动产所在地为合同履行地；其他标的，履行义务一方所在地为合同履行地。即时结清的合同，交易行为地为合同履行地。

合同没有实际履行，当事人双方住所地都不在合同约定的履行地的，由被告住所地人民法院管辖。

第十九条 财产租赁合同、融资租赁合同以租赁物使用地为合同履行地。合同对履行地有约定的，从其约定。

第二十条 以信息网络方式订立的买卖合同，通过信息网络交付标的的，以买受人住所地为合同履行地；通过其他方式交付标的的，收货地为合同履行地。合同对履行地有约定的，从其约定。

第二十一条 因财产保险合同纠纷提起的诉讼，如果保险标的物是运输工具或者运输中的货物，可以由运输工具登记注册地、运输目的地、保险事故发生地人民法院管辖。

因人身保险合同纠纷提起的诉讼，可以由被保险人住所地人民法院管辖。

第二十二条 因股东名册记载、请求变更公司登记、股东知情权、公司决议、公司合并、公司分立、公司减资、公司增资等纠纷提起的诉讼，依照民事诉讼法第二十六条规定确定管辖。

第二十三条 债权人申请支付令，适用民事诉讼法第二十一条规定，由债务人住所地基层人民法院管辖。

第二十四条 民事诉讼法第二十八条规定的侵权行为地，包括侵权行为实施地、侵权结果发生地。

第二十五条 信息网络侵权行为实施地包括实施被诉侵权行为的计算机等信息设备所在地，侵权结果发生地包括被侵权人住所地。

第二十六条 因产品、服务质量不合格造成他人财产、人身损害提起的诉讼，产品制造地、产品销售地、服务提供地、侵权行为地和被告住所地人民法院都有管辖权。

第二十七条 当事人申请诉前保全后没有在法定期间起诉或者申请仲裁，给被申请人、利害关系人造成损失引起的诉讼，由采取保全措施的人民法院管辖。

当事人申请诉前保全后在法定期间内起诉或者申请仲裁，被申请人、利害关系人因保全受到损失提起的诉讼，由受理起诉的人民法院或者采取保全措施的人民法院管辖。

第二十八条 民事诉讼法第三十三条第一项规定的不动产纠纷是指因不动产的权利确认、分割、相邻关系等引起的物权纠纷。

农村土地承包经营合同纠纷、房屋租赁合同纠纷、建设工程施工合同纠纷、政策性房屋买卖合同纠纷，按照不动产纠纷确定管辖。

不动产已登记的，以不动产登记簿记载的所在地为不动产所在地；不动产未登记的，以不动产实际所在地为不动产所在地。

第二十九条 民事诉讼法第三十四条规定的书面协议，包括书面合同中的协议管辖条款或者诉讼前以书面形式达成的选择管辖的协议。

第三十条 根据管辖协议，起诉时能够确定管辖法院的，从其约定；不能确定的，依照民事诉讼法的相关规定确定管辖。

管辖协议约定两个以上与争议有实际联系的地点的人民法院管辖，原告可以向其中一个人民法院起诉。

第三十一条 经营者使用格式条款与消费者订立管辖协议，未采取合理方式提请消费者注意，消费者主张管辖协议无效的，人民法院应予支持。

第三十二条 管辖协议约定由一方当事人住所地人民法院管辖，协议签订后当事人住所地变更的，由签订管辖协议时的住所地人民法院管辖，但当事人另有约定的除外。

第三十三条 合同转让的，合同的管辖协议对合同受让人有效，但转让时受让人不知道有管辖协议，或者转让协议另有约定且原合同相对人同意的除外。

第三十四条 当事人因同居或者在解除婚姻、收养关系后发生财产争议，约定管辖的，可以适用民事诉讼法第三十四条规定确定管辖。

第三十五条 当事人在答辩期间届满后未应诉答辩，人民法院在一审开庭前，发现案件不属于本院管辖的，应当裁定移送有管辖权的人民法院。

第三十六条 两个以上人民法院都有管辖权的诉讼，先立案的人民法院不得将案件移送给另一个有管辖权的人民法院。人民法院在立案前发现其他有管辖权的人民法院已先立案的，不得重复立案；立案后发现其他有管辖权的人民法院已先立案的，裁定将案件移送给先立案的人民法院。

第三十七条 案件受理后，受诉人民法院的管辖权不受当事人住所地、经常居住地变更的影响。

第三十八条 有管辖权的人民法院受理案件后，不得以行政区域变更为由，将案件移送给变更后有管辖权的人民法院。判决后的上诉案件和依审判监督程序提审的案件，由原审人民法院的上级人民法院进行审判；上级人民法院指令再审、发回重审的案件，由原审人民法院再审或者重审。

第三十九条 人民法院对管辖异议审查后确定有管辖权的，不因当事人提起反诉、增加或者变更诉讼请求等改变管辖，但违反级别管辖、专属管辖规定的除外。

人民法院发回重审或者按第一审程序再审的案件，当事人提出管辖异议的，人民法院不予审查。

第四十条 依照民事诉讼法第三十七条第二款规定，发生管辖权争议的两个人民法院因协商不成报请它们的共同上级人民法院指定管辖时，双方为同属一个地、市辖区的基层人民法院的，由该地、市的中级人民法院及时指定管辖；同属一个省、自治区、直辖市的两个人民法院的，由该省、自治区、直辖市的高级人民法院及时指定管辖；双方为跨省、自治区、直辖市的人民法院，高级人民法院协商不成的，由最高人民法院及时指定管辖。

依照前款规定报请上级人民法院指定管辖时，应当逐级进行。

第四十一条 人民法院依照民事诉讼法第三十七条第二款规定指定管辖的，应当作出裁定。

对报请上级人民法院指定管辖的案件，下级人民法院应当中止审理。指定管辖裁定作出前，下级人民法院对案件作出判决、裁定的，上级人民法院应当在裁定指定管辖的同时，一并撤销下级人民法院的判决、裁定。

第四十二条 下列第一审民事案件，人民法院依照民事诉讼法第三十八条第一款规定，可以在开庭前交下级人民法院审理：

（一）破产程序中有关债务人的诉讼案件；

（二）当事人人数众多且不方便诉讼的案件；

（三）最高人民法院确定的其他类型案件。

人民法院交下级人民法院审理前，应当报请其上级人民法院批准。上级人民法院批准后，人民法院应当裁定将案件交下级人民法院审理。

二、回　避

第四十三条 审判人员有下列情形之一的，应当自行回避，当事人有权申请其回避：

（一）是本案当事人或者当事人近亲属的；

（二）本人或者其近亲属与本案有利害关系的；

（三）担任过本案的证人、鉴定人、辩护人、诉讼代理人、翻译人员的；

（四）是本案诉讼代理人近亲属的；

（五）本人或者其近亲属持有本案非上市公司当事人的股份或者股权的；

（六）与本案当事人或者诉讼代理人有其他利害关系，可能影响公正审理的。

第四十四条 审判人员有下列情形之一的，当事人有权申请其回避：

（一）接受本案当事人及其受托人宴请，或者参加由其支付费用的活动的；

（二）索取、接受本案当事人及其受托人财物或者其他利益的；

（三）违反规定会见本案当事人、诉讼代理人的；

（四）为本案当事人推荐、介绍诉讼代理人，或者为律师、其他人员介绍代理本案的；

（五）向本案当事人及其受托人借用款物的；

（六）有其他不正当行为，可能影响公正审理的。

第四十五条 在一个审判程序中参与过本案审判工作的审判人员，不得再参与该案其他程序的审判。

发回重审的案件，在一审法院作出裁判后又进入第二审程序的，原第二审程序中合议庭组成人员不受前款规定的限制。

第四十六条 审判人员有应当回避的情形，没有自行回避，当事人也没有申请其回避的，由院长或者审判委员会决定其回避。

第四十七条　人民法院应当依法告知当事人对合议庭组成人员、独任审判员和书记员等人员有申请回避的权利。

第四十八条　民事诉讼法第四十四条所称的审判人员，包括参与本案审理的人民法院院长、副院长、审判委员会委员、庭长、副庭长、审判员、助理审判员和人民陪审员。

第四十九条　书记员和执行员适用审判人员回避的有关规定。

三、诉讼参加人

第五十条　法人的法定代表人以依法登记的为准，但法律另有规定的除外。依法不需要办理登记的法人，以其正职负责人为法定代表人；没有正职负责人的，以其主持工作的副职负责人为法定代表人。

法定代表人已经变更，但未完成登记，变更后的法定代表人要求代表法人参加诉讼的，人民法院可以准许。

其他组织，以其主要负责人为代表人。

第五十一条　在诉讼中，法人的法定代表人变更的，由新的法定代表人继续进行诉讼，并应向人民法院提交新的法定代表人身份证明书。原法定代表人进行的诉讼行为有效。

前款规定，适用于其他组织参加的诉讼。

第五十二条　民事诉讼法第四十八条规定的其他组织是指合法成立、有一定的组织机构和财产，但又不具备法人资格的组织，包括：

（一）依法登记领取营业执照的个人独资企业；

（二）依法登记领取营业执照的合伙企业；

（三）依法登记领取我国营业执照的中外合作经营企业、外资企业；

（四）依法成立的社会团体的分支机构、代表机构；

（五）依法设立并领取营业执照的法人的分支机构；

（六）依法设立并领取营业执照的商业银行、政策性银行和非银行金融机构的分支机构；

（七）经依法登记领取营业执照的乡镇企业、街道企业；

（八）其他符合本条规定条件的组织。

第五十三条　法人非依法设立的分支机构，或者虽依法设立，但没有领取营业执照的分支机构，以设立该分支机构的法人为当事人。

第五十四条　以挂靠形式从事民事活动，当事人请求由挂靠人和被挂靠人依法承担民事责任的,该挂靠人和被挂靠人为共同诉讼人。

第五十五条 在诉讼中,一方当事人死亡,需要等待继承人表明是否参加诉讼的,裁定中止诉讼。人民法院应当及时通知继承人作为当事人承担诉讼,被继承人已经进行的诉讼行为对承担诉讼的继承人有效。

第五十六条 法人或者其他组织的工作人员执行工作任务造成他人损害的,该法人或者其他组织为当事人。

第五十七条 提供劳务一方因劳务造成他人损害,受害人提起诉讼的,以接受劳务一方为被告。

第五十八条 在劳务派遣期间,被派遣的工作人员因执行工作任务造成他人损害,以接受劳务派遣的用工单位为当事人。当事人主张劳务派遣单位承担责任的,该劳务派遣单位为共同被告。

第五十九条 在诉讼中,个体工商户以营业执照上登记的经营者为当事人。有字号的,以营业执照上登记的字号为当事人,但应同时注明该字号经营者的基本信息。

营业执照上登记的经营者与实际经营者不一致的,以登记的经营者和实际经营者为共同诉讼人。

第六十条 在诉讼中,未依法登记领取营业执照的个人合伙的全体合伙人为共同诉讼人。个人合伙有依法核准登记的字号的,应在法律文书中注明登记的字号。全体合伙人可以推选代表人;被推选的代表人,应由全体合伙人出具推选书。

第六十一条 当事人之间的纠纷经人民调解委员会调解达成协议后,一方当事人不履行调解协议,另一方当事人向人民法院提起诉讼的,应以对方当事人为被告。

第六十二条 下列情形,以行为人为当事人:

(一)法人或者其他组织应登记而未登记,行为人即以该法人或者其他组织名义进行民事活动的;

(二)行为人没有代理权、超越代理权或者代理权终止后以被代理人名义进行民事活动的,但相对人有理由相信行为人有代理权的除外;

(三)法人或者其他组织依法终止后,行为人仍以其名义进行民事活动的。

第六十三条 企业法人合并的,因合并前的民事活动发生的纠纷,以合并后的企业为当事人;企业法人分立的,因分立前的民事活动发生的纠纷,以分立后的企业为共同诉讼人。

第六十四条 企业法人解散的,依法清算并注销前,以该企业法人为当事人;未依法清算即被注销的,以该企业法人的股东、发起人或者出资人为当事人。

第六十五条 借用业务介绍信、合同专用章、盖章的空白合同书或者银行账户的，出借单位和借用人为共同诉讼人。

第六十六条　因保证合同纠纷提起的诉讼，债权人向保证人和被保证人一并主张权利的，人民法院应当将保证人和被保证人列为共同被告。保证合同约定为一般保证，债权人仅起诉保证人的，人民法院应当通知被保证人作为共同被告参加诉讼；债权人仅起诉被保证人的，可以只列被保证人为被告。

第六十七条　无民事行为能力人、限制民事行为能力人造成他人损害的，无民事行为能力人、限制民事行为能力人和其监护人为共同被告。

第六十八条　村民委员会或者村民小组与他人发生民事纠纷的，村民委员会或者有独立财产的村民小组为当事人。

第六十九条　对侵害死者遗体、遗骨以及姓名、肖像、名誉、荣誉、隐私等行为提起诉讼的，死者的近亲属为当事人。

第七十条　在继承遗产的诉讼中，部分继承人起诉的，人民法院应通知其他继承人作为共同原告参加诉讼；被通知的继承人不愿意参加诉讼又未明确表示放弃实体权利的，人民法院仍应将其列为共同原告。

第七十一条　原告起诉被代理人和代理人，要求承担连带责任的，被代理人和代理人为共同被告。

第七十二条　共有财产权受到他人侵害，部分共有权人起诉的，其他共有权人为共同诉讼人。

第七十三条　必须共同进行诉讼的当事人没有参加诉讼的，人民法院应当依照民事诉讼法第一百三十二条的规定，通知其参加；当事人也可以向人民法院申请追加。人民法院对当事人提出的申请，应当进行审查，申请理由不成立的，裁定驳回；申请理由成立的，书面通知被追加的当事人参加诉讼。

第七十四条　人民法院追加共同诉讼的当事人时，应当通知其他当事人。应当追加的原告，已明确表示放弃实体权利的，可不予追加；既不愿意参加诉讼，又不放弃实体权利的，仍应追加为共同原告，其不参加诉讼，不影响人民法院对案件的审理和依法作出判决。

第七十五条　民事诉讼法第五十三条、第五十四条和第一百九十九条规定的人数众多，一般指十人以上。

第七十六条　依照民事诉讼法第五十三条规定，当事人一方人数众多在起诉时确定的，可以由全体当事人推选共同的代表人，也可以由部分当事人推选自己的代表人；推选不出代表人的当事人，在必要的共同诉讼中可以自己参加诉讼，在普通的共同诉讼中可以另行起诉。

第七十七条　根据民事诉讼法第五十四条规定，当事人一方人数众多在起诉时不确定的，由当事人推选代表人。当事人推选不出的，可以由人民法院提出人选与当事人协商；协商不成的，也可以由人民法院在起诉的当事人中指定代表人。

第七十八条　民事诉讼法第五十三条和第五十四条规定的代表人为二至五人，每位代表人可以委托一至二人作为诉讼代理人。

第七十九条　依照民事诉讼法第五十四条规定受理的案件，人民法院可以发出公告，通知权利人向人民法院登记。公告期间根据案件的具体情况确定，但不得少于三十日。

第八十条　根据民事诉讼法第五十四条规定向人民法院登记的权利人，应当证明其与对方当事人的法律关系和所受到的损害。证明不了的，不予登记，权利人可以另行起诉。人民法院的裁判在登记的范围内执行。未参加登记的权利人提起诉讼，人民法院认定其请求成立的，裁定适用人民法院已作出的判决、裁定。

第八十一条　根据民事诉讼法第五十六条的规定，有独立请求权的第三人有权向人民法院提出诉讼请求和事实、理由，成为当事人；无独立请求权的第三人，可以申请或者由人民法院通知参加诉讼。

第一审程序中未参加诉讼的第三人，申请参加第二审程序的，人民法院可以准许。

第八十二条　在一审诉讼中，无独立请求权的第三人无权提出管辖异议，无权放弃、变更诉讼请求或者申请撤诉，被判决承担民事责任的，有权提起上诉。

第八十三条　在诉讼中，无民事行为能力人、限制民事行为能力人的监护人是他的法定代理人。事先没有确定监护人的，可以由有监护资格的人协商确定；协商不成的，由人民法院在他们之中指定诉讼中的法定代理人。当事人没有民法通则第十六条第一款、第二款或者第十七条第一款规定的监护人的，可以指定该法第十六条第四款或者第十七条第三款规定的有关组织担任诉讼中的法定代理人。

第八十四条　无民事行为能力人、限制民事行为能力人以及其他依法不能作为诉讼代理人的，当事人不得委托其作为诉讼代理人。

第八十五条　根据民事诉讼法第五十八条第二款第二项规定，与当事人有夫妻、直系血亲、三代以内旁系血亲、近姻亲关系以及其他有抚养、赡养关系的亲属，可以当事人近亲属的名义作为诉讼代理人。

第八十六条　根据民事诉讼法第五十八条第二款第二项规定，与当事人有合法劳动人事关系的职工，可以当事人工作人员的名义作为诉讼代理人。

第八十七条　根据民事诉讼法第五十八条第二款第三项规定，有关社会团体推荐公民担任诉讼代理人的，应当符合下列条件：

（一）社会团体属于依法登记设立或者依法免予登记设立的非营利性法人组织；

（二）被代理人属于该社会团体的成员，或者当事人一方住所地位于该社会团体的活动地域；

（三）代理事务属于该社会团体章程载明的业务范围；

（四）被推荐的公民是该社会团体的负责人或者与该社会团体有合法劳动人事关系的工作人员。

专利代理人经中华全国专利代理人协会推荐，可以在专利纠纷案件中担任诉讼代理人。

第八十八条　诉讼代理人除根据民事诉讼法第五十九条规定提交授权委托书外，还应当按照下列规定向人民法院提交相关材料：

（一）律师应当提交律师执业证、律师事务所证明材料；

（二）基层法律服务工作者应当提交法律服务工作者执业证、基层法律服务所出具的介绍信以及当事人一方位于本辖区内的证明材料；

（三）当事人的近亲属应当提交身份证件和与委托人有近亲属关系的证明材料；

（四）当事人的工作人员应当提交身份证件和与当事人有合法劳动人事关系的证明材料；

（五）当事人所在社区、单位推荐的公民应当提交身份证件、推荐材料和当事人属于该社区、单位的证明材料；

（六）有关社会团体推荐的公民应当提交身份证件和符合本解释第八十七条规定条件的证明材料。

第八十九条　当事人向人民法院提交的授权委托书，应当在开庭审理前送交人民法院。授权委托书仅写"全权代理"而无具体授权的，诉讼代理人无权代为承认、放弃、变更诉讼请求，进行和解，提出反诉或者提起上诉。

适用简易程序审理的案件，双方当事人同时到庭并径行开庭审理的，可以当场口头委托诉讼代理人，由人民法院记入笔录。

四、证　据

第九十条　当事人对自己提出的诉讼请求所依据的事实或者反驳对方诉讼请求所依据的事实，应当提供证据加以证明，但法律另有规定的除外。

在作出判决前，当事人未能提供证据或者证据不足以证明其事实主张的，由负有举证证明责任的当事人承担不利的后果。

第九十一条　人民法院应当依照下列原则确定举证证明责任的承担，但法律另有规定的除外：

（一）主张法律关系存在的当事人，应当对产生该法律关系的基本事实承担举证证明责任；

（二）主张法律关系变更、消灭或者权利受到妨害的当事人，应当对该法律关系变更、消灭或者权利受到妨害的基本事实承担举证证明责任。

第九十二条　一方当事人在法庭审理中，或者在起诉状、答辩状、代理词等书面材料中，对于己不利的事实明确表示承认的，另一方当事人无需举证证明。

对于涉及身份关系、国家利益、社会公共利益等应当由人民法院依职权调查的事实，不适用前款自认的规定。

自认的事实与查明的事实不符的，人民法院不予确认。

第九十三条　下列事实，当事人无须举证证明：

（一）自然规律以及定理、定律；

（二）众所周知的事实；

（三）根据法律规定推定的事实；

（四）根据已知的事实和日常生活经验法则推定出的另一事实；

（五）已为人民法院发生法律效力的裁判所确认的事实；

（六）已为仲裁机构生效裁决所确认的事实；

（七）已为有效公证文书所证明的事实。

前款第二项至第四项规定的事实，当事人有相反证据足以反驳的除外；第五项至第七项规定的事实，当事人有相反证据足以推翻的除外。

第九十四条　民事诉讼法第六十四条第二款规定的当事人及其诉讼代理人因客观原因不能自行收集的证据包括：

（一）证据由国家有关部门保存，当事人及其诉讼代理人无权查阅调取的；

（二）涉及国家秘密、商业秘密或者个人隐私的；

（三）当事人及其诉讼代理人因客观原因不能自行收集的其他证据。

当事人及其诉讼代理人因客观原因不能自行收集的证据，可以在举证期限届满前书面申请人民法院调查收集。

第九十五条　当事人申请调查收集的证据，与待证事实无关联、对证明待证事实无意义或者其他无调查收集必要的，人民法院不予准许。

第九十六条　民事诉讼法第六十四条第二款规定的人民法院认为审理案件需要的证据包括：

（一）涉及可能损害国家利益、社会公共利益的；

（二）涉及身份关系的；

（三）涉及民事诉讼法第五十五条规定诉讼的；

（四）当事人有恶意串通损害他人合法权益可能的；

（五）涉及依职权追加当事人、中止诉讼、终结诉讼、回避等程序性事项的。

除前款规定外，人民法院调查收集证据，应当依照当事人的申请进行。

第九十七条　人民法院调查收集证据，应当由两人以上共同进行。调查材料要由调查人、被调查人、记录人签名、捺印或者盖章。

第九十八条　当事人根据民事诉讼法第八十一条第一款规定申请证据保全的，可以在举证期限届满前书面提出。

证据保全可能对他人造成损失的，人民法院应当责令申请人提供相应的担保。

第九十九条　人民法院应当在审理前的准备阶段确定当事人的举证期限。举证期限可以由当事人协商，并经人民法院准许。

人民法院确定举证期限，第一审普通程序案件不得少于十五日，当事人提供新的证据的第二审案件不得少于十日。

举证期限届满后，当事人对已经提供的证据，申请提供反驳证据或者对证据来源、形式等方面的瑕疵进行补正的，人民法院可以酌情再次确定举证期限，该期限不受前款规定的限制。

第一百条　当事人申请延长举证期限的，应当在举证期限届满前向人民法院提出书面申请。

申请理由成立的，人民法院应当准许，适当延长举证期限，并通知其他当事人。延长的举证期限适用于其他当事人。

申请理由不成立的，人民法院不予准许，并通知申请人。

第一百零一条　当事人逾期提供证据的，人民法院应当责令其说明理由，必要时可以要求其提供相应的证据。

当事人因客观原因逾期提供证据，或者对方当事人对逾期提供证据未提出异议的，视为未逾期。

第一百零二条　当事人因故意或者重大过失逾期提供的证据，人民法院不予采纳。但该证据与案件基本事实有关的，人民法院应当采纳，并依照民事诉讼法第六十五条、第一百一十五条第一款的规定予以训诫、罚款。

当事人非因故意或者重大过失逾期提供的证据，人民法院应当采纳，并对当事人予以训诫。

当事人一方要求另一方赔偿因逾期提供证据致使其增加的交通、住宿、就餐、误工、证人出庭作证等必要费用的，人民法院可予支持。

第一百零三条　证据应当在法庭上出示，由当事人互相质证。未经当事人质证的证据，不得作为认定案件事实的根据。

当事人在审理前的准备阶段认可的证据,经审判人员在庭审中说明后,视为质证过的证据。

涉及国家秘密、商业秘密、个人隐私或者法律规定应当保密的证据,不得公开质证。

第一百零四条 人民法院应当组织当事人围绕证据的真实性、合法性以及与待证事实的关联性进行质证,并针对证据有无证明力和证明力大小进行说明和辩论。

能够反映案件真实情况、与待证事实相关联、来源和形式符合法律规定的证据,应当作为认定案件事实的根据。

第一百零五条 人民法院应当按照法定程序,全面、客观地审核证据,依照法律规定,运用逻辑推理和日常生活经验法则,对证据有无证明力和证明力大小进行判断,并公开判断的理由和结果。

第一百零六条 对以严重侵害他人合法权益、违反法律禁止性规定或者严重违背公序良俗的方法形成或者获取的证据,不得作为认定案件事实的根据。

第一百零七条 在诉讼中,当事人为达成调解协议或者和解协议作出妥协而认可的事实,不得在后续的诉讼中作为对其不利的根据,但法律另有规定或者当事人均同意的除外。

第一百零八条 对负有举证证明责任的当事人提供的证据,人民法院经审查并结合相关事实,确信待证事实的存在具有高度可能性的,应当认定该事实存在。

对一方当事人为反驳负有举证证明责任的当事人所主张事实而提供的证据,人民法院经审查并结合相关事实,认为待证事实真伪不明的,应当认定该事实不存在。

法律对于待证事实所应达到的证明标准另有规定的,从其规定。

第一百零九条 当事人对欺诈、胁迫、恶意串通事实的证明,以及对口头遗嘱或者赠与事实的证明,人民法院确信该待证事实存在的可能性能够排除合理怀疑的,应当认定该事实存在。

第一百一十条 人民法院认为有必要的,可以要求当事人本人到庭,就案件有关事实接受询问。在询问当事人之前,可以要求其签署保证书。

保证书应当载明据实陈述、如有虚假陈述愿意接受处罚等内容。当事人应当在保证书上签名或者捺印。

负有举证证明责任的当事人拒绝到庭、拒绝接受询问或者拒绝签署保证书,待证事实又欠缺其他证据证明的,人民法院对其主张的事实不予认定。

第一百一十一条 民事诉讼法第七十条规定的提交书证原件确有困难,包括下列情形:

(一)书证原件遗失、灭失或者毁损的;

（二）原件在对方当事人控制之下，经合法通知提交而拒不提交的；

（三）原件在他人控制之下，而其有权不提交的；

（四）原件因篇幅或者体积过大而不便提交的；

（五）承担举证证明责任的当事人通过申请人民法院调查收集或者其他方式无法获得书证原件的。

前款规定情形，人民法院应当结合其他证据和案件具体情况，审查判断书证复制品等能否作为认定案件事实的根据。

第一百一十二条　书证在对方当事人控制之下的，承担举证证明责任的当事人可以在举证期限届满前书面申请人民法院责令对方当事人提交。

申请理由成立的，人民法院应当责令对方当事人提交，因提交书证所产生的费用，由申请人负担。对方当事人无正当理由拒不提交的，人民法院可以认定申请人所主张的书证内容为真实。

第一百一十三条　持有书证的当事人以妨碍对方当事人使用为目的，毁灭有关书证或者实施其他致使书证不能使用行为的，人民法院可以依照民事诉讼法第一百一十一条规定，对其处以罚款、拘留。

第一百一十四条　国家机关或者其他依法具有社会管理职能的组织，在其职权范围内制作的文书所记载的事项推定为真实，但有相反证据足以推翻的除外。必要时，人民法院可以要求制作文书的机关或者组织对文书的真实性予以说明。

第一百一十五条　单位向人民法院提出的证明材料，应当由单位负责人及制作证明材料的人员签名或者盖章，并加盖单位印章。人民法院就单位出具的证明材料，可以向单位及制作证明材料的人员进行调查核实。必要时，可以要求制作证明材料的人员出庭作证。

单位及制作证明材料的人员拒绝人民法院调查核实，或者制作证明材料的人员无正当理由拒绝出庭作证的，该证明材料不得作为认定案件事实的根据。

第一百一十六条　视听资料包括录音资料和影像资料。

电子数据是指通过电子邮件、电子数据交换、网上聊天记录、博客、微博客、手机短信、电子签名、域名等形成或者存储在电子介质中的信息。

存储在电子介质中的录音资料和影像资料，适用电子数据的规定。

第一百一十七条　当事人申请证人出庭作证的，应当在举证期限届满前提出。

符合本解释第九十六条第一款规定情形的，人民法院可以依职权通知证人出庭作证。

未经人民法院通知，证人不得出庭作证，但双方当事人同意并经人民法院准许的除外。

第一百一十八条　民事诉讼法第七十四条规定的证人因履行出庭作证义务而支出的交通、住宿、就餐等必要费用，按照机关事业单位工作人员差旅费用和补贴标准计算；误工损失按照国家上年度职工日平均工资标准计算。

人民法院准许证人出庭作证申请的，应当通知申请人预缴证人出庭作证费用。

第一百一十九条　人民法院在证人出庭作证前应当告知其如实作证的义务以及作伪证的法律后果，并责令其签署保证书，但无民事行为能力人和限制民事行为能力人除外。

证人签署保证书适用本解释关于当事人签署保证书的规定。

第一百二十条　证人拒绝签署保证书的，不得作证，并自行承担相关费用。

第一百二十一条　当事人申请鉴定，可以在举证期限届满前提出。申请鉴定的事项与待证事实无关联，或者对证明待证事实无意义的，人民法院不予准许。

人民法院准许当事人鉴定申请的，应当组织双方当事人协商确定具备相应资格的鉴定人。当事人协商不成的，由人民法院指定。

符合依职权调查收集证据条件的，人民法院应当依职权委托鉴定，在询问当事人的意见后，指定具备相应资格的鉴定人。

第一百二十二条　当事人可以依照民事诉讼法第七十九条的规定，在举证期限届满前申请一至二名具有专门知识的人出庭，代表当事人对鉴定意见进行质证，或者对案件事实所涉及的专业问题提出意见。

具有专门知识的人在法庭上就专业问题提出的意见，视为当事人的陈述。

人民法院准许当事人申请的，相关费用由提出申请的当事人负担。

第一百二十三条　人民法院可以对出庭的具有专门知识的人进行询问。经法庭准许，当事人可以对出庭的具有专门知识的人进行询问，当事人各自申请的具有专门知识的人可以就案件中的有关问题进行对质。

具有专门知识的人不得参与专业问题之外的法庭审理活动。

第一百二十四条　人民法院认为有必要的，可以根据当事人的申请或者依职权对物证或者现场进行勘验。勘验时应当保护他人的隐私和尊严。

人民法院可以要求鉴定人参与勘验。必要时，可以要求鉴定人在勘验中进行鉴定。

五、期间和送达

第一百二十五条　依照民事诉讼法第八十二条第二款规定，民事诉讼中以时起算的期间从次时起算；以日、月、年计算的期间从次日起算。

第一百二十六条　民事诉讼法第一百二十三条规定的立案期限，因起诉状内容欠缺通知原告补正的，从补正后交人民法院的次日起算。由上级人民法院转交下级人民法院立案的案件，从受诉人民法院收到起诉状的次日起算。

第一百二十七条　民事诉讼法第五十六条第三款、第二百零五条以及本解释第三百七十四条、第三百八十四条、第四百零一条、第四百二十二条、第四百二十三条规定的六个月，民事诉讼法第二百二十三条规定的一年，为不变期间，不适用诉讼时效中止、中断、延长的规定。

第一百二十八条　再审案件按照第一审程序或者第二审程序审理的，适用民事诉讼法第一百四十九条、第一百七十六条规定的审限。审限自再审立案的次日起算。

第一百二十九条　对申请再审案件，人民法院应当自受理之日起三个月内审查完毕，但公告期间、当事人和解期间等不计入审查期限。有特殊情况需要延长的，由本院院长批准。

第一百三十条　向法人或者其他组织送达诉讼文书，应当由法人的法定代表人、该组织的主要负责人或者办公室、收发室、值班室等负责收件的人签收或者盖章，拒绝签收或者盖章的，适用留置送达。

民事诉讼法第八十六条规定的有关基层组织和所在单位的代表，可以是受送达人住所地的居民委员会、村民委员会的工作人员以及受送达人所在单位的工作人员。

第一百三十一条　人民法院直接送达诉讼文书的，可以通知当事人到人民法院领取。当事人到达人民法院，拒绝签署送达回证的，视为送达。审判人员、书记员应当在送达回证上注明送达情况并签名。

人民法院可以在当事人住所地以外向当事人直接送达诉讼文书。当事人拒绝签署送达回证的，采用拍照、录像等方式记录送达过程即视为送达。审判人员、书记员应当在送达回证上注明送达情况并签名。

第一百三十二条　受送达人有诉讼代理人的，人民法院既可以向受送达人送达，也可以向其诉讼代理人送达。受送达人指定诉讼代理人为代收人的，向诉讼代理人送达时，适用留置送达。

第一百三十三条　调解书应当直接送达当事人本人，不适用留置送达。当事人本人因故不能签收的，可由其指定的代收人签收。

第一百三十四条　依照民事诉讼法第八十八条规定，委托其他人民法院代为送达的，委托法院应当出具委托函，并附需要送达的诉讼文书和送达回证，以受送达人在送达回证上签收的日期为送达日期。

委托送达的，受委托人民法院应当自收到委托函及相关诉讼文书之日起十日内代为送达。

第一百三十五条 电子送达可以采用传真、电子邮件、移动通信等即时收悉的特定系统作为送达媒介。

民事诉讼法第八十七条第二款规定的到达受送达人特定系统的日期，为人民法院对应系统显示发送成功的日期，但受送达人证明到达其特定系统的日期与人民法院对应系统显示发送成功的日期不一致的，以受送达人证明到达其特定系统的日期为准。

第一百三十六条 受送达人同意采用电子方式送达的，应当在送达地址确认书中予以确认。

第一百三十七条 当事人在提起上诉、申请再审、申请执行时未书面变更送达地址的，其在第一审程序中确认的送达地址可以作为第二审程序、审判监督程序、执行程序的送达地址。

第一百三十八条 公告送达可以在法院的公告栏和受送达人住所地张贴公告，也可以在报纸、信息网络等媒体上刊登公告，发出公告日期以最后张贴或者刊登的日期为准。对公告送达方式有特殊要求的，应当按要求的方式进行。公告期满，即视为送达。

人民法院在受送达人住所地张贴公告的，应当采取拍照、录像等方式记录张贴过程。

第一百三十九条 公告送达应当说明公告送达的原因；公告送达起诉状或者上诉状副本的，应当说明起诉或者上诉要点，受送达人答辩期限及逾期不答辩的法律后果；公告送达传票，应当说明出庭的时间和地点及逾期不出庭的法律后果；公告送达判决书、裁定书的，应当说明裁判主要内容，当事人有权上诉的，还应当说明上诉权利、上诉期限和上诉的人民法院。

第一百四十条 适用简易程序的案件，不适用公告送达。

第一百四十一条 人民法院在定期宣判时，当事人拒不签收判决书、裁定书的，应视为送达，并在宣判笔录中记明。

六、调 解

第一百四十二条 人民法院受理案件后，经审查，认为法律关系明确、事实清楚，在征得当事人双方同意后，可以径行调解。

第一百四十三条 适用特别程序、督促程序、公示催告程序的案件，婚姻等身份关系确认案件以及其他根据案件性质不能进行调解的案件，不得调解。

第一百四十四条 人民法院审理民事案件，发现当事人之间恶意串通，企图通过和解、调解方式侵害他人合法权益的,应当依照民事诉讼法第一百一十二条的规定处理。

第一百四十五条 人民法院审理民事案件,应当根据自愿、合法的原则进行调解。当事人一方或者双方坚持不愿调解的,应当及时裁判。

人民法院审理离婚案件,应当进行调解,但不应久调不决。

第一百四十六条 人民法院审理民事案件,调解过程不公开,但当事人同意公开的除外。

调解协议内容不公开,但为保护国家利益、社会公共利益、他人合法权益,人民法院认为确有必要公开的除外。

主持调解以及参与调解的人员,对调解过程以及调解过程中获悉的国家秘密、商业秘密、个人隐私和其他不宜公开的信息,应当保守秘密,但为保护国家利益、社会公共利益、他人合法权益的除外。

第一百四十七条 人民法院调解案件时,当事人不能出庭的,经其特别授权,可由其委托代理人参加调解,达成的调解协议,可由委托代理人签名。

离婚案件当事人确因特殊情况无法出庭参加调解的,除本人不能表达意志的以外,应当出具书面意见。

第一百四十八条 当事人自行和解或者调解达成协议后,请求人民法院按照和解协议或者调解协议的内容制作判决书的,人民法院不予准许。

无民事行为能力人的离婚案件,由其法定代理人进行诉讼。法定代理人与对方达成协议要求发给判决书的,可根据协议内容制作判决书。

第一百四十九条 调解书需经当事人签收后才发生法律效力的,应当以最后收到调解书的当事人签收的日期为调解书生效日期。

第一百五十条 人民法院调解民事案件,需由无独立请求权的第三人承担责任的,应当经其同意。该第三人在调解书送达前反悔的,人民法院应当及时裁判。

第一百五十一条 根据民事诉讼法第九十八条第一款第四项规定,当事人各方同意在调解协议上签名或者盖章后即发生法律效力的,经人民法院审查确认后,应当记入笔录或者将调解协议附卷,并由当事人、审判人员、书记员签名或者盖章后即具有法律效力。

前款规定情形,当事人请求制作调解书的,人民法院审查确认后可以制作调解书送交当事人。当事人拒收调解书的,不影响调解协议的效力。

七、保全和先予执行

第一百五十二条 人民法院依照民事诉讼法第一百条、第一百零一条规定，在采取诉前保全、诉讼保全措施时，责令利害关系人或者当事人提供担保的，应当书面通知。

利害关系人申请诉前保全的，应当提供担保。申请诉前财产保全的，应当提供相当于请求保全数额的担保；情况特殊的，人民法院可以酌情处理。申请诉前行为保全的，担保的数额由人民法院根据案件的具体情况决定。

在诉讼中，人民法院依申请或者依职权采取保全措施的，应当根据案件的具体情况，决定当事人是否应当提供担保以及担保的数额。

第一百五十三条 人民法院对季节性商品、鲜活、易腐烂变质以及其他不宜长期保存的物品采取保全措施时，可以责令当事人及时处理，由人民法院保存价款；必要时，人民法院可予以变卖，保存价款。

第一百五十四条 人民法院在财产保全中采取查封、扣押、冻结财产措施时，应当妥善保管被查封、扣押、冻结的财产。不宜由人民法院保管的，人民法院可以指定被保全人负责保管；不宜由被保全人保管的，可以委托他人或者申请保全人保管。

查封、扣押、冻结担保物权人占有的担保财产，一般由担保物权人保管；由人民法院保管的，质权、留置权不因采取保全措施而消灭。

第一百五十五条 由人民法院指定被保全人保管的财产，如果继续使用对该财产的价值无重大影响，可以允许被保全人继续使用；由人民法院保管或者委托他人、申请保全人保管的财产，人民法院和其他保管人不得使用。

第一百五十六条 人民法院采取财产保全的方法和措施，依照执行程序相关规定办理。

第一百五十七条 人民法院对抵押物、质押物、留置物可以采取财产保全措施，但不影响抵押权人、质权人、留置权人的优先受偿权。

第一百五十八条 人民法院对债务人到期应得的收益，可以采取财产保全措施，限制其支取，通知有关单位协助执行。

第一百五十九条 债务人的财产不能满足保全请求，但对他人有到期债权的，人民法院可以依债权人的申请裁定该他人不得对本案债务人清偿。该他人要求偿付的，由人民法院提存财物或者价款。

第一百六十条 当事人向采取诉前保全措施以外的其他有管辖权的人民法院起诉的，采取诉前保全措施的人民法院应当将保全手续移送受理案件的人民法院。诉前保全的裁定视为受移送人民法院作出的裁定。

第一百六十一条 对当事人不服一审判决提起上诉的案件,在第二审人民法院接到报送的案件之前,当事人有转移、隐匿、出卖或者毁损财产等行为,必须采取保全措施的,由第一审人民法院依当事人申请或者依职权采取。第一审人民法院的保全裁定,应当及时报送第二审人民法院。

第一百六十二条 第二审人民法院裁定对第一审人民法院采取的保全措施予以续保或者采取新的保全措施的,可以自行实施,也可以委托第一审人民法院实施。

再审人民法院裁定对原保全措施予以续保或者采取新的保全措施的,可以自行实施,也可以委托原审人民法院或者执行法院实施。

第一百六十三条 法律文书生效后,进入执行程序前,债权人因对方当事人转移财产等紧急情况,不申请保全将可能导致生效法律文书不能执行或者难以执行的,可以向执行法院申请采取保全措施。债权人在法律文书指定的履行期间届满后五日内不申请执行的,人民法院应当解除保全。

第一百六十四条 对申请保全人或者他人提供的担保财产,人民法院应当依法办理查封、扣押、冻结等手续。

第一百六十五条 人民法院裁定采取保全措施后,除作出保全裁定的人民法院自行解除或者其上级人民法院决定解除外,在保全期限内,任何单位不得解除保全措施。

第一百六十六条 裁定采取保全措施后,有下列情形之一的,人民法院应当作出解除保全裁定:

(一)保全错误的;

(二)申请人撤回保全申请的;

(三)申请人的起诉或者诉讼请求被生效裁判驳回的;

(四)人民法院认为应当解除保全的其他情形。

解除以登记方式实施的保全措施的,应当向登记机关发出协助执行通知书。

第一百六十七条 财产保全的被保全人提供其他等值担保财产且有利于执行的,人民法院可以裁定变更保全标的物为被保全人提供的担保财产。

第一百六十八条 保全裁定未经人民法院依法撤销或者解除,进入执行程序后,自动转为执行中的查封、扣押、冻结措施,期限连续计算,执行法院无需重新制作裁定书,但查封、扣押、冻结期限届满的除外。

第一百六十九条 民事诉讼法规定的先予执行,人民法院应当在受理案件后终审判决作出前采取。先予执行应当限于当事人诉讼请求的范围,并以当事人的生活、生产经营的急需为限。

第一百七十条 民事诉讼法第一百零六条第三项规定的情况紧急,包括:

（一）需要立即停止侵害、排除妨碍的；
（二）需要立即制止某项行为的；
（三）追索恢复生产、经营急需的保险理赔费的；
（四）需要立即返还社会保险金、社会救助资金的；
（五）不立即返还款项，将严重影响权利人生活和生产经营的。

第一百七十一条　当事人对保全或者先予执行裁定不服，可以自收到裁定书之日起五日内向作出裁定的人民法院申请复议。人民法院应当在收到复议申请后十日内审查。裁定正确的，驳回当事人的申请；裁定不当的，变更或者撤销原裁定。

第一百七十二条　利害关系人对保全或者先予执行的裁定不服申请复议的，由作出裁定的人民法院依照民事诉讼法第一百零八条规定处理。

第一百七十三条　人民法院先予执行后，根据发生法律效力的判决，申请人应当返还因先予执行所取得的利益的，适用民事诉讼法第二百三十三条的规定。

八、对妨害民事诉讼的强制措施

第一百七十四条　民事诉讼法第一百零九条规定的必须到庭的被告，是指负有赡养、抚育、扶养义务和不到庭就无法查清案情的被告。

人民法院对必须到庭才能查清案件基本事实的原告，经两次传票传唤，无正当理由拒不到庭的，可以拘传。

第一百七十五条　拘传必须用拘传票，并直接送达被拘传人；在拘传前，应当向被拘传人说明拒不到庭的后果，经批评教育仍拒不到庭的，可以拘传其到庭。

第一百七十六条　诉讼参与人或者其他人有下列行为之一的，人民法院可以适用民事诉讼法第一百一十条规定处理：
（一）未经准许进行录音、录像、摄影的；
（二）未经准许以移动通信等方式现场传播审判活动的；
（三）其他扰乱法庭秩序，妨害审判活动进行的。

有前款规定情形的，人民法院可以暂扣诉讼参与人或者其他人进行录音、录像、摄影、传播审判活动的器材，并责令其删除有关内容；拒不删除的，人民法院可以采取必要手段强制删除。

第一百七十七条　训诫、责令退出法庭由合议庭或者独任审判员决定。训诫的内容、被责令退出法庭者的违法事实应当记入庭审笔录。

第一百七十八条　人民法院依照民事诉讼法第一百一十条至第一百一十四条的规定采取拘留措施的，应经院长批准，作出拘留决定书，由司法警察将被拘留人送交

第二部分 相关法律、法规、司法解释等

当地公安机关看管。

第一百七十九条 被拘留人不在本辖区的，作出拘留决定的人民法院应当派员到被拘留人所在地的人民法院，请该院协助执行，受委托的人民法院应当及时派员协助执行。被拘留人申请复议或者在拘留期间承认并改正错误，需要提前解除拘留的，受委托人民法院应当向委托人民法院转达或者提出建议，由委托人民法院审查决定。

第一百八十条 人民法院对被拘留人采取拘留措施后，应当在二十四小时内通知其家属；确实无法按时通知或者通知不到的，应当记录在案。

第一百八十一条 因哄闹、冲击法庭，用暴力、威胁等方法抗拒执行公务等紧急情况，必须立即采取拘留措施的，可在拘留后，立即报告院长补办批准手续。院长认为拘留不当的，应当解除拘留。

第一百八十二条 被拘留人在拘留期间认错悔改的，可以责令其具结悔过，提前解除拘留。提前解除拘留，应报经院长批准，并作出提前解除拘留决定书，交负责看管的公安机关执行。

第一百八十三条 民事诉讼法第一百一十条至第一百一十三条规定的罚款、拘留可以单独适用，也可以合并适用。

第一百八十四条 对同一妨害民事诉讼行为的罚款、拘留不得连续适用。发生新的妨害民事诉讼行为的，人民法院可以重新予以罚款、拘留。

第一百八十五条 被罚款、拘留的人不服罚款、拘留决定申请复议的，应当自收到决定书之日起三日内提出。上级人民法院应当在收到复议申请后五日内作出决定，并将复议结果通知下级人民法院和当事人。

第一百八十六条 上级人民法院复议时认为强制措施不当的，应当制作决定书，撤销或者变更下级人民法院作出的拘留、罚款决定。情况紧急的，可以在口头通知后三日内发出决定书。

第一百八十七条 民事诉讼法第一百一十一条第一款第五项规定的以暴力、威胁或者其他方法阻碍司法工作人员执行职务的行为，包括：

（一）在人民法院哄闹、滞留，不听从司法工作人员劝阻的；

（二）故意毁损、抢夺人民法院法律文书、查封标志的；

（三）哄闹、冲击执行公务现场，围困、扣押执行或者协助执行公务人员的；

（四）毁损、抢夺、扣留案件材料、执行公务车辆、其他执行公务器械、执行公务人员服装和执行公务证件的；

（五）以暴力、威胁或者其他方法阻碍司法工作人员查询、查封、扣押、冻结、划拨、拍卖、变卖财产的；

（六）以暴力、威胁或者其他方法阻碍司法工作人员执行职务的其他行为。

第一百八十八条 民事诉讼法第一百一十一条第一款第六项规定的拒不履行人民法院已经发生法律效力的判决、裁定的行为,包括:

(一)在法律文书发生法律效力后隐藏、转移、变卖、毁损财产或者无偿转让财产、以明显不合理的价格交易财产、放弃到期债权、无偿为他人提供担保等,致使人民法院无法执行的;

(二)隐藏、转移、毁损或者未经人民法院允许处分已向人民法院提供担保的财产的;

(三)违反人民法院限制高消费令进行消费的;

(四)有履行能力而拒不按照人民法院执行通知履行生效法律文书确定的义务的;

(五)有义务协助执行的个人接到人民法院协助执行通知书后,拒不协助执行的。

第一百八十九条 诉讼参与人或者其他人有下列行为之一的,人民法院可以适用民事诉讼法第一百一十一条的规定处理:

(一)冒充他人提起诉讼或者参加诉讼的;

(二)证人签署保证书后作虚假证言,妨碍人民法院审理案件的;

(三)伪造、隐藏、毁灭或者拒绝交出有关被执行人履行能力的重要证据,妨碍人民法院查明被执行人财产状况的;

(四)擅自解冻已被人民法院冻结的财产的;

(五)接到人民法院协助执行通知书后,给当事人通风报信,协助其转移、隐匿财产的。

第一百九十条 民事诉讼法第一百一十二条规定的他人合法权益,包括案外人的合法权益、国家利益、社会公共利益。

第三人根据民事诉讼法第五十六条第三款规定提起撤销之诉,经审查,原案当事人之间恶意串通进行虚假诉讼的,适用民事诉讼法第一百一十二条规定处理。

第一百九十一条 单位有民事诉讼法第一百一十二条或者第一百一十三条规定行为的,人民法院应当对该单位进行罚款,并可以对其主要负责人或者直接责任人员予以罚款、拘留;构成犯罪的,依法追究刑事责任。

第一百九十二条 有关单位接到人民法院协助执行通知书后,有下列行为之一的,人民法院可以适用民事诉讼法第一百一十四条规定处理:

(一)允许被执行人高消费的;

(二)允许被执行人出境的;

(三)拒不停止办理有关财产权证照转移手续、权属变更登记、规划审批等手续的；

（四）以需要内部请示、内部审批，有内部规定等为由拖延办理的。

第一百九十三条 人民法院对个人或者单位采取罚款措施时，应当根据其实施妨害民事诉讼行为的性质、情节、后果，当地的经济发展水平，以及诉讼标的额等因素，在民事诉讼法第一百一十五条第一款规定的限额内确定相应的罚款金额。

九、诉讼费用

第一百九十四条 依照民事诉讼法第五十四条审理的案件不预交案件受理费，结案后按照诉讼标的额由败诉方交纳。

第一百九十五条 支付令失效后转入诉讼程序的，债权人应当按照《诉讼费用交纳办法》补交案件受理费。

支付令被撤销后，债权人另行起诉的，按照《诉讼费用交纳办法》交纳诉讼费用。

第一百九十六条 人民法院改变原判决、裁定、调解结果的，应当在裁判文书中对原审诉讼费用的负担一并作出处理。

第一百九十七条 诉讼标的物是证券的，按照证券交易规则并根据当事人起诉之日前最后一个交易日的收盘价、当日的市场价或者其载明的金额计算诉讼标的金额。

第一百九十八条 诉讼标的物是房屋、土地、林木、车辆、船舶、文物等特定物或者知识产权，起诉时价值难以确定的，人民法院应当向原告释明主张过高或者过低的诉讼风险，以原告主张的价值确定诉讼标的金额。

第一百九十九条 适用简易程序审理的案件转为普通程序的，原告自接到人民法院交纳诉讼费用通知之日起七日内补交案件受理费。

原告无正当理由未按期足额补交的，按撤诉处理，已经收取的诉讼费用退还一半。

第二百条 破产程序中有关债务人的民事诉讼案件，按照财产案件标准交纳诉讼费，但劳动争议案件除外。

第二百零一条 既有财产性诉讼请求，又有非财产性诉讼请求的，按照财产性诉讼请求的标准交纳诉讼费。

有多个财产性诉讼请求的，合并计算交纳诉讼费；诉讼请求中有多个非财产性诉讼请求的，按一件交纳诉讼费。

第二百零二条 原告、被告、第三人分别上诉的，按照上诉请求分别预交二审案件受理费。

同一方多人共同上诉的，只预交一份二审案件受理费；分别上诉的，按照上诉请求分别预交二审案件受理费。

第二百零三条 承担连带责任的当事人败诉的，应当共同负担诉讼费用。

第二百零四条 实现担保物权案件，人民法院裁定拍卖、变卖担保财产的，申请费由债务人、担保人负担；人民法院裁定驳回申请的，申请费由申请人负担。

申请人另行起诉的，其已经交纳的申请费可以从案件受理费中扣除。

第二百零五条 拍卖、变卖担保财产的裁定作出后，人民法院强制执行的，按照执行金额收取执行申请费。

第二百零六条 人民法院决定减半收取案件受理费的，只能减半一次。

第二百零七条 判决生效后，胜诉方预交但不应负担的诉讼费用，人民法院应当退还，由败诉方向人民法院交纳，但胜诉方自愿承担或者同意败诉方直接向其支付的除外。

当事人拒不交纳诉讼费用的，人民法院可以强制执行。

十、第一审普通程序

第二百零八条 人民法院接到当事人提交的民事起诉状时，对符合民事诉讼法第一百一十九条的规定，且不属于第一百二十四条规定情形的，应当登记立案；对当场不能判定是否符合起诉条件的，应当接收起诉材料，并出具注明收到日期的书面凭证。

需要补充必要相关材料的，人民法院应当及时告知当事人。在补齐相关材料后，应当在七日内决定是否立案。

立案后发现不符合起诉条件或者属于民事诉讼法第一百二十四条规定情形的，裁定驳回起诉。

第二百零九条 原告提供被告的姓名或者名称、住所等信息具体明确，足以使被告与他人相区别的，可以认定为有明确的被告。

起诉状列写被告信息不足以认定明确的被告的，人民法院可以告知原告补正。原告补正后仍不能确定明确的被告的，人民法院裁定不予受理。

第二百一十条 原告在起诉状中有谩骂和人身攻击之辞的，人民法院应当告知其修改后提起诉讼。

第二百一十一条 对本院没有管辖权的案件，告知原告向有管辖权的人民法院起诉；原告坚持起诉的，裁定不予受理；立案后发现本院没有管辖权的，应当将案件移送有管辖权的人民法院。

第二百一十二条 裁定不予受理、驳回起诉的案件，原告再次起诉，符合起诉条件且不属于民事诉讼法第一百二十四条规定情形的，人民法院应予受理。

第二百一十三条 原告应当预交而未预交案件受理费，人民法院应当通知其预交，通知后仍不预交或者申请减、缓、免未获批准而仍不预交的，裁定按撤诉处理。

第二百一十四条 原告撤诉或者人民法院按撤诉处理后，原告以同一诉讼请求再次起诉的，人民法院应予受理。

原告撤诉或者按撤诉处理的离婚案件，没有新情况、新理由，六个月内又起诉的，比照民事诉讼法第一百二十四条第七项的规定不予受理。

第二百一十五条 依照民事诉讼法第一百二十四条第二项的规定，当事人在书面合同中订有仲裁条款，或者在发生纠纷后达成书面仲裁协议，一方向人民法院起诉的，人民法院应当告知原告向仲裁机构申请仲裁，其坚持起诉的，裁定不予受理，但仲裁条款或者仲裁协议不成立、无效、失效、内容不明确无法执行的除外。

第二百一十六条 在人民法院首次开庭前，被告以有书面仲裁协议为由对受理民事案件提出异议的，人民法院应当进行审查。

经审查符合下列情形之一的，人民法院应当裁定驳回起诉：

（一）仲裁机构或者人民法院已经确认仲裁协议有效的；

（二）当事人没有在仲裁庭首次开庭前对仲裁协议的效力提出异议的；

（三）仲裁协议符合仲裁法第十六条规定且不具有仲裁法第十七条规定情形的。

第二百一十七条 夫妻一方下落不明，另一方诉至人民法院，只要求离婚，不申请宣告下落不明人失踪或者死亡的案件，人民法院应当受理，对下落不明人公告送达诉讼文书。

第二百一十八条 赡养费、扶养费、抚育费案件，裁判发生法律效力后，因新情况、新理由，一方当事人再行起诉要求增加或者减少费用的，人民法院应作为新案受理。

第二百一十九条 当事人超过诉讼时效期间起诉的，人民法院应予受理。受理后对方当事人提出诉讼时效抗辩，人民法院经审理认为抗辩事由成立的，判决驳回原告的诉讼请求。

第二百二十条 民事诉讼法第六十八条、第一百三十四条、第一百五十六条规定的商业秘密，是指生产工艺、配方、贸易联系、购销渠道等当事人不愿公开的技术秘密、商业情报及信息。

第二百二十一条 基于同一事实发生的纠纷，当事人分别向同一人民法院起诉的，人民法院可以合并审理。

第二百二十二条 原告在起诉状中直接列写第三人的，视为其申请人民法院追加该第三人参加诉讼。是否通知第三人参加诉讼，由人民法院审查决定。

第二百二十三条 当事人在提交答辩状期间提出管辖异议，又针对起诉状的内容进行答辩的，人民法院应当依照民事诉讼法第一百二十七条第一款的规定，对管辖异议进行审查。

当事人未提出管辖异议，就案件实体内容进行答辩、陈述或者反诉的，可以认定为民事诉讼法第一百二十七条第二款规定的应诉答辩。

第二百二十四条 依照民事诉讼法第一百三十三条第四项规定，人民法院可以在答辩期届满后，通过组织证据交换、召集庭前会议等方式，作好审理前的准备。

第二百二十五条 根据案件具体情况，庭前会议可以包括下列内容：

（一）明确原告的诉讼请求和被告的答辩意见；

（二）审查处理当事人增加、变更诉讼请求的申请和提出的反诉，以及第三人提出的与本案有关的诉讼请求；

（三）根据当事人的申请决定调查收集证据，委托鉴定，要求当事人提供证据，进行勘验，进行证据保全；

（四）组织交换证据；

（五）归纳争议焦点；

（六）进行调解。

第二百二十六条 人民法院应当根据当事人的诉讼请求、答辩意见以及证据交换的情况，归纳争议焦点，并就归纳的争议焦点征求当事人的意见。

第二百二十七条 人民法院适用普通程序审理案件，应当在开庭三日前用传票传唤当事人。对诉讼代理人、证人、鉴定人、勘验人、翻译人员应当用通知书通知其到庭。当事人或者其他诉讼参与人在外地的，应当留有必要的在途时间。

第二百二十八条 法庭审理应当围绕当事人争议的事实、证据和法律适用等焦点问题进行。

第二百二十九条 当事人在庭审中对其在审理前的准备阶段认可的事实和证据提出不同意见的，人民法院应当责令其说明理由。必要时，可以责令其提供相应证据。人民法院应当结合当事人的诉讼能力、证据和案件的具体情况进行审查。理由成立的，可以列入争议焦点进行审理。

第二百三十条 人民法院根据案件具体情况并征得当事人同意，可以将法庭调查和法庭辩论合并进行。

第二百三十一条 当事人在法庭上提出新的证据的，人民法院应当依照民事诉讼法第六十五条第二款规定和本解释相关规定处理。

第二百三十二条 在案件受理后，法庭辩论结束前，原告增加诉讼请求，被告提出反诉，第三人提出与本案有关的诉讼请求，可以合并审理的，人民法院应当合并审理。

第二百三十三条 反诉的当事人应当限于本诉的当事人的范围。

反诉与本诉的诉讼请求基于相同法律关系、诉讼请求之间具有因果关系，或者反诉与本诉的诉讼请求基于相同事实的，人民法院应当合并审理。

反诉应由其他人民法院专属管辖，或者与本诉的诉讼标的及诉讼请求所依据的事实、理由无关联的，裁定不予受理，告知另行起诉。

第二百三十四条 无民事行为能力人的离婚诉讼，当事人的法定代理人应当到庭；法定代理人不能到庭的，人民法院应当在查清事实的基础上，依法作出判决。

第二百三十五条 无民事行为能力的当事人的法定代理人，经传票传唤无正当理由拒不到庭，属于原告方的，比照民事诉讼法第一百四十三条的规定，按撤诉处理；属于被告方的，比照民事诉讼法第一百四十四条的规定，缺席判决。必要时，人民法院可以拘传其到庭。

第二百三十六条 有独立请求权的第三人经人民法院传票传唤，无正当理由拒不到庭的，或者未经法庭许可中途退庭的，比照民事诉讼法第一百四十三条的规定，按撤诉处理。

第二百三十七条 有独立请求权的第三人参加诉讼后，原告申请撤诉，人民法院在准许原告撤诉后，有独立请求权的第三人作为另案原告，原案原告、被告作为另案被告，诉讼继续进行。

第二百三十八条 当事人申请撤诉或者依法可以按撤诉处理的案件，如果当事人有违反法律的行为需要依法处理的，人民法院可以不准许撤诉或者不按撤诉处理。

法庭辩论终结后原告申请撤诉，被告不同意的，人民法院可以不予准许。

第二百三十九条 人民法院准许本诉原告撤诉的，应当对反诉继续审理；被告申请撤回反诉的，人民法院应予准许。

第二百四十条 无独立请求权的第三人经人民法院传票传唤，无正当理由拒不到庭，或者未经法庭许可中途退庭的，不影响案件的审理。

第二百四十一条 被告经传票传唤无正当理由拒不到庭，或者未经法庭许可中途退庭的，人民法院应当按期开庭或者继续开庭审理，对到庭的当事人诉讼请求、双方的诉辩理由以及已经提交的证据及其他诉讼材料进行审理后，可以依法缺席判决。

第二百四十二条 一审宣判后，原审人民法院发现判决有错误，当事人在上诉期内提出上诉的，原审人民法院可以提出原判决有错误的意见，报送第二审人民法院，由第二审人民法院按照第二审程序进行审理；当事人不上诉的，按照审判监督程序处理。

第二百四十三条 民事诉讼法第一百四十九条规定的审限,是指从立案之日起至裁判宣告、调解书送达之日止的期间,但公告期间、鉴定期间、双方当事人和解期间、审理当事人提出的管辖异议以及处理人民法院之间的管辖争议期间不应计算在内。

第二百四十四条 可以上诉的判决书、裁定书不能同时送达双方当事人的,上诉期从各自收到判决书、裁定书之日计算。

第二百四十五条 民事诉讼法第一百五十四条第一款第七项规定的笔误是指法律文书误写、误算,诉讼费用漏写、误算和其他笔误。

第二百四十六条 裁定中止诉讼的原因消除,恢复诉讼程序时,不必撤销原裁定,从人民法院通知或者准许当事人双方继续进行诉讼时起,中止诉讼的裁定即失去效力。

第二百四十七条 当事人就已经提起诉讼的事项在诉讼过程中或者裁判生效后再次起诉,同时符合下列条件的,构成重复起诉:

(一)后诉与前诉的当事人相同;

(二)后诉与前诉的诉讼标的相同;

(三)后诉与前诉的诉讼请求相同,或者后诉的诉讼请求实质上否定前诉裁判结果。

当事人重复起诉的,裁定不予受理;已经受理的,裁定驳回起诉,但法律、司法解释另有规定的除外。

第二百四十八条 裁判发生法律效力后,发生新的事实,当事人再次提起诉讼的,人民法院应当依法受理。

第二百四十九条 在诉讼中,争议的民事权利义务转移的,不影响当事人的诉讼主体资格和诉讼地位。人民法院作出的发生法律效力的判决、裁定对受让人具有拘束力。

受让人申请以无独立请求权的第三人身份参加诉讼的,人民法院可予准许。受让人申请替代当事人承担诉讼的,人民法院可以根据案件的具体情况决定是否准许;不予准许的,可以追加其为无独立请求权的第三人。

第二百五十条 依照本解释第二百四十九条规定,人民法院准许受让人替代当事人承担诉讼的,裁定变更当事人。

变更当事人后,诉讼程序以受让人为当事人继续进行,原当事人应当退出诉讼。原当事人已经完成的诉讼行为对受让人具有拘束力。

第二百五十一条 二审裁定撤销一审判决发回重审的案件,当事人申请变更、增加诉讼请求或者提出反诉,第三人提出与本案有关的诉讼请求的,依照民事诉讼法第一百四十条规定处理。

第二百五十二条 再审裁定撤销原判决、裁定发回重审的案件,当事人申请变更、增加诉讼请求或者提出反诉,符合下列情形之一的,人民法院应当准许:

(一)原审未合法传唤缺席判决,影响当事人行使诉讼权利的;

(二)追加新的诉讼当事人的;

(三)诉讼标的物灭失或者发生变化致使原诉讼请求无法实现的;

(四)当事人申请变更、增加的诉讼请求或者提出的反诉,无法通过另诉解决的。

第二百五十三条 当庭宣判的案件,除当事人当庭要求邮寄发送裁判文书的外,人民法院应当告知当事人或者诉讼代理人领取裁判文书的时间和地点以及逾期不领取的法律后果。上述情况,应当记入笔录。

第二百五十四条 公民、法人或者其他组织申请查阅发生法律效力的判决书、裁定书的,应当向作出该生效裁判的人民法院提出。申请应当以书面形式提出,并提供具体的案号或者当事人姓名、名称。

第二百五十五条 对于查阅判决书、裁定书的申请,人民法院根据下列情形分别处理:

(一)判决书、裁定书已经通过信息网络向社会公开的,应当引导申请人自行查阅;

(二)判决书、裁定书未通过信息网络向社会公开,且申请符合要求的,应当及时提供便捷的查阅服务;

(三)判决书、裁定书尚未发生法律效力,或者已失去法律效力的,不提供查阅并告知申请人;

(四)发生法律效力的判决书、裁定书不是本院作出的,应当告知申请人向作出生效裁判的人民法院申请查阅;

(五)申请查阅的内容涉及国家秘密、商业秘密、个人隐私的,不予准许并告知申请人。

十一、简易程序

第二百五十六条 民事诉讼法第一百五十七条规定的简单民事案件中的事实清楚,是指当事人对争议的事实陈述基本一致,并能提供相应的证据,无须人民法院调查收集证据即可查明事实;权利义务关系明确是指能明确区分谁是责任的承担者,谁是权利的享有者；争议不大是指当事人对案件的是非、责任承担以及诉讼标的争执无原则分歧。

第二百五十七条 下列案件，不适用简易程序：

（一）起诉时被告下落不明的；

（二）发回重审的；

（三）当事人一方人数众多的；

（四）适用审判监督程序的；

（五）涉及国家利益、社会公共利益的；

（六）第三人起诉请求改变或者撤销生效判决、裁定、调解书的；

（七）其他不宜适用简易程序的案件。

第二百五十八条 适用简易程序审理的案件，审理期限到期后，双方当事人同意继续适用简易程序的，由本院院长批准，可以延长审理期限。延长后的审理期限累计不得超过六个月。

人民法院发现案情复杂，需要转为普通程序审理的，应当在审理期限届满前作出裁定并将合议庭组成人员及相关事项书面通知双方当事人。

案件转为普通程序审理的，审理期限自人民法院立案之日计算。

第二百五十九条 当事人双方可就开庭方式向人民法院提出申请，由人民法院决定是否准许。经当事人双方同意，可以采用视听传输技术等方式开庭。

第二百六十条 已经按照普通程序审理的案件，在开庭后不得转为简易程序审理。

第二百六十一条 适用简易程序审理案件，人民法院可以采取捎口信、电话、短信、传真、电子邮件等简便方式传唤双方当事人、通知证人和送达裁判文书以外的诉讼文书。

以简便方式送达的开庭通知，未经当事人确认或者没有其他证据证明当事人已经收到的，人民法院不得缺席判决。

适用简易程序审理案件，由审判员独任审判，书记员担任记录。

第二百六十二条 人民法庭制作的判决书、裁定书、调解书，必须加盖基层人民法院印章，不得用人民法庭的印章代替基层人民法院的印章。

第二百六十三条 适用简易程序审理案件，卷宗中应当具备以下材料：

（一）起诉状或者口头起诉笔录；

（二）答辩状或者口头答辩笔录；

（三）当事人身份证明材料；

（四）委托他人代理诉讼的授权委托书或者口头委托笔录；

（五）证据；

（六）询问当事人笔录；

（七）审理（包括调解）笔录；

（八）判决书、裁定书、调解书或者调解协议；

（九）送达和宣判笔录；

（十）执行情况；

（十一）诉讼费收据；

（十二）适用民事诉讼法第一百六十二条规定审理的，有关程序适用的书面告知。

第二百六十四条 当事人双方根据民事诉讼法第一百五十七条第二款规定约定适用简易程序的，应当在开庭前提出。口头提出的，记入笔录，由双方当事人签名或者捺印确认。

本解释第二百五十七条规定的案件，当事人约定适用简易程序的，人民法院不予准许。

第二百六十五条 原告口头起诉的，人民法院应当将当事人的姓名、性别、工作单位、住所、联系方式等基本信息，诉讼请求，事实及理由等准确记入笔录，由原告核对无误后签名或者捺印。对当事人提交的证据材料，应当出具收据。

第二百六十六条 适用简易程序案件的举证期限由人民法院确定，也可以由当事人协商一致并经人民法院准许，但不得超过十五日。被告要求书面答辩的，人民法院可在征得其同意的基础上，合理确定答辩期间。

人民法院应当将举证期限和开庭日期告知双方当事人，并向当事人说明逾期举证以及拒不到庭的法律后果，由双方当事人在笔录和开庭传票的送达回证上签名或者捺印。

当事人双方均表示不需要举证期限、答辩期间的，人民法院可以立即开庭审理或者确定开庭日期。

第二百六十七条 适用简易程序审理案件，可以简便方式进行审理前的准备。

第二百六十八条 对没有委托律师、基层法律服务工作者代理诉讼的当事人，人民法院在庭审过程中可以对回避、自认、举证证明责任等相关内容向其作必要的解释或者说明，并在庭审过程中适当提示当事人正确行使诉讼权利、履行诉讼义务。

第二百六十九条 当事人就案件适用简易程序提出异议，人民法院经审查，异议成立的，裁定转为普通程序；异议不成立的，口头告知当事人，并记入笔录。

转为普通程序的，人民法院应当将合议庭组成人员及相关事项以书面形式通知双方当事人。

转为普通程序前，双方当事人已确认的事实，可以不再进行举证、质证。

第二百七十条　适用简易程序审理的案件，有下列情形之一的，人民法院在制作判决书、裁定书、调解书时，对认定事实或者裁判理由部分可以适当简化：

（一）当事人达成调解协议并需要制作民事调解书的；

（二）一方当事人明确表示承认对方全部或者部分诉讼请求的；

（三）涉及商业秘密、个人隐私的案件，当事人一方要求简化裁判文书中的相关内容，人民法院认为理由正当的；

（四）当事人双方同意简化的。

十二、简易程序中的小额诉讼

第二百七十一条　人民法院审理小额诉讼案件，适用民事诉讼法第一百六十二条的规定，实行一审终审。

第二百七十二条　民事诉讼法第一百六十二条规定的各省、自治区、直辖市上年度就业人员年平均工资，是指已经公布的各省、自治区、直辖市上一年度就业人员年平均工资。在上一年度就业人员年平均工资公布前，以已经公布的最近年度就业人员年平均工资为准。

第二百七十三条　海事法院可以审理海事、海商小额诉讼案件。案件标的额应当以实际受理案件的海事法院或者其派出法庭所在的省、自治区、直辖市上年度就业人员年平均工资百分之三十为限。

第二百七十四条　下列金钱给付的案件，适用小额诉讼程序审理：

（一）买卖合同、借款合同、租赁合同纠纷；

（二）身份关系清楚，仅在给付的数额、时间、方式上存在争议的赡养费、抚育费、扶养费纠纷；

（三）责任明确，仅在给付的数额、时间、方式上存在争议的交通事故损害赔偿和其他人身损害赔偿纠纷；

（四）供用水、电、气、热力合同纠纷；

（五）银行卡纠纷；

（六）劳动关系清楚，仅在劳动报酬、工伤医疗费、经济补偿金或者赔偿金给付数额、时间、方式上存在争议的劳动合同纠纷；

（七）劳务关系清楚，仅在劳务报酬给付数额、时间、方式上存在争议的劳务合同纠纷；

（八）物业、电信等服务合同纠纷；

（九）其他金钱给付纠纷。

第二百七十五条　下列案件，不适用小额诉讼程序审理：

（一）人身关系、财产确权纠纷；

（二）涉外民事纠纷；

（三）知识产权纠纷；

（四）需要评估、鉴定或者对诉前评估、鉴定结果有异议的纠纷；

（五）其他不宜适用一审终审的纠纷。

第二百七十六条　人民法院受理小额诉讼案件，应当向当事人告知该类案件的审判组织、一审终审、审理期限、诉讼费用交纳标准等相关事项。

第二百七十七条　小额诉讼案件的举证期限由人民法院确定，也可以由当事人协商一致并经人民法院准许，但一般不超过七日。

被告要求书面答辩的，人民法院可以在征得其同意的基础上合理确定答辩期间，但最长不得超过十五日。

当事人到庭后表示不需要举证期限和答辩期间的，人民法院可立即开庭审理。

第二百七十八条　当事人对小额诉讼案件提出管辖异议的，人民法院应当作出裁定。裁定一经作出即生效。

第二百七十九条　人民法院受理小额诉讼案件后，发现起诉不符合民事诉讼法第一百一十九条规定的起诉条件的，裁定驳回起诉。裁定一经作出即生效。

第二百八十条　因当事人申请增加或者变更诉讼请求、提出反诉、追加当事人等，致使案件不符合小额诉讼案件条件的，应当适用简易程序的其他规定审理。

前款规定案件，应当适用普通程序审理的，裁定转为普通程序。

适用简易程序的其他规定或者普通程序审理前，双方当事人已确认的事实，可以不再进行举证、质证。

第二百八十一条　当事人对按照小额诉讼案件审理有异议的，应当在开庭前提出。人民法院经审查，异议成立的，适用简易程序的其他规定审理；异议不成立的，告知当事人，并记入笔录。

第二百八十二条　小额诉讼案件的裁判文书可以简化，主要记载当事人基本信息、诉讼请求、裁判主文等内容。

第二百八十三条　人民法院审理小额诉讼案件，本解释没有规定的，适用简易程序的其他规定。

十三、公益诉讼

第二百八十四条 环境保护法、消费者权益保护法等法律规定的机关和有关组织对污染环境、侵害众多消费者合法权益等损害社会公共利益的行为,根据民事诉讼法第五十五条规定提起公益诉讼,符合下列条件的,人民法院应当受理:

(一)有明确的被告;

(二)有具体的诉讼请求;

(三)有社会公共利益受到损害的初步证据;

(四)属于人民法院受理民事诉讼的范围和受诉人民法院管辖。

第二百八十五条 公益诉讼案件由侵权行为地或者被告住所地中级人民法院管辖,但法律、司法解释另有规定的除外。

因污染海洋环境提起的公益诉讼,由污染发生地、损害结果地或者采取预防污染措施地海事法院管辖。

对同一侵权行为分别向两个以上人民法院提起公益诉讼的,由最先立案的人民法院管辖,必要时由它们的共同上级人民法院指定管辖。

第二百八十六条 人民法院受理公益诉讼案件后,应当在十日内书面告知相关行政主管部门。

第二百八十七条 人民法院受理公益诉讼案件后,依法可以提起诉讼的其他机关和有关组织,可以在开庭前向人民法院申请参加诉讼。人民法院准许参加诉讼的,列为共同原告。

第二百八十八条 人民法院受理公益诉讼案件,不影响同一侵权行为的受害人根据民事诉讼法第一百一十九条规定提起诉讼。

第二百八十九条 对公益诉讼案件,当事人可以和解,人民法院可以调解。

当事人达成和解或者调解协议后,人民法院应当将和解或者调解协议进行公告。公告期间不得少于三十日。

公告期满后,人民法院经审查,和解或者调解协议不违反社会公共利益的,应当出具调解书;和解或者调解协议违反社会公共利益的,不予出具调解书,继续对案件进行审理并依法作出裁判。

第二百九十条 公益诉讼案件的原告在法庭辩论终结后申请撤诉的,人民法院不予准许。

第二百九十一条 公益诉讼案件的裁判发生法律效力后,其他依法具有原告资格的机关和有关组织就同一侵权行为另行提起公益诉讼的,人民法院裁定不予受理,但法律、司法解释另有规定的除外。

十四、第三人撤销之诉

第二百九十二条 第三人对已经发生法律效力的判决、裁定、调解书提起撤销之诉的,应当自知道或者应当知道其民事权益受到损害之日起六个月内,向作出生效判决、裁定、调解书的人民法院提出,并应当提供存在下列情形的证据材料:

(一)因不能归责于本人的事由未参加诉讼;

(二)发生法律效力的判决、裁定、调解书的全部或者部分内容错误;

(三)发生法律效力的判决、裁定、调解书内容错误损害其民事权益。

第二百九十三条 人民法院应当在收到起诉状和证据材料之日起五日内送交对方当事人,对方当事人可以自收到起诉状之日起十日内提出书面意见。

人民法院应当对第三人提交的起诉状、证据材料以及对方当事人的书面意见进行审查。必要时,可以询问双方当事人。

经审查,符合起诉条件的,人民法院应当在收到起诉状之日起三十日内立案。不符合起诉条件的,应当在收到起诉状之日起三十日内裁定不予受理。

第二百九十四条 人民法院对第三人撤销之诉案件,应当组成合议庭开庭审理。

第二百九十五条 民事诉讼法第五十六条第三款规定的因不能归责于本人的事由未参加诉讼,是指没有被列为生效判决、裁定、调解书当事人,且无过错或者无明显过错的情形。包括:

(一)不知道诉讼而未参加的;

(二)申请参加未获准许的;

(三)知道诉讼,但因客观原因无法参加的;

(四)因其他不能归责于本人的事由未参加诉讼的。

第二百九十六条 民事诉讼法第五十六条第三款规定的判决、裁定、调解书的部分或者全部内容,是指判决、裁定的主文,调解书中处理当事人民事权利义务的结果。

第二百九十七条 对下列情形提起第三人撤销之诉的,人民法院不予受理:

(一)适用特别程序、督促程序、公示催告程序、破产程序等非讼程序处理的案件;

(二)婚姻无效、撤销或者解除婚姻关系等判决、裁定、调解书中涉及身份关系的内容;

(三)民事诉讼法第五十四条规定的未参加登记的权利人对代表人诉讼案件的生效裁判;

(四)民事诉讼法第五十五条规定的损害社会公共利益行为的受害人对公益诉讼

案件的生效裁判。

第二百九十八条 第三人提起撤销之诉，人民法院应当将该第三人列为原告，生效判决、裁定、调解书的当事人列为被告，但生效判决、裁定、调解书中没有承担责任的无独立请求权的第三人列为第三人。

第二百九十九条 受理第三人撤销之诉案件后，原告提供相应担保，请求中止执行的，人民法院可以准许。

第三百条 对第三人撤销或者部分撤销发生法律效力的判决、裁定、调解书内容的请求，人民法院经审理，按下列情形分别处理：

（一）请求成立且确认其民事权利的主张全部或部分成立的，改变原判决、裁定、调解书内容的错误部分；

（二）请求成立，但确认其全部或部分民事权利的主张不成立，或者未提出确认其民事权利请求的，撤销原判决、裁定、调解书内容的错误部分；

（三）请求不成立的，驳回诉讼请求。

对前款规定裁判不服的，当事人可以上诉。

原判决、裁定、调解书的内容未改变或者未撤销的部分继续有效。

第三百零一条 第三人撤销之诉案件审理期间，人民法院对生效判决、裁定、调解书裁定再审的，受理第三人撤销之诉的人民法院应当裁定将第三人的诉讼请求并入再审程序。但有证据证明原审当事人之间恶意串通损害第三人合法权益的，人民法院应当先行审理第三人撤销之诉案件，裁定中止再审诉讼。

第三百零二条 第三人诉讼请求并入再审程序审理的，按照下列情形分别处理：

（一）按照第一审程序审理的，人民法院应当对第三人的诉讼请求一并审理，所作的判决可以上诉；

（二）按照第二审程序审理的，人民法院可以调解，调解达不成协议的，应当裁定撤销原判决、裁定、调解书，发回一审法院重审，重审时应当列明第三人。

第三百零三条 第三人提起撤销之诉后，未中止生效判决、裁定、调解书执行的，执行法院对第三人依照民事诉讼法第二百二十七条规定提出的执行异议，应予审查。第三人不服驳回执行异议裁定，申请对原判决、裁定、调解书再审的，人民法院不予受理。

案外人对人民法院驳回其执行异议裁定不服，认为原判决、裁定、调解书内容错误损害其合法权益的，应当根据民事诉讼法第二百二十七条规定申请再审，提起第三人撤销之诉的，人民法院不予受理。

十五、执行异议之诉

第三百零四条 根据民事诉讼法第二百二十七条规定,案外人、当事人对执行异议裁定不服,自裁定送达之日起十五日内向人民法院提起执行异议之诉的,由执行法院管辖。

第三百零五条 案外人提起执行异议之诉,除符合民事诉讼法第一百一十九条规定外,还应当具备下列条件:

(一)案外人的执行异议申请已经被人民法院裁定驳回;

(二)有明确的排除对执行标的执行的诉讼请求,且诉讼请求与原判决、裁定无关;

(三)自执行异议裁定送达之日起十五日内提起。

人民法院应当在收到起诉状之日起十五日内决定是否立案。

第三百零六条 申请执行人提起执行异议之诉,除符合民事诉讼法第一百一十九条规定外,还应当具备下列条件:

(一)依案外人执行异议申请,人民法院裁定中止执行;

(二)有明确的对执行标的继续执行的诉讼请求,且诉讼请求与原判决、裁定无关;

(三)自执行异议裁定送达之日起十五日内提起。

人民法院应当在收到起诉状之日起十五日内决定是否立案。

第三百零七条 案外人提起执行异议之诉的,以申请执行人为被告。被执行人反对案外人异议的,被执行人为共同被告;被执行人不反对案外人异议的,可以列被执行人为第三人。

第三百零八条 申请执行人提起执行异议之诉的,以案外人为被告。被执行人反对申请执行人主张的,以案外人和被执行人为共同被告;被执行人不反对申请执行人主张的,可以列被执行人为第三人。

第三百零九条 申请执行人对中止执行裁定未提起执行异议之诉,被执行人提起执行异议之诉的,人民法院告知其另行起诉。

第三百一十条 人民法院审理执行异议之诉案件,适用普通程序。

第三百一十一条 案外人或者申请执行人提起执行异议之诉的,案外人应当就其对执行标的享有足以排除强制执行的民事权益承担举证证明责任。

第三百一十二条 对案外人提起的执行异议之诉,人民法院经审理,按照下列情形分别处理:

(一)案外人就执行标的享有足以排除强制执行的民事权益的,判决不得执行该

执行标的;

（二）案外人就执行标的不享有足以排除强制执行的民事权益的，判决驳回诉讼请求。

案外人同时提出确认其权利的诉讼请求的，人民法院可以在判决中一并作出裁判。

第三百一十三条　对申请执行人提起的执行异议之诉，人民法院经审理，按照下列情形分别处理：

（一）案外人就执行标的不享有足以排除强制执行的民事权益的，判决准许执行该执行标的;

（二）案外人就执行标的享有足以排除强制执行的民事权益的，判决驳回诉讼请求。

第三百一十四条　对案外人执行异议之诉，人民法院判决不得对执行标的执行的，执行异议裁定失效。

对申请执行人执行异议之诉，人民法院判决准许对该执行标的的执行的，执行异议裁定失效，执行法院可以根据申请执行人的申请或者依职权恢复执行。

第三百一十五条　案外人执行异议之诉审理期间，人民法院不得对执行标的的进行处分。申请执行人请求人民法院继续执行并提供相应担保的，人民法院可以准许。

被执行人与案外人恶意串通，通过执行异议、执行异议之诉妨害执行的，人民法院应当依照民事诉讼法第一百一十三条规定处理。申请执行人因此受到损害的，可以提起诉讼要求被执行人、案外人赔偿。

第三百一十六条　人民法院对执行标的的裁定中止执行后，申请执行人在法律规定的期间内未提起执行异议之诉的，人民法院应当自起诉期限届满之日起七日内解除对该执行标的的采取的执行措施。

十六、第二审程序

第三百一十七条　双方当事人和第三人都提起上诉的，均列为上诉人。人民法院可以依职权确定第二审程序中当事人的诉讼地位。

第三百一十八条　民事诉讼法第一百六十六条、第一百六十七条规定的对方当事人包括被上诉人和原审其他当事人。

第三百一十九条　必要共同诉讼人的一人或者部分人提起上诉的，按下列情形分别处理：

（一）上诉仅对与对方当事人之间权利义务分担有意见，不涉及其他共同诉讼人利益的，对方当事人为被上诉人，未上诉的同一方当事人依原审诉讼地位列明；

（二）上诉仅对共同诉讼人之间权利义务分担有意见，不涉及对方当事人利益的，未上诉的同一方当事人为被上诉人，对方当事人依原审诉讼地位列明；

（三）上诉对双方当事人之间以及共同诉讼人之间权利义务承担有意见的，未提起上诉的其他当事人均为被上诉人。

第三百二十条　一审宣判时或者判决书、裁定书送达时，当事人口头表示上诉的，人民法院应告知其必须在法定上诉期间内递交上诉状。未在法定上诉期间内递交上诉状的，视为未提起上诉。虽递交上诉状，但未在指定的期限内交纳上诉费的，按自动撤回上诉处理。

第三百二十一条　无民事行为能力人、限制民事行为能力人的法定代理人，可以代理当事人提起上诉。

第三百二十二条　上诉案件的当事人死亡或者终止的，人民法院依法通知其权利义务承继者参加诉讼。

需要终结诉讼的，适用民事诉讼法第一百五十一条规定。

第三百二十三条　第二审人民法院应当围绕当事人的上诉请求进行审理。

当事人没有提出请求的，不予审理，但一审判决违反法律禁止性规定，或者损害国家利益、社会公共利益、他人合法权益的除外。

第三百二十四条　开庭审理的上诉案件，第二审人民法院可以依照民事诉讼法第一百三十三条第四项规定进行审理前的准备。

第三百二十五条　下列情形，可以认定为民事诉讼法第一百七十条第一款第四项规定的严重违反法定程序：

（一）审判组织的组成不合法的；

（二）应当回避的审判人员未回避的；

（三）无诉讼行为能力人未经法定代理人代为诉讼的；

（四）违法剥夺当事人辩论权利的。

第三百二十六条　对当事人在第一审程序中已经提出的诉讼请求，原审人民法院未作审理、判决的，第二审人民法院可以根据当事人自愿的原则进行调解；调解不成的，发回重审。

第三百二十七条　必须参加诉讼的当事人或者有独立请求权的第三人，在第一审程序中未参加诉讼，第二审人民法院可以根据当事人自愿的原则予以调解；调解不成的，发回重审。

第三百二十八条　在第二审程序中，原审原告增加独立的诉讼请求或者原审被告提出反诉的，第二审人民法院可以根据当事人自愿的原则就新增加的诉讼请求或者反诉进行调解；调解不成的，告知当事人另行起诉。

双方当事人同意由第二审人民法院一并审理的，第二审人民法院可以一并裁判。

第三百二十九条 一审判决不准离婚的案件，上诉后，第二审人民法院认为应当判决离婚的，可以根据当事人自愿的原则，与子女抚养、财产问题一并调解；调解不成的，发回重审。

双方当事人同意由第二审人民法院一并审理的，第二审人民法院可以一并裁判。

第三百三十条 人民法院依照第二审程序审理案件，认为依法不应由人民法院受理的，可以由第二审人民法院直接裁定撤销原裁判，驳回起诉。

第三百三十一条 人民法院依照第二审程序审理案件，认为第一审人民法院受理案件违反专属管辖规定的，应当裁定撤销原裁判并移送有管辖权的人民法院。

第三百三十二条 第二审人民法院查明第一审人民法院作出的不予受理裁定有错误的，应当在撤销原裁定的同时，指令第一审人民法院立案受理；查明第一审人民法院作出的驳回起诉裁定有错误的，应当在撤销原裁定的同时，指令第一审人民法院审理。

第三百三十三条 第二审人民法院对下列上诉案件，依照民事诉讼法第一百六十九条规定可以不开庭审理：

（一）不服不予受理、管辖权异议和驳回起诉裁定的；

（二）当事人提出的上诉请求明显不能成立的；

（三）原判决、裁定认定事实清楚，但适用法律错误的；

（四）原判决严重违反法定程序，需要发回重审的。

第三百三十四条 原判决、裁定认定事实或者适用法律虽有瑕疵，但裁判结果正确的，第二审人民法院可以在判决、裁定中纠正瑕疵后，依照民事诉讼法第一百七十条第一款第一项规定予以维持。

第三百三十五条 民事诉讼法第一百七十条第一款第三项规定的基本事实，是指用以确定当事人主体资格、案件性质、民事权利义务等对原判决、裁定的结果有实质性影响的事实。

第三百三十六条 在第二审程序中，作为当事人的法人或者其他组织分立的，人民法院可以直接将分立后的法人或者其他组织列为共同诉讼人；合并的，将合并后的法人或者其他组织列为当事人。

第三百三十七条 在第二审程序中，当事人申请撤回上诉，人民法院经审查认为一审判决确有错误，或者当事人之间恶意串通损害国家利益、社会公共利益、他人合法权益的，不应准许。

第三百三十八条 在第二审程序中，原审原告申请撤回起诉，经其他当事人同意，且不损害国家利益、社会公共利益、他人合法权益的，人民法院可以准许。准许撤诉的，应当一并裁定撤销一审裁判。

原审原告在第二审程序中撤回起诉后重复起诉的，人民法院不予受理。

第三百三十九条 当事人在第二审程序中达成和解协议的，人民法院可以根据当事人的请求，对双方达成的和解协议进行审查并制作调解书送达当事人；因和解而申请撤诉，经审查符合撤诉条件的，人民法院应予准许。

第三百四十条 第二审人民法院宣告判决可以自行宣判，也可以委托原审人民法院或者当事人所在地人民法院代行宣判。

第三百四十一条 人民法院审理对裁定的上诉案件，应当在第二审立案之日起三十日内作出终审裁定。有特殊情况需要延长审限的，由本院院长批准。

第三百四十二条 当事人在第一审程序中实施的诉讼行为，在第二审程序中对该当事人仍具有拘束力。

当事人推翻其在第一审程序中实施的诉讼行为时，人民法院应当责令其说明理由。理由不成立的，不予支持。

十七、特别程序

第三百四十三条 宣告失踪或者宣告死亡案件，人民法院可以根据申请人的请求，清理下落不明人的财产，并指定案件审理期间的财产管理人。公告期满后，人民法院判决宣告失踪的，应当同时依照民法通则第二十一条第一款的规定指定失踪人的财产代管人。

第三百四十四条 失踪人的财产代管人经人民法院指定后，代管人申请变更代管的，比照民事诉讼法特别程序的有关规定进行审理。申请理由成立的，裁定撤销申请人的代管人身份，同时另行指定财产代管人；申请理由不成立的，裁定驳回申请。

失踪人的其他利害关系人申请变更代管的，人民法院应当告知其以原指定的代管人为被告起诉，并按普通程序进行审理。

第三百四十五条 人民法院判决宣告公民失踪后，利害关系人向人民法院申请宣告失踪人死亡，自失踪之日起满四年的，人民法院应当受理，宣告失踪的判决即是该公民失踪的证明，审理中仍应依照民事诉讼法第一百八十五条规定进行公告。

第三百四十六条 符合法律规定的多个利害关系人提出宣告失踪、宣告死亡申请的，列为共同申请人。

第三百四十七条 寻找下落不明人的公告应当记载下列内容：

（一）被申请人应当在规定期间内向受理法院申报其具体地址及其联系方式。否则，被申请人将被宣告失踪、宣告死亡；

（二）凡知悉被申请人生存现状的人，应当在公告期间内将其所知道情况向受理法院报告。

第三百四十八条 人民法院受理宣告失踪、宣告死亡案件后，作出判决前，申请人撤回申请的，人民法院应当裁定终结案件，但其他符合法律规定的利害关系人加入程序要求继续审理的除外。

第三百四十九条 在诉讼中，当事人的利害关系人提出该当事人患有精神病，要求宣告该当事人无民事行为能力或者限制民事行为能力的，应由利害关系人向人民法院提出申请，由受诉人民法院按照特别程序立案审理，原诉讼中止。

第三百五十条 认定财产无主案件，公告期间有人对财产提出请求的，人民法院应当裁定终结特别程序，告知申请人另行起诉，适用普通程序审理。

第三百五十一条 被指定的监护人不服指定，应当自接到通知之日起三十日内向人民法院提出异议。经审理，认为指定并无不当的，裁定驳回异议；指定不当的，判决撤销指定，同时另行指定监护人。判决书应当送达异议人、原指定单位及判决指定的监护人。

第三百五十二条 申请认定公民无民事行为能力或者限制民事行为能力的案件，被申请人没有近亲属的，人民法院可以指定其他亲属为代理人。被申请人没有亲属的，人民法院可以指定经被申请人所在单位或者住所地的居民委员会、村民委员会同意，且愿意担任代理人的关系密切的朋友为代理人。

没有前款规定的代理人的，由被申请人所在单位或者住所地的居民委员会、村民委员会或者民政部门担任代理人。

代理人可以是一人，也可以是同一顺序中的两人。

第三百五十三条 申请司法确认调解协议的，双方当事人应当本人或者由符合民事诉讼法第五十八条规定的代理人向调解组织所在地基层人民法院或者人民法庭提出申请。

第三百五十四条 两个以上调解组织参与调解的，各调解组织所在地基层人民法院均有管辖权。

双方当事人可以共同向其中一个调解组织所在地基层人民法院提出申请；双方当事人共同向两个以上调解组织所在地基层人民法院提出申请的，由最先立案的人民法院管辖。

第三百五十五条 当事人申请司法确认调解协议，可以采用书面形式或者口头形式。当事人口头申请的，人民法院应当记入笔录，并由当事人签名、捺印或者盖章。

第三百五十六条 当事人申请司法确认调解协议,应当向人民法院提交调解协议、调解组织主持调解的证明,以及与调解协议相关的财产权利证明等材料,并提供双方当事人的身份、住所、联系方式等基本信息。

当事人未提交上述材料的,人民法院应当要求当事人限期补交。

第三百五十七条 当事人申请司法确认调解协议,有下列情形之一的,人民法院裁定不予受理:

(一)不属于人民法院受理范围的;

(二)不属于收到申请的人民法院管辖的;

(三)申请确认婚姻关系、亲子关系、收养关系等身份关系无效、有效或者解除的;

(四)涉及适用其他特别程序、公示催告程序、破产程序审理的;

(五)调解协议内容涉及物权、知识产权确权的。

人民法院受理申请后,发现有上述不予受理情形的,应当裁定驳回当事人的申请。

第三百五十八条 人民法院审查相关情况时,应当通知双方当事人共同到场对案件进行核实。

人民法院经审查,认为当事人的陈述或者提供的证明材料不充分、不完备或者有疑义的,可以要求当事人限期补充陈述或者补充证明材料。必要时,人民法院可以向调解组织核实有关情况。

第三百五十九条 确认调解协议的裁定作出前,当事人撤回申请的,人民法院可以裁定准许。

当事人无正当理由未在限期内补充陈述、补充证明材料或者拒不接受询问的,人民法院可以按撤回申请处理。

第三百六十条 经审查,调解协议有下列情形之一的,人民法院应当裁定驳回申请:

(一)违反法律强制性规定的;

(二)损害国家利益、社会公共利益、他人合法权益的;

(三)违背公序良俗的;

(四)违反自愿原则的;

(五)内容不明确的;

(六)其他不能进行司法确认的情形。

第三百六十一条 民事诉讼法第一百九十六条规定的担保物权人,包括抵押权人、质权人、留置权人;其他有权请求实现担保物权的人,包括抵押人、出质人、财产被留置的债务人或者所有权人等。

第三百六十二条 实现票据、仓单、提单等有权利凭证的权利质权案件，可以由权利凭证持有人住所地人民法院管辖；无权利凭证的权利质权，由出质登记地人民法院管辖。

第三百六十三条 实现担保物权案件属于海事法院等专门人民法院管辖的，由专门人民法院管辖。

第三百六十四条 同一债权的担保物有多个且所在地不同，申请人分别向有管辖权的人民法院申请实现担保物权的，人民法院应当依法受理。

第三百六十五条 依照物权法第一百七十六条的规定，被担保的债权既有物的担保又有人的担保，当事人对实现担保物权的顺序有约定，实现担保物权的申请违反该约定的，人民法院裁定不予受理；没有约定或者约定不明的，人民法院应当受理。

第三百六十六条 同一财产上设立多个担保物权，登记在先的担保物权尚未实现的，不影响后顺位的担保物权人向人民法院申请实现担保物权。

第三百六十七条 申请实现担保物权，应当提交下列材料：

（一）申请书。申请书应当记明申请人、被申请人的姓名或者名称、联系方式等基本信息，具体的请求和事实、理由；

（二）证明担保物权存在的材料，包括主合同、担保合同、抵押登记证明或者他项权利证书，权利质权的权利凭证或者质权出质登记证明等；

（三）证明实现担保物权条件成就的材料；

（四）担保财产现状的说明；

（五）人民法院认为需要提交的其他材料。

第三百六十八条 人民法院受理申请后，应当在五日内向被申请人送达申请书副本、异议权利告知书等文书。

被申请人有异议的，应当在收到人民法院通知后的五日内向人民法院提出，同时说明理由并提供相应的证据材料。

第三百六十九条 实现担保物权案件可以由审判员一人独任审查。担保财产标的额超过基层人民法院管辖范围的，应当组成合议庭进行审查。

第三百七十条 人民法院审查实现担保物权案件，可以询问申请人、被申请人、利害关系人，必要时可以依职权调查相关事实。

第三百七十一条 人民法院应当就主合同的效力、期限、履行情况，担保物权是否有效设立、担保财产的范围、被担保的债权范围、被担保的债权是否已届清偿期等担保物权实现的条件，以及是否损害他人合法权益等内容进行审查。

被申请人或者利害关系人提出异议的，人民法院应当一并审查。

第三百七十二条　人民法院审查后，按下列情形分别处理：

（一）当事人对实现担保物权无实质性争议且实现担保物权条件成就的，裁定准许拍卖、变卖担保财产；

（二）当事人对实现担保物权有部分实质性争议的，可以就无争议部分裁定准许拍卖、变卖担保财产；

（三）当事人对实现担保物权有实质性争议的，裁定驳回申请，并告知申请人向人民法院提起诉讼。

第三百七十三条　人民法院受理申请后，申请人对担保财产提出保全申请的，可以按照民事诉讼法关于诉讼保全的规定办理。

第三百七十四条　适用特别程序作出的判决、裁定，当事人、利害关系人认为有错误的，可以向作出该判决、裁定的人民法院提出异议。人民法院经审查，异议成立或者部分成立的，作出新的判决、裁定撤销或者改变原判决、裁定；异议不成立的，裁定驳回。

对人民法院作出的确认调解协议、准许实现担保物权的裁定，当事人有异议的，应当自收到裁定之日起十五日内提出；利害关系人有异议的，自知道或者应当知道其民事权益受到侵害之日起六个月内提出。

十八、审判监督程序

第三百七十五条　当事人死亡或者终止的，其权利义务承继者可以根据民事诉讼法第一百九十九条、第二百零一条的规定申请再审。

判决、调解书生效后，当事人将判决、调解书确认的债权转让，债权受让人对该判决、调解书不服申请再审的，人民法院不予受理。

第三百七十六条　民事诉讼法第一百九十九条规定的人数众多的一方当事人，包括公民、法人和其他组织。

民事诉讼法第一百九十九条规定的当事人双方为公民的案件，是指原告和被告均为公民的案件。

第三百七十七条　当事人申请再审，应当提交下列材料：

（一）再审申请书，并按照被申请人和原审其他当事人的人数提交副本；

（二）再审申请人是自然人的，应当提交身份证明；再审申请人是法人或者其他组织的，应当提交营业执照、组织机构代码证书、法定代表人或者主要负责人身份证明书。委托他人代为申请的，应当提交授权委托书和代理人身份证明；

（三）原审判决书、裁定书、调解书；

（四）反映案件基本事实的主要证据及其他材料。

前款第二项、第三项、第四项规定的材料可以是与原件核对无异的复印件。

第三百七十八条　再审申请书应当记明下列事项：

（一）再审申请人与被申请人及原审其他当事人的基本信息；

（二）原审人民法院的名称，原审裁判文书案号；

（三）具体的再审请求；

（四）申请再审的法定情形及具体事实、理由。

再审申请书应当明确申请再审的人民法院，并由再审申请人签名、捺印或者盖章。

第三百七十九条　当事人一方人数众多或者当事人双方为公民的案件，当事人分别向原审人民法院和上一级人民法院申请再审且不能协商一致的，由原审人民法院受理。

第三百八十条　适用特别程序、督促程序、公示催告程序、破产程序等非讼程序审理的案件，当事人不得申请再审。

第三百八十一条　当事人认为发生法律效力的不予受理、驳回起诉的裁定错误的，可以申请再审。

第三百八十二条　当事人就离婚案件中的财产分割问题申请再审，如涉及判决中已分割的财产，人民法院应当依照民事诉讼法第二百条的规定进行审查，符合再审条件的，应当裁定再审；如涉及判决中未作处理的夫妻共同财产，应当告知当事人另行起诉。

第三百八十三条　当事人申请再审，有下列情形之一的，人民法院不予受理：

（一）再审申请被驳回后再次提出申请的；

（二）对再审判决、裁定提出申请的；

（三）在人民检察院对当事人的申请作出不予提出再审检察建议或者抗诉决定后又提出申请的。

前款第一项、第二项规定情形，人民法院应当告知当事人可以向人民检察院申请再审检察建议或者抗诉，但因人民检察院提出再审检察建议或者抗诉而再审作出的判决、裁定除外。

第三百八十四条　当事人对已经发生法律效力的调解书申请再审，应当在调解书发生法律效力后六个月内提出。

第三百八十五条　人民法院应当自收到符合条件的再审申请书等材料之日起五日内向再审申请人发送受理通知书，并向被申请人及原审其他当事人发送应诉通知书、再审申请书副本等材料。

第三百八十六条　人民法院受理申请再审案件后，应当依照民事诉讼法第二百条、第二百零一条、第二百零四条等规定，对当事人主张的再审事由进行审查。

第三百八十七条　再审申请人提供的新的证据，能够证明原判决、裁定认定基本事实或者裁判结果错误的，应当认定为民事诉讼法第二百条第一项规定的情形。

对于符合前款规定的证据，人民法院应当责令再审申请人说明其逾期提供该证据的理由；拒不说明理由或者理由不成立的，依照民事诉讼法第六十五条第二款和本解释第一百零二条的规定处理。

第三百八十八条　再审申请人证明其提交的新的证据符合下列情形之一的，可以认定逾期提供证据的理由成立：

（一）在原审庭审结束前已经存在，因客观原因于庭审结束后才发现的；

（二）在原审庭审结束前已经发现，但因客观原因无法取得或者在规定的期限内不能提供的；

（三）在原审庭审结束后形成，无法据此另行提起诉讼的。

再审申请人提交的证据在原审中已经提供，原审人民法院未组织质证且未作为裁判根据的，视为逾期提供证据的理由成立，但原审人民法院依照民事诉讼法第六十五条规定不予采纳的除外。

第三百八十九条　当事人对原判决、裁定认定事实的主要证据在原审中拒绝发表质证意见或者质证中未对证据发表质证意见的，不属于民事诉讼法第二百条第四项规定的未经质证的情形。

第三百九十条　有下列情形之一，导致判决、裁定结果错误的，应当认定为民事诉讼法第二百条第六项规定的原判决、裁定适用法律确有错误：

（一）适用的法律与案件性质明显不符的；

（二）确定民事责任明显违背当事人约定或者法律规定的；

（三）适用已经失效或者尚未施行的法律的；

（四）违反法律溯及力规定的；

（五）违反法律适用规则的；

（六）明显违背立法原意的。

第三百九十一条　原审开庭过程中有下列情形之一的，应当认定为民事诉讼法第二百条第九项规定的剥夺当事人辩论权利：

（一）不允许当事人发表辩论意见的；

（二）应当开庭审理而未开庭审理的；

（三）违反法律规定送达起诉状副本或者上诉状副本，致使当事人无法行使辩论权利的；

（四）违法剥夺当事人辩论权利的其他情形。

第三百九十二条 民事诉讼法第二百条第十一项规定的诉讼请求，包括一审诉讼请求、二审上诉请求，但当事人未对一审判决、裁定遗漏或者超出诉讼请求提起上诉的除外。

第三百九十三条 民事诉讼法第二百条第十二项规定的法律文书包括：
（一）发生法律效力的判决书、裁定书、调解书；
（二）发生法律效力的仲裁裁决书；
（三）具有强制执行效力的公证债权文书。

第三百九十四条 民事诉讼法第二百条第十三项规定的审判人员审理该案件时有贪污受贿、徇私舞弊、枉法裁判行为，是指已经由生效刑事法律文书或者纪律处分决定所确认的行为。

第三百九十五条 当事人主张的再审事由成立，且符合民事诉讼法和本解释规定的申请再审条件的，人民法院应当裁定再审。

当事人主张的再审事由不成立，或者当事人申请再审超过法定申请再审期限、超出法定再审事由范围等不符合民事诉讼法和本解释规定的申请再审条件的，人民法院应当裁定驳回再审申请。

第三百九十六条 人民法院对已经发生法律效力的判决、裁定、调解书依法决定再审，依照民事诉讼法第二百零六条规定，需要中止执行的，应当在再审裁定中同时写明中止原判决、裁定、调解书的执行；情况紧急的，可以将中止执行裁定口头通知负责执行的人民法院，并在通知后十日内发出裁定书。

第三百九十七条 人民法院根据审查案件的需要决定是否询问当事人。新的证据可能推翻原判决、裁定的，人民法院应当询问当事人。

第三百九十八条 审查再审申请期间，被申请人及原审其他当事人依法提出再审申请的，人民法院应当将其列为再审申请人，对其再审事由一并审查，审查期限重新计算。经审查，其中一方再审申请人主张的再审事由成立的，应当裁定再审。各方再审申请人主张的再审事由均不成立的，一并裁定驳回再审申请。

第三百九十九条 审查再审申请期间，再审申请人申请人民法院委托鉴定、勘验的，人民法院不予准许。

第四百条 审查再审申请期间，再审申请人撤回再审申请的，是否准许，由人民法院裁定。

再审申请人经传票传唤，无正当理由拒不接受询问的，可以按撤回再审申请处理。

第四百零一条 人民法院准许撤回再审申请或者按撤回再审申请处理后，再审申请人再次申请再审的,不予受理,但有民事诉讼法第二百条第一项、第三项、第十二项、第十三项规定情形,自知道或者应当知道之日起六个月内提出的除外。

第四百零二条 再审申请审查期间,有下列情形之一的,裁定终结审查:

(一)再审申请人死亡或者终止,无权利义务承继者或者权利义务承继者声明放弃再审申请的;

(二)在给付之诉中,负有给付义务的被申请人死亡或者终止,无可供执行的财产,也没有应当承担义务的人的;

(三)当事人达成和解协议且已履行完毕的,但当事人在和解协议中声明不放弃申请再审权利的除外;

(四)他人未经授权以当事人名义申请再审的;

(五)原审或者上一级人民法院已经裁定再审的。

(六)有本解释第三百八十三条第一款规定情形的。

第四百零三条 人民法院审理再审案件应当组成合议庭开庭审理,但按照第二审程序审理,有特殊情况或者双方当事人已经通过其他方式充分表达意见,且书面同意不开庭审理的除外。

符合缺席判决条件的,可以缺席判决。

第四百零四条 人民法院开庭审理再审案件,应当按照下列情形分别进行:

(一)因当事人申请再审的,先由再审申请人陈述再审请求及理由,后由被申请人答辩、其他原审当事人发表意见;

(二)因抗诉再审的,先由抗诉机关宣读抗诉书,再由申请抗诉的当事人陈述,后由被申请人答辩、其他原审当事人发表意见;

(三)人民法院依职权再审,有申诉人的,先由申诉人陈述再审请求及理由,后由被申诉人答辩、其他原审当事人发表意见;

(四)人民法院依职权再审,没有申诉人的,先由原审原告或者原审上诉人陈述,后由原审其他当事人发表意见。

对前款第一项至第三项规定的情形,人民法院应当要求当事人明确其再审请求。

第四百零五条 人民法院审理再审案件应当围绕再审请求进行。当事人的再审请求超出原审诉讼请求的,不予审理;符合另案诉讼条件的,告知当事人可以另行起诉。

被申请人及原审其他当事人在庭审辩论结束前提出的再审请求,符合民事诉讼法第二百零五条规定的,人民法院应当一并审理。

人民法院经再审,发现已经发生法律效力的判决、裁定损害国家利益、社会公共利益、他人合法权益的,应当一并审理。

第四百零六条 再审审理期间，有下列情形之一的，可以裁定终结再审程序：

（一）再审申请人在再审期间撤回再审请求，人民法院准许的；

（二）再审申请人经传票传唤，无正当理由拒不到庭的，或者未经法庭许可中途退庭，按撤回再审请求处理的；

（三）人民检察院撤回抗诉的；

（四）有本解释第四百零二条第一项至第四项规定情形的。

因人民检察院提出抗诉裁定再审的案件，申请抗诉的当事人有前款规定的情形，且不损害国家利益、社会公共利益或者他人合法权益的，人民法院应当裁定终结再审程序。

再审程序终结后，人民法院裁定中止执行的原生效判决自动恢复执行。

第四百零七条 人民法院经再审审理认为，原判决、裁定认定事实清楚、适用法律正确的，应予维持；原判决、裁定认定事实、适用法律虽有瑕疵，但裁判结果正确的，应当在再审判决、裁定中纠正瑕疵后予以维持。

原判决、裁定认定事实、适用法律错误，导致裁判结果错误的，应当依法改判、撤销或者变更。

第四百零八条 按照第二审程序再审的案件，人民法院经审理认为不符合民事诉讼法规定的起诉条件或者符合民事诉讼法第一百二十四条规定不予受理情形的，应当裁定撤销一、二审判决，驳回起诉。

第四百零九条 人民法院对调解书裁定再审后，按照下列情形分别处理：

（一）当事人提出的调解违反自愿原则的事由不成立，且调解书的内容不违反法律强制性规定的，裁定驳回再审申请；

（二）人民检察院抗诉或者再审检察建议所主张的损害国家利益、社会公共利益的理由不成立的，裁定终结再审程序。

前款规定情形，人民法院裁定中止执行的调解书需要继续执行的，自动恢复执行。

第四百一十条 一审原告在再审审理程序中申请撤回起诉，经其他当事人同意，且不损害国家利益、社会公共利益、他人合法权益的，人民法院可以准许。裁定准许撤诉的，应当一并撤销原判决。

一审原告在再审审理程序中撤回起诉后重复起诉的，人民法院不予受理。

第四百一十一条 当事人提交新的证据致使再审改判，因再审申请人或者申请检察监督当事人的过错未能在原审程序中及时举证，被申请人等当事人请求补偿其增加的交通、住宿、就餐、误工等必要费用的，人民法院应予支持。

第四百一十二条 部分当事人到庭并达成调解协议，其他当事人未作出书面表示的，人民法院应当在判决中对该事实作出表述；调解协议内容不违反法律规定，且不损害其他当事人合法权益的，可以在判决主文中予以确认。

第四百一十三条 人民检察院依法对损害国家利益、社会公共利益的发生法律效力的判决、裁定、调解书提出抗诉，或者经人民检察院检察委员会讨论决定提出再审检察建议的，人民法院应予受理。

第四百一十四条 人民检察院对已经发生法律效力的判决以及不予受理、驳回起诉的裁定依法提出抗诉的，人民法院应予受理，但适用特别程序、督促程序、公示催告程序、破产程序以及解除婚姻关系的判决、裁定等不适用审判监督程序的判决、裁定除外。

第四百一十五条 人民检察院依照民事诉讼法第二百零九条第一款第三项规定对有明显错误的再审判决、裁定提出抗诉或者再审检察建议的，人民法院应予受理。

第四百一十六条 地方各级人民检察院依当事人的申请对生效判决、裁定向同级人民法院提出再审检察建议，符合下列条件的，应予受理：

（一）再审检察建议书和原审当事人申请书及相关证据材料已经提交；

（二）建议再审的对象为依照民事诉讼法和本解释规定可以进行再审的判决、裁定；

（三）再审检察建议书列明该判决、裁定有民事诉讼法第二百零八条第二款规定情形；

（四）符合民事诉讼法第二百零九条第一款第一项、第二项规定情形；

（五）再审检察建议经该人民检察院检察委员会讨论决定。

不符合前款规定的，人民法院可以建议人民检察院予以补正或者撤回；不予补正或者撤回的，应当函告人民检察院不予受理。

第四百一十七条 人民检察院依当事人的申请对生效判决、裁定提出抗诉，符合下列条件的，人民法院应当在三十日内裁定再审：

（一）抗诉书和原审当事人申请书及相关证据材料已经提交；

（二）抗诉对象为依照民事诉讼法和本解释规定可以进行再审的判决、裁定；

（三）抗诉书列明该判决、裁定有民事诉讼法第二百零八条第一款规定情形；

（四）符合民事诉讼法第二百零九条第一款第一项、第二项规定情形。

不符合前款规定的，人民法院可以建议人民检察院予以补正或者撤回；不予补正或者撤回的，人民法院可以裁定不予受理。

第四百一十八条 当事人的再审申请被上级人民法院裁定驳回后，人民检察院对原判决、裁定、调解书提出抗诉，抗诉事由符合民事诉讼法第二百条第一项至第五项规定情形之一的，受理抗诉的人民法院可以交由下一级人民法院再审。

第四百一十九条 人民法院收到再审检察建议后,应当组成合议庭,在三个月内进行审查,发现原判决、裁定、调解书确有错误,需要再审的,依照民事诉讼法第一百九十八条规定裁定再审,并通知当事人;经审查,决定不予再审的,应当书面回复人民检察院。

第四百二十条 人民法院审理因人民检察院抗诉或者检察建议裁定再审的案件,不受此前已经作出的驳回当事人再审申请裁定的影响。

第四百二十一条 人民法院开庭审理抗诉案件,应当在开庭三日前通知人民检察院、当事人和其他诉讼参与人。同级人民检察院或者提出抗诉的人民检察院应当派员出庭。

人民检察院因履行法律监督职责向当事人或者案外人调查核实的情况,应当向法庭提交并予以说明,由双方当事人进行质证。

第四百二十二条 必须共同进行诉讼的当事人因不能归责于本人或者其诉讼代理人的事由未参加诉讼的,可以根据民事诉讼法第二百条第八项规定,自知道或者应当知道之日起六个月内申请再审,但符合本解释第四百二十三条规定情形的除外。

人民法院因前款规定的当事人申请而裁定再审,按照第一审程序再审的,应当追加其为当事人,作出新的判决、裁定;按照第二审程序再审,经调解不能达成协议的,应当撤销原判决、裁定,发回重审,重审时应追加其为当事人。

第四百二十三条 根据民事诉讼法第二百二十七条规定,案外人对驳回其执行异议的裁定不服,认为原判决、裁定、调解书内容错误损害其民事权益的,可以自执行异议裁定送达之日起六个月内,向作出原判决、裁定、调解书的人民法院申请再审。

第四百二十四条 根据民事诉讼法第二百二十七条规定,人民法院裁定再审后,案外人属于必要的共同诉讼当事人的,依照本解释第四百二十二条第二款规定处理。

案外人不是必要的共同诉讼当事人的,人民法院仅审理原判决、裁定、调解书对其民事权益造成损害的内容。经审理,再审请求成立的,撤销或者改变原判决、裁定、调解书;再审请求不成立的,维持原判决、裁定、调解书。

第四百二十五条 本解释第三百四十条规定适用于审判监督程序。

第四百二十六条 对小额诉讼案件的判决、裁定,当事人以民事诉讼法第二百条规定的事由向原审人民法院申请再审的,人民法院应当受理。申请再审事由成立的,应当裁定再审,组成合议庭进行审理。作出的再审判决、裁定,当事人不得上诉。

当事人以不应按小额诉讼案件审理为由向原审人民法院申请再审的,人民法院应当受理。理由成立的,应当裁定再审,组成合议庭审理。作出的再审判决、裁定,当事人可以上诉。

十九、督促程序

第四百二十七条 两个以上人民法院都有管辖权的，债权人可以向其中一个基层人民法院申请支付令。

债权人向两个以上有管辖权的基层人民法院申请支付令的，由最先立案的人民法院管辖。

第四百二十八条 人民法院收到债权人的支付令申请书后，认为申请书不符合要求的，可以通知债权人限期补正。人民法院应当自收到补正材料之日起五日内通知债权人是否受理。

第四百二十九条 债权人申请支付令，符合下列条件的，基层人民法院应当受理，并在收到支付令申请书后五日内通知债权人：

（一）请求给付金钱或者汇票、本票、支票、股票、债券、国库券、可转让的存款单等有价证券；

（二）请求给付的金钱或者有价证券已到期且数额确定，并写明了请求所根据的事实、证据；

（三）债权人没有对待给付义务；

（四）债务人在我国境内且未下落不明；

（五）支付令能够送达债务人；

（六）收到申请书的人民法院有管辖权；

（七）债权人未向人民法院申请诉前保全。

不符合前款规定的，人民法院应当在收到支付令申请书后五日内通知债权人不予受理。

基层人民法院受理申请支付令案件，不受债权金额的限制。

第四百三十条 人民法院受理申请后，由审判员一人进行审查。经审查，有下列情形之一的，裁定驳回申请：

（一）申请人不具备当事人资格的；

（二）给付金钱或者有价证券的证明文件没有约定逾期给付利息或者违约金、赔偿金，债权人坚持要求给付利息或者违约金、赔偿金的；

（三）要求给付的金钱或者有价证券属于违法所得的；

（四）要求给付的金钱或者有价证券尚未到期或者数额不确定的。

人民法院受理支付令申请后，发现不符合本解释规定的受理条件的，应当在受理之日起十五日内裁定驳回申请。

第四百三十一条 向债务人本人送达支付令，债务人拒绝接收的，人民法院可以留置送达。

第四百三十二条 有下列情形之一的，人民法院应当裁定终结督促程序，已发出支付令的，支付令自行失效：

（一）人民法院受理支付令申请后，债权人就同一债权债务关系又提起诉讼的；

（二）人民法院发出支付令之日起三十日内无法送达债务人的；

（三）债务人收到支付令前，债权人撤回申请的。

第四百三十三条 债务人在收到支付令后，未在法定期间提出书面异议，而向其他人民法院起诉的，不影响支付令的效力。

债务人超过法定期间提出异议的，视为未提出异议。

第四百三十四条 债权人基于同一债权债务关系，在同一支付令申请中向债务人提出多项支付请求，债务人仅就其中一项或者几项请求提出异议的，不影响其他各项请求的效力。

第四百三十五条 债权人基于同一债权债务关系，就可分之债向多个债务人提出支付请求，多个债务人中的一人或者几人提出异议的，不影响其他请求的效力。

第四百三十六条 对设有担保的债务的主债务人发出的支付令，对担保人没有拘束力。

债权人就担保关系单独提起诉讼的，支付令自人民法院受理案件之日起失效。

第四百三十七条 经形式审查，债务人提出的书面异议有下列情形之一的，应当认定异议成立，裁定终结督促程序，支付令自行失效：

（一）本解释规定的不予受理申请情形的；

（二）本解释规定的裁定驳回申请情形的；

（三）本解释规定的应当裁定终结督促程序情形的；

（四）人民法院对是否符合发出支付令条件产生合理怀疑的。

第四百三十八条 债务人对债务本身没有异议，只是提出缺乏清偿能力、延缓债务清偿期限、变更债务清偿方式等异议的，不影响支付令的效力。

人民法院经审查认为异议不成立的，裁定驳回。

债务人的口头异议无效。

第四百三十九条 人民法院作出终结督促程序或者驳回异议裁定前，债务人请求撤回异议的，应当裁定准许。

债务人对撤回异议反悔的，人民法院不予支持。

第四百四十条 支付令失效后，申请支付令的一方当事人不同意提起诉讼的，应当自收到终结督促程序裁定之日起七日内向受理申请的人民法院提出。

申请支付令的一方当事人不同意提起诉讼的，不影响其向其他有管辖权的人民法院提起诉讼。

第四百四十一条 支付令失效后，申请支付令的一方当事人自收到终结督促程序裁定之日起七日内未向受理申请的人民法院表明不同意提起诉讼的，视为向受理申请的人民法院起诉。

债权人提出支付令申请的时间，即为向人民法院起诉的时间。

第四百四十二条 债权人向人民法院申请执行支付令的期间，适用民事诉讼法第二百三十九条的规定。

第四百四十三条 人民法院院长发现本院已经发生法律效力的支付令确有错误，认为需要撤销的，应当提交本院审判委员会讨论决定后，裁定撤销支付令，驳回债权人的申请。

二十、公示催告程序

第四百四十四条 民事诉讼法第二百一十八条规定的票据持有人，是指票据被盗、遗失或者灭失前的最后持有人。

第四百四十五条 人民法院收到公示催告的申请后，应当立即审查，并决定是否受理。经审查认为符合受理条件的，通知予以受理，并同时通知支付人停止支付；认为不符合受理条件的，七日内裁定驳回申请。

第四百四十六条 因票据丧失，申请公示催告的，人民法院应结合票据存根、丧失票据的复印件、出票人关于签发票据的证明、申请人合法取得票据的证明、银行挂失止付通知书、报案证明等证据，决定是否受理。

第四百四十七条 人民法院依照民事诉讼法第二百一十九条规定发出的受理申请的公告，应当写明下列内容：

（一）公示催告申请人的姓名或者名称；

（二）票据的种类、号码、票面金额、出票人、背书人、持票人、付款期限等事项以及其他可以申请公示催告的权利凭证的种类、号码、权利范围、权利人、义务人、行权日期等事项；

（三）申报权利的期间；

（四）在公示催告期间转让票据等权利凭证，利害关系人不申报的法律后果。

第四百四十八条 公告应当在有关报纸或者其他媒体上刊登，并于同日公布于人民法院公告栏内。人民法院所在地有证券交易所的，还应当同日在该交易所公布。

第四百四十九条 公告期间不得少于六十日，且公示催告期间届满日不得早于票据付款日后十五日。

第四百五十条 在申报期届满后、判决作出之前，利害关系人申报权利的，应当适用民事诉讼法第二百二十一条第二款、第三款规定处理。

第四百五十一条 利害关系人申报权利，人民法院应当通知其向法院出示票据，并通知公示催告申请人在指定的期间查看该票据。公示催告申请人申请公示催告的票据与利害关系人出示的票据不一致的，应当裁定驳回利害关系人的申报。

第四百五十二条 在申报权利的期间无人申报权利，或者申报被驳回的，申请人应当自公示催告期间届满之日起一个月内申请作出判决。逾期不申请判决的，终结公示催告程序。

裁定终结公示催告程序的，应当通知申请人和支付人。

第四百五十三条 判决公告之日起，公示催告申请人有权依据判决向付款人请求付款。

付款人拒绝付款，申请人向人民法院起诉，符合民事诉讼法第一百一十九条规定的起诉条件的，人民法院应予受理。

第四百五十四条 适用公示催告程序审理案件，可由审判员一人独任审理；判决宣告票据无效的，应当组成合议庭审理。

第四百五十五条 公示催告申请人撤回申请，应在公示催告前提出；公示催告期间申请撤回的，人民法院可以径行裁定终结公示催告程序。

第四百五十六条 人民法院依照民事诉讼法第二百二十条规定通知支付人停止支付，应当符合有关财产保全的规定。支付人收到停止支付通知后拒不止付的，除可依照民事诉讼法第一百一十一条、第一百一十四条规定采取强制措施外，在判决后，支付人仍应承担付款义务。

第四百五十七条 人民法院依照民事诉讼法第二百二十一条规定终结公示催告程序后，公示催告申请人或者申报人向人民法院提起诉讼，因票据权利纠纷提起的，由票据支付地或者被告住所地人民法院管辖；因非票据权利纠纷提起的，由被告住所地人民法院管辖。

第四百五十八条 依照民事诉讼法第二百二十一条规定制作的终结公示催告程序的裁定书，由审判员、书记员署名，加盖人民法院印章。

第四百五十九条 依照民事诉讼法第二百二十三条的规定，利害关系人向人民法院起诉的，人民法院可按票据纠纷适用普通程序审理。

第四百六十条 民事诉讼法第二百二十三条规定的正当理由，包括：

（一）因发生意外事件或者不可抗力致使利害关系人无法知道公告事实的；

（二）利害关系人因被限制人身自由而无法知道公告事实，或者虽然知道公告事实，但无法自己或者委托他人代为申报权利的；

（三）不属于法定申请公示催告情形的；

（四）未予公告或者未按法定方式公告的；

（五）其他导致利害关系人在判决作出前未能向人民法院申报权利的客观事由。

第四百六十一条 根据民事诉讼法第二百二十三条的规定，利害关系人请求人民法院撤销除权判决的，应当将申请人列为被告。

利害关系人仅诉请确认其为合法持票人的，人民法院应当在裁判文书中写明，确认利害关系人为票据权利人的判决作出后，除权判决即被撤销。

二十一、执行程序

第四百六十二条 发生法律效力的实现担保物权裁定、确认调解协议裁定、支付令，由作出裁定、支付令的人民法院或者与其同级的被执行财产所在地的人民法院执行。

认定财产无主的判决，由作出判决的人民法院将无主财产收归国家或者集体所有。

第四百六十三条 当事人申请人民法院执行的生效法律文书应当具备下列条件：

（一）权利义务主体明确；

（二）给付内容明确。

法律文书确定继续履行合同的，应当明确继续履行的具体内容。

第四百六十四条 根据民事诉讼法第二百二十七条规定，案外人对执行标的提出异议的，应当在该执行标的执行程序终结前提出。

第四百六十五条 案外人对执行标的提出的异议，经审查，按照下列情形分别处理：

（一）案外人对执行标的不享有足以排除强制执行的权益的，裁定驳回其异议；

（二）案外人对执行标的享有足以排除强制执行的权益的，裁定中止执行。

驳回案外人执行异议裁定送达案外人之日起十五日内，人民法院不得对执行标的进行处分。

第四百六十六条 申请执行人与被执行人达成和解协议后请求中止执行或者撤回执行申请的，人民法院可以裁定中止执行或者终结执行。

第四百六十七条 一方当事人不履行或者不完全履行在执行中双方自愿达成的和解协议，对方当事人申请执行原生效法律文书的，人民法院应当恢复执行，但和解协议已履行的部分应当扣除。和解协议已经履行完毕的，人民法院不予恢复执行。

第四百六十八条　申请恢复执行原生效法律文书，适用民事诉讼法第二百三十九条申请执行期间的规定。申请执行期间因达成执行中的和解协议而中断，其期间自和解协议约定履行期限的最后一日起重新计算。

第四百六十九条　人民法院依照民事诉讼法第二百三十一条规定决定暂缓执行的，如果担保是有期限的，暂缓执行的期限应当与担保期限一致，但最长不得超过一年。被执行人或者担保人对担保的财产在暂缓执行期间有转移、隐藏、变卖、毁损等行为的，人民法院可以恢复强制执行。

第四百七十条　根据民事诉讼法第二百三十一条规定向人民法院提供执行担保的，可以由被执行人或者他人提供财产担保，也可以由他人提供保证。担保人应当具有代为履行或者代为承担赔偿责任的能力。

他人提供执行保证的，应当向执行法院出具保证书，并将保证书副本送交申请执行人。被执行人或者他人提供财产担保的，应当参照物权法、担保法的有关规定办理相应手续。

第四百七十一条　被执行人在人民法院决定暂缓执行的期限届满后仍不履行义务的，人民法院可以直接执行担保财产，或者裁定执行担保人的财产，但执行担保人的财产以担保人应当履行义务部分的财产为限。

第四百七十二条　依照民事诉讼法第二百三十二条规定，执行中作为被执行人的法人或者其他组织分立、合并的，人民法院可以裁定变更后的法人或者其他组织为被执行人；被注销的，如果依照有关实体法的规定有权利义务承受人的，可以裁定该权利义务承受人为被执行人。

第四百七十三条　其他组织在执行中不能履行法律文书确定的义务的，人民法院可以裁定执行对该其他组织依法承担义务的法人或者公民个人的财产。

第四百七十四条　在执行中，作为被执行人的法人或者其他组织名称变更的，人民法院可以裁定变更后的法人或者其他组织为被执行人。

第四百七十五条　作为被执行人的公民死亡，其遗产继承人没有放弃继承的，人民法院可以裁定变更被执行人，由该继承人在遗产的范围内偿还债务。继承人放弃继承的，人民法院可以直接执行被执行人的遗产。

第四百七十六条　法律规定由人民法院执行的其他法律文书执行完毕后，该法律文书被有关机关或者组织依法撤销的，经当事人申请，适用民事诉讼法第二百三十三条规定。

第四百七十七条　仲裁机构裁决的事项，部分有民事诉讼法第二百三十七条第二款、第三款规定情形的，人民法院应当裁定对该部分不予执行。

应当不予执行部分与其他部分不可分的，人民法院应当裁定不予执行仲裁裁决。

第四百七十八条 依照民事诉讼法第二百三十七条第二款、第三款规定，人民法院裁定不予执行仲裁裁决后，当事人对该裁定提出执行异议或者复议的，人民法院不予受理。当事人可以就该民事纠纷重新达成书面仲裁协议申请仲裁，也可以向人民法院起诉。

第四百七十九条 在执行中，被执行人通过仲裁程序将人民法院查封、扣押、冻结的财产确权或者分割给案外人的，不影响人民法院执行程序的进行。

案外人不服的，可以根据民事诉讼法第二百二十七条规定提出异议。

第四百八十条 有下列情形之一的，可以认定为民事诉讼法第二百三十八条第二款规定的公证债权文书确有错误：

（一）公证债权文书属于不得赋予强制执行效力的债权文书的；

（二）被执行人一方未亲自或者未委托代理人到场公证等严重违反法律规定的公证程序的；

（三）公证债权文书的内容与事实不符或者违反法律强制性规定的；

（四）公证债权文书未载明被执行人不履行义务或者不完全履行义务时同意接受强制执行的。

人民法院认定执行该公证债权文书违背社会公共利益的，裁定不予执行。

公证债权文书被裁定不予执行后，当事人、公证事项的利害关系人可以就债权争议提起诉讼。

第四百八十一条 当事人请求不予执行仲裁裁决或者公证债权文书的，应当在执行终结前向执行法院提出。

第四百八十二条 人民法院应当在收到申请执行书或者移交执行书后十日内发出执行通知。

执行通知中除应责令被执行人履行法律文书确定的义务外，还应通知其承担民事诉讼法第二百五十三条规定的迟延履行利息或者迟延履行金。

第四百八十三条 申请执行人超过申请执行时效期间向人民法院申请强制执行的，人民法院应予受理。被执行人对申请执行时效期间提出异议，人民法院经审查异议成立的，裁定不予执行。

被执行人履行全部或者部分义务后，又以不知道申请执行时效期间届满为由请求执行回转的，人民法院不予支持。

第四百八十四条 对必须接受调查询问的被执行人、被执行人的法定代表人、负责人或者实际控制人，经依法传唤无正当理由拒不到场的，人民法院可以拘传其到场。

人民法院应当及时对被拘传人进行调查询问，调查询问的时间不得超过八小时；情况复杂，依法可能采取拘留措施的，调查询问的时间不得超过二十四小时。

人民法院在本辖区以外采取拘传措施时，可以将被拘传人拘传到当地人民法院，当地人民法院应予协助。

第四百八十五条 人民法院有权查询被执行人的身份信息与财产信息，掌握相关信息的单位和个人必须按照协助执行通知书办理。

第四百八十六条 对被执行的财产，人民法院非经查封、扣押、冻结不得处分。对银行存款等各类可以直接扣划的财产，人民法院的扣划裁定同时具有冻结的法律效力。

第四百八十七条 人民法院冻结被执行人的银行存款的期限不得超过一年，查封、扣押动产的期限不得超过两年，查封不动产、冻结其他财产权的期限不得超过三年。

申请执行人申请延长期限的，人民法院应当在查封、扣押、冻结期限届满前办理续行查封、扣押、冻结手续，续行期限不得超过前款规定的期限。

人民法院也可以依职权办理续行查封、扣押、冻结手续。

第四百八十八条 依照民事诉讼法第二百四十七条规定，人民法院在执行中需要拍卖被执行人财产的，可以由人民法院自行组织拍卖，也可以交由具备相应资质的拍卖机构拍卖。

交拍卖机构拍卖的，人民法院应当对拍卖活动进行监督。

第四百八十九条 拍卖评估需要对现场进行检查、勘验的，人民法院应当责令被执行人、协助义务人予以配合。被执行人、协助义务人不予配合的，人民法院可以强制进行。

第四百九十条 人民法院在执行中需要变卖被执行人财产的，可以交有关单位变卖，也可以由人民法院直接变卖。

对变卖的财产，人民法院或者其工作人员不得买受。

第四百九十一条 经申请执行人和被执行人同意，且不损害其他债权人合法权益和社会公共利益的，人民法院可以不经拍卖、变卖，直接将被执行人的财产作价交申请执行人抵偿债务。对剩余债务，被执行人应当继续清偿。

第四百九十二条 被执行人的财产无法拍卖或者变卖的，经申请执行人同意，且不损害其他债权人合法权益和社会公共利益的，人民法院可以将该项财产作价后交付申请执行人抵偿债务，或者交付申请执行人管理；申请执行人拒绝接收或者管理的，退回被执行人。

第四百九十三条 拍卖成交或者依法定程序裁定以物抵债的，标的物所有权自拍卖成交裁定或者抵债裁定送达买受人或者接受抵债物的债权人时转移。

第四百九十四条 执行标的物为特定物的，应当执行原物。原物确已毁损或者灭失的，经双方当事人同意，可以折价赔偿。

双方当事人对折价赔偿不能协商一致的，人民法院应当终结执行程序。申请执行人可以另行起诉。

第四百九十五条 他人持有法律文书指定交付的财物或者票证，人民法院依照民事诉讼法第二百四十九条第二款、第三款规定发出协助执行通知后，拒不转交的，可以强制执行，并可依照民事诉讼法第一百一十四条、第一百一十五条规定处理。

他人持有期间财物或者票证毁损、灭失的，参照本解释第四百九十四条规定处理。

他人主张合法持有财物或者票证的，可以根据民事诉讼法第二百二十七条规定提出执行异议。

第四百九十六条 在执行中，被执行人隐匿财产、会计账簿等资料的，人民法院除可依照民事诉讼法第一百一十一条第一款第六项规定对其处理外，还应责令被执行人交出隐匿的财产、会计账簿等资料。被执行人拒不交出的，人民法院可以采取搜查措施。

第四百九十七条 搜查人员应当按规定着装并出示搜查令和工作证件。

第四百九十八条 人民法院搜查时禁止无关人员进入搜查现场；搜查对象是公民的，应当通知被执行人或者他的成年家属以及基层组织派员到场；搜查对象是法人或者其他组织的，应当通知法定代表人或者主要负责人到场。拒不到场的，不影响搜查。

搜查妇女身体，应当由女执行人员进行。

第四百九十九条 搜查中发现应当依法采取查封、扣押措施的财产，依照民事诉讼法第二百四十五条第二款和第二百四十七条规定办理。

第五百条 搜查应当制作搜查笔录，由搜查人员、被搜查人及其他在场人签名、捺印或者盖章。拒绝签名、捺印或者盖章的，应当记入搜查笔录。

第五百零一条 人民法院执行被执行人对他人的到期债权，可以作出冻结债权的裁定，并通知该他人向申请执行人履行。

该他人对到期债权有异议，申请执行人请求对异议部分强制执行的，人民法院不予支持。利害关系人对到期债权有异议的，人民法院应当按照民事诉讼法第二百二十七条规定处理。

对生效法律文书确定的到期债权，该他人予以否认的，人民法院不予支持。

第五百零二条 人民法院在执行中需要办理房产证、土地证、林权证、专利证书、商标证书、车船执照等有关财产权证照转移手续的，可以依照民事诉讼法第二百五十一条规定办理。

第五百零三条 被执行人不履行生效法律文书确定的行为义务，该义务可由他人完成的，人民法院可以选定代履行人；法律、行政法规对履行该行为义务有资格限制的，应当从有资格的人中选定。必要时，可以通过招标的方式确定代履行人。

申请执行人可以在符合条件的人中推荐代履行人，也可以申请自己代为履行，是否准许，由人民法院决定。

第五百零四条 代履行费用的数额由人民法院根据案件具体情况确定，并由被执行人在指定期限内预先支付。被执行人未预付的，人民法院可以对该费用强制执行。

代履行结束后，被执行人可以查阅、复制费用清单以及主要凭证。

第五百零五条 被执行人不履行法律文书指定的行为，且该项行为只能由被执行人完成的，人民法院可以依照民事诉讼法第一百一十一条第一款第六项规定处理。

被执行人在人民法院确定的履行期间内仍不履行的，人民法院可以依照民事诉讼法第一百一十一条第一款第六项规定再次处理。

第五百零六条 被执行人迟延履行的，迟延履行期间的利息或者迟延履行金自判决、裁定和其他法律文书指定的履行期间届满之日起计算。

第五百零七条 被执行人未按判决、裁定和其他法律文书指定的期间履行非金钱给付义务的，无论是否已给申请执行人造成损失，都应当支付迟延履行金。已经造成损失的，双倍补偿申请执行人已经受到的损失；没有造成损失的，迟延履行金可以由人民法院根据具体案件情况决定。

第五百零八条 被执行人为公民或者其他组织，在执行程序开始后，被执行人的其他已经取得执行依据的债权人发现被执行人的财产不能清偿所有债权的，可以向人民法院申请参与分配。

对人民法院查封、扣押、冻结的财产有优先权、担保物权的债权人，可以直接申请参与分配，主张优先受偿权。

第五百零九条 申请参与分配，申请人应当提交申请书。申请书应当写明参与分配和被执行人不能清偿所有债权的事实、理由，并附有执行依据。

参与分配申请应当在执行程序开始后，被执行人的财产执行终结前提出。

第五百一十条 参与分配执行中，执行所得价款扣除执行费用，并清偿应当优先受偿的债权后，对于普通债权，原则上按照其占全部申请参与分配债权数额的比例受偿。清偿后的剩余债务，被执行人应当继续清偿。债权人发现被执行人有其他财产的，可以随时请求人民法院执行。

第五百一十一条　多个债权人对执行财产申请参与分配的，执行法院应当制作财产分配方案，并送达各债权人和被执行人。债权人或者被执行人对分配方案有异议的，应当自收到分配方案之日起十五日内向执行法院提出书面异议。

第五百一十二条　债权人或者被执行人对分配方案提出书面异议的，执行法院应当通知未提出异议的债权人、被执行人。

未提出异议的债权人、被执行人自收到通知之日起十五日内未提出反对意见的，执行法院依异议人的意见对分配方案审查修正后进行分配；提出反对意见的，应当通知异议人。异议人可以自收到通知之日起十五日内，以提出反对意见的债权人、被执行人为被告，向执行法院提起诉讼；异议人逾期未提起诉讼的，执行法院按照原分配方案进行分配。

诉讼期间进行分配的，执行法院应当提存与争议债权数额相应的款项。

第五百一十三条　在执行中，作为被执行人的企业法人符合企业破产法第二条第一款规定情形的，执行法院经申请执行人之一或者被执行人同意，应当裁定中止对该被执行人的执行，将执行案件相关材料移送被执行人住所地人民法院。

第五百一十四条　被执行人住所地人民法院应当自收到执行案件相关材料之日起三十日内，将是否受理破产案件的裁定告知执行法院。不予受理的，应当将相关案件材料退回执行法院。

第五百一十五条　被执行人住所地人民法院裁定受理破产案件的，执行法院应当解除对被执行人财产的保全措施。被执行人住所地人民法院裁定宣告被执行人破产的，执行法院应当裁定终结对该被执行人的执行。

被执行人住所地人民法院不受理破产案件的，执行法院应当恢复执行。

第五百一十六条　当事人不同意移送破产或者被执行人住所地人民法院不受理破产案件的，执行法院就执行变价所得财产，在扣除执行费用及清偿优先受偿的债权后，对于普通债权，按照财产保全和执行中查封、扣押、冻结财产的先后顺序清偿。

第五百一十七条　债权人根据民事诉讼法第二百五十四条规定请求人民法院继续执行的，不受民事诉讼法第二百三十九条规定申请执行时效期间的限制。

第五百一十八条　被执行人不履行法律文书确定的义务的，人民法院除对被执行人予以处罚外，还可以根据情节将其纳入失信被执行人名单，将被执行人不履行或者不完全履行义务的信息向其所在单位、征信机构以及其他相关机构通报。

第五百一十九条　经过财产调查未发现可供执行的财产，在申请执行人签字确认或者执行法院组成合议庭审查核实并经院长批准后，可以裁定终结本次执行程序。

依照前款规定终结执行后，申请执行人发现被执行人有可供执行财产的，可以再次申请执行。再次申请不受申请执行时效期间的限制。

第五百二十条 因撤销申请而终结执行后，当事人在民事诉讼法第二百三十九条规定的申请执行时效期间内再次申请执行的，人民法院应当受理。

第五百二十一条 在执行终结六个月内，被执行人或者其他人对已执行的标的有妨害行为的，人民法院可以依申请排除妨害，并可以依照民事诉讼法第一百一十一条规定进行处罚。因妨害行为给执行债权人或者其他人造成损失的，受害人可以另行起诉。

二十二、涉外民事诉讼程序的特别规定

第五百二十二条 有下列情形之一，人民法院可以认定为涉外民事案件：

（一）当事人一方或者双方是外国人、无国籍人、外国企业或者组织的；

（二）当事人一方或者双方的经常居所地在中华人民共和国领域外的；

（三）标的物在中华人民共和国领域外的；

（四）产生、变更或者消灭民事关系的法律事实发生在中华人民共和国领域外的；

（五）可以认定为涉外民事案件的其他情形。

第五百二十三条 外国人参加诉讼，应当向人民法院提交护照等用以证明自己身份的证件。

外国企业或者组织参加诉讼，向人民法院提交的身份证明文件，应当经所在国公证机关公证，并经中华人民共和国驻该国使领馆认证，或者履行中华人民共和国与该所在国订立的有关条约中规定的证明手续。

代表外国企业或者组织参加诉讼的人，应当向人民法院提交其有权作为代表人参加诉讼的证明，该证明应当经所在国公证机关公证，并经中华人民共和国驻该国使领馆认证，或者履行中华人民共和国与该所在国订立的有关条约中规定的证明手续。

本条所称的"所在国"，是指外国企业或者组织的设立登记地国，也可以是办理了营业登记手续的第三国。

第五百二十四条 依照民事诉讼法第二百六十四条以及本解释第五百二十三条规定，需要办理公证、认证手续，而外国当事人所在国与中华人民共和国没有建立外交关系的，可以经该国公证机关公证，经与中华人民共和国有外交关系的第三国驻该国使领馆认证，再转由中华人民共和国驻该第三国使领馆认证。

第五百二十五条 外国人、外国企业或者组织的代表人在人民法院法官的见证下签署授权委托书，委托代理人进行民事诉讼的，人民法院应予认可。

第五百二十六条 外国人、外国企业或者组织的代表人在中华人民共和国境内

签署授权委托书，委托代理人进行民事诉讼，经中华人民共和国公证机构公证的，人民法院应予认可。

第五百二十七条 当事人向人民法院提交的书面材料是外文的，应当同时向人民法院提交中文翻译件。

当事人对中文翻译件有异议的，应当共同委托翻译机构提供翻译文本；当事人对翻译机构的选择不能达成一致的，由人民法院确定。

第五百二十八条 涉外民事诉讼中的外籍当事人，可以委托本国人为诉讼代理人，也可以委托本国律师以非律师身份担任诉讼代理人；外国驻华使领馆官员，受本国公民的委托，可以以个人名义担任诉讼代理人，但在诉讼中不享有外交或者领事特权和豁免。

第五百二十九条 涉外民事诉讼中，外国驻华使领馆授权其本馆官员，在作为当事人的本国国民不在中华人民共和国领域内的情况下，可以以外交代表身份为其本国国民在中华人民共和国聘请中华人民共和国律师或者中华人民共和国公民代理民事诉讼。

第五百三十条 涉外民事诉讼中，经调解双方达成协议，应当制发调解书。当事人要求发给判决书的，可以依协议的内容制作判决书送达当事人。

第五百三十一条 涉外合同或者其他财产权益纠纷的当事人，可以书面协议选择被告住所地、合同履行地、合同签订地、原告住所地、标的物所在地、侵权行为地等与争议有实际联系地点的外国法院管辖。

根据民事诉讼法第三十三条和第二百六十六条规定，属于中华人民共和国法院专属管辖的案件，当事人不得协议选择外国法院管辖，但协议选择仲裁的除外。

第五百三十二条 涉外民事案件同时符合下列情形的，人民法院可以裁定驳回原告的起诉，告知其向更方便的外国法院提起诉讼：

（一）被告提出案件应由更方便外国法院管辖的请求，或者提出管辖异议的；

（二）当事人之间不存在选择中华人民共和国法院管辖的协议；

（三）案件不属于中华人民共和国法院专属管辖；

（四）案件不涉及中华人民共和国国家、公民、法人或者其他组织的利益；

（五）案件争议的主要事实不是发生在中华人民共和国境内，且案件不适用中华人民共和国法律，人民法院审理案件在认定事实和适用法律方面存在重大困难；

（六）外国法院对案件享有管辖权，且审理该案件更加方便。

第五百三十三条 中华人民共和国法院和外国法院都有管辖权的案件，一方当事人向外国法院起诉，而另一方当事人向中华人民共和国法院起诉的，人民法院可予受理。判决后，外国法院申请或者当事人请求人民法院承认和执行外国法院对本案作出的判决、裁定的，不予准许；但双方共同缔结或者参加的国际条约另有规定的除外。

外国法院判决、裁定已经被人民法院承认，当事人就同一争议向人民法院起诉的，人民法院不予受理。

第五百三十四条 对在中华人民共和国领域内没有住所的当事人，经用公告方式送达诉讼文书，公告期满不应诉，人民法院缺席判决后，仍应当将裁判文书依照民事诉讼法第二百六十七条第八项规定公告送达。自公告送达裁判文书满三个月之日起，经过三十日的上诉期当事人没有上诉的，一审判决即发生法律效力。

第五百三十五条 外国人或者外国企业、组织的代表人、主要负责人在中华人民共和国领域内的，人民法院可以向该自然人或者外国企业、组织的代表人、主要负责人送达。

外国企业、组织的主要负责人包括该企业、组织的董事、监事、高级管理人员等。

第五百三十六条 受送达人所在国允许邮寄送达的，人民法院可以邮寄送达。

邮寄送达时应当附有送达回证。受送达人未在送达回证上签收但在邮件回执上签收的，视为送达，签收日期为送达日期。

自邮寄之日起满三个月，如果未收到送达的证明文件，且根据各种情况不足以认定已经送达的，视为不能用邮寄方式送达。

第五百三十七条 人民法院一审时采取公告方式向当事人送达诉讼文书的，二审时可径行采取公告方式向其送达诉讼文书，但人民法院能够采取公告方式之外的其他方式送达的除外。

第五百三十八条 不服第一审人民法院判决、裁定的上诉期，对在中华人民共和国领域内有住所的当事人，适用民事诉讼法第一百六十四条规定的期限；对在中华人民共和国领域内没有住所的当事人，适用民事诉讼法第二百六十九条规定的期限。当事人的上诉期均已届满没有上诉的，第一审人民法院的判决、裁定即发生法律效力。

第五百三十九条 人民法院对涉外民事案件的当事人申请再审进行审查的期间，不受民事诉讼法第二百零四条规定的限制。

第五百四十条 申请人向人民法院申请执行中华人民共和国涉外仲裁机构的裁决，应当提出书面申请，并附裁决书正本。如申请人为外国当事人，其申请书应当用中文文本提出。

第五百四十一条 人民法院强制执行涉外仲裁机构的仲裁裁决时，被执行人以有民事诉讼法第二百七十四条第一款规定的情形为由提出抗辩的，人民法院应当对被执行人的抗辩进行审查，并根据审查结果裁定执行或者不予执行。

第五百四十二条　依照民事诉讼法第二百七十二条规定，中华人民共和国涉外仲裁机构将当事人的保全申请提交人民法院裁定的，人民法院可以进行审查，裁定是否进行保全。裁定保全的，应当责令申请人提供担保，申请人不提供担保的，裁定驳回申请。

当事人申请证据保全，人民法院经审查认为无需提供担保的，申请人可以不提供担保。

第五百四十三条　申请人向人民法院申请承认和执行外国法院作出的发生法律效力的判决、裁定，应当提交申请书，并附外国法院作出的发生法律效力的判决、裁定正本或者经证明无误的副本以及中文译本。外国法院判决、裁定为缺席判决、裁定的，申请人应当同时提交该外国法院已经合法传唤的证明文件，但判决、裁定已经对此予以明确说明的除外。

中华人民共和国缔结或者参加的国际条约对提交文件有规定的，按照规定办理。

第五百四十四条　当事人向中华人民共和国有管辖权的中级人民法院申请承认和执行外国法院作出的发生法律效力的判决、裁定的，如果该法院所在国与中华人民共和国没有缔结或者共同参加国际条约，也没有互惠关系的，裁定驳回申请，但当事人向人民法院申请承认外国法院作出的发生法律效力的离婚判决的除外。

承认和执行申请被裁定驳回的，当事人可以向人民法院起诉。

第五百四十五条　对临时仲裁庭在中华人民共和国领域外作出的仲裁裁决，一方当事人向人民法院申请承认和执行的，人民法院应当依照民事诉讼法第二百八十三条规定处理。

第五百四十六条　对外国法院作出的发生法律效力的判决、裁定或者外国仲裁裁决，需要中华人民共和国法院执行的，当事人应当先向人民法院申请承认。人民法院经审查，裁定承认后，再根据民事诉讼法第三编的规定予以执行。

当事人仅申请承认而未同时申请执行的，人民法院仅对应否承认进行审查并作出裁定。

第五百四十七条　当事人申请承认和执行外国法院作出的发生法律效力的判决、裁定或者外国仲裁裁决的期间，适用民事诉讼法第二百三十九条的规定。

当事人仅申请承认而未同时申请执行的，申请执行的期间自人民法院对承认申请作出的裁定生效之日起重新计算。

第五百四十八条　承认和执行外国法院作出的发生法律效力的判决、裁定或者外国仲裁裁决的案件，人民法院应当组成合议庭进行审查。

人民法院应当将申请书送达被申请人。被申请人可以陈述意见。

人民法院经审查作出的裁定，一经送达即发生法律效力。

第五百四十九条 与中华人民共和国没有司法协助条约又无互惠关系的国家的法院，未通过外交途径，直接请求人民法院提供司法协助的，人民法院应予退回，并说明理由。

第五百五十条 当事人在中华人民共和国领域外使用中华人民共和国法院的判决书、裁定书，要求中华人民共和国法院证明其法律效力的，或者外国法院要求中华人民共和国法院证明判决书、裁定书的法律效力的，作出判决、裁定的中华人民共和国法院，可以本法院的名义出具证明。

第五百五十一条 人民法院审理涉及香港、澳门特别行政区和台湾地区的民事诉讼案件，可以参照适用涉外民事诉讼程序的特别规定。

二十三、附　则

第五百五十二条 本解释公布施行后，最高人民法院于1992年7月14日发布的《关于适用〈中华人民共和国民事诉讼法〉若干问题的意见》同时废止；最高人民法院以前发布的司法解释与本解释不一致的，不再适用。

最高人民法院
关于民事诉讼证据的若干规定

2008年12月26日　　　　　　　　　　法释〔2001〕33号

为保证人民法院正确认定案件事实，公正、及时审理民事案件，保障和便利当事人依法行使诉讼权利，根据《中华人民共和国民事诉讼法》(以下简称《民事诉讼法》)等有关法律的规定，结合民事审判经验和实际情况，制定本规定。

一、当事人举证

第一条 原告向人民法院起诉或者被告提出反诉，应当附有符合起诉条件的相应的证据材料。

第二条 当事人对自己提出的诉讼请求所依据的事实或者反驳对方诉讼请求所依据的事实有责任提供证据加以证明。

没有证据或者证据不足以证明当事人的事实主张的,由负有举证责任的当事人承担不利后果。

第三条 人民法院应当向当事人说明举证的要求及法律后果,促使当事人在合理期限内积极、全面、正确、诚实地完成举证。

当事人因客观原因不能自行收集的证据,可申请人民法院调查收集。

第四条 下列侵权诉讼,按照以下规定承担举证责任:

(一)因新产品制造方法发明专利引起的专利侵权诉讼,由制造同样产品的单位或者个人对其产品制造方法不同于专利方法承担举证责任;

(二)高度危险作业致人损害的侵权诉讼,由加害人就受害人故意造成损害的事实承担举证责任;

(三)因环境污染引起的损害赔偿诉讼,由加害人就法律规定的免责事由及其行为与损害结果之间不存在因果关系承担举证责任;

(四)建筑物或者其他设施以及建筑物上的搁置物、悬挂物发生倒塌、脱落、坠落致人损害的侵权诉讼,由所有人或者管理人对其无过错承担举证责任;

(五)饲养动物致人损害的侵权诉讼,由动物饲养人或者管理人就受害人有过错或者第三人有过错承担举证责任;

(六)因缺陷产品致人损害的侵权诉讼,由产品的生产者就法律规定的免责事由承担举证责任;

(七)因共同危险行为致人损害的侵权诉讼,由实施危险行为的人就其行为与损害结果之间不存在因果关系承担举证责任;

(八)因医疗行为引起的侵权诉讼,由医疗机构就医疗行为与损害结果之间不存在因果关系及不存在医疗过错承担举证责任。

有关法律对侵权诉讼的举证责任有特殊规定的,从其规定。

第五条 在合同纠纷案件中,主张合同关系成立并生效的一方当事人对合同订立和生效的事实承担举证责任;主张合同关系变更、解除、终止、撤销的一方当事人对引起合同关系变动的事实承担举证责任。

对合同是否履行发生争议的,由负有履行义务的当事人承担举证责任。

对代理权发生争议的,由主张有代理权一方当事人承担举证责任。

第六条 在劳动争议纠纷案件中,因用人单位作出开除、除名、辞退、解除劳动合同、减少劳动报酬、计算劳动者工作年限等决定而发生劳动争议的,由用人单位负举证责任。

第七条 在法律没有具体规定,依本规定及其他司法解释无法确定举证责任承担时,人民法院可以根据公平原则和诚实信用原则,综合当事人举证能力等因素确定举证责任的承担。

第八条 诉讼过程中，一方当事人对另一方当事人陈述的案件事实明确表示承认的，另一方当事人无需举证。但涉及身份关系的案件除外。

对一方当事人陈述的事实，另一方当事人既未表示承认也未否认，经审判人员充分说明并询问后，其仍不明确表示肯定或者否定的，视为对该项事实的承认。

当事人委托代理人参加诉讼的，代理人的承认视为当事人的承认。但未经特别授权的代理人对事实的承认直接导致承认对方诉讼请求的除外；当事人在场但对其代理人的承认不作否认表示的，视为当事人的承认。

当事人在法庭辩论终结前撤回承认并经对方当事人同意，或者有充分证据证明其承认行为是在受胁迫或者重大误解情况下作出且与事实不符的，不能免除对方当事人的举证责任。

第九条 下列事实，当事人无需举证证明：

（一）众所周知的事实；

（二）自然规律及定理；

（三）根据法律规定或者已知事实和日常生活经验法则，能推定出的另一事实；

（四）已为人民法院发生法律效力的裁判所确认的事实；

（五）已为仲裁机构的生效裁决所确认的事实；

（六）已为有效公证文书所证明的事实。

前款（一）、（三）、（四）、（五）、（六）项，当事人有相反证据足以推翻的除外。

第十条 当事人向人民法院提供证据，应当提供原件或者原物。如需自己保存证据原件、原物或者提供原件、原物确有困难的，可以提供经人民法院核对无异的复制件或者复制品。

第十一条 当事人向人民法院提供的证据系在中华人民共和国领域外形成的，该证据应当经所在国公证机关予以证明，并经中华人民共和国驻该国使领馆予以认证，或者履行中华人民共和国与该所在国订立的有关条约中规定的证明手续。

当事人向人民法院提供的证据是在香港、澳门、台湾地区形成的，应当履行相关的证明手续。

第十二条 当事人向人民法院提供外文书证或者外文说明资料，应当附有中文译本。

第十三条 对双方当事人无争议但涉及国家利益、社会公共利益或者他人合法权益的事实，人民法院可以责令当事人提供有关证据。

第十四条 当事人应当对其提交的证据材料逐一分类编号，对证据材料的来源、证明对象和内容作简要说明，签名盖章，注明提交日期，并依照对方当事人人数提出副本。

人民法院收到当事人提交的证据材料，应当出具收据，注明证据的名称、份数和页数以及收到的时间，由经办人员签名或者盖章。

二、人民法院调查收集证据

第十五条 《民事诉讼法》第六十四条规定的"人民法院认为审理案件需要的证据"，是指以下情形：

（一）涉及可能有损国家利益、社会公共利益或者他人合法权益的事实；

（二）涉及依职权追加当事人、中止诉讼、终结诉讼、回避等与实体争议无关的程序事项。

第十六条 除本规定第十五条规定的情形外，人民法院调查收集证据，应当依当事人的申请进行。

第十七条 符合下列条件之一的，当事人及其诉讼代理人可以申请人民法院调查收集证据：

（一）申请调查收集的证据属于国家有关部门保存并须人民法院依职权调取的档案材料；

（二）涉及国家秘密、商业秘密、个人隐私的材料；

（三）当事人及其诉讼代理人确因客观原因不能自行收集的其他材料。

第十八条 当事人及其诉讼代理人申请人民法院调查收集证据，应当提交书面申请。申请书应当载明被调查人的姓名或者单位名称、住所地等基本情况、所要调查收集的证据的内容、需要由人民法院调查收集证据的原因及其要证明的事实。

第十九条 当事人及其诉讼代理人申请人民法院调查收集证据，不得迟于举证期限届满前 7 日。

人民法院对当事人及其诉讼代理人的申请不予准许的，应当向当事人或其诉讼代理人送达通知书。当事人及其诉讼代理人可以在收到通知书的次日起 3 日内向受理申请的人民法院书面申请复议一次。人民法院应当在收到复议申请之日起 5 日内作出答复。

第二十条 调查人员调查收集的书证，可以是原件，也可以是经核对无误的副本或者复制件。是副本或者复制件的，应当在调查笔录中说明来源和取证情况。

第二十一条 调查人员调查收集的物证应当是原物。被调查人提供原物确有困难的，可以提供复制品或者照片。提供复制品或者照片的，应当在调查笔录中说明取证情况。

第二十二条 调查人员调查收集计算机数据或者录音、录像等视听资料的，应当要求被调查人提供有关资料的原始载体。提供原始载体确有困难的，可以提供复制件。提供复制件的，调查人员应当在调查笔录中说明其来源和制作经过。

第二十三条 当事人依据《民事诉讼法》第七十四条的规定向人民法院申请保全证据，不得迟于举证期限届满前7日。

当事人申请保全证据的，人民法院可以要求其提供相应的担保。

法律、司法解释规定诉前保全证据的，依其规定办理。

第二十四条 人民法院进行证据保全，可以根据具体情况，采取查封、扣押、拍照、录音、录像、复制、鉴定、勘验、制作笔录等方法。

人民法院进行证据保全，可以要求当事人或者诉讼代理人到场。

第二十五条 当事人申请鉴定，应当在举证期限内提出。符合本规定第二十七条规定的情形，当事人申请重新鉴定的除外。

对需要鉴定的事项负有举证责任的当事人，在人民法院指定的期限内无正当理由不提出鉴定申请或者不预交鉴定费用或者拒不提供相关材料，致使对案件争议的事实无法通过鉴定结论予以认定的，应当对该事实承担举证不能的法律后果。

第二十六条 当事人申请鉴定经人民法院同意后，由双方当事人协商确定有鉴定资格的鉴定机构、鉴定人员，协商不成的，由人民法院指定。

第二十七条 当事人对人民法院委托的鉴定部门作出的鉴定结论有异议申请重新鉴定，提出证据证明存在下列情形之一的，人民法院应予准许：

（一）鉴定机构或者鉴定人员不具备相关的鉴定资格的；

（二）鉴定程序严重违法的；

（三）鉴定结论明显依据不足的；

（四）经过质证认定不能作为证据使用的其他情形。

对有缺陷的鉴定结论，可以通过补充鉴定、重新质证或者补充质证等方法解决的，不予重新鉴定。

第二十八条 一方当事人自行委托有关部门作出的鉴定结论，另一方当事人有证据足以反驳并申请重新鉴定的，人民法院应予准许。

第二十九条 审判人员对鉴定人出具的鉴定书，应当审查是否具有下列内容：

（一）委托人姓名或者名称、委托鉴定的内容；

（二）委托鉴定的材料；

（三）鉴定的依据及使用的科学技术手段；

（四）对鉴定过程的说明；

（五）明确的鉴定结论；

（六）对鉴定人鉴定资格的说明；

（七）鉴定人员及鉴定机构签名盖章。

第三十条 人民法院勘验物证或者现场，应当制作笔录，记录勘验的时间、地点、勘验人、在场人、勘验的经过、结果，由勘验人、在场人签名或者盖章。对于绘制的现场图应当注明绘制的时间、方位、测绘人姓名、身份等内容。

第三十一条 摘录有关单位制作的与案件事实相关的文件、材料，应当注明出处，并加盖制作单位或者保管单位的印章，摘录人和其他调查人员应当在摘录件上签名或者盖章。

摘录文件、材料应当保持内容相应的完整性，不得断章取义。

三、举证时限与证据交换

第三十二条 被告应当在答辩期届满前提出书面答辩，阐明其对原告诉讼请求及所依据的事实和理由的意见。

第三十三条 人民法院应当在送达案件受理通知书和应诉通知书的同时向当事人送达举证通知书。举证通知书应当载明举证责任的分配原则与要求、可以向人民法院申请调查取证的情形、人民法院根据案件情况指定的举证期限以及逾期提供证据的法律后果。

举证期限可以由当事人协商一致，并经人民法院认可。

由人民法院指定举证期限的，指定的期限不得少于30日，自当事人收到案件受理通知书和应诉通知书的次日起计算。

第三十四条 当事人应当在举证期限内向人民法院提交证据材料，当事人在举证期限内不提交的，视为放弃举证权利。

对于当事人逾期提交的证据材料，人民法院审理时不组织质证。但对方当事人同意质证的除外。

当事人增加、变更诉讼请求或者提起反诉的，应当在举证期限届满前提出。

第三十五条 诉讼过程中，当事人主张的法律关系的性质或者民事行为的效力与人民法院根据案件事实作出的认定不一致的，不受本规定第三十四条规定的限制，人民法院应当告知当事人可以变更诉讼请求。

当事人变更诉讼请求的，人民法院应当重新指定举证期限。

第三十六条 当事人在举证期限内提交证据材料确有困难的，应当在举证期限内向人民法院申请延期举证，经人民法院准许，可以适当延长举证期限。当事人在延长的举证期限内提交证据材料仍有困难的，可以再次提出延期申请，是否准许由人民法院决定。

第三十七条 经当事人申请，人民法院可以组织当事人在开庭审理前交换证据。

人民法院对于证据较多或者复杂疑难的案件，应当组织当事人在答辩期届满后、开庭审理前交换证据。

第三十八条 交换证据的时间可以由当事人协商一致并经人民法院认可，也可以由人民法院指定。

人民法院组织当事人交换证据的，交换证据之日举证期限届满。当事人申请延期举证经人民法院准许的，证据交换日相应顺延。

第三十九条 证据交换应当在审判人员的主持下进行。

在证据交换的过程中，审判人员对当事人无异议的事实、证据应当记录在卷；对有异议的证据，按照需要证明的事实分类记录在卷，并记载异议的理由。通过证据交换，确定双方当事人争议的主要问题。

第四十条 当事人收到对方交换的证据后提出反驳并提出新证据的，人民法院应当通知当事人在指定的时间进行交换。

证据交换一般不超过两次。但重大、疑难和案情特别复杂的案件，人民法院认为确有必要再次进行证据交换的除外。

第四十一条 《民事诉讼法》第一百二十五条第一款规定的"新的证据"，是指以下情形：

（一）一审程序中的新的证据包括：当事人在一审举证期限届满后新发现的证据；当事人确因客观原因无法在举证期限内提供，经人民法院准许，在延长的期限内仍无法提供的证据。

（二）二审程序中的新的证据包括：一审庭审结束后新发现的证据；当事人在一审举证期限届满前申请人民法院调查取证未获准许，二审法院经审查认为应当准许并依当事人申请调取的证据。

第四十二条 当事人在一审程序中提供新的证据的，应当在一审开庭前或者开庭审理时提出。

当事人在二审程序中提供新的证据的，应当在二审开庭前或者开庭审理时提出；二审不需要开庭审理的，应当在人民法院指定的期限内提出。

第四十三条 当事人举证期限届满后提供的证据不是新的证据的，人民法院不予采纳。

当事人经人民法院准许延期举证，但因客观原因未能在准许的期限内提供，且不审理该证据可能导致裁判明显不公的，其提供的证据可视为新的证据。

第四十四条 《民事诉讼法》第一百七十九条第一款第（一）项规定的"新的证

据"，是指原审庭审结束后新发现的证据。

当事人在再审程序中提供新的证据的，应当在申请再审时提出。

第四十五条 一方当事人提出新的证据的，人民法院应当通知对方当事人在合理期限内提出意见或者举证。

第四十六条 由于当事人的原因未能在指定期限内举证，致使案件在二审或者再审期间因提出新的证据被人民法院发回重审或者改判的，原审裁判不属于错误裁判案件。一方当事人请求提出新的证据的另一方当事人负担由此增加的差旅、误工、证人出庭作证、诉讼等合理费用以及由此扩大的直接损失，人民法院应予支持。

四、质　证

第四十七条 证据应当在法庭上出示，由当事人质证。未经质证的证据，不能作为认定案件事实的依据。

当事人在证据交换过程中认可并记录在卷的证据，经审判人员在庭审中说明后，可以作为认定案件事实的依据。

第四十八条 涉及国家秘密、商业秘密和个人隐私或者法律规定的其他应当保密的证据，不得在开庭时公开质证。

第四十九条 对书证、物证、视听资料进行质证时，当事人有权要求出示证据的原件或者原物。但有下列情况之一的除外：

（一）出示原件或者原物确有困难并经人民法院准许出示复制件或者复制品的；

（二）原件或者原物已不存在，但有证据证明复制件、复制品与原件或原物一致的。

第五十条 质证时，当事人应当围绕证据的真实性、关联性、合法性，针对证据证明力有无以及证明力大小，进行质疑、说明与辩驳。

第五十一条 质证按下列顺序进行：

（一）原告出示证据，被告、第三人与原告进行质证；

（二）被告出示证据，原告、第三人与被告进行质证；

（三）第三人出示证据，原告、被告与第三人进行质证。

人民法院依照当事人申请调查收集的证据，作为提出申请的一方当事人提供的证据。

人民法院依照职权调查收集的证据应当在庭审时出示，听取当事人意见，并可就调查收集该证据的情况予以说明。

第五十二条 案件有两个以上独立的诉讼请求的，当事人可以逐个出示证据进行质证。

第五十三条 不能正确表达意志的人，不能作为证人。

待证事实与其年龄、智力状况或者精神健康状况相适应的无民事行为能力人和限制民事行为能力人，可以作为证人。

第五十四条 当事人申请证人出庭作证，应当在举证期限届满 10 日前提出，并经人民法院许可。

人民法院对当事人的申请予以准许的，应当在开庭审理前通知证人出庭作证，并告知其应当如实作证及作伪证的法律后果。

证人因出庭作证而支出的合理费用，由提供证人的一方当事人先行支付，由败诉一方当事人承担。

第五十五条 证人应当出庭作证，接受当事人的质询。

证人在人民法院组织双方当事人交换证据时出席陈述证言的，可视为出庭作证。

第五十六条 《民事诉讼法》第七十条规定的"证人确有困难不能出庭"，是指有下列情形：

（一）年迈体弱或者行动不便无法出庭的；

（二）特殊岗位确实无法离开的；

（三）路途特别遥远，交通不便难以出庭的；

（四）因自然灾害等不可抗力的原因无法出庭的；

（五）其他无法出庭的特殊情况。

前款情形，经人民法院许可，证人可以提交书面证言或者视听资料或者通过双向视听传输技术手段作证。

第五十七条 出庭作证的证人应当客观陈述其亲身感知的事实。证人为聋哑人的，可以其他表达方式作证。

证人作证时，不得使用猜测、推断或者评论性的语言。

第五十八条 审判人员和当事人可以对证人进行询问。证人不得旁听法庭审理；询问证人时，其他证人不得在场。人民法院认为有必要的，可以让证人进行对质。

第五十九条 鉴定人应当出庭接受当事人质询。

鉴定人确因特殊原因无法出庭的，经人民法院准许，可以书面答复当事人的质询。

第六十条 经法庭许可，当事人可以向证人、鉴定人、勘验人发问。

询问证人、鉴定人、勘验人不得使用威胁、侮辱及不适当引导证人的言语和方式。

第六十一条 当事人可以向人民法院申请由 1 至 2 名具有专门知识的人员出庭

就案件的专门性问题进行说明。人民法院准许其申请的,有关费用由提出申请的当事人负担。

审判人员和当事人可以对出庭的具有专门知识的人员进行询问。

经人民法院准许,可以由当事人各自申请的具有专门知识的人员就有关案件中的问题进行对质。

具有专门知识的人员可以对鉴定人进行询问。

第六十二条 法庭应当将当事人的质证情况记入笔录,并由当事人核对后签名或者盖章。

五、证据的审核认定

第六十三条 人民法院应当以证据能够证明的案件事实为依据依法作出裁判。

第六十四条 审判人员应当依照法定程序,全面、客观地审核证据,依据法律的规定,遵循法官职业道德,运用逻辑推理和日常生活经验,对证据有无证明力和证明力大小独立进行判断,并公开判断的理由和结果。

第六十五条 审判人员对单一证据可以从下列方面进行审核认定:

(一)证据是否原件、原物,复印件、复制品与原件、原物是否相符;

(二)证据与本案事实是否相关;

(三)证据的形式、来源是否符合法律规定;

(四)证据的内容是否真实;

(五)证人或者提供证据的人,与当事人有无利害关系。

第六十六条 审判人员对案件的全部证据,应当从各证据与案件事实的关联程度、各证据之间的联系等方面进行综合审查判断。

第六十七条 在诉讼中,当事人为达成调解协议或者和解的目的作出妥协所涉及的对案件事实的认可,不得在其后的诉讼中作为对其不利的证据。

第六十八条 以侵害他人合法权益或者违反法律禁止性规定的方法取得的证据,不能作为认定案件事实的依据。

第六十九条 下列证据不能单独作为认定案件事实的依据:

(一)未成年人所作的与其年龄和智力状况不相当的证言;

(二)与一方当事人或者其代理人有利害关系的证人出具的证言;

(三)存有疑点的视听资料;

(四)无法与原件、原物核对的复印件、复制品;

(五)无正当理由未出庭作证的证人证言。

第七十条 一方当事人提出的下列证据,对方当事人提出异议但没有足以反驳的相反证据的,人民法院应当确认其证明力:

(一)书证原件或者与书证原件核对无误的复印件、照片、副本、节录本;

(二)物证原物或者与物证原物核对无误的复制件、照片、录像资料等;

(三)有其他证据佐证并以合法手段取得的、无疑点的视听资料或者与视听资料核对无误的复制件;

(四)一方当事人申请人民法院依照法定程序制作的对物证或者现场的勘验笔录。

第七十一条 人民法院委托鉴定部门作出的鉴定结论,当事人没有足以反驳的相反证据和理由的,可以认定其证明力。

第七十二条 一方当事人提出的证据,另一方当事人认可或者提出的相反证据不足以反驳的,人民法院可以确认其证明力。

一方当事人提出的证据,另一方当事人有异议并提出反驳证据,对方当事人对反驳证据认可的,可以确认反驳证据的证明力。

第七十三条 双方当事人对同一事实分别举出相反的证据,但都没有足够的依据否定对方证据的,人民法院应当结合案件情况,判断一方提供证据的证明力是否明显大于另一方提供证据的证明力,并对证明力较大的证据予以确认。

因证据的证明力无法判断导致争议事实难以认定的,人民法院应当依据举证责任分配的规则作出裁判。

第七十四条 诉讼过程中,当事人在起诉状、答辩状、陈述及其委托代理人的代理词中承认的对己方不利的事实和认可的证据,人民法院应当予以确认,但当事人反悔并有相反证据足以推翻的除外。

第七十五条 有证据证明一方当事人持有证据无正当理由拒不提供,如果对方当事人主张该证据的内容不利于证据持有人,可以推定该主张成立。

第七十六条 当事人对自己的主张,只有本人陈述而不能提出其他相关证据的,其主张不予支持。但对方当事人认可的除外。

第七十七条 人民法院就数个证据对同一事实的证明力,可以依照下列原则认定:

(一)国家机关、社会团体依职权制作的公文书证的证明力一般大于其他书证;

(二)物证、档案、鉴定结论、勘验笔录或者经过公证、登记的书证,其证明力一般大于其他书证、视听资料和证人证言;

(三)原始证据的证明力一般大于传来证据;

(四)直接证据的证明力一般大于间接证据;

（五）证人提供的对与其有亲属或者其他密切关系的当事人有利的证言，其证明力一般小于其他证人证言。

第七十八条 人民法院认定证人证言，可以通过对证人的智力状况、品德、知识、经验、法律意识和专业技能等的综合分析作出判断。

第七十九条 人民法院应当在裁判文书中阐明证据是否采纳的理由。

对当事人无争议的证据，是否采纳的理由可以不在裁判文书中表述。

六、其　他

第八十条 对证人、鉴定人、勘验人的合法权益依法予以保护。

当事人或者其他诉讼参与人伪造、毁灭证据，提供假证据，阻止证人作证，指使、贿买、胁迫他人作伪证，或者对证人、鉴定人、勘验人打击报复的，依照《民事诉讼法》第一百零二条的规定处理。

第八十一条 人民法院适用简易程序审理案件，不受本解释中第三十二条、第三十三条第三款和第七十九条规定的限制。

第八十二条 本院过去的司法解释，与本规定不一致的，以本规定为准。

第八十三条 本规定自 2002 年 4 月 1 日起施行。2002 年 4 月 1 日尚未审结的一审、二审和再审民事案件不适用本规定。

本规定施行前已经审理终结的民事案件，当事人以违反本规定为由申请再审的，人民法院不予支持。

本规定施行后受理的再审民事案件，人民法院依据《民事诉讼法》第一百八十六条的规定进行审理的，适用本规定。

最高人民法院
关于审理民事案件适用诉讼时效制度若干问题的规定

2008 年 8 月 21 日　　　　　　　　　　　　法释〔2008〕11 号

为正确适用法律关于诉讼时效制度的规定，保护当事人的合法权益，依照《中华人民共和国民法通则》《中华人民共和国物权法》《中华人民共和国合同法》《中华人民共和国民事诉讼法》等法律的规定，结合审判实践，制定本规定。

第一条　当事人可以对债权请求权提出诉讼时效抗辩，但对下列债权请求权提出诉讼时效抗辩的，人民法院不予支持：

（一）支付存款本金及利息请求权；

（二）兑付国债、金融债券以及向不特定对象发行的企业债券本息请求权；

（三）基于投资关系产生的缴付出资请求权；

（四）其他依法不适用诉讼时效规定的债权请求权。

第二条　当事人违反法律规定，约定延长或者缩短诉讼时效期间、预先放弃诉讼时效利益的，人民法院不予认可。

第三条　当事人未提出诉讼时效抗辩，人民法院不应对诉讼时效问题进行释明及主动适用诉讼时效的规定进行裁判。

第四条　当事人在一审期间未提出诉讼时效抗辩，在二审期间提出的，人民法院不予支持，但其基于新的证据能够证明对方当事人的请求权已过诉讼时效期间的情形除外。

当事人未按照前款规定提出诉讼时效抗辩，以诉讼时效期间届满为由申请再审或者提出再审抗辩的，人民法院不予支持。

第五条　当事人约定同一债务分期履行的，诉讼时效期间从最后一期履行期限届满之日起计算。

第六条　未约定履行期限的合同，依照合同法第六十一条、第六十二条的规定，可以确定履行期限的，诉讼时效期间从履行期限届满之日起计算；不能确定履行期限的，诉讼时效期间从债权人要求债务人履行义务的宽限期届满之日起计算，但债务人在债权人第一次向其主张权利之时明确表示不履行义务的，诉讼时效期间从债务人明确表示不履行义务之日起计算。

第七条　享有撤销权的当事人一方请求撤销合同的，应适用合同法第五十五条关于一年除斥期间的规定。对方当事人对撤销合同请求权提出诉讼时效抗辩的，人民法院不予支持。

合同被撤销，返还财产、赔偿损失请求权的诉讼时效期间从合同被撤销之日起计算。

第八条　返还不当得利请求权的诉讼时效期间，从当事人一方知道或者应当知道不当得利事实及对方当事人之日起计算。

第九条　管理人因无因管理行为产生的给付必要管理费用、赔偿损失请求权的诉讼时效期间，从无因管理行为结束并且管理人知道或者应当知道本人之日起计算。

本人因不当无因管理行为产生的赔偿损失请求权的诉讼时效期间，从其知道或者应当知道管理人及损害事实之日起计算。

第十条　具有下列情形之一的，应当认定为民法通则第一百四十条规定的"当事人一方提出要求"，产生诉讼时效中断的效力：

（一）当事人一方直接向对方当事人送交主张权利文书，对方当事人在文书上签字、盖章或者虽未签字、盖章但能够以其他方式证明该文书到达对方当事人的；

（二）当事人一方以发送信件或者数据电文方式主张权利，信件或者数据电文到达或者应当到达对方当事人的；

（三）当事人一方为金融机构，依照法律规定或者当事人约定从对方当事人账户中扣收欠款本息的；

（四）当事人一方下落不明，对方当事人在国家级或者下落不明的当事人一方住所地的省级有影响的媒体上刊登具有主张权利内容的公告的，但法律和司法解释另有特别规定的，适用其规定。

前款第（一）项情形中，对方当事人为法人或者其他组织的，签收人可以是其法定代表人、主要负责人、负责收发信件的部门或者被授权主体；对方当事人为自然人的，签收人可以是自然人本人、同住的具有完全行为能力的亲属或者被授权主体。

第十一条　权利人对同一债权中的部分债权主张权利，诉讼时效中断的效力及于剩余债权，但权利人明确表示放弃剩余债权的情形除外。

第十二条　当事人一方向人民法院提交起诉状或者口头起诉的，诉讼时效从提交起诉状或者口头起诉之日起中断。

第十三条　下列事项之一，人民法院应当认定与提起诉讼具有同等诉讼时效中断的效力：

（一）申请仲裁；

（二）申请支付令；

（三）申请破产、申报破产债权；

（四）为主张权利而申请宣告义务人失踪或死亡；

（五）申请诉前财产保全、诉前临时禁令等诉前措施；

（六）申请强制执行；

（七）申请追加当事人或者被通知参加诉讼；

（八）在诉讼中主张抵消；

（九）其他与提起诉讼具有同等诉讼时效中断效力的事项。

第十四条　权利人向人民调解委员会以及其他依法有权解决相关民事纠纷的国家机关、事业单位、社会团体等社会组织提出保护相应民事权利的请求，诉讼时效从提出请求之日起中断。

第十五条　权利人向公安机关、人民检察院、人民法院报案或者控告，请求保护其民事权利的，诉讼时效从其报案或者控告之日起中断。

上述机关决定不立案、撤销案件、不起诉的，诉讼时效期间从权利人知道或者应当知道不立案、撤销案件或者不起诉之日起重新计算；刑事案件进入审理阶段，诉讼时效期间从刑事裁判文书生效之日起重新计算。

第十六条 义务人作出分期履行、部分履行、提供担保、请求延期履行、制定清偿债务计划等承诺或者行为的，应当认定为民法通则第一百四十条规定的当事人一方"同意履行义务"。

第十七条 对于连带债权人中的一人发生诉讼时效中断效力的事由，应当认定对其他连带债权人也发生诉讼时效中断的效力。

对于连带债务人中的一人发生诉讼时效中断效力的事由，应当认定对其他连带债务人也发生诉讼时效中断的效力。

第十八条 债权人提起代位权诉讼的，应当认定对债权人的债权和债务人的债权均发生诉讼时效中断的效力。

第十九条 债权转让的，应当认定诉讼时效从债权转让通知到达债务人之日起中断。

债务承担情形下，构成原债务人对债务承认的，应当认定诉讼时效从债务承担意思表示到达债权人之日起中断。

第二十条 有下列情形之一的，应当认定为民法通则第一百三十九条规定的"其他障碍"，诉讼时效中止：

（一）权利被侵害的无民事行为能力人、限制民事行为能力人没有法定代理人，或者法定代理人死亡、丧失代理权、丧失行为能力；

（二）继承开始后未确定继承人或者遗产管理人；

（三）权利人被义务人或者其他人控制无法主张权利；

（四）其他导致权利人不能主张权利的客观情形。

第二十一条 主债务诉讼时效期间届满，保证人享有主债务人的诉讼时效抗辩权。

保证人未主张前述诉讼时效抗辩权，承担保证责任后向主债务人行使追偿权的，人民法院不予支持，但主债务人同意给付的情形除外。

第二十二条 诉讼时效期间届满，当事人一方向对方当事人作出同意履行义务的意思表示或者自愿履行义务后，又以诉讼时效期间届满为由进行抗辩的，人民法院不予支持。

第二十三条 本规定施行后，案件尚在一审或者二审阶段的，适用本规定；本规定施行前已经终审的案件，人民法院进行再审时，不适用本规定。

第二十四条 本规定施行前本院作出的有关司法解释与本规定相抵触的，以本规定为准。

三、司法文件

最高人民法院关于依法审理和执行被风险处置证券公司相关案件的通知

2009年5月26日　　　　　　　　　　　　　　法发〔2009〕35号

各省、自治区、直辖市高级人民法院，解放军军事法院，新疆维吾尔自治区高级人民法院生产建设兵团分院：

为维护证券市场和社会的稳定，依法审理和执行被风险处置证券公司的相关案件，现就有关问题通知如下：

一、为统一、规范证券公司风险处置中个人债权的处理，保持证券市场运行的连续性和稳定性，中国人民银行、财政部、中国银行业监督管理委员会、中国证券监督管理委员会联合制定发布了《个人债权及客户证券交易结算资金收购意见》。国家对个人债权和客户交易结算资金的收购，是国家有关行政部门和金融监管机构采取的特殊行政手段。相关债权是否属于应当收购的个人债权或者客户交易结算资金范畴，系由中国人民银行、金融监管机构以及依据《个人债权及客户证券交易结算资金收购意见》成立的甄别确认小组予以确认的，不属人民法院审理的范畴。因此，有关当事人因上述执行机关在风险处置过程中甄别确认其债权不属于国家收购范围的个人债权或者客户证券交易结算资金，向人民法院提起诉讼，请求确认其债权应纳入国家收购范围的，人民法院不予受理。国家收购范围之外的债权，有关权利人可以在相关证券公司进入破产程序后向人民法院申报。

二、托管是相关监管部门对高风险证券公司的证券经纪业务等涉及公众客户的业务采取的行政措施，托管机构仅对被托管证券公司的经纪业务行使经营管理权，不因托管而承继被托管证券公司的债务。因此，有关权利人仅以托管为由向人民法院提起诉讼，请求判令托管机构承担被托管证券公司债务的，人民法院不予受理。

三、处置证券类资产是行政处置过程中的一个重要环节，行政清算组依照法律、行政法规及国家相关政策，对证券类资产采取市场交易方式予以处置，在合理估价的基础上转让证券类资产，受让人支付相应的对价。因此，证券公司的债权人向人民法院提起诉讼，请求判令买受人承担证券公司债务偿还责任的，人民法院对其诉讼请求不予支持。

四、破产程序作为司法权介入的特殊偿债程序，是在债务人财产不足以清偿债务的情况下，以法定的程序和方法，为所有债权人创造获得公平受偿的条件和机会，以使所有债权人共同享有利益、共同分担损失。鉴此，根据企业破产法第十九条的规定，人民法院受理证券公司的破产申请后，有关证券公司财产的保全措施应当解除，执行程序应当中止。具体如下：

1. 人民法院受理破产申请后，已对证券公司有关财产采取了保全措施，包括执行程序中的查封、冻结、扣押措施的人民法院应当解除相应措施。人民法院解除有关证券公司财产的保全措施时，应当及时通知破产案件管理人并将有关财产移交管理人接管，管理人可以向受理破产案件的人民法院申请保全。

2. 人民法院受理破产申请后，已经受理有关证券公司执行案件的人民法院，对证券公司财产尚未执行或者尚未执行完毕的程序应当中止执行。当事人在破产申请受理后向有关法院申请对证券公司财产强制执行的，有关法院对其申请不予受理，并告知其依法向破产案件管理人申报债权。破产申请受理后人民法院未中止执行的，对于已经执行了的证券公司财产，执行法院应当依法执行回转，并交由管理人作为破产财产统一分配。

3. 管理人接管证券公司财产、调查证券公司财产状况后，发现有关法院仍然对证券公司财产进行保全或者继续执行，向采取保全措施或执行措施的人民法院提出申请的，有关人民法院应当依法及时解除保全或中止执行。

4. 受理破产申请的人民法院在破产宣告前裁定驳回申请人的破产申请，并终结证券公司破产程序的，应当在作出终结破产程序的裁定前，告知管理人通知原对证券公司财产采取保全措施的人民法院恢复原有的保全措施，有轮候保全的，以原采取保全措施的时间确定轮候顺位。对恢复受理证券公司为被执行人的执行案件，适用申请执行时效中断的规定。

五、证券公司进入破产程序后，人民法院作出的刑事附带民事赔偿或者涉及追缴赃款赃物的判决应当中止执行，由相关权利人在破产程序中以申报债权等方式行使权利；刑事判决中罚金、没收财产等处罚，应当在破产程序债权人获得全额清偿后的剩余财产中执行。

六、要进一步严格贯彻最高人民法院、最高人民检察院、公安部、中国证监会《关于查询、冻结、扣划证券和证券交易结算资金有关问题的通知》(法发〔2008〕4号），依法执行有关证券和证券交易结算资金。

各高级人民法院要及时组织辖区内法院有关部门认真学习和贯彻落实本通知精神，并依法监督下级法院严格执行，对未按照上述规定审理和执行有关案件的，上级人民法院应当依法予以纠正并追究相关人员的责任。

解读《最高人民法院关于依法审理和执行被风险处置证券公司相关案件的通知》

宋晓明　张勇健　刘　敏

最高人民法院为维护证券市场和社会稳定，依法审理和执行被风险处置证券公司的相关案件，于 2009 年 5 月 26 日下发了《关于依法审理和执行被风险处置证券公司相关案件的通知》(以下简称《通知》)，该《通知》对人民法院审理和执行被风险处置证券公司相关案件中的主要问题，包括有关当事人因证券公司风险处置中甄别确认其债权不属于国家收购范围的个人债权或者客户证券交易结算资金，请求人民法院确认其债权应纳入国家收购范围的，人民法院是否应予受理；有关权利人以行政托管为由，诉请人民法院判令行政处置中监管部门指定的托管机构承担被托管证券公司债务的，人民法院是否应予支持；证券公司债权人诉请判令行政处置中通过市场交易方式支付对价取得证券类资产的买受人承担证券公司债务偿还责任的，人民法院是否应予支持；以及人民法院受理证券公司破产申请后，有关证券公司财产保全措施的解除和执行程序的中止等，作出了明确的规定。各级人民法院在理解与适用上述《通知》时，应当特别注意将相关问题放在证券公司风险处置的背景下考虑。

证券公司是证券市场重要的中介机构，在市场的培育和发展中发挥着重要作用。但由于体制、机制上的缺陷，证券公司在快速发展的同时，也积累了许多矛盾和问题。2003 年年底至 2004 年上半年，伴随着证券市场的持续低迷和结构性调整，一批证券公司的问题急剧暴露，证券行业多年积累的风险呈现集中爆发态势，证券公司面临自行业建立以来的第一次系统性危机，严重危及资本市场的安全和社会稳定。2004 年 8 月以来，在国务院的统一部署下，证券公司综合治理工作全面开展。证券公司综合治理是在我国社会主义市场经济发展过程中的一项创造性工作，缺乏明确的法律框架和实践经验，在此过程中，系以行政主导为特点，相关部门共同研究、采取对策，妥善化解了风险，兼顾了各利益主体的权益，经过持续3年的艰苦奋战和不懈努力，证券公司历史遗留风险彻底化解，财务状况显著改善，合规经营意识和风险管理能力明显增强，监管法规制度逐步完善，基础性制度改革取得了实质性进展，取得了较好的社会效果。证券公司综合治理工作是提高证券业竞争力，防范和化解证券市场风险的重要步骤，人民法院在审理和执行被风险处置证券公司的相关案件时，要着眼于证券公司风险处置的全局，审理好、执行好被风险处置证券公司的相关案件是人民法院发挥审判职能作用，服务国家中心工作大局的必然要求，是巩固证券公司综合治理成果的重要保证，更是人民法院民商事审判工作职责所在。因此，相关人民法院应当充分认识审理好有关被风险处置证券公司案件的重要意义，切实维护证券公司风险处置措施的效力，巩固综合治理成果，对于经过监管部门批准的处置行为，应当予以维护，以避免证券公司风险处置工作出现反复。

最高人民法院
关于正确审理企业破产案件为维护市场经济秩序提供司法保障若干问题的意见

2009年6月12日　　　　　　　　　　　　法发〔2009〕36号

各省、自治区、直辖市高级人民法院，解放军军事法院，新疆维吾尔自治区高级人民法院生产建设兵团分院：

当前，由于国际金融危机的不断发展和蔓延，我国经济发展仍然面临着严峻的考验。阻碍经济良性运行的负面因素和潜在风险明显增多，许多企业因资金链断裂引发的系统风险不断显现，严重影响了我国经济发展秩序良性运转和社会稳定。在当前经济形势下，充分发挥人民法院商事审判的职能作用，正确审理企业破产案件，防范和化解企业债务风险，挽救危困企业，规范市场主体退出机制，维护市场运行秩序，对于有效应对国际金融危机冲击，保障经济平稳较快发展，具有重要意义。现就人民法院做好企业破产案件审判工作，提出以下意见：

一、依法受理企业破产案件，为建立我国社会主义市场经济良性运行机制提供司法保障

1.人民法院要正确认识企业破产法保障债权公平有序受偿、完善优胜劣汰的竞

争机制、优化社会资源配置、调整社会产业结构、拯救危困企业的作用,依法受理审理企业破产清算、重整、和解案件,综合利用企业破产法的多种程序,充分发挥其对市场经济的调整作用,建立企业法人规范退出市场的良性运行机制,努力推动经济社会又好又快发展。

2.为保障国家产业结构调整政策的落实,对于已经出现破产原因的企业,人民法院要依法受理符合条件的破产清算申请,通过破产清算程序使其从市场中有序退出。对于虽有借破产逃废债务可能但符合破产清算申请受理条件的非诚信企业,也要将其纳入到法定的破产清算程序中,通过撤销和否定其不当处置财产行为,以及追究出资人等相关主体责任的方式,使其借破产逃废债务的目的落空,剥夺其市场主体资格。对债权人申请债务人破产清算的,人民法院审查的重点是债务人是否不能清偿到期债务,而不能以债权人无法提交债务人财产状况说明等为由,不受理债权人的申请。

3.对于虽然已经出现破产原因或者有明显丧失清偿能力可能,但符合国家产业结构调整政策、仍具发展前景的企业,人民法院要充分发挥破产重整和破产和解程序的作用,对其进行积极有效的挽救。破产重整和和解制度,为尚有挽救希望的危困企业提供了避免破产清算死亡、获得再生的机会,有利于债务人及其债权人、出资人、职工、关联企业等各方主体实现共赢,有利于社会资源的充分利用。努力推动企业重整和和解成功,促进就业、优化资源配置、减少企业破产给社会带来的不利影响,是人民法院审理企业破产案件的重要目标之一,也是人民法院商事审判工作服务于保增长、保民生、保稳定大局的必然要求。

二、坚持在当地党委的领导下,努力配合政府做好企业破产案件中的维稳工作,为构建和谐社会提供司法保障

4.债务人进入破产程序后,因涉及债权人、债务人、出资人、企业职工等众多当事人的利益,各方矛盾极为集中和突出,处理不当,极易引发群体性、突发性事件,影响社会稳定。人民法院审理企业破产案件,一定要坚持在当地党委的领导下,充分发挥地方政府建立的风险预警机制、联动机制、资金保障机制等协调机制的作用,努力配合政府做好企业破产案件中的维稳工作。

5.对于职工欠薪和就业问题突出、债权人矛盾激化、债务人弃企逃债等敏感类破产案件,要及时向当地党委汇报,争取政府的支持。在政府协调下,加强与相关部门的沟通、配合,及时采取有力措施,积极疏导并化解各种矛盾纠纷,避免哄抢企业财产、职工集体上访的情况发生,将不稳定因素消除在萌芽状态。有条件的地方,可

通过政府设立的维稳基金或鼓励第三方垫款等方式，优先解决破产企业职工的安置问题，政府或第三方就劳动债权的垫款，可以在破产程序中按照职工债权的受偿顺序优先获得清偿。

三、充分发挥破产重整和和解程序挽救危困企业、实现企业持续经营的作用，保障社会资源有效利用

6. 人民法院要充分发挥司法能动作用，注重做好当事人的释明和协调工作，合理适用破产重整和和解程序。对于当事人同时申请债务人清算、重整、和解的，人民法院要根据债务人的实际情况和各方当事人的意愿，在组织各方当事人充分论证的基础上，对于有重整或者和解可能的，应当依法受理重整或者和解申请。当事人申请重整，但因企业经营规模较小、虽有挽救必要但重整成本明显高于重整收益的困难企业，有关权利人不同意重整的，人民法院可引导当事人通过和解方式挽救企业。人民法院要加强破产程序中的调解工作，在法律允许的框架下，积极支持债务人、管理人和新出资人等为挽救企业所做的各项工作，为挽救困难企业创造良好的法律环境。

7. 人民法院适用强制批准裁量权挽救危困企业时，要保证反对重整计划草案的债权人或者出资人在重整中至少可以获得在破产清算中本可获得的清偿。对于重整计划草案被提请批准时依照破产清算程序所能获得的清偿比例的确定，应充分考虑其计算方法是否科学、客观、准确，是否充分保护了利害关系人的应有利益。人民法院要严格审查重整计划草案，综合考虑社会公共利益，积极审慎适用裁量权。对不符合强制批准条件的，不能借挽救企业之名违法审批。上级人民法院要肩负起监督职责，对利害关系人就重整程序中反映的问题要进行认真审查，问题属实的，要及时予以纠正。

四、在破产程序中要注重保障民生，切实维护职工合法权益

8. 依法优先保护劳动者权益，是破产法律制度的重要价值取向。人民法院在审理企业破产案件中，要切实维护职工的合法权益，严格依法保护职工利益。召开债权人会议要有债务人的职工和工会代表参加，保障职工对破产程序的参与权。职工对管理人确认的工资等债权有异议的，管理人要认真审查核对，发现错误要及时纠正；因管理人未予纠正，职工据此提起诉讼的，人民法院要严格依法审理，及时作出判决。

9. 表决重整计划草案时，要充分尊重职工的意愿，并就债务人所欠职工工资等债权设定专门表决组进行表决；职工债权人表决组未通过重整计划草案的，人民法院

强制批准必须以应当优先清偿的职工债权全额清偿为前提。企业继续保持原经营范围的，人民法院要引导债务人或管理人在制作企业重整计划草案时，尽可能保证企业原有职工的工作岗位。

10. 保障职工合法权益需要社会各方面的共同努力。人民法院要加强与国家社会保障部门、劳动部门、工商行政管理部门、组织人事等部门的沟通和协调，积极提出司法建议，推动适合中国特色的社会保障体制的建立和完善。

五、妥善指定适格管理人，充分发挥管理人在企业破产程序中的积极作用

11. 人民法院要根据企业破产法和有关司法解释的规定，采用适当方式指定管理人，对于重大疑难案件，可以通过竞争的方式择优确定管理人。要注意处理好审理破产案件的审判庭和司法技术辅助工作部门的关系，在指定管理人时，应由审理破产案件的审判庭根据案件实际情况决定采用哪类管理人以及采用哪种产生方式，在决定通过随机方式或者竞争方式产生管理人或其成员时，再由司法技术辅助工作部门根据规定产生管理人或其成员。

12. 企业重整中，因涉及重大资产重组、经营模式选择、引入新出资人等商业运作内容，重整中管理人的职责不仅是管理和处分债务人财产，更要管理债务人的经营业务，特别是制定和执行重整计划。因此，在我国目前管理人队伍尚未成熟的情况下，人民法院指定管理人时，应当注意吸收相关部门和人才，根据实际情况选择指定的形式和方式，以便产生适格管理人。

13. 管理人的工作能力和敬业精神直接决定着企业破产案件能否依法有效进行，以及破产法律制度能否充分发挥其应有的作用。人民法院要特别注意加强对管理人业务知识和各种能力的培养，建立管理人考核机制，通过业绩考核，形成激励和淘汰机制，逐步实现管理人队伍的专业化。

六、正确适用企业破产法的各项制度，充分保护债权人合法权益

14. 人民法院在审理企业破产案件中，要充分调动管理人的积极性，促使其利用法律手段，努力查找和追收债务人财产，最大限度保护债权人利益。对出资不实、抽逃出资，要依法追回；对于不当处置公司财产的行为，要依法撤销或者认定无效，并追回有关财产；对于违反法律、行政法规等规定，给公司或债权人造成损失的，要

299

依法追究行为人的民事责任；对于发现妨碍清算行为的犯罪线索，要及时向侦查机关通报情况。

15. 要充分发挥债权人会议和债权人委员会的职能作用，切实保障债权人对破产程序的参与权，坚决防止地方保护主义，即使在以挽救债务人为主要目的的破产重整和和解程序中，仍然要以充分保障债权人利益为前提，重整计划和和解协议的通过与否，要严格按照法定的程序确定表决权并依法表决。

16. 人民法院在审理债务人人员下落不明或财产状况不清的破产案件时，要从充分保障债权人合法利益的角度出发，在对债务人的法定代表人、财务管理人员、其他经营管理人员，以及出资人等进行释明，或者采取相应罚款、训诫、拘留等强制措施后，债务人仍不向人民法院提交有关材料或者不提交全部材料，影响清算顺利进行的，人民法院就现有财产对已知债权进行公平清偿并裁定终结清算程序后，应当告知债权人可以另行提起诉讼要求有责任的有限责任公司股东、股份有限公司董事、控股股东，以及实际控制人等清算义务人对债务人的债务承担清偿责任。

七、正确认识破产程序与执行程序的功能定位，做好两个程序的有效衔接

17. 人民法院要充分认识破产程序和执行程序的不同功能定位，充分发挥企业破产法公平保护全体债权人的作用。破产程序是对债务人全部财产进行的概括执行，注重对所有债权的公平受偿，具有对一般债务清偿程序的排他性。因此，人民法院受理破产申请后，对债务人财产所采取的所有保全措施和执行程序都应解除和中止，相关债务在破产清算程序中一并公平清偿。

18. 人民法院要注重做好破产程序和执行程序的衔接工作，确保破产财产妥善处置。涉及人民法院内部破产程序和执行程序的操作的，应注意不同法院、不同审判部门、不同程序的协调与配合。涉及债务人财产被其他国家行政机关采取保全措施或执行程序的，人民法院应积极与上述机关进行协调和沟通，取得有关机关的配合，依法解除有关保全措施，中止有关执行程序。

19. 人民法院受理破产申请后，在宣告债务人破产前裁定驳回申请人的破产申请，并终结破产程序的，应当在作出终结破产程序的裁定前，告知管理人通知原对债务人财产采取保全措施或执行程序的法院恢复原有的保全措施或执行程序，有轮候保全的，以原采取保全措施的时间确定轮候顺位。对恢复受理债务人为被执行人的执行案件，应当适用申请执行时效中断的有关规定。

八、加强审理破产案件法官专业化队伍建设，充分发挥商事审判职能作用

20. 随着我国经济市场化、国际化程度越来越高，企业破产案件将呈逐步增长趋势，这对人民法院审判工作提出了更高的要求。一方面，企业破产案件审理周期长、难度大、事务性工作繁重，人民法院长期以来案多人少的矛盾更加突出。另一方面，由于破产案件审理的复杂性和特殊性，客观上需要一支不仅具备较为扎实的法学理论功底，而且还要有解决社会矛盾、处理应急事务、协调各方利益等多方面工作能力的专业化法官队伍。因此，人民法院要加强法官专业化队伍建设，在人财物方面给予支持和保障。有条件的法院可以根据企业破产案件的数量，成立专门的破产案件审判庭，或指定专门的合议庭负责审理破产案件。

21. 人民法院要积极调动法官审理企业破产案件的积极性，在考核法官工作业绩时，要充分考虑企业破产案件审理的特殊性，以及法官办理企业破产案件所付出的辛勤劳动和承担的各种压力，积极探索能够客观反映审理破产案件工作量的科学考评标准，不断提高破产案件的审判质量。

22. 审理企业破产案件的法官，要大力加强对党的路线方针政策的学习，增强大局意识和责任意识。在当前经济形势下，更要正确处理好保护金融债权与挽救危困企业之间的关系，实现债权人与债务人的共赢，共渡难关。正确处理好保护投资者利益与维护职工合法权益之间的关系，保障社会和谐稳定。正确处理好企业破产清算与企业再生之间的关系，实现社会资源的充分利用以及法律效果和社会效果的有机统一。广大法官要大力加强廉政建设，严格执行最高人民法院"五个严禁"等审判纪律和规章制度，无论是在指定管理人还是在委托拍卖财产等敏感环节，都要坚持以制度管人，坚决杜绝人情案、关系案、金钱案，确保以公正高效的审判业绩，为我国国民经济平稳较快发展创造条件。

解读《最高人民法院关于正确审理企业破产案件为维护市场经济秩序提供司法保障若干问题的意见》

宋晓明　张勇健　刘敏

为正确审理企业破产案件，防范和化解企业债务风险，挽救危困企业，规范

市场主体退出机制，维护市场运行秩序，最高人民法院审判委员会讨论通过、并于 2009 年 6 月 15 日正式下发了法发〔2009〕36 号《最高人民法院关于正确审理企业破产案件为维护市场经济秩序提供司法保障若干问题的意见》，现就其中所涉及的主要法律适用问题作一介绍。

一、关于破产清算申请的受理问题

法院在受理企业破产清算申请时，对于破产原因要件的审查，应当结合《企业破产法》第 2 条关于"企业法人不能清偿到期债务，并且资产不足以清偿全部债务或者明显缺乏清偿能力的，依照本法规定清理债务。企业法人有前款规定情形，或者有明显丧失清偿能力可能的，可以依照本法规定进行重整"和第 7 条关于"债务人有本法第二条规定的情形，可以向人民法院提出重整、和解或者破产清算申请。债务人不能清偿到期债务，债权人可以向人民法院提出对债务人进行重整或者破产清算的申请。企业法人已解散但未清算或者未清算完毕，资产不足以清偿债务的，依法负有清算责任的人应当向人民法院申请破产清算"的规定，区别不同申请权人的申请进行。

（一）债务人申请破产清算时破产原因的审查

债务人自行申请破产清算的，法院应当审查其是否存在不能清偿到期债务并且资产不足以清偿全部债务，或者不能清偿到期债务并且明显缺乏清偿能力两种情形之一。

前者主要审查其资产是否不足以清偿全部债务，即消极财产的估价总额是否超过了积极财产估价总额的客观状况，其着眼点在于资债比例关系。后者主要审查其是否不能以财产、信用或者能力等任何方式清偿债务，且债务人是在较长期间内不能清偿，而不是因一时资金周转困难等问题暂时中止支付。如债务人经强制执行后仍不能履行生效法律文书确定的金钱债务的，可以推定债务人明显缺乏清偿能力。

（二）债权人申请破产清算时破产原因的审查

债权人申请债务人破产清算的，法院应当审查债务人是否不能清偿到期债务，即停止支付，而无需对不能清偿到期债务的原因进行审查。法院也不应当要求债权人提交债务人财产状况说明、债务清册、债权清册、有关财务会计报告等资料证明债务人不能清偿到期债务的原因。

这里，对债权人申请而言，只要债务人不能清偿到期债务，则首先推定债务人出现了破产原因，即债务人要么不能清偿到期债务并且资产不足以清偿全部债务，要么不能清偿到期债务并且明显缺乏清偿能力。如债务人认为其未出现破产原因、对债权人的申请有异议的，可以在收到法院通知之日起 7 日内向法院提出，通过异议程序举证推翻债权人的申请,并可在偿还该笔到期债务后阻却破产清算申请的受理。法院不得以债权人未提交债务人财产状况说明、债权债务清册等相关资料,不能证明债务人出现破产原因为由,裁定不予受理其破产清算申请,也不能以因无法取得债务人财产状况说明、债权债务清册等相关资料,破产程序不能依法进行为由,裁定不予受理债权人提出的破产清算申请。

对此,最高人民法院法释〔2008〕10号《关于债权人对人员下落不明或者财产状况不清的债务人申请破产清算案件如何处理的批复》作出了明确的答复,即债权人对人员下落不明或者财产状况不清的债务人申请破产清算,符合《企业破产法》规定的,人民法院应依法予以受理。债务人能否依据《企业破产法》第11条第2款的规定向人民法院提交财产状况说明、债权债务清册等相关材料,并不影响对债权人申请的受理。

(三)准债务人申请破产清算时破产原因的审查

准债务人,包括企业法人解散后自行清算或者强制清算中成立的清算组,以及企业法人解散应当清算但未组成清算组开始清算时的企业的出资人等清算义务人,申请债务人破产清算的,法院要审查债务人是否债务超过或资不抵债,即主要审查其资产是否不足以清偿全部债务,即消极财产的估价总额是否超过了积极财产估价总额的客观状况,其着眼点在于资债比例关系。

这里要特别强调,法院对申请人提出的申请进行审查后,应当严格按照《企业破产法》规定的期限作出是否受理破产申请的裁定。有特殊情况,如需要申请人补交有关材料的,在经上一级法院批准延长期限届满后,亦应及时作出裁定,而不能以补交材料等为由长期不作出是否受理的裁定。申请人有权对不予受理的裁定和驳回申请的裁定提出上诉。

二、关于破产案件管理人的指定问题

管理人制度是立法机关借鉴发达国家破产法立法经验和考虑我国审判实践需要而设立的新的法律制度。管理人在整个破产程序中起着至关重要的作用。最高人民法院及时出台了《最高人民法院关于审理企业破产案件指定管理人的规定》,对管理人名册的编制、管理人的指定、管理人的更换等作出了具体的规定。法院在指定破产案件管理人时,要根据《企业破产法》和上述司法解释的规定,采用适当方式指定适格管理人,尤其是对于重大、疑难案件,不能简单以随机方式确定管理人。

(一) 准确划分审判庭和司法技术辅助工作部门在管理人指定中的职责

法院在对具体破产案件指定管理人时，要注意处理好审理破产案件的审判庭和司法技术辅助工作部门的关系，准确划分二者在管理人指定中的职责。

指定管理人时，首先要由审理破产案件的业务庭根据案件实际情况决定采用哪类管理人，包括清算组管理人、中介机构管理人或者个人管理人。决定采用中介机构作管理人，或者以中介机构作清算组管理人成员的，业务庭还要对中介机构管理人，以及清算组管理人中的中介机构成员的产生方式作出决定，包括随机方式、竞争方式和接受推荐的方式。决定以随机方式产生中介机构的，由司法技术辅助部门通过随机方式产生；决定以竞争方式产生中介机构的，则由业务庭、司法技术辅助部门、纪检监察部门，以及有关院领导共同组成评审委员会评选产生；决定以接受推荐的方式产生的，业务庭要审查有关部门推荐的人选是否符合《企业破产法》和司法解释的规定来决定。业务庭决定破产案件由清算组担任管理人的，除清算组中中介机构成员按照上述方式产生外，其他成员由业务庭根据需要指定。业务庭决定破产案件由个人担任管理人的，个人管理人由司法技术辅助部门通过随机方式产生。

(二) 重整案件管理人的确定

企业重整中，因涉及重大资产重组、经营模式选择、引入新出资人等商业运作内容，重整中管理人的职责不仅是管理和处分债务人财产，更要管理债务人的经营业务，特别是制定和执行重整计划。因此，在我国目前管理人队伍尚未成熟的情况下，法院指定管理人时，应当注意吸收相关部门和人才，根据实际情况选择指定的形式和方式，以便产生适格管理人。

三、关于破产清算中破产债权的保障问题

破产债权保障是《企业破产法》的一项重要原则，为避免破产企业以破产之名损害债权人利益、破坏市场经济规则，《企业破产法》从整个制度设置上充分体现了对债权的保障，法院在审理企业破产案件中应当充分利用《企业破产法》所设置的各种制度，实现对债权人利益保障的最大化。

(一) 管理人制度适用与债权人利益保护

《企业破产法》之所以将与债权人和债务人无利害关系的专业机构、专业人员作为管理人负责清算事务，其目的在于借助这些具有专业知识和中立性身份的清算主体，对于即将退市的市场主体，进行一场彻底的、自出生至死亡整个存续过程的大检验，以便其依法退出市场。在这个大检验的过程中，其最直接的目的是最大化发现债

务人财产、最大化保护债权人利益。因此，法院在审理企业破产案件中，一定要充分调动管理人的积极性，引导管理人发挥其应有的职能作用，利用法律的手段，尽可能地去发现、追收债务人财产。

对于债务人的出资人应缴而未缴的出资，包括分期缴纳下尚未届至缴纳期限的出资，管理人应当要求该出资人依法缴纳；该出资人不缴纳、或者不能缴纳的，管理人还可以要求债务人的原始股东或者发起人予以缴纳。债务人的出资人存在抽逃出资行为的，管理人应当要求抽逃出资人将所抽逃出资予以返还。对于债务人的董事、监事、高级管理人员利用职权从企业获取的非正常收入和侵占的企业财产，管理人应当依法追回；债务人的董事、监事、高级管理人员执行公司职务时违反法律、行政法规或者公司章程的规定，给公司造成损失的，管理人有权要求公司董事、监事、高级管理人员依法向公司承担赔偿责任。管理人应当及时接管债务人的财产、印章、账簿、文书等，依法有效地要求债务人的债务人或者财产持有人清偿债务或者交付财产，避免因时间的拖延造成债务人财产的不当减损。对于债务人和对方当事人均未履行完毕的合同，从有利于债务人利益的角度出发，及时作出解除或者继续履行合同的决定。对于债务人无偿转让财产、以明显不合理的价格进行交易、对没有财产担保的债务提供财产担保、对未到期的债务提前清偿、放弃债权，以及不当的个别清偿等偏颇性行为，以及债务人为逃避债务而隐匿、转移财产，或者虚构债务或承认不真实的债务的欺诈性行为，均要通过及时撤销和否定其效力等方式，追回有关行为人因此而非法取得的债务人的财产。对于关联企业破产的，有关关联企业成员作为债权人时的个别清偿行为，还可考虑通过适当延长嫌疑期和增加恶性推定等方式，扩大撤销权行使的范畴。债务人有无效行为或者可撤销行为，损害债权人利益的，管理人应当依法追究债务人的法定代表人和其他直接责任人员的赔偿责任，等等。

管理人在履行上述职权发现和追收债务人财产过程中，可能涉及相关各类破产衍生诉讼，包括对外追收债权诉讼，请求交付财产诉讼，解除合同诉讼，破产撤销权诉讼，别除权诉讼，抵销权诉讼，确认无效行为诉讼，追收未缴出资诉讼，追收抽逃出资诉讼，追偿非正常收入或者侵占的企业财产诉讼，要求债务人的董事、监事、高级管理人员因执行职务不当给公司造成损失承担赔偿责任的诉讼，要求债务人的董事、监事、高级管理人员违反忠实义务和勤勉义务致使所在企业破产承担民事责任的诉讼，要求债务人的法定代表人和其他直接责任人员因债务人无效行为和可撤销行为造成损害承担赔偿责任的诉讼，等等。

（二）债权人会议、债权人委员会制度与破产债权的保障

破产程序主要是为保障债权公平清偿而设置的法律制度，但是，由于破产程序中债权人人数众多、利益相关且可能存在矛盾，各债权人作为共同执行人单独表达的

个人意愿往往不具有法律效力，更不能单独采取实现其债权的法律措施，而只能通过全体债权人的统一行动来实现权利，否则可能会损害其他债权人的利益，增加整个破产程序的成本，妨碍破产法公平清偿的立法宗旨的实现。为使破产程序能够顺利进行，需要对各个债权人的意志、利益、行为通过一定的组织方式进行协调，尽量公正地统一起来，并体现到对破产程序的共同参与之中，因此，《企业破产法》专门设置了债权人会议和债权人委员会这两个破产机关，以此表达债权人的共同意志，就有关其利益的破产事项协调意见，决定共同采取的法律行动。

法院在审理企业破产案件时，就有关核查债权、更换管理人、审查管理人费用和报酬、监督管理人、决定继续或者停止债务人营业、通过重整计划或和解协议、通过债务人财产管理变价和分配方案等关涉债权人利益的重大事项，要切实保障债权人的参与权和话语权，在不违背法律强制性规定的前提下，尽可能充分尊重债权人的意志。

这里要注意，即使在以挽救债务人为主要立法目的的破产重整和和解程序中，仍然要以充分保障债权人利益为前提，重整计划和和解协议的通过与否，要严格按照法定的程序确定表决权并依法表决决定，而不能以牺牲债权人利益为代价来挽救债务人。

（三）破产豁免原则的例外适用与破产债权的保护

破产豁免原则是指破产财产全部分配完毕后，免除债务人对债权人通过破产程序未能清偿的剩余债务的责任。破产豁免原则是破产法发展到一定阶段后，在保障债权人公平受偿的同时，为债务人的更生目标而确立的一大原则，其立法目的在于鼓励债务人在破产之后仍能积极参与社会经济活动，为社会和个人创造财富。但是，破产豁免原则适用的对象仅限于诚实的债务人，不诚实的债务人是不能享有豁免原则的保护的。

根据最高人民法院法释〔2008〕10号《关于债权人对人员下落不明或者财产状况不清的债务人申请破产清算案件如何处理的批复》和法释〔2008〕6号《关于适用〈中华人民共和国公司法〉若干问题的规定（二）》第18条第2款和第20条第1款的规定，法院在审理债务人人员下落不明或者财产状况不清的破产案件时，在对债务人的法定代表人、财务管理人员、其他经营管理人员，以及出资人等进行充分释明，以及采取相应的罚款、训诫、拘留等手段后，债务人仍不能或拒不向法院提交有关材料的，导致债务人主要财产、账册、重要文件等灭失无法清算的，法院应当以无法清算为由裁定终结清算程序，但是，债务人既有的民事责任并不因清算程序的终结及法人资格的终止而当然消灭，而是应当由其出资人等清算义务人承担偿还责任。

这里的无法清算，应当包括根本无法清算和无法全面清算两种情形。法院有证据证明债务人故意隐藏、销毁、毁坏、伪造或未能保管或保留好可以确定债务人财产状况和商业经营状况的材料的;债务人在该案或与此有关的案件中故意制作假证或假账的;债务人不能对其财产损失和偿付其债务的财产不足部分作出合理解释的;债务人不服从法院命令,如出示有关重要文件、回答关键性问题等的,法院均可以无法依法全面清算为由裁定终结破产清算程序,并告知债权人可以另行起诉要求出资人等清算义务人承担其债务的偿还责任。

破产豁免原则的例外适用,将使债务人试图借破产逃废债务的目的无法实现,同时充分地体现了破产法对债权人利益的保障原则,对于督促债务人依法退出市场,建立诚信规范的市场退出机制,将发挥积极的作用。

(四)关联企业破产中的利益平衡与破产债权的保障

关联企业是社会化大生产与市场经济发展的必然产物,现代市场经济整体化、社会化、规模化的发展,导致单一的企业组织逐步让位于规模巨大、高度集中的企业联合体,成为现代经济社会发展中的主角,对经济持续、平稳、健康发展起着重要的作用。但是,关联企业的出现,对现行的公司法律制度构成了巨大的挑战。关联企业之间存在的非正当的关联关系与关联行为使得关联企业成员产生了法律人格的独立性与公司实际经营的非独立性的尖锐矛盾,这一矛盾的出现打破了原公司独立法人制度所维系的公司、股东、债权人与其他利害关系人之间的利益平衡,这种利益失衡在关联企业破产时显得更为突出。因此,法院在审理关联企业破产案件时,不能简单等同于一般单一企业破产案件的审理,对于明显利用关联关系损害其他债权人利益的,可以通过审慎适用关联企业实质合并破产和关联债权衡平居次制度,平衡关联企业破产时各方利益的冲突。

1. 关联企业实质合并破产制度。

实质合并破产,是指控制企业与从属企业,或者与控制企业控制下的若干从属企业同时破产时,将各个破产企业的资产和债务合并,按照债权额的比例清偿所有债权人的债权。其目的在于实现关联企业所有债权人获得实质上的公平待遇,公平分配破产财产。

债权人向法院提出关联企业人格混同、财产混同,以及不公正交易等初步证据后,由债务人向法院提交财产状况说明、债务清册、债权清册、有关财务会计报告等证据予以证明。法院审查时,应当综合考虑各关联企业是否存在混同的财务报表、企业间资产和流动资产的合并程度、各企业之间的利益统一性和所有权关系、分别确定单个企业的财产和负债的困难程度和成本大小、是否存在违法的财产转让、实质合并破产是否有利于增加企业重整的可能性等因素。如,关联企业的经营实际是一体的,其人格混同、财产混同现象非常严重,彼此之间关系极度紧密复杂,以至于难以将其财产状况分开；或者关联企业之间通过关联交易，将企业财产或者利益在各关联企业成员之间进行不公正的非对价转移等的，法院可以作出受理实质合并破产申请的裁定。但是，如果仅仅是在债权人和破产企业之间的个别法律关系中，破产企业的股东滥用了公司法人的独立地位和股东有限责任，逃避债务，严重损害了债权人利益，而破产企业的人格及其股东的人格并未严重混同的，债权人申请破产企业及其股东实质合并破产的，法院应裁定不受理其实质合并破产的申请，并告知债权人可申请破产企业单独破产，以及可根据《公司法》第20条的规定，追究破产企业股东的连带责任；破产企业的股东不能清偿其债务的，可另行向法院提出对破产企业的股东进行破产清算的申请。

法院在审理证券公司破产案件中，已经探索性地通过关联企业实质合并破产制度的适用，妥善解决了证券公司及其从事违法违规经营活动工具的关联企业的退市问题，取得了较好的社会效果和法律效果。各级法院在审理关联企业破产案件中，应当继续积极探索，不断总结经验，以便高质、高效地审理关联企业破产案件，对经济社会中严重扭曲的利益关系予以合理地矫正，公平保护全体债权人利益，促进市场经济秩序健康、有序发展。

2.关联债权衡平居次制度。

关联债权衡平居次，是指控制企业利用其与从属企业之间的关联关系，与从属企业从事不正当的经济行为，并从中牟取不当利益的，当从属企业破产清偿时，将控制企业基于上述不当行为产生的针对从属企业的不当债权劣后于其他债权人受偿。关联债权衡平居次制度从破产清偿顺序上在控制企业和从属企业之间找到了一个新的平衡点，对于从属企业的外部债权人而言，以衡平居次为由，主张控制企业的债权居次受偿，往往是缺乏足够的理由彻底否认从属企业的人格，因此，关联债权衡平居次制度是在破产程序中处理关联企业间破产债权时对法人人格否认制度的弥补和延伸。

在审查控制企业对从属企业的债权是否属于劣后债权时，应当着重审查控制企业对从属企业的债权形成是否基于其不当利用了对从属企业的控制和影响力，只有控制企业存在不正当行为并从从属企业获取不当利益时，如控制企业的债权系基于与从属企业签订及履行不公平合同交易时产生的，才将其债权作为劣后债权次于从属企业的其他债权人清偿。

目前，对于劣后债权问题，《企业破产法》虽尚无相应规定，但在最高人民法院法发〔2009〕35号《关于依法审理和执行被风险处置证券公司相关案件的通知》中明确规定，刑事判决中罚金、没收财产等处罚，应当在破产程序债权人获得全额清偿后的剩余财产中执行。关联债权衡平居次制度对于破产程序中处理关联企业间的不当破产债权，应该说是个很好的法律制度，值得我们借鉴。但鉴于该项制度尚在研究探索之中,法院在个案审理中应当审慎适用。

四、关于重整计划草案的批准问题

重整程序之所以能够较为有效地使企业避免破产,其重要原因之一就是其具有较其他程序更强的强制性。这种强制性体现在两个层面:一是各表决组全部以法定多数通过重整计划草案,经法院批准,则该重整计划草案对所有债权人和出资人均具有法律效力,包括在各表决组投反对票的债权人和出资人;二是在未获全部表决组通过时,如重整计划草案符合法定条件,经债务人或者管理人申请,法院也可强制批准重整计划草案,使该重整计划草案对所有债权人和出资人发生法律效力。法院在批准重整计划草案时,应当区分上述两种情形分别进行审查,积极审慎适用裁量权,在依法保障债权人和出资人合法权益的前提下,实现对困境企业的挽救。

(一)对各表决组均通过了重整计划草案的批准

对于各表决组均按照法定标准通过了重整计划草案,法院裁定批准的,应当从两个方面进行审查:第一,鉴于该情形下主要涉及各表决组内部利益的冲突,因此,法院主要是针对投反对票的债权人的异议理由,着重于对异议债权人利益的合法保护进行形式上的审查,如,表决组的分组、各权利人表决权的确定、会议的召集程序等是否合法;同一表决组中是否公平对待了投反对票的成员,是否按照债权比例清偿或者按照股权比例削减等。第二,要注意审查重整计划草案中债务人经营方案的内容是否违反法律、行政法规强制性规定,重整计划草案是否涉及国家行政许可事项,如果债务人经营方案内容违反法律、行政法规的强制性规定,或者应当经国家有关部门行政许可而未获许可的,法院不能裁定批准该重整计划草案。

(二)对部分表决组未通过重整计划草案的批准

对于部分表决组未通过重整计划草案,法院强制批准的,因此时关涉的是不同表决组债权人利益的冲突,因此,法院批准时应当严格按照《企业破产法》第87条规定的条件进行审查,坚持债权人利益最大化、公平对待和绝对优先三项基本原则。

1.要保证反对重整计划草案的债权人或者出资人在重整程序中至少可以获得他在破产清算程序中本可获得的清偿,即要保护对重整计划持反对意见的少数派的既得利益。如,对债务人的特定财产享有担保权的债权人组未通过重整计划草案的,要保证所有对债务人的特定财产享有担保权的债权人就该特定财产以变现价款全额获得清偿,并且对其因延期清偿所受的损失将进行公平补偿,以及其担保权未受到其他实质性损害。职工优先债权组未通过重整计划草案的,要保证职工优先债权将获得全额清偿。税款债权组未通过重整计划的,要保证税款全额清偿。普通债权人组未通过重整计划的，要保证普通债权所获得的清偿比例不低于其在破产清算中所能获得的清偿比例。出资人组未通过重整计划草案的，要保证对出资人权益的调整公平、公正，主要是指在对出资人权益进行削减时，其前提应当是企业已经资不抵债。

这里要特别注意，在实际操作中要注重对债权人利益最大化的保护。如，如何评估、计算债务人设定担保的特定财产的变现金额问题。因重整程序中并未实际通过拍卖、变卖等对特定财产进行变现，其真实变现价值并未客观体现出来，对担保权人就该特定财产优先权的保障是建立在会计方法计算基础上的，因此，在担保债权人组未通过重整计划草案，法院强制批准重整计划草案时，应当充分考虑其计算方法是否科学、客观、准确，是否充分保护了担保债权人的应有利益。又如，普通债权人组未通过重整计划草案时，所涉重整计划草案被提请批准时依照破产清算程序所能获得的清偿比例，因重整中并未对债务人进行实际的破产清算，因此，破产清算程序中所能获得的清偿比例也是会计计算的结果，而一般情况下，以收益法评估企业重整条件下债务人的清偿率往往高于用清算法评估清算条件下债务人的清偿率，因此，如果债权人组以资产评估报告低估了资产价值，甚至有虚假，从而损害了债权人的利益；认为重整计划不公平，债权人削减债权比例很大，而出资人权益调整的比例过小或没调整；或者认为大股东对经营失败负有重大责任，应该分担更多债务重组损失而重整计划未体现；或者认为债务重组采取债转股的方式，而引入的重组方资产质量差影响债权的回收等为由，对重整计划草案投反对票的，法院不宜简单以重整草案中的清偿率高于清算下的清偿率为由，强制裁定批准重整计划草案，而是应该在充分协调各方利益主体利益的前提下，并综合各方因素考虑债权人意见的合理性，慎重作出裁定。

2. 如果债权人组或者出资人组反对重整计划草案，该项重整计划草案应当保证持反对意见的债权人组或者出资人组获得公平对待，即处于同一顺序的债权人必须获得按比例的清偿，或者对于出资人权益的调整应当保证所有出资人按比例削减。

3. 如果债权人组反对重整计划草案，该重整计划草案应当保证只有这个组的成员获得充分清偿后，在清偿顺序上低于这个组的其他组成员才能开始获得清偿，即破产法对清算程序规定的优先顺序，在重整程序中对持反对意见的表决组必须同样适用。

总之，法院在审查批准债务人或者管理人提交的重整计划草案时，一定要严格按照上述原则进行审查，并综合考虑社会公共利益的维护后，依法审慎作出强制批准重整计划草案的裁定，对于不符合强制批准条件的，不能假挽救企业之名违法批准。

鉴于《企业破产法》对于事关当事人重大利益的重整计划草案的裁定批准并未规定相应的异议程序，因此，上级法院应当肩负起对下级法院违法强制批准重整计划草案的监督职责，在以重整程序挽救债务人的同时仍然要坚持对债权人合法权益的保护。

五、关于破产程序与执行程序的衔接问题

破产程序作为司法上的特殊偿债程序，与民事执行程序在功能定位上存在重大差别。破产程序是在债务人财产不足以清偿全部债务的情况下，对债务人全部财产进行的概括执行，其目的在于以法定的程序和方法，为所有债权人创造一种获得公平受偿的条件和机会，以使所有债权人共同享有利益、共同分担损失。强制执行程序本质上是一种个别执行，是在债务人财产足以清偿所有债权的情况下，为实现债权人个人对债务人的特定金钱债权，而对债务人的特定财产所进行的强制执行。强制执行注重债权的个别清偿，破产程序则注重所有债权的公平受偿。破产程序弥补了强制执行这一传统救济手段的不足，保障了特殊情况下全体债权人的公平受偿。破产程序和民事执行程序各司其职，相辅相成，在一个完整的法律体系中共同发挥着执行清偿的功能，共同维护着债权债务秩序的稳定。

破产程序因其启动原因的特殊性，必然导致其对民事执行程序具有优先性，具有对一般债务清偿程序的排他性，即排除为个别债权人利益而对债务人财产进行的其他执行程序，以保证对全体债权人清偿的公平。因此，破产程序启动后，其他与之相冲突的对债务人财产的执行程序都应当停止。对此，我国《企业破产法》作出了明确的规定，即法院受理破产申请后，有关债务人财产的保全措施应当解除，执行程序应当中止。鉴于民事责任的履行优先于行政责任和刑事责任对财产执行的原则，破产程序的启动还应当具有排除行政责任和刑事责任中对债务人财产的执行程序的效力。因此，上述规定中的保全措施和执行程序应当包括所有具有强制执行权利的国家机关在履行职务过程中所采取的保全措施和执行程序。

法院在审理企业破产案件和执行案件时，应当在充分认识破产程序和执行程序不同功能定位的基础上，做好两个法律程序的衔接工作，操作中应当注意不同法院、不同庭室、不同程序的协调与配合。具体如下：

1. 法院受理破产申请后，已对债务人有关财产采取了保全措施，包括执行程序中的查封、冻结、扣押措施的法院应当解除原相应措施。

2. 法院解除有关债务人财产的保全措施后，应当及时通知破产案件管理人并将有关财产移交管理人接管，管理人可以向受理破产案件的法院申请保全。

3. 破产申请受理后，已经受理有关债务人执行案件的法院，对债务人财产尚未执行或者尚未执行完毕的程序应当中止执行；当事人向有关法院申请对债务人财产强制执行的，有关法院对其申请应不予受理，并告知其依法向管理人申报债权。

4. 管理人接管债务人财产、调查债务人财产状况后，发现有关法院仍然对债务人财产进行保全或者继续执行，向采取保全措施和进行执行的法院提出申请的，有关法院应当依据《企业破产法》第 19 条的规定及时解除保全或中止执行。

5. 破产申请受理后法院没有中止执行，对于已经执行了的债务人财产，执行法院应当依法执行回转，并交由管理人作为破产财产统一分配；执行法院不予执行回转的，由受理破产申请和执行法院的共同上级法院协调执行回转。

6. 受理破产申请的法院在破产宣告前裁定驳回申请人的破产申请，并终结债务人破产程序的，应在作出终结破产程序的裁定前，告知管理人通知原对债务人财产采取保全措施的法院恢复原有的保全措施，有轮候保全的，以原采取保全措施的时间确定轮候顺位。对恢复受理债务人为被执行人的执行案件，适用申请执行时效中断的规定。

7. 上级法院应当依法监督下级法院严格执行《企业破产法》的规定，对债务人财产采取保全措施和执行措施的法院未依法解除保全措施或者中止执行措施的，上级法院应当依法予以纠正并追究相关责任人员的有关责任。

法院审理企业破产案件时，有关债务人财产被其他具有强制执行权利的国家行政机关，包括税务机关、公安机关、海关等采取保全措施或者执行程序的，法院应当积极与上述机关进行协调和沟通，取得有关机关的配合，参照上述具体操作规程，解除有关保全措施，中止有关执行程序，以便保障破产程序顺利进行。

最高人民法院
关于审理公司强制清算案件工作座谈会纪要

（2009 年 11 月 4 日）

当前，因受国际金融危机和世界经济衰退影响，公司经营困难引发的公司强制清算案件大幅度增加。《中华人民共和国公司法》和《最高人民法院关于适用〈中华人民共和国公司法〉若干问题的规定（二）》（以下简称公司法司法解释二）对于公司强制清算案件审理中的有关问题已作出规定，但鉴于该类案件非讼程序的特点和目前清算程序规范的不完善，有必要进一步明确该类案件审理原则，细化有关程序和实体规定，更好地规范公司退出市场行为，维护市场运行秩序，依法妥善审理公司强制清算案件，维护和促进经济社会和谐稳定。为此，最高人民法院在广泛调研的基础上，于 2009 年 9 月 15 日至 16 日在浙江省绍兴市召开了全国部分法院审理公司强制清算案件工作座谈会。与会同志通过认真讨论，就有关审理公司强制清算案件中涉及的主要问题达成了共识。现纪要如下：

一、关于审理公司强制清算案件应当遵循的原则

1. 会议认为，公司作为现代企业的主要类型，在参与市场竞争时，不仅要严格遵循市场准入规则，也要严格遵循市场退出规则。公司强制清算作为公司退出市场机制的重要途径之一，是公司法律制度的重要组成部分。人民法院在审理此类案件时，应坚持以下原则：

第一，坚持清算程序公正原则。公司强制清算的目的在于有序结束公司存续期间的各种商事关系，合理调整众多法律主体的利益，维护正常的经济秩序。人民法院审理公司强制清算案件，应当严格依照法定程序进行，坚持在程序正义的基础上实现清算结果的公正。

第二，坚持清算效率原则。提高社会经济的整体效率，是公司强制清算制度追求的目标之一，要严格而不失快捷地使已经出现解散事由的公司退出市场，将其可能给各方利益主体造成的损失降至最低。人民法院审理强制清算案件，要严格按照法律规定及时有效地完成清算，保障债权人、股东等利害关系人的利益及时得到实现，避免因长期拖延清算给相关利害关系人造成不必要的损失，保障社会资源的有效利用。

第三，坚持利益均衡保护原则。公司强制清算中应当以维护公司各方主体利益平衡为原则，实现公司退出环节中的公平公正。人民法院在审理公司强制清算案件时，既要充分保护债权人利益，又要兼顾职工利益、股东利益和社会利益，妥善处理各方利益冲突，实现法律效果和社会效果的有机统一。

二、关于强制清算案件的管辖

2. 对于公司强制清算案件的管辖应当分别从地域管辖和级别管辖两个角度确定。地域管辖法院应为公司住所地的人民法院，即公司主要办事机构所在地法院；公司主要办事机构所在地不明确、存在争议的，由公司注册登记地人民法院管辖。级别管辖应当按照公司登记机关的级别予以确定，即基层人民法院管辖县、县级市或者区的公司登记机关核准登记公司的公司强制清算案件；中级人民法院管辖地区、地级市以上的公司登记机关核准登记公司的公司强制清算案件。存在特殊原因的，也可参照适用《中华人民共和国企业破产法》第四条、《中华人民共和国民事诉讼法》第三十七条和第三十九条的规定，确定公司强制清算案件的审理法院。

三、关于强制清算案件的案号管理

3. 人民法院立案庭收到申请人提交的对公司进行强制清算的申请后，应当及时以"（××××）××法×清（预）字第×号"立案。立案庭立案后，应当将申请人提交的申请等有关材料移交审理强制清算案件的审判庭审查，并由审判庭依法作出是否受理强制清算申请的裁定。

4. 审判庭裁定不予受理强制清算申请的，裁定生效后，公司强制清算案件应当以"（××××）××法×清（预）字第×号"结案。审判庭裁定受理强制清算申请的，立案庭应当以"（××××）××法×清（算）字第×号"立案。

5. 审判庭裁定受理强制清算申请后，在审理强制清算案件中制作的民事裁定书、决定书等，应当在"（××××）××法×清（算）字第×号"后依次编号，如"（××××）××法×清（算）字第×—1号民事裁定书""（××××）××法×清（算）字第×—2号民事裁定书"等，或者"（××××）××法×清（算）字第×—1号决定书""（××××）××法×清（算）字第×—2号决定书"等。

四、关于强制清算案件的审判组织

6. 因公司强制清算案件在案件性质上类似于企业破产案件，因此强制清算案件应当由负责审理企业破产案件的审判庭审理。有条件的人民法院，可由专门的审判庭或者指定专门的合议庭审理公司强制清算案件和企业破产案件。公司强制清算案件应当组成合议庭进行审理。

五、关于强制清算的申请

7. 公司债权人或者股东向人民法院申请强制清算应当提交清算申请书。申请书应当载明申请人、被申请人的基本情况和申请的事实和理由。同时，申请人应当向人民法院提交被申请人已经发生解散事由以及申请人对被申请人享有债权或者股权的有关证据。公司解散后已经自行成立清算组进行清算，但债权人或者股东以其故意拖延清算，或者存在其他违法清算可能严重损害债权人或者股东利益为由，申请人民法院强制清算的，申请人还应当向人民法院提交公司故意拖延清算，或者存在其他违法清算行为可能严重损害其利益的相应证据材料。

8. 申请人提交的材料需要更正、补充的，人民法院应当责令申请人于七日内予以更正、补充。申请人由于客观原因无法按时更正、补充的，应当向人民法院予以书面说明并提出延期申请，由人民法院决定是否延长期限。

六、关于对强制清算申请的审查

9. 审理强制清算案件的审判庭审查决定是否受理强制清算申请时，一般应当召开听证会。对于事实清楚、法律关系明确、证据确实充分的案件，经书面通知被申请人，其对书面审查方式无异议的，也可决定不召开听证会，而采用书面方式进行审查。

10. 人民法院决定召开听证会的，应当于听证会召开五日前通知申请人、被申请人，并送达相关申请材料。公司股东、实际控制人等利害关系人申请参加听证的，人民法院应予准许。听证会中，人民法院应当组织有关利害关系人对申请人是否具备申请资格、被申请人是否已经发生解散事由、强制清算申请是否符合法律规定等内容进行听证。因补充证据等原因需要再次召开听证会的，应在补充期限届满后十日内进行。

11. 人民法院决定不召开听证会的，应当及时通知申请人和被申请人，并向被申请人送达有关申请材料，同时告知被申请人若对申请人的申请有异议，应当自收到人民法院通知之日起七日内向人民法院书面提出。

七、关于对强制清算申请的受理

12. 人民法院应当在听证会召开之日或者自异议期满之日起十日内，依法作出是否受理强制清算申请的裁定。

13. 被申请人就申请人对其是否享有债权或者股权，或者对被申请人是否发生解散事由提出异议的，人民法院对申请人提出的强制清算申请应不予受理。申请人可就有关争议单独提起诉讼或者仲裁予以确认后，另行向人民法院提起强制清算申请。但对上述异议事项已有生效法律文书予以确认，以及发生被吊销企业法人营业执照、责令关闭或者被撤销等解散事由有明确、充分证据的除外。

14. 申请人提供被申请人自行清算中故意拖延清算，或者存在其他违法清算可能严重损害债权人或者股东利益的相应证据材料后，被申请人未能举出相反证据的，人民法院对申请人提出的强制清算申请应予受理。债权人申请强制清算，被申请人的主要财产、账册、重要文件等灭失，或者被申请人人员下落不明，导致无法清算的，人民法院不得以此为由不予受理。

15. 人民法院受理强制清算申请后，经审查发现强制清算申请不符合法律规定的，可以裁定驳回强制清算申请。

16. 人民法院裁定不予受理或者驳回受理申请，申请人不服的，可以向上一级人民法院提起上诉。

八、关于强制清算申请的撤回

17. 人民法院裁定受理公司强制清算申请前，申请人请求撤回其申请的，人民法院应予准许。

18. 公司因公司章程规定的营业期限届满或者公司章程规定的其他解散事由出现，或者股东会、股东大会决议自愿解散的，人民法院受理强制清算申请后，清算组对股东进行剩余财产分配前，申请人以公司修改章程，或者股东会、股东大会决议公司继续存续为由，请求撤回强制清算申请的，人民法院应予准许。

19. 公司因依法被吊销营业执照、责令关闭或者被撤销，或者被人民法院判决强制解散的，人民法院受理强制清算申请后，清算组对股东进行剩余财产分配前，申请人向人民法院申请撤回强制清算申请的，人民法院应不予准许。但申请人有证据证明相关行政决定被撤销，或者人民法院作出解散公司判决后当事人又达成公司存续和解协议的除外。

九、关于强制清算案件的申请费

20. 参照《诉讼费用交纳办法》第十条、第十四条、第二十条和第四十二条关于企业破产案件申请费的有关规定，公司强制清算案件的申请费以强制清算财产总额为基数，按照财产案件受理费标准减半计算，人民法院受理强制清算申请后从被申请人财产中优先拨付。因财产不足以清偿全部债务，强制清算程序依法转入破产清算程序的，不再另行计收破产案件申请费；按照上述标准计收的强制清算案件申请费超过30万元的，超过部分不再收取，已经收取的，应予退还。

21. 人民法院裁定受理强制清算申请前，申请人请求撤回申请，人民法院准许的，强制清算案件的申请费不再从被申请人财产中予以拨付；人民法院受理强制清算申请后，申请人请求撤回申请，人民法院准许的，已经从被申请人财产中优先拨付的强制清算案件申请费不予退回。

十、关于强制清算清算组的指定

22. 人民法院受理强制清算案件后，应当及时指定清算组成员。公司股东、董事、监事、高级管理人员能够而且愿意参加清算的，人民法院可优先考虑指定上述人员组成清算组；上述人员不能、不愿进行清算，或者由其负责清算不利于清算依法进行的，人民法院可以指定《人民法院中介机构管理人名册》和《人民法院个人管理人名册》中的中介机构或者个人组成清算组；人民法院也可根据实际需要，指定公司股东、董事、监事、高级管理人员，与管理人名册中的中介机构或者个人共同组成清算组。人民法院指定管理人名册中的中介机构或者个人组成清算组，或者担任清算组成员的，应当参照适用《最高人民法院关于审理企业破产案件指定管理人的规定》。

23. 强制清算清算组成员的人数应当为单数。人民法院指定清算组成员的同时，应当根据清算组成员的推选，或者依职权，指定清算组负责人。清算组负责人代行清算中公司诉讼代表人职权。清算组成员未依法履行职责的，人民法院应当依据利害关系人的申请，或者依职权及时予以更换。

十一、关于强制清算清算组成员的报酬

24. 公司股东、实际控制人或者股份有限公司的董事担任清算组成员的，不计付报酬。上述人员以外的有限责任公司的董事、监事、高级管理人员，股份有限公司的监事、高级管理人员担任清算组成员的，可以按照其上一年度的平均工资标准计付报酬。

25. 中介机构或者个人担任清算组成员的，其报酬由中介机构或者个人与公司协商确定；协商不成的，由人民法院参照《最高人民法院关于审理企业破产案件确定管理人报酬的规定》确定。

十二、关于强制清算清算组的议事机制

26. 公司强制清算中的清算组因清算事务发生争议的，应当参照公司法第一百一十二条的规定，经全体清算组成员过半数决议通过。与争议事项有直接利害关系的清算组成员可以发表意见，但不得参与投票；因利害关系人回避表决无法形成多数意见的，清算组可以请求人民法院作出决定。与争议事项有直接利害关系的清算组成员未回避表决形成决定的，债权人或者清算组其他成员可以参照公司法第二十二条的规定，自决定作出之日起六十日内，请求人民法院予以撤销。

十三、关于强制清算中的财产保全

27. 人民法院受理强制清算申请后，公司财产存在被隐匿、转移、毁损等可能影响依法清算情形的，人民法院可依清算组或者申请人的申请，对公司财产采取相应的保全措施。

十四、关于无法清算案件的审理

28. 对于被申请人主要财产、账册、重要文件等灭失，或者被申请人人员下落不明的强制清算案件，经向被申请人的股东、董事等直接责任人员释明或采取罚款等民事制裁措施后，仍然无法清算或者无法全面清算，对于尚有部分财产，且依据现有账册、重要文件等，可以进行部分清偿的，应当参照企业破产法的规定，对现有财产进行公平清偿后，以无法全面清算为由终结强制清算程序；对于没有任何财产、账册、重要文件，被申请人人员下落不明的，应当以无法清算为由终结强制清算程序。

29. 债权人申请强制清算，人民法院以无法清算或者无法全面清算为由裁定终结强制清算程序的，应当在终结裁定中载明，债权人可以另行依据公司法司法解释二第十八条的规定，要求被申请人的股东、董事、实际控制人等清算义务人对其债务承担偿还责任。股东申请强制清算，人民法院以无法清算或者无法全面清算为由作出终结强制清算程序的，应当在终结裁定中载明，股东可以向控股股东等实际控制公司的主体主张有关权利。

十五、关于强制清算案件衍生诉讼的审理

30. 人民法院受理强制清算申请前已经开始，人民法院受理强制清算申请时尚未审结的有关被强制清算公司的民事诉讼，由原受理法院继续审理，但应依法将原法定代表人变更为清算组负责人。

31. 人民法院受理强制清算申请后，就强制清算公司的权利义务产生争议的，应当向受理强制清算申请的人民法院提起诉讼，并由清算组负责人代表清算中公司参加诉讼活动。受理强制清算申请的人民法院对此类案件，可以适用民事诉讼法第三十七条和第三十九条的规定确定审理法院。上述案件在受理法院内部各审判庭之间按照业务分工进行审理。人民法院受理强制清算申请后，就强制清算公司的权利义务产生争议，当事人双方就产生争议约定有明确有效的仲裁条款的，应当按照约定通过仲裁方式解决。

十六、关于强制清算和破产清算的衔接

32. 公司强制清算中，清算组在清理公司财产、编制资产负债表和财产清单时，发现公司财产不足清偿债务的，除依据公司法司法解释二第十七条的规定，通过与债权人协商制作有关债务清偿方案并清偿债务的外，应依据公司法第一百八十八条和企业破产法第七条第三款的规定向人民法院申请宣告破产。

33. 公司强制清算中，有关权利人依据企业破产法第二条和第七条的规定向人民法院另行提起破产申请的，人民法院应当依法进行审查。权利人的破产申请符合企业破产法规定的，人民法院应当依法裁定予以受理。人民法院裁定受理破产申请后，应当裁定终结强制清算程序。

34. 公司强制清算转入破产清算后，原强制清算中的清算组由《人民法院中介机构管理人名册》和《人民法院个人管理人名册》中的中介机构或者个人组成或者参加的，除该中介机构或者个人存在与本案有利害关系等不宜担任管理人或者管理人成员的情形外，人民法院可根据企业破产法及其司法解释的规定，指定该中介机构或者个人作为破产案件的管理人，或者吸收该中介机构作为新成立的清算组管理人的成员。上述中介机构或者个人在公司强制清算和破产清算中取得的报酬总额，不应超过按照企业破产计付的管理人或者管理人成员的报酬。

35. 上述中介机构或者个人不宜担任破产清算中的管理人或者管理人的成员的，人民法院应当根据企业破产法和有关司法解释的规定，及时指定管理人。原强制清算中的清算组应当及时将清算事务及有关材料等移交给管理人。公司强制清算中已经完成的清算事项，如无违反企业破产法或者有关司法解释的情形的，在破产清算程序中应承认其效力。

十七、关于强制清算程序的终结

36. 公司依法清算结束，清算组制作清算报告并报人民法院确认后，人民法院应当裁定终结清算程序。公司登记机关依清算组的申请注销公司登记后，公司终止。

37. 公司因公司章程规定的营业期限届满或者公司章程规定的其他解散事由出现，或者股东会、股东大会决议自愿解散的，人民法院受理债权人提出的强制清算申请后，对股东进行剩余财产分配前，公司修改章程、或者股东会、股东大会决议公司继续存续，申请人在其个人债权及他人债权均得到全额清偿后，未撤回申请的，人民法院可以根据被申请人的请求裁定终结强制清算程序，强制清算程序终结后，公司可以继续存续。

十八、关于强制清算案件中的法律文书

38.审理强制清算的审判庭审理该类案件时，对于受理、不受理强制清算申请、驳回申请人的申请、允许或者驳回申请人撤回申请、采取保全措施、确认清算方案、确认清算终结报告、终结强制清算程序的，应当制作民事裁定书。对于指定或者变更清算组成员、确定清算组成员报酬、延长清算期限、制裁妨碍清算行为的，应当制作决定书。对于其他所涉有关法律文书的制作，可参照企业破产清算中人民法院的法律文书样式。

十九、关于强制清算程序中对破产清算程序的准用

39.鉴于公司强制清算与破产清算在具体程序操作上的相似性，就公司法、公司法司法解释二，以及本会议纪要未予涉及的情形，如清算中公司的有关人员未依法妥善保管其占有和管理的财产、印章和账簿、文书资料，清算组未及时接管清算中公司的财产、印章和账簿、文书，清算中公司拒不向人民法院提交或者提交不真实的财产状况说明、债务清册、债权清册、有关财务会计报告以及职工工资的支付情况和社会保险费用的缴纳情况，清算中公司拒不向清算组移交财产、印章和账簿、文书等资料，或者伪造、销毁有关财产证据材料而使财产状况不明，股东未缴足出资、抽逃出资，以及公司董事、监事、高级管理人员非法侵占公司财产等，可参照企业破产法及其司法解释的有关规定处理。

二十、关于审理公司强制清算案件中应当注意的问题

40.鉴于此类案件属于新类型案件，且涉及的法律关系复杂、利益主体众多，人民法院在审理难度大、涉及面广、牵涉社会稳定的重大疑难清算案件时，要在严格依法的前提下，紧紧依靠党委领导和政府支持，充分发挥地方政府建立的各项机制，有效做好维护社会稳定的工作。同时，对于审判实践中发现的新情况、新问题，要及时逐级上报。上级人民法院要加强对此类案件的监督指导，注重深入调查研究，及时总结审判经验，确保依法妥善审理好此类案件。

《最高人民法院关于审理公司强制清算案件工作座谈会纪要》的理解与适用

宋晓明　张勇健　刘　敏

当前一段时间以来，因受国际金融危机和世界经济衰退的影响，公司经营困难引发的公司强制清算案件大幅度增加。虽然《公司法》和《最高人民法院关于适用〈中华人民共和国公司法〉若干问题的规定（二）》[以下简称《公司法司法解释（二）》]对公司强制清算案件审理中的有关问题已作出规定，但鉴于该类案件非讼程序的特点和目前清算程序规范的不完善，有必要进一步明确该类案件的审理原则，细化有关程序和实体规定，更好地规范公司退出市场的行为，维护市场运行秩序，依法妥善审理公司强制清算案件，维护和促进经济社会和谐稳定。为此，最高人民法院在广泛调研的基础上，于2009年9月15日至16日在浙江省绍兴市召开了全国部分法院审理公司强制清算案件工作座谈会。与会代表通过认真讨论，就有关审理公司强制清算案件中涉及的主要问题达成了共识。最高人民法院于2009年11月4日公布了法发〔2009〕52号《关于审理公司强制清算案件工作座谈会纪要》（以下简称《纪要》），现就该《纪要》涉及的审理公司强制清算案件中的主要问题加以阐释。

一、最高人民法院出台该《纪要》的背景

《公司法》第十章对人民法院强制清算案件的受理，以及清算组的职权、通知债权人、申报债权、确认清算方案、清偿顺序、剩余财产分配、清算程序与破产程序的衔接、清算报告的确认，以及清算组的责任和义务等问题作出了基本规定。同时，最高人民法院《民事案件案由规定》第二十二条"与公司有关的纠纷"第261款也明确规定了公司清算纠纷这一案由。各地人民法院在根据上述规定审理公司强制清算案件的过程中反映，鉴于上述规定比较笼统，以及强制清算案件非讼性的特点，法院在审理该类案件时缺乏具体、翔实、可操作性的法律规范，导致法院此类型案件的审理进展困难，且存在司法尺度不一的状况。虽然《公司法司法解释（二）》在《公司法》的基础上已对程序性规范作出了一定规定，但仍然无法满足审判实践的需要。部分高级人民法院自行出台了有关公司强制清算方面的规范意见，以解决本辖区内审理相关案件规范依据不足的问题。在当前受国际国内宏观经济形势影响，许多公司资金链断

裂,经营严重困难,公司大量解散的背景下,债权人、股东和公司的利益纷争和矛盾严重冲突,人民法院受理的公司强制清算案件呈激增状态,商事审判工作面临新的挑战。为充分发挥人民法院商事审判的职能作用,指导各级人民法院正确审理公司强制清算案件,规范市场主体退出机制,维护市场运行秩序,保障经济平稳较快发展,最高人民法院民二庭在充分调研并就相关问题征求专家学者和本院有关部门意见的基础上,于2009年9月15日至16日在浙江省绍兴市召开了全国部分法院审理公司强制清算案件工作座谈会。与会同志结合各地法院审判经验,通过认真讨论,就有关审理公司强制清算案件中涉及的主要问题达成了共识,形成了该《纪要》。

二、坚持清算程序公正是人民法院审理公司强制清算案件中应当遵循的首要原则

程序法一直被视为是实体法的辅助法,随着程序独立价值的日益彰显,程序保障或者程序正义的呼声越来越高,人们逐渐认识到没有程序保障的实体正义不是真正的正义。公司强制清算主要是一种程序制度,其所规范的是公司清算过程中各相关利害关系人之间的合理秩序,目的在于在公平、公正的秩序中寻求各方利益的平衡,通过清算程序有序地结束公司存续期间成立的各种法律关系,合理调整众多法律主体的利益,维护正常的经济秩序。因此,公司强制清算更需要程序的保障。坚持清算程序公正原则要求整个清算程序必须依照法定程序进行,做到程序严密、合法、正当。这就要求人民法院将清算程序的全部过程置于法定程序之下,不能出现没有程序保障的真空状态,即使在法律难以进行细密规范的操作进程中,也要恪守正当的程序理念。需要强调的是,缺乏细致的清算法是我们出台该《纪要》的一个非常重要的原因。强制清算的审理和其他民商事纠纷案件的审理不同,法官自由裁量的余地很小,很多问题需要有明确的规范依据。基于上述原因,我们将坚持清算程序公正原则作为首要原则予以明确,要求各级法院在审理公司强制清算案件时,严格依照法定程序进行,坚持在程序正义的基础上实现清算结果的公正。

三、公司强制清算案件的案号管理中存在的问题

案号问题表面上看似简单,但实践确有一些问题亟待规范。有的法院原先是按照一般的民商事案件确立案号,如此,一是无法体现公司强制清算案件非讼的特点,导致法院在适用诉讼程序中错误适用一般民事案件的诉讼程序,如当事人以起诉方式提起公司强制清算申请,法院以判决方式判决公司清算,当事人又依据法院判决向执

行机关申请强制执行等等;二是在法院内部绩效考核时无法准确确定审理法官的工作量和审结率、未审结率等,由于公司强制清算案件是对公司存续阶段形成的所有法律关系的概括性了结,人民法院审理公司强制清算案件需要付出更多的劳动,按照普通案件确立案号统计工作量不利于这类案件的审理。因此,我们参照企业破产案件案号的管理,将公司强制清算案件的案号确定为"清"字号。另外,考虑到申请人向法院提交强制清算申请后至法院裁定受理强制清算申请前,法院要进行大量的质证审查工作,因此,又将"清"字号案件区分阶段确立为"清(预)"字和"清(算)"字两种,这样一是在案件进展阶段上即受理还是没有受理作了区分,二是在程序逻辑上进行了明确,以此保障法院受理前听证程序的顺利进行,三是在统计工作量上也更为客观准确。

四、人民法院在对强制清算申请的审查和受理环节应当注意的问题

如前所述,公司强制清算案件与一般民商事案件不同,在是否受理的审查中涉及很多内容,在这一点上类似于企业破产案件的受理。因此,《纪要》一方面明确了申请人向法院申请强制清算时应当提交的有关材料,包括清算申请书、申请人对被申请人享有债权或者股权、被申请人已经发生解散事由的有关证据,以及公司故意拖延清算,或者存在其他违法清算行为可能严重损害其利益的相关证据材料;另一方面,又对法院应当仅围绕申请人提交的上述证据材料进行听证审查予以明确,目的在于依法裁定是否受理公司强制清算申请。对于申请人具备了《公司法》及《公司法司法解释(二)》所规定的债权人或者股东资格,公司确实已经发生了解散事由,以及公司应当自行清算而没有自行清算或者违法清算的,人民法院应当及时作出受理强制清算申请的裁定。反之则应裁定不予受理。这里要特别强调两点:(1)被申请人就申请人对其是否享有债权或者股权,或者对被申请人是否发生解散事由存在异议的,原则上应当另案解决,解决后再行决定是否受理强制清算申请,对于已有生效法律文书或者明确解散事由的除外。(2)申请人以其为公司实际出资人为由申请强制清算,但不能提供公司股东名册记载其为股东等证据材料的,不具备申请强制清算的主体资格,人民法院应当告知其另行诉讼或者通过其他途径确认其股东身份后再行申请强制清算,当事人坚持申请的,人民法院应当裁定不予受理。

五、被申请人解散后不依法清算,故意逃废债务,导致法院因被申请人主要财产、账册、重要文件等灭失或者人员下落不明而无法清算等问题如何应对

这种非诚信现象在现实社会中还是比较普遍存在的,对此,《公司法司法解释(二)》第18条和第20条,以及法释〔2008〕10号《最高人民法院关于债权人对人员下落不明或者财产状况不清的债务人申请破产清算案件如何处理的批复》已经作出了相应规定,《纪要》中对此问题又作了进一步的明确和补充。在审理这类案件时,应当注意以下几个方面:

1. 对于债权人申请债务人破产清算或者强制清算的案件,人民法院不能因为被申请人的主要财产、账册、重要文件等灭失或者被申请人人员下落不明无法进行清算而不予受理。申请破产清算的,人民法院也不能以债权人无法举证证明债务人出现了不能清偿到期债务并且资产不足以清偿全部债务,或者不能清偿到期债务并且明显缺乏清偿能力的破产原因为由,不受理债权人的申请。

2. 人民法院依法受理破产清算申请或者强制清算申请后,应当依据《企业破产法》和《公司法》的有关规定,要求被申请人的法定代表人、企业的财务管理人员和其他经营管理人员,以及有限责任公司的股东、股份有限公司的董事、控股股东,以及公司的实际控制人等有关人员提交企业真实的财产状况说明、债务清册、债权清册、财务会计报告以及职工工资的支付情况和社会保险费用的缴纳情况。经过人民法院的释明以及采取拘留、罚款等强制措施后,被申请人的有关人员仍然不提交上述有关材料或者提交的材料明显不真实、不全面,导致根本无法清算或者无法全面清算的,对于尚有部分财产、账册、重要文件等可以进行部分清偿的,人民法院应当就现有财产进行公平清偿,然后以无法全面依法清算为由终结清算程序;对于没有任何财产、账册、重要文件,被申请人人员下落不明的,人民法院应当以无法清算为由终结清算程序。

3. 因无法清算或者无法依法全面清算而终结清算程序,与依照《企业破产法》的规定依法清算,债务人确无财产可供分配而终结破产清算程序,其法律后果是截然不同的。因依法清算,债务人确无财产可供分配时终结破产清算程序的结果,是剩余债务不再清偿;债务人仅以其破产财产为限承担责任,债务人破产清算程序终结后,除自破产程序终结之日起2年内发现有依法应当追回的财产或者债务人有应当供分配的其他财产的,可以追加分配外,对于债务人未能依破产程序清偿的债务,原则上不再清偿。而因债务人的清算义务人怠于履行义务,导致债务人主要财产、账册、重要文件等灭失无法清算而终结清算程序的,虽然债务人的法人资格因清算程序终结而终止，但其既有的民事责任并不当然消灭，而是应当由清算义务人承担偿还责任。《纪要》明确要求，人民法院以无法清算或者无法全面清算为由裁定终结强制清算程序的，应当根据申请人的不同在终结裁定中分别载明，债权人可以另行依据《公司法司法解释（二）》第 18 条的规定，要求被申请人的股东、董事、实际控制人等清算义务人对其债务承担偿还责任；股东可以向控股股东等实际控制公司的主体主张有关权利。这里，债权人因债务人的清算义务人怠于履行义务导致无法清算或者无法全面清算时向债务人的清算义务人主张权利的范畴是明确的，因此，债务人的清算义务人的责任范畴也是确定的。但是，因控股股东等实际控制公司的主体的原因导致无法清算或者无法全面清算，股东因无法获得应有的剩余财产分配而向控股股东等实际控制公司的主体主张有关权利时，其权利范畴的界定是个问题，对此，我们考虑可以通过举证责任倒置来解决中小股东利益的保护问题，即在控股股东控制公司的前提下该清算而不清算，或者不依法提交有关财产状况说明、债务清册、债权清册、财务会计报告以及职工工资的支付情况和社会保险费用的缴纳情况，导致无法清算或者无法全面清算，其他股东起诉请求控股股东等实际控制公司的主体返还出资并承担损失的，除非控股股东等实际控制公司的主体能够充分证明公司已经资不抵债、没有剩余财产进行分配或者不能返还出资，或者虽然公司有剩余财产可供分配但数额低于权利人主张的数额，人民法院应当依法支持其诉讼请求。

六、强制清算和破产清算程序的区别和关联

在分类上，公司清算分为解散清算和破产清算，强制清算属于解散清算的一种，是在自行清算不能的情况下启动的一个司法清算程序。公司出现解散事由时，如果公司财产足以偿还全部债务，公司应当通过解散清算（包括自行清算和强制清算）清理所有的债权债务关系，全额清偿完毕所有债务并且分配完毕剩余财产后终止法人资格。如果公司不能清偿到期债务并且财产不足以偿还全部债务，或者明显缺乏清偿能力的，公司应当通过破产清算程序，公平清偿债务后终止法人资格。强制清算程序是以全额清偿债务为前提的，破产清算是因不能全额清偿债务而按照一定的先后顺序清偿债务，对同一顺序的债务在破产财产不够清偿时按照比例进行清偿，也就是破产法上的公平受偿。由于强制清算程序启动的前提是公司财产尚足以偿还全部债务，因此，强制清算程序的启动不具有冻结清算中公司财产的效力，对于强制清算中公司的给付之诉和强制执行等原则上不具有停止功能。而破产清算因其启动的前提是公司财产不足以偿还全部债务，因此，破产清算程序一旦启动，一是所有针对破产企业的给付之诉不得再行提起，对于申报债权过程中所产生的争议只能提起破产债权的确认诉

讼；二是所有针对破产企业的保全措施应当解除，执行程序应当中止，所有债权债务关系一并归入破产清算程序中一揽子解决，以保障全体债权人的公平受偿。实践中，由于启动强制清算时公司财产是否足以偿还全部债务更多是从账面体现出来的，而在清算变现企业财产、追收债权、转让股权等过程中，账面财产和实际变现财产可能会出现差额，甚至差距甚大，这种情况下就可能会出现进入强制清算程序后，公司财产变现后事实上无法全额偿还全部债务的情形，这种情况下就面临着强制清算向破产清算的转化。在强制清算程序与破产清算程序的衔接中应当注意以下几个问题：（1）公司强制清算中，清算组在清理公司财产、编制资产负债表和财产清单时，发现公司财产不足清偿债务的，应当首先依据《公司法司法解释（二）》第17条的规定，与债权人协商制定有关债务清偿方案并清偿债务，以避免进入费时、费力、费钱的破产清算程序，提高公司清算效率，充分保护债权人利益。（2）如果债权人不能协商一致达成债务清偿方案，清算组应当依据《公司法》第188条和《企业破产法》第7条第3款的规定及时向人民法院申请宣告破产。（3）如前所述，由于公司强制清算的前提是财产足以偿还全部债务，因此，强制清算程序的启动并无冻结公司财产的效力，强制执行行为和个别清偿行为在申报债权后是可以进行的。如果有关债权人认为公司事实上已经出现破产原因或者存在不能清偿全部债务的重大嫌疑时，为阻却个别清偿和个别执行，防止最终公司财产无法清偿所有债权人的债权而有损其利益的，可以依据《企业破产法》第2条和第7条的规定向人民法院另行提起破产申请，人民法院对此申请应当依法进行审查。权利人的破产申请符合《企业破产法》规定的，人民法院应当依法裁定予以受理。人民法院裁定受理破产申请后，应当裁定终结强制清算程序。（4）强制清算转入破产清算后，要注意做好两个程序的清算机构、清算费用、清算事务等的衔接。对于强制清算的清算组中的中介机构或者个人成员，除存在与本案有利害关系等不宜担任管理人或者管理人成员的情形外，人民法院可根据《企业破产法》及其司法解释的规定，指定该中介机构或者个人作为破产案件的管理人，或者吸收该中介机构作为新成立的清算组管理人的成员，以便通过清算成员的衔接实现清算事务的衔接。上述中介机构或者个人不宜担任破产清算中的管理人或者管理人的成员的，原强制清算中的清算组应当及时将清算事务及有关材料等移交给管理人。公司强制清算中已经完成的清算事项，如无违反《企业破产法》或者有关司法解释的情形的，在破产清算程序中应承认其效力。同时作为强制清算的清算组成员和破产清算管理人或者管理人成员的中介机构和个人，在公司强制清算和破产清算中取得的报酬总额，不应超过按照企业破产计付的管理人或者管理人成员的报酬。人民法院收取强制清算申请费后，转入破产清算程序后不再另行计收破产案件申请费。收取的强制清算案件申请费超过30万元的，超过部分不再收取，已经收取的，应予退还。

最高人民法院
关于受理借用国际金融组织和外国政府贷款偿还任务尚未落实的企业破产申请问题的通知

2009年12月3日　　　　　　　　　　　　　　法〔2009〕389号

各省、自治区、直辖市高级人民法院，解放军军事法院，新疆维吾尔自治区高级人民法院生产建设兵团分院：

近来，部分地方人民法院向我院请示是否受理借用国际金融组织和外国政府贷款偿还任务尚未落实的企业破产申请的问题，经研究，现就有关问题通知如下，请遵照执行。

自2007年6月1日起，借用国际金融组织和外国政府贷款或转贷款的有关企业申请或者被申请破产的，人民法院应依照《中华人民共和国企业破产法》的有关规定依法受理。

上述企业在2007年6月1日之前已签署转贷协议但偿还任务尚未落实的，应继续适用《最高人民法院关于当前人民法院审理企业破产案件应当注意的几个问题的通知》（法发〔1997〕2号）第三条的规定和《最高人民法院关于贯彻执行法发〔1997〕2号文件第三条应注意的问题的通知》（法函〔1998〕74号）的有关规定。

解读《最高人民法院关于受理借用国际金融组织和外国政府贷款偿还任务尚未落实的企业破产申请问题的通知》

杨征宇

2009年12月3日，最高人民法院下发法〔2009〕389号《关于受理借用国际金融组织和外国政府贷款偿还任务尚未落实的企业破产申请问题的通知》，对于人民法院受理借用国际金融组织和外国政府贷款偿还任务尚未落实的企业破产条件进行调整。本文就如何理解和适用该通知有关内容进行解读。

由于涉及敏感的国家外债管理制度和中央财政政策，人民法院对于借用国际金融组织和外国政府贷款偿还任务尚未落实的企业破产申请问题一直较为谨慎。最高人民法院法发〔1997〕2号文第3条和法函〔1998〕74号文规定，借用外国政府贷款的企业或转贷款偿还任务尚未落实的企业，因属于政府外债，其借入和转贷过程均为政府行为，由政府承担最终还款责任，故不论项目单位是何种性质的企业，在偿还此类贷款任务尚未落实前，人民法院均暂不受理其破产申请，也暂不受理债权人申请其破产的案件。在新的《企业破产法》生效后，对于借用国际金融组织和外国政府贷款偿还任务尚未落实的企业破产申请问题是否继续加以限制，是一个亟待解决的问题。

笔者认为，在新的《企业破产法》生效以后，关于借用国际金融组织和外国政府贷款偿还任务尚未落实的企业破产申请问题应当根据法律和现实情况的变化予以调整，理由如下：（1）2007年6月1日生效的新的《企业破产法》对于上述企业能否申请破产并未作出限制性规定。该法第2条规定，企业法人不能清偿到期债务，并且资产不足以清偿全部债务或明显缺乏清偿能力的，依照本法规定清理债务。由此可见，新的《企业破产法》规定的破产申请的受理条件主要是企业法人不能清偿到期债务。债务人如具有法定的破产原因，人民法院就应当依法受理而不能驳回破产申请。（2）债务人的偿债能力是企业的既有能力，并不会因为其没有进入破产程序而发生改观。相反，债务人陷入经营困境，如果长期不能进入破产程序，将造成财产损失进一步扩大，对债权人的保护更为不利。（3）原来的限制性政策是建立在当时政策性破产较为集中的特殊环境和条件基础之上的，由于国有企业政策性破产本身具有一定的优惠条件，故对于其申请破产条件进行了相应限制，尤其强调债务人破产申请需取得债权银行的同意。现在事隔10年之久，法律政策环境和条件都发生变化。国有企业政策性破产范围逐步缩小，债权银行对于债务人破产申请的谈判权实践中很难起到债权保护的作用。（4）企业破产针对的是债务人的偿债责任问题，未涉及其他主体的民事责任。债务人破产并不妨碍其他主体承担相应的民事或行政责任。综上，在新的《企业破产法》生效以后，人民法院应当依法受理借用国际金融组织和外国政府贷款偿还任务尚未落实的企业破产申请。最高人民法院法发〔1997〕2号文第3条和法函〔1998〕74号文原则上不再适用。

新的《企业破产法》生效以后，财政部出台了财金〔2008〕176号《外国政府贷款管理规定》，该文件第38条规定，在贷款债务偿清前，项目单位拟实行资产重组、企业改制或者申请破产的，省级财政部门应当督促项目单位落实新的债务偿还安排，并征得转贷银行和财政部同意，必要时还应征得贷款方同意。鉴于此类贷款项目由财政部归口管理，故最高人民法院此次政策调整时与财政部进行了充分的沟通。经征求财政部的意见，最终形成"老人老办法，新人新办法"的处理原则，即按新的《企业破产法》生效时间进行划段调整。最高人民法院法〔2009〕389号《关于受理借用国际金融组织和外国政府贷款偿还任务尚未落实的企业破产申请问题的通知》指出，自2007年6月1日起，借用国际金融组织和外国政府贷款或转贷款的有关企业申请或者被申请破产的，人民法院应依照《中华人民共和国企业破产法》的有关规定依法受理。上述企业在2007年6月1日之前已签署转贷协议但偿还任务尚未落实的，应继续适用《最高人民法院关于当前人民法院审理企业破产案件应当注意的几个问题的通知》（法发〔1997〕2号）第3条的规定和《最高人民法院关于贯彻执行法发〔1997〕2号文件第三条应注意的问题的通知》（法函〔1998〕74号）的有关规定。

最高人民法院
关于人民法院为防范化解金融风险和推进金融改革发展提供司法保障的指导意见

2012年2月10日　　　　　　　　　法发〔2012〕3号

随着经济发展方式转变和结构调整，我国经济社会发展对金融改革和发展提出了更高的要求。国际金融危机使世界经济金融格局发生深刻变化，我国经济和金融开放程度不断提高，金融风险隐患也在积聚。中央经济工作会议和第四次全国金融工作会议提出了今后一个时期我国金融工作的总体要求，突出强调要显著增强我国金融业综合实力、国际竞争力和抗风险能力，全面推动金融改革、开放和发展。规范金融秩序，防范金融风险，推动金融改革，支持金融创新，维护金融安全，不仅是今后一个时期金融改革发展的主要任务，也是人民法院为国家全面推进金融改革发展提供司法保障的重要方面。各级人民法院要充分认识为防范化解金融风险和推进金融改革发展提供司法保障的重要性和紧迫性，充分发挥审判职能作用，深化能动司法，把握好"稳中求进"的工作总基调，为全面推进金融改革发展，保障实体经济平稳健康发展提供有力的司法保障。

一、制裁金融违法犯罪，积极防范化解金融风险

金融风险突发性强、波及面广、危害性大，积极防范化解金融风险是金融工作的生命线。各级人民法院必须充分认识当前国际金融局势的复杂性以及国内金融领域的突出问题和潜在风险，通过审判工作严厉打击金融犯罪活动，制裁金融违法行为，

防范化解金融风险，保障国家金融改革发展任务的顺利进行。

1. 依法惩治金融犯罪活动。各级人民法院要充分发挥刑事审判职能，依法惩治金融领域的犯罪行为。要依法审理贷款、票据、信用证、信用卡、有价证券、保险合同方面的金融诈骗案件，加大对操纵市场、欺诈上市、内幕交易、虚假披露等行为的刑事打击力度，切实维护金融秩序。要通过对非法集资案件的审判，依法惩治集资诈骗、非法吸收或变相吸收公众存款、传销等经济犯罪行为，以及插手民间借贷金融活动的黑社会性质组织犯罪及其他暴力性犯罪，维护金融秩序和人民群众的财产安全。要依法审判洗钱、伪造货币、贩运伪造的货币、逃汇套汇、伪造变造金融凭证等刑事案件，努力挽回经济损失。

2. 依法制裁金融违法行为。各级人民法院在审理金融民商事纠纷案件中，要注意其中的高利贷、非法集资、非法借贷拆借、非法外汇买卖、非法典当、非法发行证券等金融违法行为；发现犯罪线索的，依法及时移送有关侦查机关。对于可能影响社会稳定的金融纠纷案件，要及时与政府和有关部门沟通协调，积极配合做好处理突发事件的预案，防范少数不法人员煽动、组织群体性和突发性事件而引发新的社会矛盾。

3. 支持清理整顿交易场所。各级人民法院要根据国务院《关于清理整顿各类交易场所切实防范金融风险的决定》（国发〔2011〕38号）精神，高度重视各类交易场所违法交易活动中蕴藏的金融风险，对于"清理整顿各类交易场所部际联席会议"所提出的工作部署和政策界限，要予以充分尊重，积极支持政府部门推进清理整顿交易场所和规范金融市场秩序的工作。要审慎受理和审理相关纠纷案件，防范系统性和区域性金融风险，维护社会稳定。

4. 切实防范系统金融风险。各级人民法院要妥善审理因民间借贷、企业资金链断裂、中小企业倒闭、证券市场操纵和虚假披露等引发的纠纷案件，发现有引发全局性、系统性风险可能的，及时向公安、检察、金融监管、工商等部门通报情况。要正确适用司法强制措施，与政府相关部门一道统筹协调相关案件的处理，防止金融风险扩散蔓延。要加强对融资性担保公司、典当行、小额贷款公司、理财咨询公司等市场主体融资交易的调研和妥善审理相关纠纷案件，规范融资担保和典当等融资行为，切实防范融资担保风险向金融风险的转化。要依法审理地方政府举债融资活动中出现的违规担保纠纷，依法规范借贷和担保各方行为，避免财政金融风险传递波及。要加强与银行、证券、保险等金融监管部门的协调配合，确有必要时，可建立相应的金融风险防范协同联动机制。

二、依法规范金融秩序，推动金融市场协调发展

金融市场的稳定运行和健康发展，直接关涉金融秩序和社会政治的稳定。各级人民法院要通过切实有效地开展好各类金融案件的审判工作，促进多层次金融市场体系建设，维护金融市场秩序，推动金融市场全面协调发展。

5. 保障信贷市场规范健康发展。各级人民法院要根据《最高人民法院关于依法妥善审理民间借贷纠纷案件，促进经济发展维护社会稳定的通知》的精神，妥善审理民间借贷等金融案件，保障民间借贷对正规金融的积极补充作用。要依法认定民间借贷合同的效力，保护合法的民间借贷法律关系，提高资金使用效率，推动中小微企业"融资难、融资贵"问题的解决。要依法保护合法的借贷利息，遏制民间融资中的高利贷化和投机化倾向，规范和引导民间融资健康发展。要高度重视和妥善审理涉及地下钱庄纠纷案件，严厉制裁地下钱庄违法行为，遏制资金游离于金融监管之外，维护安全稳定的信贷市场秩序。

6. 保障证券期货市场稳定发展。各级人民法院要从保护证券期货市场投资人合法权益、维护市场公开公平公正的交易秩序出发，积极研究和妥善审理因证券机构、上市公司、投资机构内幕交易、操纵市场、欺诈上市、虚假披露等违法违规行为引发的民商事纠纷案件，消除危害我国证券期货市场秩序和社会稳定的严重隐患。要妥善审理公司股票债券交易纠纷、国债交易纠纷、企业债券发行纠纷、证券代销和包销协议纠纷、证券回购合同纠纷、期货纠纷、上市公司收购纠纷等，保障证券期货等交易的安全进行。

7. 依法保障保险市场健康发展。各级人民法院要妥善审理因销售误导和理赔等引发的保险纠纷案件，规范保险市场秩序，推动保险服务水平的提高。要在保险合同纠纷案件审理中，注意协调依法保护投保人利益和平等保护市场各类主体、尊重保险的精算基础和保护特定被保险人利益、维护安全交易秩序和尊重便捷保险交易规则、防范道德风险和鼓励保险产品创新等多种关系，要积极支持保险行业协会等调处各类保险纠纷，维护保险业对经济社会发展的"助推器"和"稳定器"功能，促进保险业的健康持续发展。

8. 促进金融中介机构规范发展。各级人民法院在金融纠纷案件审理过程中，发现中介机构存在不实披露或不合理估价等违法违规情形的，应当及时向金融监管部门通报相关情况，提高中介机构信息披露的透明度，加大会计机构对复杂金融产品信息的披露，强化中介机构对金融产品的合理估价。要妥善审理违法违规提供金融中介服务的纠纷案件，正确认定投资咨询机构、保荐机构、信用评级机构、保险公估机构、财务顾问、会计师事务所、律师事务所等中介机构的民事责任，努力推动各类投资中

介机构规范健康发展。

9. 完善金融企业市场退出机制。各级人民法院要妥善审理金融企业的重整和破产案件，规范金融企业和投资者的行为，建立合理的金融企业市场退出机制，维护金融市场稳健运行，夯实金融市场规范发展的基础，为金融企业破产立法奠定扎实的实证基础。要以优化证券市场优胜劣汰机制为导向，根据国家关于稳步推进上市公司退市制度改革的部署，加强对上市公司破产案件的受理和审理的调研工作，不断提高审判能力，最大限度地保障投资者合法权益，保障上市公司破产重整过程规范有序，促进证券市场法制环境的不断优化。

三、依法保障金融债权，努力维护国家金融安全

金融安全关乎国家安全和社会和谐稳定。保障金融债权的实现程度，是衡量金融安全水平的重要因素。各级人民法院要自觉服从和服务于国家经济发展的大局，依法支持金融监管机构有效行使管理职能，担负起保护金融债权、维护国家金融安全的职责。

10. 妥善审理金融不良债权案件。金融不良债权的处置事关国家利益和金融改革，各级人民法院要继续按照《关于审理涉及金融资产管理公司收购、管理、处置国有银行不良贷款形成的案件适用法律若干问题的规定》和《关于审理涉及金融不良债权转让案件工作座谈会纪要》等司法解释和司法政策的规定和精神审理相关案件，保障国家金融债权顺利清收，防止追偿诉讼成为少数违法者牟取暴利的工具，依法维护国有资产安全。

11. 依法制裁逃废金融债务行为。在审理金融纠纷案件中，要坚持标准，认真把关，坚决依法制止那些企图通过诉讼逃债、消债等规避法律的行为。对弄虚作假、乘机逃废债务的，要严格追究当事人和相关责任人的法律责任，维护信贷秩序和金融安全。针对一些企业改制、破产活动中所存在的"假改制，真逃债""假破产、真逃债"的现象，各级人民法院要在党委的领导下，密切配合各级政府部门，采取一系列积极有效的措施，依法加大对"逃废金融债务"行为的制裁，协同构筑"金融安全区"，最大限度地保障国有金融债权。

12. 继续加大金融案件执行力度。各级人民法院要在最高人民法院的指导和部署下，继续通过集中时间、集中力量、统一调度、强化力度等多种方式，有计划地开展金融案件专项执行活动。在必要时，要在各级党委领导下，各级政府支持下，通过执行联动机制，加大金融案件的执行力度，确保金融案件的顺利执行。要妥善运用诸如以资产使用权抵债、资产抵债返租、企业整体承包经营、债权转股权以及托管等执行

方式，努力解决难以执行的金融纠纷案件。

四、依法保障金融改革，积极推进金融自主创新

随着金融改革的日益深入和金融创新的不断发展，金融改革和创新业务引发的纠纷案件显著增多，呈现出案件类型多样化、法律关系复杂化、利益主体多元化等特点。人民法院要妥善处理鼓励金融改革创新和防范化解金融风险之间的关系，依法保护各类金融主体的合法权益。

13. 妥善审理金融创新涉诉案件，推动金融产品创新。各级人民法院要关注和有效应对金融创新业务涉诉问题，加强对因股权出质、浮动抵押、保理、"银证通"清算、抵押贷款资产证券化信托、黄金期货交易委托理财、代客境外理财产品（QDII）、外汇贷款利率、货币掉期合约、外汇汇率锁定合约、信用证议付、独立保函等引发的新型案件的调研，上级人民法院要及时总结审判经验，加强对下级人民法院的审判指导。人民法院在审查金融创新产品合法性时，对于法律、行政法规没有规定或者规定不明确的，应当遵循商事交易的特点、理念和惯例，坚持维护社会公共利益原则，充分听取金融监管机构的意见，不宜以法律法规没有明确规定为由，简单否定金融创新成果的合法性，为金融创新活动提供必要的成长空间。

14. 妥善审理金融知识产权案件，保障金融自主创新。随着金融机构在金融创新领域中投入的不断加大，知识产权已经成为有效提升银行竞争力的重要手段。各级人民法院要加强对金融业务电子化和网络化进程中基础性金融技术知识产权的司法保护，加大对商业银行、保险公司、证券公司自主开放的软件和数据库的保护力度。要加强对知识产权担保、信托、保险、证券化等新情况、新问题的调研。在案件审理中注意金融法律和知识产权法律适用的衔接与协调，要通过对金融知识产权案件审理，切实保护金融知识产权人的合法权益，激励和保护金融创新，维护金融业公平竞争秩序。

15. 依法妥善运用各种司法措施，保护金融信息安全。各级人民法院要从防范系统性金融风险和保障国家金融安全的高度，认识依法保护金融信息安全的重要性和紧迫性，妥善运用各种司法措施，保障国家金融网络安全和金融信息安全。要依法打击攻击金融网络、盗取金融信息、危害金融安全的违法犯罪行为，依法审理金融电子化产品运用中引发的侵害金融债权纠纷案件，保护金融债权人合法的财产和信息安全，维护国家金融网络安全和信息安全。

五、深化能动司法理念，全面提升金融审判水平

化解金融纠纷的创新性和前沿性，要求人民法院必须大力开展调查研究，发挥司法建议功能，延伸能动司法效果，构建专业审判机制，拓展金融解纷资源，不断提高金融审判水平。

16. 发挥司法建议功能，延伸能动司法效果。各级人民法院要关注金融纠纷的市场和法律风险，加强各种信息的搜集、分析、研判，充分发挥司法建议的预警作用。要通过对审理案件过程中发现的问题，有针对性地提出对策建议，有效帮助金融机构完善产品设计。要通过行政审判，探索符合金融领域规律的审查标准和方式，促进政府依法行政和有效防范化解金融风险。要充分发挥金融商事审判的延伸服务功能，对金融机构自身管理方面存在的缺陷，要及时发现，及时反馈，为金融监管部门和金融机构查堵漏洞、防范风险提出司法建议。

17. 加强监督指导工作，回应金融案件审判需求。各级人民法院要在审判工作中密切关注因金融改革和创新而出现的各种新情况和新问题，深入开展前瞻性调查研究，及时总结审判经验。要发挥指导性案例以及其他典型案件的规范指引作用，通过多种信息披露形式展示指导性案例和其他典型案例的处理模式和思路，引导金融市场主体预防避免类似金融纠纷。最高人民法院将加紧制定物权法担保物权、保险法、融资租赁、证券市场虚假陈述、质押式国债回购、票据贴现回购、国家资本金、银行卡以及利息裁判标准等方面的司法解释和指导意见，以有效回应金融审判实践的需求。

18. 构建专业审判机制，拓展金融解纷资源。各级人民法院要积极培育和利用专业资源，探索构建高效的专业审判模式。要大力培养专家型法官，加强与专业研究机构、高校的合作与资源共享，努力打造金融专家法官队伍。要针对金融案件专业性强的特点，积极借助外部智力资源，建立专家咨询、专家研讨机制，努力提高金融案件审判的专业化水平。要尝试专家陪审机制，通过聘请金融法律专家作为专家陪审员，充分发挥金融专业人士在专业性强、案件类型新、社会影响大的金融案件审判中的作用。

19. 探索集中审理制度，完善统一协调机制。对于众多债权人向同一金融机构集中提起的系列诉讼案件、金融机构破产案件、集团诉讼案件、群体性案件等，可能引发区域性或系统性金融风险和存在影响社会和谐稳定因素的特殊类型民商事金融案件，相关的不同地区、不同审级法院之间应加强信息沟通，在上级法院的统一指导下探索集中受理、诉讼保全、集中协调、集中审理、集中判决、协调执行，以防范金融风险扩散，避免各地法院针对同一金融机构的同类案件出现裁判标准不统一，以及针对同一金融机构的多个案件在执行中出现矛盾和冲突的现象，依法平等保护各地债权

人的合法权益。

20. 加强司法宣传工作，发挥审判导向作用。各级人民法院要加强金融法制宣传工作，及时通过召开新闻发布会、组织专题或系列报道等多种形式，教育和引导各类金融主体增强依法经营和风险防范意识，倡导守法诚信的金融市场风尚，努力营造公平规范有序的金融市场交易秩序。

我国金融发展已经处于一个新的历史起点，人民法院为防范化解金融风险和推进金融改革发展提供司法保障的范围之广阔，任务之艰巨，将大大超过以往任何时期。各级人民法院要把中央经济工作会议和第四次全国金融工作会议的精神，切实贯彻到金融案件的审判和执行实践中，进一步增强大局意识和风险意识，坚持"为大局服务，为人民司法"工作主题，践行社会主义法治理念，充分发挥审判职能作用，共同为防范化解金融风险，维护金融秩序稳定，推动金融市场协调发展，保障金融改革创新，保障国家金融安全做出新的更大的贡献。

最高人民法院
关于审理上市公司破产重整案件工作座谈会纪要

2012 年 10 月 29 日　　　　　　　　　　法〔2012〕261 号

《企业破产法》施行以来，人民法院依法审理了部分上市公司破产重整案件，最大限度地减少了因上市公司破产清算给社会造成的不良影响，实现了法律效果和社会效果的统一。上市公司破产重整案件的审理不仅涉及《企业破产法》《证券法》《公司法》等法律的适用，还涉及司法程序与行政程序的衔接问题，有必要进一步明确该类案件的审理原则，细化有关程序和实体规定，更好地规范相关主体的权利义务，以充分保护债权人、广大投资者和上市公司的合法权益，优化配置社会资源，促进资本市场健康发展。为此，最高人民法院会同中国证券监督管理委员会，于 2012 年 3 月 22 日在海南省万宁市召开了审理上市公司破产重整案件工作座谈会。与会同志通过认真讨论，就审理上市公司破产重整案件的若干重要问题取得了共识。现纪要如下：

一、关于上市公司破产重整案件的审理原则

会议认为，上市公司破产重整案件事关资本市场的健康发展，事关广大投资者

的利益保护,事关职工权益保障和社会稳定。因此,人民法院应当高度重视此类案件,并在审理中注意坚持以下原则:

(一)依法公正审理原则。上市公司破产重整案件参与主体众多,涉及利益关系复杂,人民法院审理上市公司破产重整案件,既要有利于化解上市公司的债务和经营危机,提高上市公司质量,保护债权人和投资者的合法权益,维护证券市场和社会的稳定,又要防止没有再生希望的上市公司利用破产重整程序逃废债务,滥用司法资源和社会资源;既要保护债权人利益,又要兼顾职工利益、出资人利益和社会利益,妥善处理好各方利益的冲突。上市公司重整计划草案未获批准或重整计划执行不能的,人民法院应当及时宣告债务人破产清算。

(二)挽救危困企业原则。充分发挥上市公司破产重整制度的作用,为尚有挽救希望的危困企业提供获得新生的机会,有利于上市公司、债权人、出资人、关联企业等各方主体实现共赢,有利于社会资源的有效利用。对于具有重整可能的企业,努力推动重整成功,可以促进就业、优化资源配置,促进产业结构的调整和升级换代,减少上市公司破产清算对社会带来的不利影响。

(三)维护社会稳定原则。上市公司进入破产重整程序后,因涉及债权人、上市公司、出资人、企业职工等相关当事人的利益,各方矛盾比较集中和突出,如果处理不当,极易引发群体性、突发性事件,影响社会稳定。人民法院审理上市公司破产重整案件,要充分发挥地方政府的风险预警、部门联动、资金保障等协调机制的作用,积极配合政府做好上市公司重整中的维稳工作,并根据上市公司的特点,加强与证券监管机构的沟通协调。

二、关于上市公司破产重整案件的管辖

会议认为,上市公司破产重整案件应当由上市公司住所地的人民法院,即上市公司主要办事机构所在地法院管辖;上市公司主要办事机构所在地不明确、存在争议的,由上市公司注册登记地人民法院管辖。由于上市公司破产重整案件涉及法律关系复杂,影响面广,对专业知识和综合能力要求较高,人力物力投入较多,上市公司破产重整案件一般应由中级人民法院管辖。

三、关于上市公司破产重整的申请

会议认为,上市公司不能清偿到期债务,并且资产不足以清偿全部债务或者明显缺乏清偿能力,或者有明显丧失清偿能力可能的,上市公司或者上市公司的债权

人、出资额占上市公司注册资本十分之一以上的出资人可以向人民法院申请对上市公司进行破产重整。

申请人申请上市公司破产重整的，除提交《企业破产法》第八条规定的材料外，还应当提交关于上市公司具有重整可行性的报告、上市公司住所地省级人民政府向证券监督管理部门的通报情况材料以及证券监督管理部门的意见、上市公司住所地人民政府出具的维稳预案等。上市公司自行申请破产重整的，还应当提交切实可行的职工安置方案。

四、关于对上市公司破产重整申请的审查

会议认为，债权人提出重整申请，上市公司在法律规定的时间内提出异议，或者债权人、上市公司、出资人分别向人民法院提出破产清算申请和重整申请的，人民法院应当组织召开听证会。

人民法院召开听证会的，应当于听证会召开前通知申请人、被申请人，并送达相关申请材料。公司债权人、出资人、实际控制人等利害关系人申请参加听证的，人民法院应当予以准许。人民法院应当就申请人是否具备申请资格、上市公司是否已经发生重整事由、上市公司是否具有重整可行性等内容进行听证。

鉴于上市公司破产重整案件较为敏感，不仅涉及企业职工和二级市场众多投资者的利益安排，还涉及与地方政府和证券监管机构的沟通协调。因此，目前人民法院在裁定受理上市公司破产重整申请前，应当将相关材料逐级报送最高人民法院审查。

五、关于对破产重整上市公司的信息保密和披露

会议认为，对于股票仍在正常交易的上市公司，在上市公司破产重整申请相关信息披露前，上市公司及其债权人、出资人等利害关系人应当按照法律、行政法规、证券监管机构的部门规章及证券交易所上市规则做好信息保密工作。

上市公司的债权人提出破产重整申请的，人民法院应当要求债权人提供其已就此告知上市公司的有关证据。上市公司应当按照相关规则及时履行信息披露义务。

上市公司进入破产重整程序后，由管理人履行相关法律、行政法规、部门规章和公司章程规定的原上市公司董事会、董事和高级管理人员承担的职责和义务，上市公司自行管理财产和营业事务的除外。管理人在上市公司破产重整程序中存在信息披露违法违规行为的，应当依法承担相应的责任。

六、关于上市公司破产重整计划草案的制定

会议认为，上市公司或者管理人制定的上市公司重整计划草案应当包括详细的经营方案。有关经营方案涉及并购重组等行政许可审批事项的，上市公司或管理人应当聘请经证券监管机构核准的财务顾问机构、律师事务所以及具有证券期货业务资格的会计师事务所、资产评估机构等证券服务机构按照证券监管机构的有关要求及格式编制相关材料，并作为重整计划草案及其经营方案的必备文件。

控股股东、实际控制人及其关联方在上市公司破产重整程序前因违规占用、担保等行为对上市公司造成损害的，制定重整计划草案时应当根据其过错对控股股东及实际控制人支配的股东的股权作相应调整。

七、关于上市公司破产重整中出资人组的表决

会议认为，出资人组对重整计划草案中涉及出资人权益调整事项的表决，经参与表决的出资人所持表决权三分之二以上通过的，即为该组通过重整计划草案。

考虑到出席表决会议需要耗费一定的人力物力，一些中小投资者可能放弃参加表决会议的权利。为最大限度地保护中小投资者的合法权益，上市公司或者管理人应当提供网络表决的方式，为出资人行使表决权提供便利。关于网络表决权行使的具体方式，可以参照适用中国证券监督管理委员会发布的有关规定。

八、关于上市公司重整计划草案的会商机制

会议认为，重整计划草案涉及证券监管机构行政许可事项的，受理案件的人民法院应当通过最高人民法院，启动与中国证券监督管理委员会的会商机制。即由最高人民法院将有关材料函送中国证券监督管理委员会，中国证券监督管理委员会安排并购重组专家咨询委员会对会商案件进行研究。并购重组专家咨询委员会应当按照与并购重组审核委员会相同的审核标准，对提起会商的行政许可事项进行研究并出具专家咨询意见。人民法院应当参考专家咨询意见，作出是否批准重整计划草案的裁定。

九、关于上市公司重整计划涉及行政许可部分的执行

会议认为，人民法院裁定批准重整计划后，重整计划内容涉及证券监管机构并购重组行政许可事项的，上市公司应当按照相关规定履行行政许可核准程序。重整计

划草案提交出资人组表决且经人民法院裁定批准后,上市公司无须再行召开股东大会,可以直接向证券监管机构提交出资人组表决结果及人民法院裁定书,以申请并购重组许可申请。并购重组审核委员会审核工作应当充分考虑并购重组专家咨询委员会提交的专家咨询意见。并购重组申请事项获得证券监管机构行政许可后,应当在重整计划的执行期限内实施完成。

会议还认为,鉴于上市公司破产重整案件涉及的法律关系复杂、利益主体众多、社会影响较大,人民法院对于审判实践中发现的新情况、新问题,要及时上报。上级人民法院要加强对此类案件的监督指导,加强调查研究,及时总结审判经验,确保依法妥善审理好此类案件。

《最高人民法院关于审理上市公司破产重整案件工作座谈会纪要》的理解与适用

宋晓明　张勇健　赵　柯

《最高人民法院关于审理上市公司破产重整案件工作座谈会纪要》(法〔2012〕261号)(以下简称《纪要》)经审判委员会民事行政审判专业委员会第141次会议讨论通过,已于2012年10月29日印发。该会议纪要对于指导全国法院正确审理上市公司破产重整案件具有重要意义。本文拟对《纪要》的制定背景、基本原则和精神、主要内容等进行简要介绍,以期对该《纪要》的正确理解和适用有所裨益。

一、《纪要》的起草背景和经过

破产重整是优化配置社会资源、挽救危困企业、维护社会和谐稳定的重要法律制度,是我国《企业破产法》的一大制度创新。2007年6月1日《企业破产法》施行以来,重整案件的审理已经成为人民法院别具亮点的审判领域。据统计,截至2012年9月1日,全国法院共受理上市公司破产重整案件35件,这些上市公司通过重整程序避免了破产清算,取得了良好的社会效果,人民法院也通过上市公司破产重整案件的审理,积累了初步的司法经验。

由于上市公司破产重整案件的审理不仅涉及《企业破产法》《证券法》《公司法》等法律的适用,还涉及司法程序与行政程序的衔接问题,有必要进一步明确该类案件的审理原则,细化有关程序和实体规定,更好地规范相关主体的权利义务,以充分保护债权人、广大投资者和上市公司的合法权益，促进资本市场健康发展。为此，早在《企业破产法》施行之初，最高人民法院民二庭就与中国证券监督管理委员会（以下简称中国证监会）上市部、法律部的同志组成联合课题组，就上市公司破产重整案件的审理进行专题调研。经对调研成果的广泛征求意见和多次修改，2012 年 3 月 22 日在海南省万宁市最高人民法院与中国证监会联合召开了审理上市公司破产重整案件工作座谈会。与会同志通过认真讨论，就审理上市公司破产重整案件的若干重要问题取得了共识，形成该《纪要》。

二、形成《纪要》坚持的基本精神

《企业破产法》实施 5 年多来，人民法院在审理上市公司破产重整案件方面进行了初步的探索和实践，但是总体来说尚缺乏充足的上市公司破产重整审判经验。在形成《纪要》的过程中，最高人民法院始终注意坚持以下原则：（1）遵循法律规定原则。上市公司破产重整案件本质上属于企业破产案件，所涉问题都应遵照《企业破产法》的相关规定，同时其中又涉及《公司法》《证券法》等内容，它们是制定《纪要》的基本法律依据。（2）总结成熟司法经验。在进行专题调研的过程中，我们搜集了大量的国内外上市公司破产重整的案例进行充分剖析研究，并广泛征求人民法院、管理人、证券交易所及证券监管机构的意见和建议，总结了一些较为成熟、认识比较统一、实践证明效果较好的司法经验。对于那些争议较大的问题，未纳入《纪要》的内容。（3）法院与证券监管机构分工配合。上市公司破产重整是司法程序，应该在人民法院的主导下进行。但因为上市公司的特殊性，其重整过程又离不开证券监管机构的监管。《纪要》不但明确了法院的职责，亦规定了涉及行政监管时应启动的程序，确保在上市公司破产重整案件中，法院与行政监管部门能够各司其职、各尽其责。

鉴于上市公司重整案件涉及的法律关系复杂，利益主体众多，社会影响较大，囿于篇幅和条件，《纪要》对于一些问题还未作规定。对于审判实践中发现的新情况、新问题，有关法院要加强调查研究，及时总结审判经验，为将来《企业破产法》司法解释的制定提供借鉴和参考。

三、《纪要》的主要内容

《纪要》规定了八个方面的内容，包括上市公司破产重整案件的审理原则、上市公司破产重整案件的管辖、申请和审查、信息保密和披露、重整计划草案的制定及关于上市公司重整计划草案的会商机制等问题，进一步细化了上市公司破产重整案件审理的有关程序和实体规定，以下选取其中所涉的主要问题进行说明。

（一）上市公司破产重整案件的审理原则

上市公司涉及面广，一旦破产清算，将产生一系列的连锁反应，对社会影响较大。同时，在现阶段，上市公司的"壳资源"也在社会上具有相当强的吸引力。因此，利用《企业破产法》中规定的重整程序挽救上市公司是目前困境中的上市公司为避免破产、获得新生积极寻求的途径。而《企业破产法》中并没有关于上市公司破产重整的专门性规定，很多问题还没有明确的规范依据。在这种情况下就要求人民法院将依法公正审理作为审理上市公司破产重整案件的首要原则。坚持依法公正审理原则首先要求整个上市公司破产重整程序都必须依照法定程序进行，这就要求人民法院将上市公司破产重整程序的全部过程置于法定程序之下，不能出现没有程序保障的真空状态，即使在法律难以进行细密规范的操作进程中，也要恪守正当的程序理念。在审理上市公司破产重整案件涉及众多参与主体的实体权利时，更要贯彻依法公正审理原则。一方面，要确保各种性质的债权人享有其原来对上市公司责任财产的清偿顺序，并且按照比例公平地获得不低于上市公司即时破产清算得到的清偿；另一方面，也应当兼顾上市公司以及出资人利益，尽力挽救已经达到破产界限的上市公司，避免破产清算。此外，针对社会上存在的一些因为上市公司的规模和影响而"破不得""不能破"的认识，我们在《纪要》中进一步明确，上市公司重整不成的，也即上市公司重整计划草案未获批准或重整计划执行不能的，人民法院应当及时宣告上市公司破产清算。以期有助于树立正确的导向，避免资本市场对可能重整的上市公司进行恶意炒作。

同时，上市公司进入破产重整程序后，因涉及债权人、上市公司、出资人、企业职工等相关当事人的利益，各方矛盾比较集中和突出，如果处理不当，极易引发群体性、突发性事件，影响社会稳定。人民法院审理上市公司破产重整案件，一定要坚持维护社会稳定原则，要充分发挥地方政府的风险预警、部门联动、资金保障等协调机制的作用，积极配合政府做好上市公司破产重整中的维稳工作，并根据上市公司的特点，加强与证券监管机构的沟通协调。

（二）上市公司重整案件的申请、审查和受理

上市公司破产重整案件与一般的民商事案件不同，在是否受理的审查中涉及很多内容，尤其是上市公司作为股票在证券交易所交易的股份有限公司，其破产重整还必然涉及证券监管机构监管的有关问题。因此，《纪要》一方面明确了申请人向法院申请上市公司破产重整时应当提交的除《企业破产法》第8条规定的材料以外的特殊材料，包括上市公司具有重整可行性的报告、上市公司住所地省级人民政府向证券监督管理部门的通报情况材料以及证券监督管理部门的意见、上市公司住所地人民政府

出具的维稳预案等。另一方面,《纪要》又对法院在审查上市公司重整申请时应当召开听证会的情形以及召开听证会时应当注意的有关问题予以明确,目的在于依法稳妥地裁定是否受理对上市公司破产重整的申请。此外,在目前的市场环境下,上市公司破产重整案件较为敏感,不仅涉及企业职工和二级市场众多投资者的利益安排,还涉及与地方政府和证券监管机构的沟通协调。因此,在以往受理的30多家上市公司破产重整案件中,均要求拟受理上市公司破产重整申请的法院在裁定受理上市公司破产重整申请前,应当将相关材料逐级报送最高人民法院审查。这一做法也在《纪要》中加以明确。

(三)上市公司重整计划草案的制定

《企业破产法》第81条将债务人的经营方案列为重整计划草案的第一项内容。债务人的经营方案,主要是对公司重整的具体措施进行规定。而公司的重整措施是公司为实现摆脱危机而达新生的具体手段,直接关系到债务人的生死,在重整程序中至为重要。因此,有关重整措施的经营方案就成为重整计划草案的首要内容。但是,《企业破产法》并未对经营方案应当具体包括哪些内容加以明确,而国外的相关立法中大多都对重整措施进行了详细的规定。《企业破产法》在当初立法时主要是考虑到重整措施在实践中是丰富多样的,如果采取列举式的方法加以规定,可能会抑制重整参与人的想象力,不利于调动当事人的积极性。但是,从我们目前看到的进入重整程序的上市公司的案例来看,一些破产重整上市公司重整计划草案中的经营方案规定的非常简单,甚至仅是几百字的概括陈述,根本不足以提供关于该上市公司重整具体措施的有效信息。这就给债权人会议通过重整计划草案带来了盲目性,同时也给后续法院批准重整计划草案带来很大不确定性。因此,我们强调上市公司重整计划草案中的经营方案应当尽量细化。应当包括债务人的经营管理方案、融资方案、资产与业务重组方案等规定上市公司重整具体措施的内容。此外,在有关经营方案涉及并购重组等行政许可审批事项的,为便于后续证券监管机构的审批,上市公司或管理人应当聘请经证券监管机构核准的财务顾问机构、律师事务所以及具有证券期货业务资格的会计师事务所、资产评估机构等证券服务机构按照证券监管机构的有关要求及格式编制相关材料,并作为重整计划草案及其经营方案的必备文件。

(四)上市公司重整计划的会商机制

1.《纪要》引入会商机制的原因。

《纪要》之所以规定关于上市公司重整计划草案的会商机制,就是为了解决上市公司破产重整中涉及的司法程序与行政程序的衔接问题。法院审理上市公司重整计划草案时,除审查制作重整计划草案的程序是否符合法律规定外,重点审查重整计划草案是否使处于同一顺位的债权人获得公平对待的清偿,是否每一个反对重整计划草案的债权人在重整计划草案中至少可以获得其在清算程序中可以获得的清偿;对出资人组的权益调整方案进行审查时,看是否涉及权益调整的出资人表决通过了该重整计划草案,该权益调整是否公平公正。而证券监管机构的审查,因我国目前没有专门针对重整程序中的上市公司发行新股、定向增发等的条件作出特殊规定,故证券监管机构仍然是按照现有《证券法》《公司法》等相关法律法规的要求对重组方、对拟投入的资产、对股东权益调整方式、对程序方面是否存在违反法律规定的情形等进行审查。表面看来,法院和证监部门的审查各有侧重、互相配合。但实际上却产生了司法程序与行政程序的衔接问题。按照《企业破产法》的规定,重整计划草案自各表决组通过之日起 10 日内,或未通过重整计划草案的表决组拒绝再次表决或者再次表决仍未通过重整计划草案的,债务人或者管理人可以申请人民法院批准重整计划草案。而法院裁定批准重整计划后,债务人就应当按照重整计划规定的内容全面履行。而如果在履行过程中,涉及股权调整或重大资产交易等事项不能得到批准时,就会使重整计划草案得不到实际执行。而按照《企业破产法》的相关规定,债务人不执行或不能执行重整计划的,经债务人或管理人申请,人民法院应当裁定终止重整计划的执行。这样就实际造成了行政权"否定"司法权的尴尬局面。对于证券监管机构而言,如果上市公司先行获得证券监管机构的行政许可,而法院并未通过相关的重整计划草案,则又会使该行政许可事项没有执行的可能。因此,当上市公司采取的重整措施涉及股权让与、定向增发、资产交易、减资等事项时,重整计划不但涉及法院的正常批准或强制批准,还涉及证券监管机构的行政审批问题。两者如何协调,是法院批准重整计划草案在先还是证券监管机构作出行政许可在先就成为实践中亟待解决的问题。对于这一问题,经过我们与中国证监会的反复沟通、协调、论证,达成了当重整计划草案涉及证券监管机构行政许可事项时,启动最高人民法院与中国证监会的会商机制的思路,也就是目前在《纪要》中规定的内容。

2. 启动会商机制实践中需要把握的问题。

对于会商机制的理解,实践中需要重点把握以下几个问题:(1) 会商的主体是最高人民法院与中国证监会。当重整计划草案涉及证券监管机构行政许可事项的,受理案件的人民法院应当通过最高人民法院,启动与中国证监会的会商机制。即由最高人民法院将有关材料函送中国证监会进行研究。(2) 受理案件的人民法院应当参考中国证监会对会商事项的意见,作出是否批准重整计划草案的裁定。中国证监会在接到会商案件材料后,中国证监会安排并购重组专家咨询委员会对会商案件进行研究。并购重组专家咨询委员会应当按照与并购重组审核委员会相同的审核标准,对提起会商的行政许可事项进行研究并出具专家咨询意见。专家咨询意见可以分为肯定意见、否定意见、附条件肯定意见。对于上述专家咨询意见，人民法院在作出是否批准重整计划草案的裁定前，应予充分考虑。对于专家咨询意见明确为否定意见的，管理人可向人民法院撤回提请批准的申请并对重整计划草案的相关事项依法调整后再行提请会商。（3）专家咨询意见不能代替行政许可决定。人民法院裁定批准重整计划后，重整计划内容涉及证券监管机构并购重组行政许可事项的，上市公司应当按照相关规定履行行政许可核准程序。并购重组申请事项获得证券监管机构行政许可后，应当在重整计划的执行期限内实施完毕。

四、个案答复

最高人民法院关于中国华融资产管理公司重庆办事处能否纳入企业破产案件社会中介机构管理人名册请示的答复

2007年10月30日　　　　　　　　　〔2007〕民二他字第48号

重庆市高级人民法院：

你院渝高法（2007）199号《关于中国华融资产管理公司重庆办事处能否纳入企业破产案件社会中介机构管理人名册的请示》收悉。经研究，答复如下：

根据《中华人民共和国企业破产法》第二十条、《最高人民法院关于审理企业破产案件指定管理人的规定》第二条规定，管理人名册的范围限于依法设立的律师事务所、会计师事务所、破产清算事务所等社会中介机构及符合条件的相关工作人员，金融资产管理公司不是中介机构，因此，不应将金融资产管理公司纳入管理人名册。

根据《最高人民法院关于审理企业破产案件指定管理人的规定》第十九条规定，人民法院指定清算组担任管理人的，可以根据案件实际需要，决定是否将金融资产管理公司列为清算组成员。

此复。

最高人民法院
关于长峰公司对一般结算账户上的资金能否行使取回权问题请示的答复

2008年11月6日　　　　　　　　〔2008〕民二他字第33号

海南省高级人民法院：

你院（2008）琼民二终字第23号《关于长峰公司对一般结算账户上的资金能否行使取回权问题的请示》收悉。经研究，答复如下：

同意你院审委会的第一种意见。根据货币所有与占有一致的原则，海南汇通国际信托投资公司对其占有的结算账户内资金享有所有权。在海南汇通国际信托公司破产时，海南长峰有限公司可以申报债权，不享有取回权。

此复。

最高人民法院
关于上诉人宁波金昌实业投资有限公司与被上诉人西北证券有限责任公司破产清算组取回权纠纷一案的请示的答复

2009年10月19日　　　　　　　　〔2009〕民二他字第24号

宁夏回族自治区高级人民法院：

你院《关于上诉人宁波金昌实业投资有限公司与被上诉人西北证券有限责任公司破产清算组取回权纠纷一案的请示》收悉。经研究，答复如下：

根据你院来函所述事实，请示问题实质为证券公司违规挪用的客户证券资产被追回后，客户在证券公司破产程序中能否对该部分资产行使取回权。对于这一问题，在2007年11月20日召开的全国法院证券公司破产案件审理工作座谈会已经明确了相关处理原则：如果证券公司违规挪用客户资金和证券，关系清楚、财产并未混同，管理人追回后，可由相关权利人行使代偿性取回权。综上，同意你院审判委员会的倾向性意见。

以上意见供参考。

最高人民法院
关于请求指令广东省湛江市中级人民法院管辖广东中谷糖业集团有限公司属下广西博白县中创糖业发展有限公司和广西玉林雅桥糖业有限公司重整案请示的答复

2009年12月13日　　　　　　　　〔2009〕民二他字第36号

广东省高级人民法院：

　　你院《关于请求指令广东省湛江市中级人民法院管辖广东中谷糖业集团有限公司属下广西博白县中创糖业发展有限公司和广西玉林雅桥糖业有限公司重整案的请示》收悉。经研究，答复如下：

　　鉴于目前债权人向广东省湛江市中级人民法院广东中谷糖业集团有限公司及其下属七家公司进行整体重整，而且广东中谷糖业集团有限公司及其下属公司的主要资产在湛江市，其债权人亦主要分布在广东省境内，湛江市政府也针对位于广西境内的两家公司制定了相应的维稳方案和措施，由广东省湛江市中级人民法院一并受理广西博白县中创糖业发展有限公司和广西玉林雅桥糖业有限公司破产重整案件，有利于重整方案的制定和执行，有利于维护债权人的合法权益，有利于重整案件的顺利审理。同意你院关于同意广东省湛江市中级人民法院受理广东中谷糖业集团及其下属公司（包括广西博白县中创糖业发展有限公司和广西玉林雅桥糖业有限公司）破产重整案件的意见。

　　特此答复。

最高人民法院
关于北京市中伦律师事务所与中国证券投资者保护基金有限公司签订法律服务合同的行为是否构成《企业破产法》第二十四条规定的"与本案利害关系"问题请示的答复

2010年6月22日　　　　　　　　　　　〔2010〕民二他字第2号

广东省高级人民法院：

　　你院粤高法[2010]6号《关于北京市中伦律师事务所与中国证券投资者保护基金有限公司签订法律服务合同的行为是否构成〈企业破产法〉第二十四条规定的"与本案利害关系"问题的请示》收悉。经研究，答复如下：

　　北京市中伦律师事务所（以下简称中伦总所）分支机构北京市中伦律师事务所深圳分所（以下简称中伦深圳分所）担任汉唐证券管理人的组成单位成员后，中伦总所与汉唐证券的最大债权人中国证券投资者保护基金有限公司（以下简称基金公司）签订法律服务合同担任基金公司的法律顾问的行为，构成企业破产法及相关司法解释中的"与本案有利害关系"。同时，基金公司的债券是依照国家政策收购汉唐证券交易结算资金及个人债权形成的，其数额是经过汉唐证券清算组甄别确认的，而且根据《证券投资者保护基金管理办法》，基金公司具有组织、参与被撤销、关闭或破产证券公司的清算工作的职能。因此基金公司参与汉唐证券的破产清算程序既有债权人的身份，也是其履行参与证券公司风险处置工作的法定职责。综合以上情况，鉴于基金公司作为汉唐证券债权人的特殊性，中伦深圳分所可以继续担任汉唐证券管理人的组成单位成员。但是，基金公司参与汉唐证券破产清算案件的专项法律顾问工作不应由中伦总所的律师担任，如有相关情形，其代理关系应当解除，否则中伦深圳分所不能继续承担汉唐证券破产清算案件的管理人的组成单位成员。

　　此复。

最高人民法院
关于部分人民法院冻结、扣划被风险处置证券公司客户证券交易结算资金有关问题的通知

2010年6月22日　　　　　　　　　　　〔2010〕民二他字第21号

北京市、上海市、江苏省、山东省、湖北省、福建省高级人民法院：

近日，中国证券监督管理委员会致函我院称，因部分人民法院前期冻结、扣划的客户证券交易结算资金未能及时解冻或退回，导致相应客户证券交易结算资金缺口难以弥补，影响被处置证券公司行政清理工作，请求我院协调有关人民法院解冻或退回客户证券交易结算资金。经研究，现就有关问题通知如下：

一、关于涉及客户证券交易结算资金的冻结与扣划事项，应严格按照《中华人民共和国证券法》《最高人民法院关于冻结、扣划证券交易结算资金有关问题的通知》（法〔2004〕239号）、《最高人民法院、最高人民检察院、公安部、中国证券监督管理委员会关于查询、冻结、扣划证券和证券交易结算资金有关问题的通知》（法发〔2008〕4号）、《最高人民法院关于依法审理和执行被风险处置证券公司相关案件的通知》（法发〔2009〕35号）的相关规定进行。人民法院在保全、执行措施中违反上述规定冻结、扣划客户证券交易结算资金的，应坚决予以纠正。

二、在证券公司行政处置过程中，按照国家有关政策弥补客户证券交易结算资金缺口是中国证券投资者保护基金有限责任公司（以下简称保护基金公司）的重要职责，被风险处置证券公司的客户证券交易结算资金专用存款账户、结算备付金账户内资金均属于证券交易结算资金，保护基金公司对被风险处置证券公司因违法冻结、扣划的客户证券交易结算资金予以垫付弥补后，取得相应的代位权，其就此主张权利的，人民法院应予支持。被冻结、扣划的客户证券交易结算资金已经解冻并转入管理人账户的，经保护基金公司申请，相关破产案件审理法院应当监督管理人退回保护基金公司专用账户；仍处于冻结状态的，由保护基金公司向相关保全法院申请解冻，保全法院应将解冻资金返还保护基金公司专用账户；已经扣划的，由保护基金公司向相关执行法院申请执行回转，执行法院应将退回资金划入保护基金公司专用账户。此外，被冻结、扣划客户证券交易结算资金对应缺口尚未弥补的，由相关行政清理组申请保全或者执行法院解冻或退回。

请各高级法院督促辖区内相关法院遵照执行。

特此通知。

最高人民法院
关于代为清偿的连带债务人是否有权向破产和解的债务人继续追偿的问题请示答复

2010年11月10日　　　　　　　　　　〔2010〕民二他字第15号

山东省高级人民法院：

你院鲁高法[2010]144号《关于代为清偿的连带债务人是否有权向破产和解的债务人继续追偿的问题的请示》收悉。经研究，答复如下：

债权人如果已在主债务人的和解或重整程序中全额申报了债权，其未得到清偿的部分可以向保证人或连带债务人主张清偿。任何源于同一债务的普通债权，只能在破产程序中得到与其他普通债权相同比率的清偿。因此，保证人或连带债务人承担清偿责任后，不能向破产和解、破产重整的债务人追偿。

最高人民法院
关于破产财产拍卖相关问题请示的答复

2010年12月21日　　　　　　　　　　〔2010〕民二他字第45号

广西壮族自治区高级人民法院：

你院（2010）桂破请字第7号《关于破产财产拍卖相关问题的请示》收悉。经研究，答复如下：

第一，关于第三次债权人会议决议与拍卖成交合同的关系问题。第三次债权人会议对破产财产分配方案作出的决议，即使该次会议决议依法被撤销，也并不当然导致拍卖成交合同的解除。债权人会议决议与拍卖成交合同系两个不同的法律关系，债权人会议无权自行决定拍卖成交合同的解除。

第二，关于广西信托大厦是否应该重新拍卖问题。重新拍卖广西信托大厦的前提必须是拍卖成交合同已被解除，或者被确认无效或未生效。人民法院在审理广西信托投资公司破产案件中无权对上述问题作出裁决。债权人如果认为拍卖成交合同存在解除事由，或者存在合同无效或未生效事由的，均可要求管理人依据相关法律规定向人民法院另行提起诉讼，请求判决解除合同或者确认合同无效或未生效。人民法院判决支持其诉讼请求后，管理人可以另行委托拍卖。

第三，关于拍卖成交合同买受人逾期付款的法律责任问题。买受人未按照拍卖成交合同约定的履行期限支付拍卖价款，且经催告后在合理期限内仍未履行的，卖方有权主张解除合同。拍卖价款支付完毕后，虽然已不存在解除合同问题，但卖方仍然有权追究买受人逾期付款的违约责任，向买受人主张相应赔偿。

综上，同意你院审判委员会的意见，并请对上述问题向有关权利人和管理人予以释明，并告知其可依法主张相关权利。

此复。

最高人民法院
关于对西北证券有限责任公司处置日前佣金收入及富余外币结算备付盘归属问题的请示的答复

2011年6月23日　　　　　　　　　　〔2011〕民二他字第9号

宁夏回族自治区高级人民法院：

你院宁高法〔2011〕45号《关于西北证券有限责任公司处置日前佣金收入及富余外币结算备付金归属问题的请示》收悉。经研究，答复如下：

同意你院关于将西北证券有限责任公司处置日前的佣金收入及富余外币结算备付金共计人民币10347245.14元退回保护基金公司的意见，按照证券公司风险处置的有关政策及《中华人民共和国证券法》的相关规定，该笔资金不属于西北证券有限责任公司的破产财产。

此外，鉴于西北证券有限责任公司破产清算工作已召开了多次债权人会议并进行了第一次债权分配，请你院指导银川市中级人民法院就有关证券公司风险处置的相关政策做好债权人的解释工作。

此复。

最高人民法院
关于裁定批准深圳市国基房地产开发有限公司重整计划草案的报告

2012年9月3日　　　　　　　　　〔2012〕民二他字第24号

广东省高级人民法院：

你院粤高法〔2012〕314号《关于裁定批准深圳市国基房地产开发有限公司重整计划草案的报告》收悉。经研究，答复如下：

我院认为，人民法院强制批准重整计划草案，应当符合《企业破产法》第八十七条规定，且债权人组至少有一组已经通过重整计划草案，并且通过重整计划草案表决组中的反对者的既得利益不得受到损害，包括债权的法定清偿顺序不得改变；有物权担保的债权就该特定财产将获得全额清偿，其因延期清偿所受的损失将得到公平补偿，并且其担保权未受到实质性损害；享有一般优先权的职工劳动债权与税收债权将获得全额清偿；普通债权所获得的清偿比例，不低于其在重整计划草案被提请批准时依照破产清算程序所能获得的清偿比例。

请你院结合上述要求审查深圳市国基房地产开发有限公司的重整计划草案，并注意结合该公司的特点，做好相关维稳工作及与有关主管部门的沟通协调。

此复。

最高人民法院
关于沈阳特种环保设备制造股份有限公司破产重整一案请示的答复

2013年4月25日　　　　　　　　　〔2013〕民二他字第8号

辽宁省高级人民法院：

你院（2013）辽民二他字1号《关于沈阳特种环保设备制造股份有限公司破产重整一案的请示》收悉。经研究，答复如下：

债权人会议是协调和形成全体债权人的共同意思，体现全体债权人共同利益的自主性机构，原则上只有债权已经确定的债权人才能参加债权人会议并依法享有表决权。债权尚未确定的债权人，在债权确定前一般不享有表决权，只有在特殊情况下，如当事人虽然对整体债权存在争议，但对其中部分内容无异议，受理破产案件的人民法院可以就各方无异议的部分先行临时确定债权额，债权人可就该无异议部分的债权行使表决权。对于诉讼未决的债权，管理人应当依法将其分配额提存。

另外，请你院加快对争议债权案件的审理，以尽快确定债权，避免对隐形债权人权利造成不必要的损害。

此复。

最高人民法院
关于人民法院受理破产案件前债务人未付应付款项的滞纳金是否应当确认为破产债权请示的答复

2013年6月27日　　　　　　　　　〔2013〕民二他字第9号

广东省高级人民法院：

你院粤高法[2013]107号《关于人民法院受理破产案件前债务人未付应付款项的滞纳金是否应当确认为破产债权的请示》收悉。经研究，答复如下：

同意你院意见，即人民法院受理破产案件前债务人未付款项的滞纳金应确认为破产债权。此复。

最高人民法院
关于河南济源农村商业银行股份有限公司与济源市商贸（集团）总公司保证担保借款合同纠纷一案请示的答复

2013年8月21日　　　　　　　　　〔2013〕民二他字第12号

河南省高级人民法院：

你院《关于企业破产程序终结时间如何确定问题的请示》收悉。经研究，答复如下：

人民法院裁定终结破产程序的，应当通知已依法申报债权的债权人，并予以公告。

破产程序终结后，已申报债权的债权人依照《最高人民法院关于适用〈中华人民共和国担保法〉若干问题的解释》第四十四条第二款，就其在破产程序中未受清偿的部分主张保证人承担保证责任的，向人民法院提出主张的 6 个月期间自通知到达债权人之日起计算。

此复。

最高人民法院
关于李汉桥等 164 人与南方证券股份有限公司职工权益清单更正纠纷再审系列案有关法律问题请示的答复

2013 年 12 月 11 日　　　　　　　　〔2013〕民二他字第 22 号

广东省高级人民法院：

你院粤高法[2013]193 号《关于李汉桥等 164 人与南方证券股份有限公司职工权益清单更正纠纷再审系列案有关法律问题的请示》收悉。经研究，答复如下：

债务人有《企业破产法》第二条规定的情形时，职工对债务人享有的与业绩挂钩的绩效工资、奖金等金类债权，在破产程序中不应作为优先债权予以清偿，确实合理的债权可以作为普通破产债权清偿。

人民法院审理职工权益清单更正纠纷时，应当按照劳动争议案件的有关规定分配举证责任。

请你院依法审理相关案件，同时，要做好本系列案与其他相关诉讼案件的协调工作，实现法律效果与社会效果的有机统一。

此复。

最高人民法院
关于武汉九龙宫陵园有限公司与武汉市新洲区公墓管理处、武汉市新洲区阳逻街道办事处老屋村村民委员会、广州市万境科技发展有限公司公司解散纠纷一案适用法律问题请示的复函

2013 年 12 月 13 日　　　　　〔2013〕民二他字第 18 号

湖北省高级人民法院：

　　你院鄂高院（2013）293 号《关于武汉九龙宫陵园有限公司与武汉市新洲区公墓管理处、武汉市新洲区阳逻街道办事处老屋村村民委员会、广州市万境科技发展有限公司公司解散纠纷一案适用法律问题的请示》收悉。根据你院请示报告中所述事实，经研究，答复如下：

　　一、关于在二审法院判决有限责任公司解散、公司已经进入强制清算程序但尚未开始清算的情况下，当事人能否依照《民事诉讼法》第一百九十九条的规定申请再审及法院能否依据《民事诉讼法》第二百条的规定再审的问题。因法院判决解散公司，公司尚未清算，其法人主体资格尚存，《民事诉讼法》亦未针对公司解散案件作出不得申请再审的特殊安排，故限制当事人依据《民事诉讼法》第一百九十九条的规定申请再审没有法律依据，法院可以依据《民事诉讼法》第二百条的规定进行再审审查。但同时应考虑公司解散案件的特殊性，依法审慎把握。

　　二、关于最高人民法院《关于适用〈中华人民共和国公司法〉若干问题的规定（二）》第一条第四款具体包括哪些情形，本案是否属于该项规定情形的问题，应由你院在审理案件中通过事实认定，考虑公司运行情况以及当事人有无继续合作的可能等因素综合判断，同时要积极争取地方党委和政府的支持，实现法律效果和社会效果的有机统一。

　　以上答复，仅供参考。

最高人民法院
关于上诉人杨文彬与被上诉人闽发证券有限责任公司房屋买卖合同纠纷中相关法律问题请示的答复

2014年5月13日　　　　　　　　　　〔2014〕民二他字第3号

福建省高级人民法院：

你院（2013）闽民终字第739号《福建省高级人民法院关于上诉人杨文彬与被上诉人闽发证券有限责任公司房屋买卖合同纠纷中相关法律问题的请示》收悉。经研究，回复如下：

最高人民法院《关于审理企业破产案件若干问题的规定》系针对《企业破产法（试行）》作出的司法解释，现《企业破产法（试行）》已被《企业破产法》替代，且最高人民法院《关于适用〈中华人民共和国企业破产法〉若干问题的规定（二）》第二条，根据《企业破产法》对非债务人财产的范围已经做出重新界定，在无其他规定的情况下，应结合《企业破产法》及该条司法解释的规定对债务人财产进行认定。

此复。

最高人民法院
关于债权人主张公司股东承担清算赔偿责任诉讼时效问题请示的答复

2014年12月11日　　　　　　　　　　〔2014〕民二他字第16号

上海市高级人民法院：

你院《关于债权人主张公司股东承担清算赔偿责任诉讼时效问题的请示》收悉。经研究，答复如下：

依据《最高人民法院关于适用〈中华人民共和国公司法〉若干问题的规定（二）》第十八条的规定，作为清算义务人的公司股东怠于履行清算义务导致公司债权人损失的，公司债权人有权请求公司股东承担赔偿责任。该赔偿请求权在性质上属于债权请求权，依据《最高人民法院关于审理民事案件适用诉讼时效制度若干问题的规定》第一条规定，债权人行使该项权利，应受诉讼时效制度约束。

依据《中华人民共和国民法通则》第一百三十七条的规定，该赔偿请求权的诉讼时效期间应从债权人知道或者应当知道因公司股东不履行清算义务而致其债权受到损害之日起计算。

综上，同意你院审委会的多数意见。

以上意见仅供参考。

最高人民法院关于广东国际信托投资公司对广东省信托房产开发公司的投资权益及债权公开处置方式请示的答复

2015年2月16日　　　　　　　　〔2015〕民二他字第2号

广东省高级人民法院：

你院粤高法（2014）327号《关于广东国际信托投资公司对广东省信托房产开发公司的投资权益及债权公开处置方式的请示》收悉。经研究，答复如下：

广东国际信托投资公司（以下简称广国投公司）享有的广东省信托房产开发公司投资权益及债权应当依照《企业破产法》的规定进行拍卖。在处理上述破产财产拍卖相关事务时，人民法院应当督导广国投公司清算组依法履行职责，保障破产财产变价公平、合理。

以上意见，供参考。

此复。

最高人民法院关于湖南省华容县棉花总公司棉花取回权的确认及该批棉花灭失破产清算组如何承担责任的问题请示的答复

2005年3月31日　　　　　　　　〔2004〕民二他字第32号

山西省高级人民法院：你院《关于湖南省华容县棉花总公司棉花取回权的确认及该批棉花灭失破产清算组如何承担责任的问题的请示》已收悉。经研究，答复如下：同意你院请示中的第1、2点意见，及第3点意见中关于取回权不必受债权申报期和破产财产分配影响的意见。本请示中的案件，因清算组将湖南华容棉花总公司享有取回权的棉花与破产企业的其他财产一起整体拍卖，无法确定该批棉花拍卖的价格，如何确定赔偿数额也便是个有争议的问题。我们考虑，在确定任何一个标准都欠缺依据的情况下，以该批棉花购入时双方约定的合同价格来计算，更切合实际，更公平合理一些。也较能充分地保护取回权人的合法权利。

此复。

五、司法政策与精神

在"全国部分法院依法处置僵尸企业调研及工作座谈会"上的讲话

最高人民法院审判委员会专职委员　杜万华

（2016年2月25日）

同志们：

新年伊始，我们即在杭州召开"全国部分法院依法处置僵尸企业调研及工作座谈会"。这次会议时间紧凑，内容充实，成效显著。在一天半的会议中，浙江省有关行政监管部门和行业组织介绍了"僵尸企业"处置工作情况，浙江省部分法院介绍了"僵尸企业"处置和破产案件审理经验，上海、广东、江苏等地破产案件审理工作改革试点法院介绍了破产案件审理方面的成功经验和典型案例，以及试点工作情况，参会的其他地方法院也分别介绍了本地区企业破产法实施以来破产审判工作和"僵尸企业"处置情况。同时，参会单位对审判实践中存在的问题作了深入交流，提出了宝贵的意见和建议。听完大家发言，我的总体感受是，各地在依法处置"僵尸企业"、开展破产审判工作方面做了大量有益探索，与会各单位准备会议材料十分认真，内容非常充实，介绍了很多可复制、可推广的宝贵经验。例如，浙江法院介绍的借助市场化手段来审理破产案件，以市场为导向开展重整、清算、和解工作，促进企业资源优化整合，应予肯定。浙江法院还在非公企业破产重整方面积累了丰富经验，值得全国法院认真学习。其他省市法院也做了很多有益探索，包括在国有企业破产问题上进行的探索、政府和法院协调机制的建立、对于挽救无望的企业快审快结等经验，都值得认真总结、梳理和推广。这次座谈会结束前，我再强调三个问题。

一、充分认识依法稳妥处置"僵尸企业"工作的重要性和紧迫性

党的十八届五中全会提出,要"更加注重运用市场机制、经济手段、法治办法化解产能过剩,加大政策引导力度,完善企业退出机制"。中央经济工作会议强调,要把积极稳妥处置"僵尸企业"作为化解产能过剩的牛鼻子,司法部门要依法为实施市场化破产程序创造条件。中央方针政策指明了我国经济结构性改革的方向和路线图,也发出了人民法院围绕中心、服务大局工作的新号召。今后一个时期,运用破产法律程序依法处置"僵尸企业"和破产案件审理,将是人民法院的一项重要工作任务。各级人民法院要深刻认识我国经济发展显著特征,充分认识现阶段积极稳妥处置"僵尸企业"和破产案件审理的重要性和紧迫性,将思想和行动统一到服务和保障"僵尸企业"处置和破产案件审理工作上来。

(一)依法处置"僵尸企业"和开展破产案件审理是供给侧结构性改革的客观需要

我国经济正从粗放向集约、从简单分工向复杂分工、从要素投入向创新驱动的高级形态演进。粗放型经济发展方式曾在我国经济发展过程中发挥了很大作用,"大兵团作战"加快了经济发展步伐,但现在如果仍按照过去那种盲目上新项目、铺新摊子的粗放型发展方式来发展经济,不仅国内条件不支持,国际条件也不支持。在综合分析世界经济周期和我国发展阶段性特征及其相互作用的基础上,中央作出了我国经济发展进入新常态的重大战略判断,并要求全党和全国各族人民一定要正确认识新常态,适应新常态,引领新常态。改革开放三十多年来,我国经济持续高速发展。我国从一个经济比较落后的国家,跃升为世界第二大经济体,取得了举世瞩目的成绩。但是,经济发展过程就像一个人的成长过程,当一个人长到二十多岁之后,身体的快速生长就会停止,转而进入一个相对平稳的"强体增肌"时期。当前我国的经济就刚好处于这样一个转型时期,经济体量不会再保持以前那样的增长速度,在"增肌肉"的同时要"去赘肉",才能变"虚胖"为"健壮",保证经济持续健康发展。

中央提出的供给侧结构性改革,就是要从生产端入手,有效化解产能过剩,促进产业优化重组,降低企业成本,发展战略性新兴产业和现代服务业,提高供给结构对需求变化的适应性和灵活性。从国际国内经济发展经验和形势看,供给侧结构性改革不仅不能等,而且要加快。在供给侧结构性改革过程中,处置那些已停产或半停产、连年亏损、资不抵债、靠政府补贴和银行续贷勉强存续的"僵尸企业",是绕不过去的坎,是必须做的手术。"僵尸企业"提供无效供给,占用经济资源和市场空间。及时、有效处置"僵尸企业"、依法开展破产案件审理是实现市场出清和企业提档升

级的重要抓手。在很大程度上，处置"僵尸企业"工作的成效将决定下一步我国经济发展的质量。

（二）依法处置"僵尸企业"是提升市场主体竞争力的客观需要

我国实行中国特色社会主义市场经济体制，市场经济主体本身就要通过竞争提高企业的实力。这类"僵尸企业"扭曲要素配置、虚化市场竞争，严重妨碍市场活力的发挥。"僵尸企业"中，有的企业耗费大量资金、土地、信用等经济资源，但生产效率低下、市场前景渺茫，不仅自身难以为继，而且挤压了新经济、新业态的生存发展空间；有的企业产能严重过剩，导致全行业产品价格回落，进而导致一些原本经营较好的企业效益也难以保障，发展创新后劲不足，最终使局部企业的不景气波及整个行业，产生"劣币驱逐良币"现象。尽管"僵尸企业"症状多样、情况不一，但其共同的表现都是企业"空转"严重，市场竞争力丧失。如果任由其发展，将进一步消耗资源、透支社会信用，从整体上拉低我国市场主体的竞争力，为经济持续健康发展埋下巨大隐患。在这种情况下，我们依法处置"僵尸企业"，要通过破产重整等方式，救治"生病企业"，并促进留在市场中的企业主体不断提升竞争力，更能适应市场的需求。因此，认真评估、分类处置"僵尸企业"，是进一步发挥市场在资源配置中决定性作用、提升我国市场主体竞争力的客观需要。

（三）依法处置"僵尸企业"是建立社会主义市场主体退出机制的客观需要

是否建立完善有效的市场主体退出机制，是衡量社会主义市场经济体制是否完善的标志之一。我国企业破产法律制度提供了企业规范退出的法律途径，但2007年《企业破产法》实施以来，全国法院每年审理的破产案件数量均为2000至3000件左右，而同期工商行政机关每年吊销、注销的企业数量均为70至80万户。两相对比可以看出，企业破产法律制度在市场主体退出方面的功能远未发挥，企业破产程序确实存在"启动难""审理难"。导致这一问题的原因很多，但社会有关方面对破产制度的作用和功能认识不到位、不全面，是很重要的原因。在这种情况下，很多应当通过破产程序及时退出的企业和产能，迟迟无法进入破产程序，企业面临的各种矛盾在内部发酵，深层次问题进一步加剧。

最高人民法院高度重视破产案件审理工作在淘汰落后产能、化解产能过剩、畅通市场主体退出渠道等方面的积极作用，近年来采取一系列措施推进企业破产法律制度的实施。除及时颁布司法解释解决破产案件法律适用问题外，最高人民法院还采取措施积极解决破产程序"启动难"问题。为推进企业依法破产、发挥破产制度在企业兼并重组方面的重要作用，2014年6月，最高人民法院下发了《关于人民法院为企业兼并重组提供司法保障的指导意见》，对企业破产预警预判、破产工作协调、破产信息共享等提供指导。2014年年底,最高人民法院还在全国21个地方法院开展试点,探索企业破产科学化、常态化的司法工作机制。2015年2月实施的民事诉讼法司法解释规定了法院执行程序及时转入破产程序的制度,力图在法院内部快速启动破产程序。2015年6月,针对破产制度实施中所涉及的重大、关键问题,最高人民法院专门向中央作了《关于依法规范有序处置企业破产相关问题的报告》,请求中央予以统筹解决。2015年年底中央经济工作会议结束后,最高人民法院根据会议精神及时作出工作安排。2016年1月中旬,最高人民法院已派员赴湖北开展了处置"僵尸企业"司法保障工作调研。目前,最高人民法院正按照中央精神加紧起草处置"僵尸企业"司法工作的指导意见。

近年来,很多地方法院按照企业破产法的原则精神努力推进破产案件审理工作,在提升审判质效、提高队伍素质等方面取得了较大成绩,在健全破产审判机制等方面也做了有益探索。这些工作的开展,对建立破产案件审理常态机制、深入实施企业破产法具有重要意义,也为服务和保障经济结构调整、清理和处置"僵尸企业"打下了坚实基础。当前,各级法院要深刻认识司法审判工作服务和保障供给侧结构性改革和"僵尸企业"处置的重要意义,要切实把推进法治国家和法治社会建设的重大机遇,提高认识、迅速行动,认真做好依法处置"僵尸企业"前期筹备工作,充分发挥职能作用,积极服务经济持续健康发展,努力实现破产审判司法事业科学发展。

二、当前开展破产案件审理、依法处置"僵尸企业"工作的基本思路

当前,人民法院依法审理破产案件、处置"僵尸企业"要以中央经济工作会议提出的"五大任务",即以"去产能、去库存、去杠杆、降成本、补短板"为目标,通过破产重整、破产和解和破产清算的方式,对能救治的企业进行重整、和解,对不能救治的企业及时进行破产清算,依法维护国家利益,依法保护职工、债权人和债务人、投资人合法权益。具体而言,人民法院审理破产案件,应当按照中央"尽可能多兼并重组,少破产清算"的要求,把人民法院当作治疗"生病企业"的医院,尽可能进行重整救治;对无法救治或者救治无望的企业,及时进行破产清算,快审快结,让这部分"僵尸企业"尽快退出市场,释放生产要素。

我认为,把人民法院当作"生病企业"的医院,应当成为人民法院依法审理破产案件的指导思想。十多年来,法院审理破产案件的数量一直上不去,已经审理的破产案件中重整成功的案例并不多,大多数企业只要进入破产程序都以清算告终,导致社会各界都将法院视为"生病企业"的火葬场,都把企业进入破产程序视为走上了

穷途末路。在这种观念的影响下，企业对破产没有积极性，认为反正是走向死亡，一旦出现资金链断裂或者短缺等情况，企业家就"跑路"，或者通过民间借贷等方式借高利贷勉强维系，到期不能还款还是要"跑路"，并没想过通过合理合法的渠道让企业重新活起来。债权人对破产也没有积极性，因为企业破产后债权清偿率很低，有些企业债权清偿率仅有百分之五至百分之十，有些甚至清偿率为零。相反，债权人为尽量实现自己的债权，通常会采取非常规手段到各地法院申请抢先执行，导致执行过程中地方保护主义等情况非常突出。因此，今后人民法院在审理破产案件时首先要改变思路，要依据现有的法律法规，把法院办成"生病企业"的医院，让这些企业愿意到法院来，通过破产重整和破产和解，通过资源重新配置重获生机，重返市场经济的舞台。人民法院要树立服务意识，不能只考虑审结案件，还要考虑让企业通过破产程序得到重生。我在湖北调研时，湖北高院介绍了长航凤凰重整成功的案例。如果直接进入清算程序，该企业的资产是负数，债权人分文难取。但是长航凤凰是一家百年老店，有一百多年来形成的企业品牌和一整套遍布国内外的营销体系，如果进行破产清算，这些无形资产就一钱不值。人民法院在审理过程中发现，该企业只是资金短缺，通过资产负债重整，企业的营销体系很快发挥了巨大作用，企业迅速走向复苏，后来还重新上市开盘，股价上涨，债权人、债务人、股东的利益都得到了保障。所以，人民法院审理破产案件，一定要转变思路，转变理念。各级人民法院要按此要求开展破产案件审理工作。下一步，人民法院在破产审判工作中要注意建立以下四项工作机制：

（一）建立破产重整企业识别机制

"僵尸企业"进入破产程序后，人民法院要分类评估、分别处置，对于经营管理虽存在困难，但仍具有运营价值的"僵尸企业"，人民法院要依法积极开展破产重整。第一，如果企业资金链断裂、流动性吃紧，但企业生产的产品适销对路、市场前景广阔，人民法院要积极通过破产重整、和解促进企业债务重组，化解企业债务危机，帮助企业重新轻装上阵。第二，如果企业因技术水平不高导致产品销路不畅，或者因管理不善导致企业经营困难，但通过技术升级换代、改善经营管理能够让企业重返市场，人民法院要积极推进破产重整，帮助企业腾出精力改善管理，推进技术创新，力求催生新的有效供给。第三，如果企业经营困难重重，已丧失市场空间，但通过变更营业等手段可以盘活存量资产的，人民法院也要尽可能采取破产重整的方式压缩和合并过剩产能、保留有效产能，引导增量，最大限度有效利用资源。第四，对于那些技术水平低、发展前景差、环境资源消耗大，不宜再保留的"僵尸企业"，人民法院要及时进行破产清算，使企业和产能依法有序退出市场。上述前三类企业是"僵尸企业"破产重整的重点对象，完全可以通过重整的方式让这些企业提档升级，其至改善企业经营，改变企业形象。当然，建立识别机制只是一个原则要求，具体怎么识别，需要大家在审判实践中分析探索。

各级人民法院一定要深刻认识到，对"僵尸企业"进行破产重整绝不是低层次的企业保留，不是简单的企业资产加减，如果企业重整后还是增加库存，增加无效供给和低水平重复生产，那重整就失去了意义。一定要根据市场需求进行重整，要紧密围绕中央"五大任务"进行产能整合和生产再造。所以人民法院建立能够精准识别具有重整希望和可能的"僵尸企业"的工作机制，尤为重要。在建立这一机制过程中，人民法院要注意做好以下三方面工作：一要充分体现中央确定的产业发展方向、目标等重要原则，尤其要高度警惕产业结构负面清单行业和产能变相回流。二要充分体现破产管理人对重整成功的重要作用。人民法院在指定破产重整案件管理人时，要尤其重视管理人业务素质和水平。要突破管理人成员限于律师、会计师等中介机构人员的思维定势，要根据不同企业重整的实际情况，依法引导具有工程技术、科学知识、企业管理经验的非中介人员参与管理，确保尽快准确识别"僵尸企业"能否重整以及重整方案是否合理、科学、可行。人民法院在指定破产重整管理人时，要注重发挥政府的优势，确保相关专业人员能够进入管理人组织，力求各方形成合力。人民法院要依法督促管理人勤勉履职、依法履职。三要充分注重总结"僵尸企业"重整工作经验。人民法院要收集破产重整典型案例，及时向社会公布，为妥善处置"僵尸企业"提供参照和指引。

（二）建立"府院企业破产工作统一协调机制"

处置"僵尸企业"既涉及以破产手段有效化解过剩产能、提高资源配置效率进而恢复现有产业和企业发展动力，又关系到妥善处理企业退出和产能化解所引发的国有资产保护、金融安全维护、职工安置和再就业保障、非公经济平等保护等一系列问题，涉及面广、影响重大。需要强调的是，中央提出的清理"僵尸企业"工作包括两部分：一是破产司法程序前的清理。通过市场引导，政府通过经济手段推动企业进行兼并重组，针对的对象主要是国有企业。这类清理虽由政府推动，但人民法院要为清理工作提供司法保障。二是依法通过破产程序对"僵尸企业"进行清理。清理对象分为两类，第一类是兼并重组无望的国有企业，第二类就是非公企业。非公企业进入破产程序后，要建立党委领导下的政府和法院统一协调工作机制。随着处置工作的深入推进和企业产能清理工作的铺开，相当一批企业会通过破产重整、破产和解和破产清算的形式进入人民法院。人民法院要在党委的领导下，在依法运用企业破产法律规定处置"僵尸企业"过程中，与地方政府建立"企业破产工作统一协调机制"，保障处置工作有序开展、稳妥推进，实现法律效果与社会效果有机统一。

企业破产工作统一协调机制建立后，应由该协调机制来统筹企业清算、破产相关工作，一体解决破产重整、破产和解和破产清算的业务指导、信息提供、破产企业职工安置、维护稳定等方面问题。建立工作协调机制这项工作，各地法院不能拖，更不能等，尤其要克服"等待政府主动找上门"的心态。人民法院要立即行动、积极作为，主动向地方党委汇报，加紧与地方政府沟通，及时协助做好处置"僵尸企业"的基础性工作，为下一步工作顺利开展争取主动、赢得空间。要维护社会稳定，案件审理执行工作中发现的重大苗头性问题，要及时向党委汇报，一些需要有关部门解决的新情况新问题，要及时向有关部门反映或提出司法建议。要坚持公正司法，在处置"僵尸企业"司法工作中践行平等保护原财，维护相关各方的合法权益。

（三）建立全国企业破产重整案件信息平台机制

在过去10年中，人民法院虽也依法进行破产重整，但成功率总体不高。究其原因，主要是地域局限和信息不对称导致破产企业的整体情况不为外界所知。在信息化快速发展的今天，如果人民法院能够通过搭建信息平台，将破产企业的整体情况全方位地向全国乃至全世界展示，让有资金、有专利技术、懂经营管理的企业或专门人才了解破产企业的情况，势必提高破产企业的重整率。目前虽然经济下行压力较大，但也是经济结构调整、产品更新换代的绝好时机。经济结构调整、产品更新换代完全依靠新建企业来实现，其效果远不如通过兼并重组、破产重整让原来的企业、包括"生病企业"提档升级来得更快、更好。因此，人民法院在依法开展破产重整活动过程中，要充分利用现代信息技术，搭建破产重整信息平台，公开破产企业信息，吸引战略投资人和重整企业参与人，以市场化为导向，最大限度地实现破产重整，真正把人民法院办成"生病企业"的医院。

在新搭建的信息平台上，不仅要公布破产企业的资产负债和资产状况等信息，还应当公布产品信息、企业组织管理信息、市场营销体系等各类信息；不仅要公布破产企业的信息，还要公布战略投资人、其他破产重整参与人信息；不仅要公布破产企业重整参与人信息，还要公布人民法院破产案件审判流程信息。让公开促进公正，让公开提高效率。最高人民法院已启动全国企业破产重整案件信息平台建设工作，围绕解决破产重整企业的融资难、提升破产案件审理的透明度和公信力、解决破产案件"受理难"、引导公众全面正确认识企业破产法制这四个目标，着力搭建上下联通、面向世界的破产重整信息平台。信息平台将对各高级法院、中级法院实现全覆盖，计划于2016年8月1日上线运行。目前最高人民法院正在抓紧调研各方面的破产信息需求。各地法院要围绕信息平台建设目标积极提供破产信息需求。已经建立破产案件信息平台的法院，应当围绕上述平台建设目标来改进和完善自身平台建设。

（四）建立合法有序的利益衡平机制

在助力化解产能过剩、促进经济转型升级过程中，人民法院要积极运用法治思维和法治方式化解各方矛盾纠纷，建立合法有序的利益衡平机制。

人民法院要依法受理企业解散、强制清算、破产和解、破产重整、破产清算、公司合并与分立、金融债权清收、职工权益保障等案件，不得违法拒绝受理或者拖延审理。需要强调的是，对于破产衍生案件，例如金融债权清收、职工权益保障、环境侵权等案件，在性质上属于普通诉讼案件，所以各地法院必须按照立案登记制的要求及时立案受理和依法审理。有条件的人民法院可以设立涉"僵尸企业"案件绿色通道，为处置"僵尸企业"提供便捷的司法途径和完善的法律保障。企业破产案件，虽然实践中由于种种原因导致破产程序"启动难"，但是最高人民法院已采取了包括执行转破产在内的一些新措施来解决这一问题，不久后还会有更多有力措施出台。总之，人民法院内部必须及时消除引发这一问题的原因。对破产清算案件，实践中很多早该破产清算的企业因迟延清算而使得企业资财枯竭，难以重新利用，所以这类案件尤其要加快审理，切实防止企业资产价值减损和灭失。

破产案件审理过程中，企业长期以来积累的各种矛盾将集中暴露，企业的职工、担保债权人、普通债权人等利害关系人间的利益冲突比较激烈。人民法院要依法处理好职工工资、国家税收、担保债权、普通债权的实现顺序和实现方式问题，审慎协调保护好各方利益。人民法院还要善于运用破产法律规则防范企业逃废债务，要落实和强化破产终结后的法律责任。尤其是对无法清算或者无法全面清算的破产企业，人民法院应当明确其原因，并在终结破产程序时向债权人释明其可以依法追究负有责任的公司股东、董事等主体的民事责任，发现涉及企业破产犯罪线索的，应当及时提供给有关机关。

三、目前应抓好的几项工作

企业破产司法实践表明，只有解决好破产审理配套制度，才能真正发挥破产法律调整产业结构、规范经济秩序等重要作用。最近一段时期，在破产审理配套制度建设方面，人民法院要集中精力抓好以下六方面工作。

（一）建立企业清算与破产审判庭

近年来，普通民事商事诉讼案件数量激增，法院整体上面临"案多人少"困境。很多法院都将有限的审判力量全部投入到普通案件审判中，未建立专门的破产审判组织。所以在破产工作中就形成了"由于没有专门的审判组织，所以法院不愿或不会处理破产案件；由于不处理破产案件，就更不需要专门的破产审判组织"的不良循环。这种局面十分不利于开展"僵尸企业"司法处置工作。截至目前，只有广东深圳中院、浙江温州中院等少数地方法院成立了专门的企业清算与破产审判庭。实践证明，设立专门审判庭的法院,处理企业清算和破产事务的积极性高、效果好。专门审判庭是企业清算和破产审判工作专业化、常态化的重要保障,也有助于破产审判队伍的专业化建设。

中央高度重视人民法院企业清算与破产审判庭建设工作。最高人民法院、正在根据中央要求加紧研究制定有关方案,并将与中央编办协调推动这项工作。这次会议结束后,各高级人民法院要切实担负起职责,监督指导辖区内中级人民法院立即开展相关工作。各中级人民法院要尽快行动起来,结合当地实际情况启动企业清算与破产审判庭建设工作。省会城市、较大的市和经济较发达城市的中级人民法院,要率先将建立企业清算与破产审判庭作为重点专项工作,立即协调地方编办先行先试、探索经验;在地方编办未审批之前,要调剂使用现有编制,先把专门的清算与破产审判庭成立起来,立即开展工作,不能因审批而耽误工作。

从目前开展企业清算与破产案件审判工作的需要看,企业清算与破产审判庭应承担以下 11 项职能:1. 企业破产和企业强制清算案件的立案;2. 审理企业破产案件、企业强制清算案件;3. 依法处理企业破产案件、企业强制清算案件的善后事宜;4. 负责企业破产案件、企业强制清算案件审判工作的有关调研;5. 对下级法院企业破产案件和企业强制清算案件审判工作进行业务指导;6. 企业破产案件审理法院之间的协调,与政府有关部门的协调;7. 破产管理人的管理和培训;8. 高级人民法院对本辖区内下级法院破产审判工作进行监督指导;9. 最高人民法院对有关司法解释的制定与贯彻实施;10. 最高人民法院对全国企业破产大要案审理的监督指导;11. 破产档案的管理。上述 11 项职能是否科学全面,可以做进一步研究探讨。

在建立专业化审判机构过程中,人民法院要同步推进破产审判法官队伍和司法辅助人员的专业化建设。已有专门破产审判法官的法院,要加强对在任法官和司法辅助人员的培训,进一步提升法官和司法辅助人员的业务素质;要将纪律意识强、业务素质好、综合能力强的同志配备到破产审判岗位,实现破产审判新生力量补充常态化;要结合破产审判工作特点,做好"传帮带"工作,搭建成熟的破产审判团队,切实避免"一人离岗、工作皆停"的情形。目前尚无破产审判法官和司法辅助人员的法院,要加紧发掘、培养专门人才,确保专门审判人员及时到位。同时,在当前司法改革推进法官"员额制"过程中,各地人民法院必须将专门审判庭作为一项内容特别考虑,要在各方面为下一步工作预留空间。

各高级人民法院要将当地专门审判庭、破产审判法官和司法辅助人员专业队伍建设情况,在 2016 年 8 月 1 日前报告最高人民法院。中级人民法院清算与破产审判庭建立后,企业清算、破产案件的管辖会相应发生变化,对此,最高人民法院已着手研究,并将适时予以明确。

（二）做好执行程序转入破产程序工作

《民事诉讼法司法解释》第五百一十三条至第五百一十五条规定了执行程序转入破产程序的原则，解决了法院内部执行转破产的程序启动问题，拓宽了破产案件受理渠道。对上述司法解释的规定，不少法院，特别是重庆、深圳、温州等地部分中级法院已开始积极贯彻落实。最高人民法院正在制定执行程序转入破产程序的具体规定。当前，在适用上述规则时需注意以下四个问题：

一是要充分利用已有的执行信息平台和信息资源，及时发现、整合分散在不同法院的针对同一"僵尸企业"的多起执行案件信息。执行法院及其上级法院要依法尽力创造集中管辖、集中执行等有利条件，促进"僵尸企业"及时、顺畅转入破产程序。二是判断当事人同意移送破产的时间点，既可以是执行不能时，也可以是当事人申请执行时。同时，不仅要考虑债权人的同意，也要关注债务人的申请，尤其要充分考虑债务人对企业重整的申请。在同意的形式上，应采取书面形式。三是要注意克服地方保护主义。执行法院对依法应当移送破产的执行案件要及时移送，不得故意拖延。破产法院要克服对破产案件的"畏难情绪"，应当依法受理的破产案件要及时受理，切实避免在受理破产案件上"踢皮球"。四是执行法院将案件移送破产时，应当中止执行程序。《企业破产法》第十九条已对此作了明确规定，企业破产法司法解释（二）也作了规定。但是司法实践中还有相当一些地方法院未严格遵守法律和司法解释规定，在破产程序启动后继续对被执行人进行执行和保全。这种情况要坚决予以禁止，严格依法办事。

（三）加强破产管理人队伍指导和管理

破产管理人队伍素质直接决定着企业破产工作的质效。人民法院要加强破产管理人队伍指导和管理，提升破产管理人队伍素质。破产管理人队伍建设既要严格依法也要解放思想，要在现有的基础上加大对适应企业重整需要的破产管理人才的吸收，把破产重整的需要作为主要的考量因素，充分发挥企业家、经营者、管理者，甚至包括科技工作人员的作用，不断加大破产管理人工作程序规范化建设。当前，应当做好以下三项工作：

第一，要强化破产管理人队伍人才的积聚。人民法院要引导担任破产管理人的传统中介机构吸收擅长企业管理、熟悉科学技术的专门人才，确保对企业破产重整、破产清算能作出准确有效评估。同时，对破产管理人如何管理，各地法院可以以有利于工作开展为原则积极进行探索。

第二，要试行破产管理人分级管理制度。破产案件个案之间差异较大。上市公司等大型企业和金融机构破产的专业性、技术性较强，事务繁重，而有的小微企业破产则相对简单。从近年破产审判实践情况看，对管理人分级管理，针对不同类型的破产案件从不同级别、资质的管理人名册中指定管理人,既有利于确保破产案件质量的提高和破产程序顺利进行,又有利于管理人队伍的发展壮大和整体素质提升。管理人的分级管理应是当前人民法院在破产管理人管理方面的工作重点。

第三,要试行管理人的淘汰、增补和升降级制度。从多数地区情况看,管理人名册自 2007 年建立后就一直未发生变化,既未增加一些符合条件并具有一定破产管理水平的中介机构入册,也未对一些不符合条件的管理人予以除名。这种状况应当根据实际情况作出改变。尤其是在实行管理人分级管理之后,要根据业绩和水平采取管理人的增补、除名、升降级措施。

(四)建立破产费用专项资金

很多"僵尸企业"停工停产多年,因无力支付破产费用而无法进破产程序。破产费用中的诉讼费部分虽可减免,但律师等破产管理人的报酬部分应当支付。目前,务必要克服"僵尸企业"因无力支付破产费用而无法进入破产程序的问题。我们已建议财政部门拨出资金建立破产费用专项资金。人民法院要抓住机遇,积极争取财政部门支持,补充企业破产案件中的破产费用缺口,要保证管理人能够按劳取酬,激发破产管理人工作积极性。已经建立破产费用专项资金的人民法院,要依法依规妥善利用专项资金,做到专款专用。要在使用破产费用专项资金的过程中及时总结经验,做好开源节流,适时推动建立政府财政援助的常规机制,同时逐步探索企业正常经营中自行提取破产费用资金等措施。

(五)慎重适用重整计划强制批准权

在处置"僵尸企业"过程中,相当一批企业会采取破产重整方式实现提质增效。在制定重整计划草案时,应当发挥市场在资源配置中的决定性作用,由重整中的市场参与者协商和谈判,最终重整计划力求由当事人表决通过。"僵尸企业"重整一般应包括债务重组和营业整合两方面内容。如果"僵尸企业"重整计划草案只规定债务重组的有关内容,而不涉及营业整合和资产重组,人民法院在批准这类重整计划时应当谨慎。因为这类重整计划草案可能并未解决导致企业破产的深层次矛盾,企业经营前景和市场空间并不明朗,重整的目的和作用可能只是削减债务,不能真正实现重整让企业提档升级、更加适应市场的目的。因此,人民法院在案件审理中,应当坚持重整计划由债权人等利害关系人按照《企业破产法》第八十七条第二款的规定,通过自由表决决定。如果重整计划未经利害关系人表决通过,人民法院不宜行使强制批准权。

(六)积极探索破产案件快审快结程序

破产案件尤其是破产清算案件,要注意快审快结。快审快结包括两个方面:第一,对于有挽救希望的企业进行重整时,要严格按照法律规定的程序进行,既不能一味图快,也不能久拖不决;第二,对于没有挽救希望,不需要进入重整的企业,要通过破产清算程序，尽快结案。浙江法院在这方面已经积累了很多有益经验，如简化审理程序，当事人之间对财产评估已协商一致的可以不再鉴定等，其他法院可以学习借鉴。

总之，依法处置"僵尸企业"涉及的问题面宽、政策性强，各级人民法院要强化大局意识、责任意识，要守土有责、守土尽责，依法积极稳妥开展各项工作。上级法院要针对企业清算破产工作特点，依法依规采取审级监督、审判管理、组织监督、纪律监督等综合手段，加强对"僵尸企业"处置工作的监督指导，保障有关工作顺利进行。同志们，这次会议既是一次工作调研会，也是一次动员会。会议结束后，大家要立即向本院党组汇报会议情况和有关要求，必要时要向地方党委汇报相关情况，切实落实各项工作。目前破产案件审判工作面临难得的发展机遇，希望各位同志克服畏难情绪，抓住工作机遇，把本省、本地区的破产案件审判工作抓实抓好。祝愿大家在新一年的工作中取得丰硕成果。

依法开展破产案件审理，稳妥处置"僵尸企业"

——专访最高人民法院审判委员会专职委员杜万华

（2016年4月26日）

党的十八届五中全会提出"更加注重运用市场机制、经济手段、法治办法化解产能过剩，加大政策引导力度，完善企业退出机制"。中央经济工作会议强调推进供给侧结构性改革，积极稳妥处置"僵尸企业"，司法部门要依法为实施市场化破产程序创造条件。日前，记者就人民法院开展处置"僵尸企业"相关工作采访了最高人民法院审判委员会专职委员杜万华。

记者：中央在推进供给侧结构性改革中强调要稳妥处置"僵尸企业"，对此，人民法院是如何认识的？请您介绍一下人民法院服务和保障"僵尸企业"处置的总体思路？

杜万华：党的十八届五中全会要求化解产能过剩，中央经济工作会议强调在推进供给侧结构性改革中要把稳妥处置"僵尸企业"作为化解产能过剩的牛鼻子。推进供给侧结构性改革、化解产能过剩是经济持续健康发展的必要步骤，也是当前中央的重大工作部署。

经济发展过程就像一个人的成长过程，在成长初期人的身体发育很快，但当人成长到二十多岁后，身体的快速生长就会停止，转而进入一个相对平稳的"强体增肌"期。这个期间，要在"增肌肉"的同时"去赘肉"，才能变"虚胖"为"健壮"。改革开放三十多年来，粗放型经济发展方式在经济发展中发挥了很大作用，"大兵团作战"加快了经济发展步伐，我国从经济比较落后的国家跃升为世界第二大经济体。但是，这些年来，传统经济发展方式引发的问题也充分显现，供给侧产能过剩、环境资源消耗大、有效供给比较匮乏的问题尤为突出。如果仍按照盲目上新项目、铺新摊子的粗放型发展方式来发展经济，国内国际条件都不再支持。所以，当前经济发展方式必须作出结构性调整，必须从粗放向集约、从简单分工向复杂分工、从要素投入向创新驱动的高级形态演进，才能为经济安上新的引擎，从而推动经济持续健康发展。我们认为，这是理解推进供给侧结构性改革、化解产能过剩时必须把握的一个大的背景。

稳妥处置"僵尸企业"具有重要意义。首先，稳妥处置"僵尸企业"是供给侧结构性改革的客观需要。供给侧结构性改革就是从生产端入手，有效化解产能过剩，促进产业优化重组，提高供给结构对需求变化的适应性和灵活性。"僵尸企业"提供无效供给，占用经济资源和市场空间。及时有效处置"僵尸企业"有利于实现市场出清和企业提档升级。其次，稳妥处置"僵尸企业"是提升市场主体竞争力的客观需要。社会主义市场经济要求通过竞争提高企业的实力。"僵尸企业"扭曲要素配置，虚化市场竞争，严重妨碍市场活力的发挥。如果任其发展，将进一步消耗资源、透支社会信用，从整体上拉低我国市场主体的竞争力。处置"僵尸企业"有利于发挥市场在资源配置中决定性作用，提升市场主体竞争力。再次，稳妥处置"僵尸企业"是建立社会主义市场主体退出机制的客观需要。处置"僵尸企业"能促使那些应通过清算、破产程序退出市场的企业及时进入法律程序，充分发挥市场主体退出法律制度的作用和功能。

在中央运用经济政策、金融政策、产业政策集中处置"僵尸企业"和过剩产能过程中，这些企业和产能存在的矛盾会充分暴露出来。企业破产制度既可以淘汰劣质企业和落后产能，又能促进具有经营价值的"僵尸企业"、产能兼并重组以实现规模经济效益，还能一体解决"僵尸企业"长期以来累积的各类深层次矛盾。所以，法院要依照《企业破产法》的规定，识别不同"僵尸企业"情况，分类评估、因企施策，恰当运用破产重整、破产和解、破产清算程序、优化资源配置、实现市场出清、保障各方权益。

在"僵尸企业"处置方面，最高人民法院认真学习领会中央精神、迅速采取了有力措施。2015年12月月底，我院在第八次全国法院民事商事审判工作会议上，已就处置"僵尸企业"有关工作向全国法院作出了部署；按照中央精神，我们于2016年1月中旬赴湖北开展了处置"僵尸企业"破产审判工作前期调研，了解地方处置工作情况；2016年2月下旬，我们召集全国24个省（区、市）法院破产审判部门的负责人召开了"全国部分法院依法处置僵尸企业调研及工作座谈会"，同时听取了有关部门的意见。通过调研，我们比较全面地了解到各地处置"僵尸企业"情况、破产审判工作开展情况以及亟待解决的问题，为下一步工作开展打下了扎实的基础。

在稳妥处置"僵尸企业"中，我们总的思路是：以中央"去产能、去库存、去杠杆、降成本、补短板"五大任务为目标，依法积极开展破产案件审理，充分发挥破产审判职能，努力营造市场化破产的良好司法环境，切实推动破产审判工作常态化、规范化、法治化。我们后续工作也要围绕这个思路来展开。

记者：从您刚才介绍的情况看，人民法院是将审理破产案件作为处置"僵尸企业"的重要抓手。那么，破产法律制度在处置"僵尸企业"中是如何发挥功能的？

杜万华：我认为破产法律制度是通过预防和救治两大功能来解决"僵尸企业"有关问题。

就预防功能来讲，破产制度可以防范企业沦为"僵尸企业"。2014年商事登记制度改革后，2014年3月至2015年6月我国平均每天新增企业1.08万户，但成立后存活到5年的企业比例为68.9%，存活到9年的企业比例仅为49.6%，近一半企业的年龄在5年以下，不少企业成立2、3年即债务缠身、经营乏力。此时，很多企业采用民间高利贷这种"饮鸩止渴"的方式来缓解负担、维系生计，或者企业主采用"跑路"方式弃企逃债。很少企业积极进入破产程序以破产方式了结债务或实现再生，结果是企业产生更大的负担和风险、陷入更大的困境，甚至诱发诸多社会问题。如果及时启动破产程序，比如运用破产重整程序帮助改善管理、更新技术从而使得企业恢复生机、实现盈利；运用破产和解程序获得债权人谅解从而减缓企业债务压力以赢得生存空间；运用破产清算程序公平清偿全体债权人以一体消解企业所有纠纷从而助力企业主轻装上阵、重新经营，一方面就可以尽早从根本上化解企业的债务负担和经营风险，防范企业僵尸化，另一方面还有利于引导企业形成良好心理预期，避免不理性行为，从而正向调节经济关系、规范市场秩序。

就救治功能来讲，破产程序可以针对不同"僵尸企业"情况分别采取措施，彻底有效解决"僵尸企业"引发的各种问题。实际上，形成"僵尸企业"的原因不一，"僵尸"症状也是多样。有的"僵尸企业"虽丧失盈利能力或清偿能力，但仍具有运营价值，对这类企业，就要积极适用重整、和解程序，帮助改善经营、更新营业，从而消除僵尸症状、实现良性发展。有的"僵尸企业"已没有运营价值，就要促使其尽快退出市场，释放生产要素。无论对"僵尸企业"采取重整、和解还是清算，都是依法对"僵尸企业"进行的处置,都可以将这些企业产生的矛盾纠纷一并纳入法律程序积极解决,切实避免"僵尸企业"问题在企业内部发酵、矛盾逐步叠加。通过破产程序,包括金融债权人在内的"僵尸企业"所有债权人的债权可以依法实现,企业职工安置和权益保障问题可以纳入议程,长期以来僵固的企业资源得以盘活或退出,企业管理者或投资人的权利义务责任得以明确。这样,破产制度既实现了化解产能过剩、提高资源配置效率进而恢复现有产业和企业发展动力的目标,又实现了相关矛盾统一解决、各方毒体利益平衡的目的,这是破产程序的特有功能。

这里,我要特别强调破产程序在解决"僵尸企业"执行难方面的作用。很多"僵尸企业"资财枯竭,一旦围绕其形成多宗诉讼执行案件,"抢执行"等现象滋生、"无力偿债"引发的执行难问题突出,公平妥当解决纠纷的难度增大。最高人民法院2016年在向全国人大的工作报告中庄严承诺要深化执行体制改革、规范执行行为、用两到三年时间基本解决执行难问题、破除实现公平正义的最后一道藩篱。我们认为,破产程序可以使有关债务企业的诉讼执行案件一体得到解决,破产程序是解决执行难问题、遏制执行乱现象的重要措施。可以同时公平清偿全体债权人,是运用法治方式和法治思维解决执行难瓶颈的有效途径之一。

记者:对"僵尸企业",中央要求"尽可能多兼并重组,少破产清算",您在很多场合也提出要人民法院"生病企业"的医院,您这么讲有怎样的考虑?如何办好这个医院?

杜万华:我认为,人民法院"生病企业"的医院,应当成为人民法院依法审理破产案件的指导思想。多年来,法院审理破产案件的数量一直上不去,已经审理的破产案件中重整成功的案例并不多,大多数企业只要进入破产程序都以清算告终,导致社会各界都将法院视为"生病企业"的火葬场,都把企业进入破产程序视为走上了穷途末路。在这种观念的影响下,企业对破产没有积极性。今后,人民法院在审理破产案件时首先要改变思路,要依据现有的法律法规,把法院办成"生病企业"的医院,让这些企业愿意到法院来,通过破产重整和破产和解,通过资源重新配置重获生机,重返市场经济的舞台。人民法院要树立服务意识,不能只考虑审结案件,还要考虑让企业通过破产程序得到重生。我在湖北调研时,湖北高院介绍了长航凤凰重整成功的案例。如果直接进入清算程序,该企业的资产是负数,债权人分文难取。但是长航凤凰是一家百年老店,有一百多年来形成的企业品牌和一整套遍布国内外的营销体系,如果进行破产清算,这些无形资产就一钱不值。人民法院在审理过程中发现,该企业只是资金短缺,通过资产负债重整,企业的营销体系很快发挥了巨大作用,企业迅速走向复苏,后来还重新上市开盘,股价上涨,债权人、债务人、股东的利益都得到了保障。所以,人民法院审理破产案件,一定要转变思路,转变理念。人民法院要按此要求开展破产案件审理工作。

要办好这个医院来救治"生病企业",真正达到多兼并重组的目标,我们认为,法院要建立以下四项工作机制:

一是要建立破产重整企业识别机制。通过这个机制要确保将能救治的企业识别出来。我们认为,第一,如果企业资金链断裂、流动性吃紧,但企业生产的产品适销对路、市场前景广阔,人民法院要积极通过破产重整、和解促进企业债务重组,化解企业债务危机,帮助企业重新轻装上阵。第二,如果企业因技术水平不高导致产品销路不畅,或者因管理不善导致企业经营困难,但通过技术升级换代、改善经营管理能够让企业重返市场,人民法院要积极推进破产重整,帮助企业腾出精力改善管理,推进技术创新,力求催生新的有效供给。第三,如果企业经营困难重重,已丧失市场空间,但通过变更营业等手段可以盘活存量资产的,人民法院也要尽可能采取破产重整的方式压缩和合并过剩产能、保留有效产能,引导增量,最大限度有效利用资源。这三类企业是"僵尸企业"破产重整的重点对象。另外,对那些技术水平低、发展前景差、环境资源消耗大不宜再保留的"僵尸企业",人民法院要及时进行破产清算,使企业和产能依法有序退出市场。当然,建立识别机制只是一个原则要求,具体怎么识别,需要在审判实践中分析探索。最高人民法院在这方面会加强对下级法院指导。

二是要建立"府院企业破产工作统一协调机制"。处置"僵尸企业"关系到妥善处理企业退出和产能化解所引发的国有资产保护、金融安全维护、职工安置和再就业保障、非公经济平等保护等一系列问题,涉及面广、影响重大。要建立党委领导下的政府和法院统一协调工作机制,由该协调机制来统筹企业清算、破产相关工作,保障处置工作有序开展、稳妥推进,实现法律效果与社会效果有机统一。目前,有的地方法院已经建立了协调机制。我们已要求各地法院加快建立这项机制。

三是要建立全国企业破产重整案件信息平台机制。过去10年中,人民法院虽也依法进行破产重整,但成功率总体不高。究其原因,主要是地域局限利信息不对称导致破产企业的整体情况不为外界所知。在信息化快速发展的今天,如果人民法院能够通过搭建信息平台,将破产企业的整体情况全方位地向全国乃至全世界展示,以市场化为导向,让有资金、有专利技术、懂经营管理的企业或专门人才了解、参与企业重整,势必提高破产企业的重整率,真正把人民法院办成"生病企业"的医院。在新搭建的信息平台上,不仅要公布破产企业的负债和资产状况等信息,还应当公布产品信息、企业组织管理信息、市场营销体系等各类信息;不仅要公布破产企业的信息,还要公布战略投资人、其他破产重整参与人信息;不仅要公布破产企业重整参与人信息,还要公布人民法院破产案件审判流程信息。让公开促进公正,让公开提高效率。最高人民法院已启动全国企业破产重整案件信息平台建设工作,围绕解决破产重整企业的融资难、提升破产案件审理的透明度和公信力、解决破产案件"受理难"、引导公众全面正确认识企业破产法制这四个目标,着力搭建上下联通、面向世界的破产重整信息平台。信息平台将对各高级法院、中级法院实现全覆盖,并将于2016年8月1日上线运行。

四是要建立合法有序的利益衡平机制。破产案件审理过程中,企业的职工、担保债权人、普通债权人等利害关系间的利益冲突比较激烈。人民法院要依法处理好职工工资、国家税收、担保债权、普通债权的实现顺序和实现方式问题,审慎协调保护好各方利益。人民法院还要善于运用破产法律规则防范企业逃废债务,尤其是对无法清算或者无法全面清算的破产企业,法院有必要明确其原因,并在终结破产程序时向债权人释明其可以依法追究负有责任的公司股东、董事等主体的民事责任,发现涉及企业破产犯罪线索的,要及时提供给有关机关。

记者:据我们了解,《企业破产法》实施以来每年进入法院的破产案件数量很少,主要是什么原因?在本次处置"僵尸企业"过程中,如何促使符合法定条件的"僵尸企业"进入破产程序?

杜万华:你提到的每年全国法院受理的破产案件数量很少这个问题,确实是我们想彻底解决的一个重要问题。《企业破产法》实施后,全国法院每年受理的企业破产案件数量,2008年、2009年为3000余件,2010年为2000余件,2011~2013年均为2000件以下,2014年为2031件,2015年为3568件。与之相对应,每年工商管理机关注销的企业数量均在35万户以上,2014年达到50万余户。进一步的数据研究表明,与发达市场经济国家相比,我国适用破产程序的企业数量不足美国的0.2%,不足西欧全部国家的1.16%。通过对比可以看出,我们企业破产法律制度在市场主体退出方面的功能远未发挥,企业破产程序确实存在"启动难"问题。

破产程序"启动难"的原因,可以归纳为三个方面:一是社会有关方面对破产制度认识不全面,破产法治观念滞后。实践中很多人认为进入破产就等于企业价值灭失,甚至错误地将破产制度等同于企业逃债手段,没有认识到企业破产制度除包括破产清算外,还包括破产重整、和解,更没有意识到破产重整、和解制度在化解企业危机、优化资源配置方面的强大作用。所以,当事人宁愿采用普通执行手段实现部分权利,也不愿意申请启动破产程序来实现各方利益共赢。一些地方政府、企业主管部门也未习惯运用破产法治思维和法治方式调整产业结构,不愿支持符合条件的企业依法适用破产制度,有时甚至严格限制或禁止企业进入破产程序。二是企业破产的外部配套制度不健全,破产程序难以顺利进行。很多企业无力支付管理人报酬等破产费用,破产程序难以启动。破产程序中还缺乏税收优惠制度,破产企业有限的财产被税务机关按照普通税收标准收取,这会降低债权人启动破产程序的意愿。类似配套制度方面存在的问题还较多。三是法院破产案件审理机制不够科学。比如很多法院缺乏专门审判机构和人才,破产审判经验不足,法院内部破产案件绩效考核机制不合理进而法官不愿办理破产案件等,这些都在相当程度上影响了破产案件的受理。

在处置"僵尸企业"中,法院首先要解决的就是破产程序"启动难"问题。只有确保符合条件的"僵尸企业"进入破产程序中,法院才谈得上对"僵尸企业"进行处置。解决破产程序"启动难",我们认为要围绕上面谈到的三个方面,抓住机遇、对症下药、实现突破。具体地讲:

第一,要引领有关方面树立正确的破产观念。法院要积极宣传企业破产法制,尤其要向社会持续宣传法律效果与社会效果俱佳的破产案例,通过宣传,要消除破产制度等同于企业消亡的认识误区,要充分彰显破产重整、和解在化解企业危机、优化资源配置、提升产业层次方面的特殊功效,坚决树立企业破产制度服务经济结构调整正面形象。我们即将发布十大破产典型案例,目的就是引领社会各界全面、正确认识企业破产制度。在"僵尸企业"处置工作中,法院更要加强破产案件的常规宣传。

第二,要加快协调完善破产外部配套机制。破产程序中的破产费用保障问题需要财政部门解决,税收优惠问题需要税务等部门解决,破产重整企业信用修复需要工商机关、人民银行等部门解决。诸如此类问题,最高人民法院已向有关部门提出了司法建议,并将把握机遇积极协调有关部门尽快解决。

第三,要完善破产案件审理机制。这是法院内部要加紧解决的问题。这方面要做的工作很多,考虑到处置"僵尸企业"的重大性、紧迫性,开展这些工作中我们很有一种争分夺秒的感觉。其一,要推动建立企业清算与破产审判庭,打造专门破产审判队伍,并建立科学的破产审判绩效考核标准。逐步解决破产审判机构缺乏、破产审判能力不强、破产案件缺乏激励等基础性问题。其二,要依照《企业破产法》和民事诉讼法司法解释相关规定,做好执行程序和破产程序的衔接。一方面,要确保执行程序中发现的符合破产条件的"僵尸企业"能及时转入破产。就此我们将制定专门的工作流程规则。另一方面,也要切实解决破产程序中的违法执行问题,杜绝各种保护注意影响,坚决防止因违法执行阻碍破产程序进行。这方面我们也要建章立制。其三,要抓好新制度的贯彻落实。在2015年新的民事诉讼法司法解释颁布之前,当企业作为被执行人时,司法上有参与分配制度。在实践中我们发现,参与分配制度既不能完全解决债权人与债务人间、债权人相互之间的矛盾纠纷,而且严重阻碍了破产程序的启动。所以,在新的民事诉讼法司法解释颁布后,我们取消了企业被执行人场合的参与分配制度,由此倒逼各方当事人启动破产程序来公平受偿。这一规则上的变化,我们要加强监督和贯彻。

记者:为什么要建立专门清算与破产审判庭?在破产审判专业化建设方面,还要采取哪些措施？

杜万华：建立专门清算与破产审判庭是破产案件审理工作的特殊性决定的。破产案件的审理并不像普通民事商事案件审理那样只是认定事实和适用法律，我们通常将破产案件审理描述为：既是办案又是办事，即，法院不仅要对相关问题作出裁判，还要协调有关部门解决职工安置等社会问题；既是开庭又是开会，即，法院不仅要审理有关破产的案件，还要组织、督导召开债权人会议等；既是裁判也是谈判，即，法院不仅要裁判有关事项，还要督导有关利害关系人进行谈判。显然，破产案件审理的工作内容、工作流程、工作量都明显有别于普通民事商事案件审理，普通民事商事案件的审理模式无法兼容破产案件审理模式。但囿于法院"案多人少"困境，绝大多数地方法院都是将破产案件归入普通商事审判部门来审理。

我们发现，由于审理破产案件难度大、事务多、周期长，所以法院和法官对其都存在畏难情绪，甚至很多法院干脆将有限的审判力量全部投入到普通民事商事案件审判中，破产案件就没有专门的审判组织。结果，在破产审理中就形成了"由于没有专门的审判组织，所以法院不愿或不会处理破产案件；由于不处理破产案件，就更不需要专门的破产审判组织"的不良循环。这种局面十分不利于开展"僵尸企业"司法处置工作。从2014年年底我们在部分法院开展破产审理方式改革试点工作以来的情况看，凡是设立专门清算与破产审判庭的法院，处理企业清算和破产事务的积极性高、效果好。可以说，专门审判庭是企业清算和破产审判工作常态化的重要保障。截至目前，只有广东深圳中院、浙江温州中院等少数地方法院成立了专门的企业清算与破产审判庭。很多地方法院都没有专门审判庭。所以，建立专门审判庭是当前和今后一个时期人民法院的重要工作任务。

在处置"僵尸企业"工作之初，中央就高度重视法院企业清算与破产审判庭建立工作。目前，最高人民法院正在按照中央要求加紧制定有关方案，并将与中央编办协调推动这项工作。我们将坚持审慎、有序、科学、务实原则，首先推动省会城市、较大的市和经济较发达城市的中级人民法院年内建立专门审判庭；同时，也要积极指导、鼓励其他地方法院调剂使用现有编制，加快建立清算与破产审判庭。建立专门审判庭这项工作，我们已着手实施。

在建立专门审判庭过程中，还要督促各地法院同步推进破产审判法官队伍和司法辅助人员的专业化建设。要加强法官和司法辅助人员的培训，进一步提升法官和司法辅助人员的业务素质；要将纪律意识强、业务素质好、综合能力强的同志向破产审判岗位适当倾斜；要结合破产审判工作特点，做好"传帮带"工作，搭建成熟的破产审判团队，切实避免"一人离岗、工作皆停"的情形。目前，尤其要督促尚无破产审判法官的法院，加紧发掘、培养专门人才，确保专门审判人员及时到位。同时，在当前司法改革推进法官"员额制"过程中,我们也要求将专门审判庭作为一项内容特别考虑,要在各方面为下一步工作预留空间。

记者:请介绍一下什么是破产衍生诉讼案件?这类案件审理中,应当注意哪些问题?

杜万华:《企业破产法》不再采取以前那种由破产程序对当事人实体争议"一裁终局"的方式,而是采取更加注重公平的分别审判主义,通过在破产程序外赋予当事人提起诉讼的权利来解决破产程序中的实体争议。当事人在破产程序外提起的实体争议诉讼就是破产衍生诉讼。破产衍生诉讼主要包括金融债权等的确认纠纷、破产企业财产清收纠纷、职工权益纠纷、管理人责任承担纠纷、投资人出资责任纠纷等有关债务人企业的诉讼。"僵尸企业"处置中,一旦企业进入破产程序,那么围绕企业所形成的上述各类纠纷都不可避免地会进入到人民法院。这类案件的处理,不仅直接关系破产程序公平公正高效地进行,而且还涉及有关切身利益的实现和矛盾纠纷化解等问题。法院在审理破产衍生诉讼中,应当特别谨慎。

我认为,以下三个方面的问题是需要特别注意的:

第一,法院必须按照立案登记制的要求受理审理破产衍生诉讼案件。破产衍生诉讼案件性质上属于普通诉讼案件,所以各地法院必须按照立案登记制的要求及时立案受理和依法审理。有条件的人民法院可以设立涉"僵尸企业"案件绿色通道,为处置"僵尸企业"提供便捷的司法途径和完善的法律保障。

第二,要依法做好破产衍生诉讼的管辖,坚决反对"僵尸企业"处置中滥用管辖来实施地方保护主义。根据《企业破产法》第二十一条的规定,破产衍生诉讼由受理破产申请的人民法院集中管辖,应当根据人民法院受理破产申请的时间划分为"新案"和"旧案"。"旧案"是指法院受理破产申请前已经开始,但在受理破产申请时尚未审理终结的有关债务人的案件。在管理人接管债务人的财产后,"旧案"诉讼继续在原审理法院继续进行,即,对"旧案"不实行集中管辖;"新案"是指人民法院受理破产申请后,提起的有关债务人的民事诉讼"新案"只能向受理破产申请的人民法院提起,即实行集中管辖。人民法院应当正确理解和适用上述法律规定的管辖原则,不得将不应当移送管辖的破产衍生诉讼移送管辖,也不得为了移送管辖而故意追加债务人为被告。受理破产申请的人民法院审理特殊类型案件不能行使管辖权的,应当按照企业破产法司法解释(二)第四十七条第三款的规定,由上级人民法院指定管辖。

第三,破产衍生诉讼与破产程序的协调问题。审理破产衍生诉讼的法院应当坚持依法公正审理,公平保护破产程序相关利害关系人的利益,不得违法"照顾"某一利益群体利益而损害其他利害关系人合法权益。同时,审理破产衍生诉讼案件的法院应提高审判效率,不得拖延审判从而影响破产程序对"僵尸企业"的高效处置。

记者：管理人的素质很大程度上决定了破产案件的质效。"僵尸企业"进入破产程序后，如何保证管理人依法恰当运用重整、清算等不同破产程序实现对企业的良好管理？

杜万华："僵尸企业"进入破产程序后，很大程度上讲，就是管理人的工作决定了企业是存续还是消亡；即使企业存续，也是管理人的工作决定了企业的生存质量。所以，管理人的素质直接决定着企业破产工作的质效。法院要特别注重对管理人队伍指导和管理，要提升破产管理人队伍素质。破产管理人队伍建设既要严格依法也要解放思想，要在现有的基础上加大对适应企业重整需要的破产管理人才的吸收，把破产重整的需要作为主要的考量因素，充分发挥企业家、经营者、管理者，甚至包括科技工作人员的作用，不断加大破产管理人工作程序规范化建设。目前，最高人民法院拟从以下几方面完善对管理人的指导和管理：

第一，强化破产管理人队伍人才的积聚。法院要引导担任破产管理人的传统中介机构吸收擅长企业管理、熟悉科学技术的专门人才，确保对企业破产重整、破产清算能作出准确有效评估。同时，对破产管理人如何管理，各地法院应当以有利于工作开展为原则积极进行探索。

第二，推广管理人分级管理制度。管理人分级管理，就是根据管理人的经验、水平、既往履职评价等将管理人分为不同的不同级别，高级别管理人可以担任包括大型企业破产案件或者其他复杂破产案件在内的所有案件的管理人，低级别管理人只能担任一般破产案件的管理人。管理人分级管理，可以确保不同复杂程度的破产案件能分别从不同级别、资质的管理人中快速指定管理人，从而既保障破产程序顺利进行，又锻炼和提升管理人队伍能力；既能解决随机指定的管理人可能无法胜任重大复杂破产案件工作的问题，又能避免竞争方式指定管理人因程序拖延破产进程的弊端。这个制度应当推广。

第三，试行管理人的淘汰、增补和升降级制度。从多数地区情况看，管理人名册自 2007 年建立后就一直未发生变化，既未增加一些符合条件并具有一定破产管理水平的中介机构入册，也未对一些不符合条件的管理人予以除名。这种状况应当根据实际情况作出改变。尤其是在实行管理人分级管理之后，要相应采取管理人的增补、除名、升降级措施。

人民法院关于依法审理破产案件推进供给侧结构性改革典型案例新闻稿

最高人民法院民事审判第二庭庭长　杨临萍

（2016年6月15日）

　　党的十八届五中全会提出要"更加注重运用市场机制、经济手段、法治办法化解产能过剩，加大政策引导力度，完善企业退出机制"。中央经济工作会议进一步明确要加强供给侧结构性改革，抓好"去产能、去库存、去杠杆、降成本、补短板"五大任务，尤其强调要积极稳妥化解产能过剩，依法为实施市场化破产程序创造条件，尽可能多兼并重组、少破产清算，严格控制增量，防止新的产能过剩。中央财经领导小组第十三次会议强调要坚定不移地推进供给侧结构性改革，要准确把握基本要求，供给侧结构性改革的根本目的是提高供给质量满足需要，使供给能力更好满足人民日益增长的物质文化需要；主攻方向是减少无效供给，扩大有效供给，提高供给结对需求结构的适应性。

　　社会主义市场主体救治和退出机制是否建立，是衡量社会主义市场经济体制完善程度的标志之一。《中华人民共和国企业破产法》（以下简称《企业破产法》）作为挽救危困企业、规范市场主体退出的法律制度，是我国市场经济法律体系的重要组成部分，对淘汰落后产能、促进市场经济的健康发展起着重要作用。最高人民法院高度重视破产审判工作对推进供给侧结构性改革、化解过剩产能、促进经济转型升级、维护社会和谐稳定的重要意义，采取了一系列措施推进破产法律制度实施。2015年12月23日，周强院长在第八次全国法院民事商事审判工作会议上，特别提到要加强企业破产案件审理工作，强化优胜劣汰的市场机制，促进资源优化配置，助力经济转型升级。2016年以来，最高人民法院组织专人深入湖北、浙江、四川、江苏、上海等地开展了依法处置"僵尸企业"与破产审判工作的调研；召开了"全国部分法院依法处置僵尸企业调研及工作座谈会"，听取当地政府银监部门、发改委、工信委、国资委、律师协会等单位的意见。与此同时，最高人民法院加快推动中级法院建立清算与破产审判庭的工作，起草拟定了执行案件移送破产审查相关问题的规定，进一步完善破产案件审理机制。最高人民法院还启动了企业破产重整案件信息平台建设工作，着力围绕提升破产案件审理的透明度和公信力、解决破产案件"受理难"、促进企业重整再生、引导公众全面正确认知破产法制四个目标，搭建全面公开、透明的现代化信息平台。通过破产案件审理流程公开，进而实现以司法公开促进司法公正和司法高效的目标。2016年5月24日，最高人民法院印发了《关于依法开展破产案件审理积极稳妥推进破产企业救治和清算工作的通知》，就破产重整企业的识别、与政府建立破产工作统一协调机制、积极完善破产管理人制度等五个方面提出明确要求，切实推动破产审判工作常态化、规范化、法治化。

近年来，人民法院按照《企业破产法》的规定努力推进破产案件审理工作，并在办案效果、队伍素质提升、破产审判机制建设等方面取得了一定成果。据统计，自《企业破产法》实施以来，2008年至2015年期间，人民法院新收各类破产案件共计19551件，审结包括旧存案件在内的破产案件21995件。2016年一季度，人民法院受理破产案件1028件，比2015年同期一上升52.5%；审结507件，比2015年同期上升61%。人民法院通过依法有序推进破产案件的审理，对促进经济发展方式转变、构建公平有序市场秩序发挥了积极作用。主要做法有：

一、依法受理破产案件，推进破产企业重整和清算工作。人民法院根据《企业破产法》及司法解释的相关规定，依法受理各类破产案件，综合利用多种破产法律程序，保障国家产业结构调整政策的落实。对虽然已经具备破产原因但仍可能适应市场需要、有挽救价值的企业，人民法院充分利用破产重整和破产和解制度，对其进行积极有效的挽救，实现企业再生，促进社会资源充分利用以及多方主体利益共赢；对不具有挽救希望和价值、符合破产清算条件的企业，及时启动破产清算程序，促其快速、有序退出市场；对试图借破产逃废债务的非诚信企业，依法适用破产程序中的撤销权制度和无效制度，撤销和否定不当的财产处置行为，严格追究相关主体责任，使其逃废债务的目的落空，维护社会诚信。

二、推动建立破产案件快速审理机制，提升破产案件审理效率。为实现破产案件快速受理审理，人民法院遵循破产正当法律程序，平衡各方利益诉求、实现公平保护。鼓励地方法院探索破产案件简易审理程序，在现行法律框架内通过采取便捷的文书送达模式、债权人会议召开模式等，依法合理缩减相关环节的期限，提高破产案件审理效率。通过信息技术手段，落实破产程序全程公开、步步留痕，监督和规范破产受理、审理司法行为，切实避免对企业破产申请拒绝受理、拖延审理。

三、充分发挥政府与法院联动破产工作协调机制的作用，推进破产审理工作有序进行。对破产企业的处置涉及债权人、债务人等众多主体的利益，涉及职工安置和再就业保障等一系列问题，因此需要多方协调、整体推进。人民法院坚持在党委的领导下，积极推动建立政府与法院联动的破产工作协调机制，充分发挥风险预警、资金保障等机制的作用统筹企业破产相关工作，一体解决破产企业职工安置、维护稳定等方面问题。案件审理过程中，对于重大性、苗头性问题，及时向党委汇报，提出司法建议，保障破产案件审理工作有序开展、稳妥推进，实现法律效果与社会效果有机统一。

四、坚持市场化导向，慎重适用重整计划强制批准权。在重整案件审理中，注重充分发挥市场在资源配置中的决定性作用，鼓励通过竞争机制引入战略投资者，对包括非公经济组织在内的各类投资者参与重整投资提供平等保护。在重整计划的表决过程中，充分尊重当事人的意思自治，尽可能通过重整中的市场参与者自主协商和谈判，表决通过重整计划。在依法保障债权人和出资人合法权益的前提下，实现对困境企业的挽救，人民法院严格按照《企业破产法》规定的条件慎重行使强制批准权。

五、注重保障民生，切实维护职工合法权益。人民法院在破产案件审理过程中，严格依法优先保护职工合法权益，保障职工对破产程序的参与权。企业继续保持原营业或整体转让经营性资产的，尽可能保证原有职工工作岗位。加强与相关部门的沟通协调，通过提出司法建议，推动职工再就业培训体系和社会保障体系的完善。

六、做好破产程序与执行程序的衔接工作，依法将执行案件移送破产审查。正确认识破产程序与执行程序的不同功能定位，充分发挥《企业破产法》公平保护全体债权人的作用。在破产申请受理后，依法中止对破产企业的执行程序、解除相关保全措施，确保破产财产妥善处置。在民事诉讼法司法解释确立了执行案件移送破产审查的原则基础上，积极探索执行案件移送破产审查的衔接机制，依法推进符合破产条件的企业转入破产程序，保障全体债权人公平受偿。

七、充分发挥破产管理人的积极作用，为破产案件审理创造有利条件。人民法院重视监督和指导管理人依法履行职责，根据案件具体情况依法采取适当方式指定适格管理人。引导担任破产管理人的传统中介机构吸收擅长企业管理、科学技术等专门人才，加大对适应企业重整需要的破产管理人才的吸收，充分发挥企业家、经营者、管理者以及科技工作人员的作用。推动破产管理人分级管理体系的建立，根据业绩和水平采取管理人的增补、除名、升降级措施，提升破产管理人队伍素质。

八、充分运用法治思维和法治方式处理好破产中的相关问题。企业破产过程中触及的问题复杂，影响面广，为保障《企业破产法》的正确实施和破产案件的审理效果，人民法院重视在法律框架内依法有序推进相关工作进行。在正确适用破产法律制度的同时，注important将产能化解、企业救治和退出，同企业资产清理和保值增值、金融风险和社会风险防控等一并纳入法治轨道。人民法院坚持依法保护产权，尊重契约自由，坚持平等保护、权责利相统一、诚实守信、程序公正与实体公正相统一的原则，切实营造优胜劣汰的社会主义市场经济环境。

人民法院通过依法审理破产案件，彰显了破产审判工作在拯救危困企业、规范市场主体退出、促进产业结构调整、维护经济运行秩序方面的重要功能。今天，我们在众多案件中遴选了十个典型案例发布，其中既有破产重整案件，也有破产清算案件，还包括关联企业合并破产、重整程序向清算程序转化、执行案件移送破产审查等案件。这些案例分别在依法维护职工合法权益、充分发挥政府与法院联动协调机制的作用、法院慎重行使强制批准权、注重运用市场化的方式推动企业重整、依法创新资产处置方式、探索采取综合模式挽救企业等方面取得了良好法律效果和社会效果。通过总结这些规则和做法，既对完善破产案件审理的常态化机制、正确实施《企业破产法》具有重要意义，也为人民法院服务和保障经济结构调整积累了丰富经验，更为清理和处置"僵尸企业"、推动供给侧结构性改革提供了有益借鉴。

企业破产制度既可以公平保护债权人、债务人合法权益，又可以实现优胜劣汰、促进资源优化配置，是法治化市场主体救治和退出的有效途径。全国各级法院在破产审判工作中，将深入贯彻党的十八届五中全会精神，落实中央经济工作会议推进供给侧结构性改革要求，充分发挥审判职能作用，依法为市场化的企业挽救和退出提供司法保障，促进经济持续健康发展和社会主义市场经济体制不断完善。

在青岛破产审判工作调研座谈会上的讲话

最高人民法院审判委员会专职委员　杜万华

（2016年9月13日）

同志们：

大家上午好！

今天，最高人民法院民二庭在山东青岛召开座谈会，就《最高人民法院关于执行案件移送破产审查若干问题的规定（征求意见稿）》和全国破产审判工作，听取全国部分法院的意见。在此，我代表最高人民法院，向关心和重视此次座谈会的山东省青岛市领导致以崇高的敬意！向承办此次会议的山东省高级人民法院、青岛市中级人民法院表示衷心的感谢！向长期坚守在企业破产工作岗位，为破产审判事业不断进步做出贡献的各位法官表示诚挚的慰问！

企业破产法律制度对保护企业资产，优化资源配置，规范市场秩序，公平保护各方利益，实现市场主体依法出清具有重要意义。2007年《企业破产法》实施以来，人民法院切实发挥破产审判职能作用,正确运用破产法律受理、审理了一批企业破产案件,初步展现了破产法律制度调节经济结构、服务企业发展的积极作用。但是,由于对破产制度认识不全面、企业破产配套制度不完善、破产审理机制不健全等因素影响,企业破产审判工作仍面临较多困难,破产法律制度的作用还未充分发挥。

党的十八大以来,以习近平为总书记的党中央高度重视发展和完善社会主义市场经济体制。党的十八届五中全会要求更加注重运用市场机制、经济手段和法治方法化解产能过剩,完善企业退出机制。中央经济工作会议强调。在处置"僵尸企业"、化解产能过剩、推进供给侧结构性改革过程中,司法部门要依法为实施市场化破产程序创造条件。中央的要求指明了我国经济供给侧结构性改革的方向和路线,也发出了企业破产司法审判工作要围绕中心、服务大局开展的新号召。中央制定经济政策、金融政策、产业政策集中处置"僵尸企业",相当一批企业产能与市场需要之间的矛盾不断暴露。对此,我们既要有效运用破产清算方式淘汰劣质企业和落后产能,又要充分利用破产重整手段,促进具有经营价值的企业开展兼并重组,以实现规模经济效益,还要通过公正高效的破产审判工作,解决"僵尸企业"长期以来累积的各类深层次矛盾,维护公平有序的市场秩序和优胜劣汰的竞争机制。可以说,当前人民法院正面临运用破产法治思维和法治方式促进国家治理体系和治理能力现代化的重大契机。人民法院在保障供给侧结构性改革顺利推进过程中,必须勇于担当、不辱使命。

最高人民法院高度重视发挥破产审判职能作用,着眼于稳妥解决"僵尸企业"深层次矛盾,高度重视运用破产法律程序来实现资源优化配置,提升产业层次,实现公平保护。今年以来,人民法院深入贯彻落实中央精神,依法积极开展破产案件审理,充分发挥破产审判职能作用,努力营造开展市场化导向破产审判工作的良好司法环境,把法院办成"生病企业的医院",切实推动破产审判工作的常态化、规范化、法治化。迄今为止,人民法院在破产审判工作中已经取得一系列重大进展。2016年5月24日,最高人民法院印发了《关于依法开展破产案件审理积极稳妥推进破产企业救治和清算工作的通知》,就建立健全破产重整企业的识别机制、政府与法院企业破产工作统一协调机制、全国企业破产重整案件信息平台机制和合法有序的利益衡平机制四项破产审判工作机制,以及完善破产管理人制度、建立清算与破产审判庭等工作提出了明确要求。6月15日,最高人民法院召开新闻通气会,公布了人民法院关于依法审理破产案件、推进供给侧结构性改革的十大典型案例。6月22日,最高人民法院公布了《关于在中级人民法院设立清算与破产审判庭的工作方案》,要求各直辖市应当至少确定一个中级人民法院设立清算与破产审判庭,省会城市、副省级城市所在地中级人民法院应当设立清算与破产审判庭。7月28日,最高人民法院下发《关于破产案件立案受理有关问题的通知》,努力解决破产启动难的问题。8月1日,由最高人民法院建立的"全国企业破产重整案件信息网"正式开通运行。为保障信息网顺畅运行，最高人民法院下发了《关于企业破产案件信息公开的规定（试行）》第三个规范性文件。目前这些措施已经初现成效。

今年，人民法院受理破产案件数量明显高于往年同期，破产审判专业化、正规化建设迈入正轨。更加重要的是，通过最高人民法院的不懈努力，破产法的实施受到中央高度重视，并已经上升为国家战略，成为重大国际合作议题。今年9月3日，习近平主席与美国奥巴马总统在二十国集团领导人杭州峰会期间开展会晤。双方达成一系列重要共识，形成了中美元首杭州会晤中方成果清单，其中特别强调要建立和完善破产制度和机制。该清单明确指出："中美双方认识到建立和完善公正的破产制度和机制的重要性。中方高度重视运用兼并重组和破产重整、破产和解、破产清算制度和机制依法解决产能过剩问题。在解决产能过剩问题过程中，中方将通过继续建立专门的破产审判庭、不断完善破产管理人制度以及运用信息化手段等方式推进破产法的实施。中美双方承诺最早从2016年开始，以论坛或互访等方式定期和不定期地就双方各自破产法的实施进行沟通和交流"。可以说，中美元首达成此项共识，意味着人民法院破产审判工作已经迈入了一个新的时代。各级人民法院要坚决按照中央要求，尽快落实G20杭州峰会中美元首会晤成果清单载明的相关任务，全力推动破产法治实践在中国大地落地生根、蓬勃发展。当前，各级人民法院尤其要尽快解决破产程序启动难这一问题。

中美元首杭州会晤中方成果清单签订后，最高人民法院党组高度重视贯彻落实该成果清单。二十国集团杭州峰会刚结束，最高人民法院周强院长就要求我们迅速拿出落实方案。为什么周强院长和最高人民法院党组这么重视落实这项成果清单呢？因为这是开展供给侧结构性改革的关键所在。因此，可以说目前破产审判工作已经进入了一个新时代。今天利用这个机会，就如何落实中美元首杭州会晤中方成果清单中的任务，我谈几点意见：

一、要高度重视中美元首杭州会晤中方成果清单的重要意义

第一，要正确认识成果清单的重大意义。中美元首杭州会晤中方成果清单是中美双方达成的一份重要文件，对于成果清单记载的权利和义务等内容必须要履行、落实。这事关国家诚信和名誉。关于这一点，习近平总书记说得非常清楚：既然我们承诺了就一定要做到，中国是一个守诚信的国家。不能言而无信。作为履行和执行这一文件的中国政府部门和中国司法审判机关，必须正确认识这个文件的重要意义，并按照党中央要求，认真落实好中方承诺。要注意的是，虽然破产法已对破产制度作了规

定,但是落实破产法的机制还不健全。尽管上世纪90年代以来人民法院陆续审理了一些破产案件,现在也在审理破产案件,但是破产审判工作仍处于一种不正常状态。每年全国法院审理的破产案件只有几千件。造成这一问题的原因何在?主要是破产审判机制不健全。党的十八届五中全会以来,中央经济工作会议等会议专门提出要开展供给侧结构性改革。为了落实供给侧结构性改革,中央在召开的一系列涉及经济工作的会议上,提出要通过落实破产制度来开展此项工作。在这些会议的推动下,最高人民法院今年以来开展了一系列工作,如探索建立四项破产审判工作机制、采取六项措施等。这些工作不是我们凭空想出来的,而是为落实中央要求,针对破产审判工作面临的具体问题提出的措施和办法。关于破产案件立案难、怎样清理"僵尸企业"等问题,中央都作出过重要指示。中央所作的这一系列决策都来源于政策性文件,惟有这次中美元首杭州会晤中方成果清单是一个国家间的重要文件。其中涉及破产审判工作的是第3条第3款,一共有四句话。第一句话和最后一句话是中美双方形成的共识,中间两句是中方作出的承诺。各级人民法院要认真学习理解这四句话,只有在理解的基础上才能谈贯彻落实。中美关系是我国最重要的双边关系,中美元首会晤确定的文本也是中国将来与其他国家交往的模板,其意义远远超出中美两个国家的范围,具有世界意义。所以落实中美元首杭州会晤中方成果清单对于我们建立健全破产法律制度、实现依法治国具有非常重大的意义。

第二,要正确认识建立和完善破产制度和机制对完善中国社会主义市场经济体制的重要意义。1979年,我国开始探索建立中国特色社会主义市场经济体制。这期间我们经历了很多坎坷曲折。1993年,中央作出关于建立社会主义市场经济体制若干问题的决定,到现在已经经过了20多年,我国初步建立了社会主义市场经济体制。从目前情况看,我国社会主义市场经济体制还有很多不完善的地方。其中,社会主义市场主体的救治机制和正常退出机制还不完善。当前建立和完善破产制度就是要建立社会主义市场主体的救治机制和退出机制。这两个重要机制建立以后,中国作为完整的社会主义市场经济国家的形象才能真正的高大起来。为什么现在世界上还有一些国家不认可中国的市场经济地位?市场主体救治和退出机制不健全是一个重要原因。各级人民法院一定要正确认识建立和完善破产制度和机制对于补齐我国社会主义市场经济体制建设短板的意义。

第三,要正确认识建立和完善破产制度和机制对我们适应经济新常态,调整产业结构,淘汰落后产能,化解产能过剩,以及下一步经济腾飞、走出中等收入陷阱的重要意义。我国自1979年改革开放以来,走过了37年的历程,取得了巨大的经济成就,但是经过经济快速发展以后,现在进入经济新常态,产业结构不合理等问题突显。有的产能落后,有些产能过剩。关于下一步我国经济如何发展的问题,党的十八届五中全会提出了"五大发展理念"。面对陈旧的产业结构,我们如果不及时转变发展思路,适应世界新科技革命的需要,把落后产能、过剩产能调整出清掉,释放出大量的生产要素,开展供给侧结构性改革,仍然不顾社会是否需要继续生产,肯定行不通。如果从未来经济发展的角度,从改革供给侧的角度,站在更高起点上推动经济发展,就要从市场主体救治和出清方面进行考虑,淘汰落后产能,抑制过剩产能。这一任务只能通过兼并重组、破产制度等途径才能完成。如果当前经济结构调整得好,就能为我国经济下一步腾飞奠定坚实基础。现在我们正处在打基础阶段。基础不牢地动山摇。要走出中等收入陷阱,这一发展阶段是我们必须经历的阵痛。各级人民法院要从这个意义上来认识建立和完善破产制度和机制的重要意义。

第四,要正确认识建立和完善破产制度和机制对完善我国商事审判制度的重要意义。我国商事审判制度从无到有,已经初步建成较完整的商事审判制度体系,但是目前仍存在一大缺陷,即破产审判制度处于很不完整的状态。从上世纪80年代破产法颁布施行以来,人民法院也开展过破产案件审理工作,但是破产审判还处于一种不正常状态。上世纪90年代搞国有企业改革,人民法院审理了一大批国有企业破产案件,但基本上是行政部门交给我们的任务,没有形成自主、完整、独立、规范、法治化的破产审判制度和机制。从现在的情况看,缺乏这样的制度不利于中国特色社会主义市场经济的发展。曾经一段时间,破产制度和破产审判基本上处于停滞状态,很多破产审判队伍被解散,没有实现破产审判机构和审判队伍专业化。因此,建立和完善破产制度和机制既是完善商事审判制度和机制的需要,也是推动我国市场经济健康发展的需要。

二、要正确运用兼并重组制度解决产能过剩问题

中美杭州会晤成果中方成果清单中有这样一句话:"中方高度重视运用兼并重组和破产重整、破产和解、破产清算制度和机制依法解决产能过剩问题。"这句话非常重要,是中美双方谈判的重点。在谈判过程中,美方谈判代表想把"兼并重组"四个字从成果清单中拿掉。美方的意见是,要么将所有企业退出市场的问题都交给司法机关处理,不由行政机关处理,要么在后面增加强调"引导过剩产能退出市场"。我们认为这不符合中国国情,因此坚决不同意。人民法院只能根据破产法的规定受理和审理破产案件,依法淘汰落后产能,解决产能过剩问题。除破产审判外,淘汰落后产能、解决产能过剩问题还有一个很重要的途径,就是兼并重组。兼并重组包括政府主导的兼并重组和企业自发的兼并重组。政府主导的兼并重组,主要是涉及国有企业的兼并重组。相关政府部门作为企业投资人、股东,完全有权自组开展兼并重组。这符

合自主经营的市场规律和意思自治的民法原则。最终,中美双方谈判代表经过艰苦谈判,美方接受了我们的意见。目前的表述对于人民法院下一步开展破产审判工作具有非常重要的意义。

实践中,要注意兼并重组与破产审判制度的区别。兼并重组是政府或企业以市场化为导向对企业的经营、资产、股权和债权债务等进行调整的行为,属于市场主体自主进行的市场化行为。而破产审判则是人民法院依据一定司法程序进行的司法行为。二者的性质和功能完全不同。兼并重组在社会主义市场经济中是否具有合理性和合法性呢?我国市场主体自主开展的兼并重组是不是像国外有些人所想象那样,就是政府说了算,想怎么办就怎么,不按法律程序进行呢?我认为国外这种看法并不正确,兼并重组与我国经济市场化、法治化的方向不矛盾。因为我国国有企业在市场主体中比重较大,政府作为国有资产的管理者,有权根据市场化的要求对国有资产进行处置,包括进行兼并重组。民营企业也可以根据市场需求进行兼并重组。这些都是市场化的行为,符合法治化和市场化的要求,不违背市场经济规律。而且就目前我国处置"僵尸企业"的工作来看,可能政府主导的兼并重组会占主流。因此,我们一定要认识到,兼并重组是一种与破产重整、破产和解和破产清算并列的、独立的化解产能过剩、实现市场主体出清的方式。

对于政府和企业以市场化为导向开展的兼并重组,人民法院要作好服务和监督工作。人民法院的第一项工作是要做好服务。企业在兼并重组过程中,不可避免会涉及一系列的民事商事纠纷。其中有很多纠纷会起诉到法院,形成民事商事案件,如合同纠纷案件、财产纠纷案件、劳动争议案件,甚至还有一些确权纠纷案件。人民法院依法及时审理这些案件,对于政府和企业自主开展的兼并重组具有重要意义。从这个意义上讲,司法是在协助政府开展兼并重组。人民法院的第二项工作是做好监督。人民法院要运用民事和商事审判方式对政府和企业的兼并重组行为进行监督。政府和企业在兼并重组过程中不能做违法的事情,例如将企业优质资产剥离到一个企业,不良资产剥离到另一个企业,而将原来企业的债务留到剥离后保留不良资产的企业。如果出现这种情况,相关争议进入司法程序后,人民法院就应判决接受优质资产的企业一并承担原企业的债务。这一问题在上世纪90年代末关于国有企业改制的司法解释中已经作出过规定。最高人民法院今后制定的司法政策和指导意见,也应坚持这一做法。人民法院要通过司法手段监督行政机关和企业依法开展兼并重组,不能通过兼并重组损害企业债权人等第三方合法权益。在兼并重组中,人民法院要善于做好配角。当前,各地都在政府主导下开展"僵尸企业"处置和兼并重组工作。在此项工作中,政府部门可能会要求人民法院参加相关联席会议。人民法院可以对此项工作提出工作建议,但是大量具体工作仍要由政府相关职能部门去做。我们对兼并重组的概念一定要明晰,对我们所应做好的服务和监督工作也应当明晰。

三、要以市场为导向,建立常态化市场主体救治和退出机制

人民法院在审理破产案件的过程中,要坚持市场化导向,建立常态化市场主体救治机制和退出机制。具体来说,就是要贯彻落实最高人民法院2016年5月24日印发的《关于依法开展破产案件审理积极稳妥推进破产企业救治和清算工作的通知》精神。人民法院开展破产案件审理,最终目的是要建立市场主体救治和退出机制。我曾反复强调,开展破产案件审理,一定要把法院办成"生病企业的医院",而不是把法院办成单纯的"生病企业的火葬厂",要以市场化为导向,坚持以救治为主,确实不能救治的企业才进行破产清算。这是人民法院审理破产案件的指导思想。按照这一指导思想,人民法院要建立四个破产审判工作机制。

第一,要以市场化为导向,建立破产企业识别机制。具体而言,是要判定和识别四种企业。第一种是产品有市场,但是因流动性资金不足而陷入破产的企业。这些企业可能还涉及"互联互保"问题。第二种是产品滞销的企业。产品滞销可能是企业管理不善、市场开拓不利、资金来源不畅等原因造成。第三种是产品没有市场,但是生产工艺、经营管理、营销体系等经过调整、改善还可以适应市场的企业。第四种是产能落后,产品完全不能适应市场需要,需要淘汰的企业。前三种企业完全可以通过破产和解、破产重整予以救治。最后一种企业没有救治的必要,只能走向死亡。

第二,要建立法院与政府联动机制。审理破产案件单靠法院一家单打独斗很难行得通。各级人民法院一定要与当地政府建立沟通协调机制。特别是一些大中型国有企业的破产更离不开政府部门的协助。人民法院在处理一些中小微民营企业的破产案件时,对政府的依赖会低一些。人民法院对不同的破产对象,要采取不同的措施,不能将各种企业破产审判完全等量齐观。例如,吉林省的大中型国有企业比较多,人民法院在审理破产案件时,需要与政府部门建立更紧密、高效的沟通机制。

第三,要建立企业破产重整信息交流机制。要不断健全和升级最高人民法院建立的全国企业破产重整案件信息网络,加大破产重整信息公开力度,促进各类生产要素在全国乃至全球范围内自由流动和有效配置,最大限度实现破产资产价值。要发挥信息网便捷宣传、即时交流等功能,为企业破产重整提供优质服务。要通过信息化提高审判效率、统一裁判尺度。

第四,要建立利益协调平衡机制。人民法院在审理破产案件的过程中,无论是进行破产清算、破产重整还是破产和解,都要注意建立和完善利益协调机制。例如,在破产重整中,就需要协调好债权人与股东、战略投资人之间的利益关系。人民法院

必须要作好这方面的工作，要监督破产管理人制定重整计划时平衡好各方利益。人民法院在审查重整方案时也要考虑各方的利益。对重整计划的强裁不是不可以使用，但是一定要平衡好各方利益，否则容易出大问题。

四、要妥善解决破产案件立案难问题

人民法院要妥善解决破产案件立案难问题，依法受理破产案件。各级人民法院要认真贯彻落实最高人民法院2016年7月28日下发的《关于破产案件立案受理有关问题的通知》精神，依法受理破产案件。在中央财经工作会议上，解决破产案件立案难问题被多次提出。习近平总书记也要求最高人民法院着力解决这一问题。出台《关于破产案件立案受理有关问题的通知》的一个重要背景，就是中央财经领导小组要求人民法院解决这个问题。就目前的情况来看，全国企业符合破产法规定条件，应该进行破产立案的很多，但是很多企业被挡在了法院大门之外。造成这一现象的原因主要是各地法院对于维稳压力的担心。客观地看，以前那种维稳压倒一切的观念对于法治建设和中国特色社会主义市场经济体制建设是有害的。还有一些法院，可能是因为工作考核等原因不及时受理破产案件。这也不对。各地人民法院应当具有勇于担当的精神。还有一些地方法院担心，受理破产案件后迟迟不能结案，没有办法处理。其实中央已经注意到了这个问题。如果破产案件受理后，因存在一些特殊困难不能及时结案，人民法院也要想办法解决克服。中央也会施以援手。刚才我谈到要建立和完善的破产工作机制，也是要帮助解决这些问题。

虽然今年人民法院受理破产案件数量相比去年增多，但是就案件总数来讲，相对大量需要救治和出清的企业而言还只是冰山一角。对此，最高人民法院计划要建立破产案件受理、审查每月通报机制。各级法院每月受理、审查、审结多少破产案件等情况要向全国法院通报，并同时向中央报告。此外，对于符合破产立案条件的破产申请，地方法院拒绝立案的，发现一起就向全国通报一起。我们要坚决杜绝有意不作为现象。人民法院要勇于担当，有所作为。目前，最高人民法院民二庭正在起草涉执行转破产程序的司法解释，目的也是要解决破产案件立案难问题。就目前情况来看，完善破产制度是解决执行难问题的措施之一。周强院长在今年全国人民代表大会上，向全国人民作了郑重承诺，要用两到三年时间基本解决执行难问题。我认为解决执行难问题的关键之一在于大力开展破产审判工作。如果不将破产制度落到实处，解决执行难问题的目标就可能落空。因为当前我国执行不能案件数占到未执行到位案件数的40%—50%。虽然这其中有部分案件是以自然人为被执行人的案件，但是其中大部分案件还是以企业为被执行人的案件。如果破产制度真正落到实处，一个破产案件可以消解若干执行案件。这些执行案件进入破产程序后，如果能够通过破产重整或破产和解解决，债权人的利益能够得到实现。执行难问题就迎刃而解。如果破产案件只能通过破产清算解决，那就对被执行人的破产财产进行清算，对所有债权人进行公平清偿。破产程序结束后，这些债权债务关系归于消灭，执行案件也可以结案。现在各地法院都在想办法解决执行难问题。但如果不从落实破产制度下手，执行难问题很难得到根本解决。尽管有些执行案件人民法院可以裁定终结本次执行，但是执行案件仍然存在，问题并未解决。所以，各级人民法院要从解决执行难的角度认识开展破产审判工作的重要意义。执行难问题解决后，司法审判的形象和权威也将树立。各地法院一定要以大局为重，以全局为重，要勇于担当。

五、要加强破产审判机构和审判队伍专业化建设

中美元首杭州会晤中方成果第 3 条第 3 款第 3 句话是："在解决产能过剩问题过程中，中方将通过继续建立专门的破产审判庭、不断完善破产管理人制度以及运用信息化手段等方式推进破产法的实施。"这句话提到了建立专门的破产审判庭。谈到破产审判庭就不可避免要谈到破产审判队伍专业化。二者之间具有内在逻辑联系。目前加强破产审判机构专业化建设，最重要的是要落实最高人民法院 2016 年 6 月 22 日下发的《关于在中级人民法院设立清算与破产审判庭的工作方案》。根据该方案要求，在各直辖市至少要选择一个中级人民法院设立专门的清算与破产审判庭，省会城市和副省级城市中级人民法院要设立专门的清算与破产审判庭。我想强调的是，即使是根据方案要求应于今年 12 月月底之前设立清算与破产审判庭的中级人民法院，现在也应着手筹备，不能等到 12 月月底才开始筹备工作。根据方案应于今年 7 月月底前设立清算与破产审判庭的中级人民法院，还未落实此项工作的，现在更应抓紧落实。这是为开展破产审判工作提供组织保障的重要手段，也是落实中美元首杭州峰会中方成果清单的重要工作。此外，G20 杭州峰会结束以后我们还要继续设立清算与破产审判庭。这也是 G20 杭州峰会文件的要求。但这仅是人民法院破产审判机构和审判队伍专业化的开始。从长远来看，人民法院现有的破产审判机构远远不能适应破产审判工作的需要，还有大量潜在的破产案件没有到法院。我国每年有大量企业注册成立，但是破产重整、清算的企业非常少。市场主体只进不出，在市场经济中极少见到企业死亡，是很不正常的现象。国家工商总局今年已吊销了 20 多万家企业的营业执照。但企业被吊销营业执照后，只是不能开展营业活动，还未被注销，仍然具有民事主体资格。这些企业怎么办呢？可能其中有一部分企业通过自行清算办理了注销手续。但是还有相当多的企业需要通过强制清算和破产制度来实现出清。美国法院每年审理的

破产清算案件达到100多万件，当然美国有个人破产制度，而我国没有。除去个人破产，以美国法院审理的破产案件为参照，我国企业破产案件数量一年可能有几十万件。何况现在我国正处于经济下行时期，破产案件数量可能还会更多。在此情况下，各高级人民法院必须要统筹规划设立清算与破产审判庭的工作，不能止步不前，否则将落后于时代需求。

具体而言，经济发达省份要从长远出发，与工商行政管理部门等机构开展协作，摸清破产案件底数，谋划未来如何设置破产审判庭、开展破产审判队伍建设。凡事预则立，不预则废。江苏、浙江、广东三省的破产案件数量位列全国前三甲，占全国破产案件数的一半左右。这几个省的部分中级人民法院应当设立专门的清算与破产审判庭。包括山东在内的经济大省的企业多，相应死亡的企业也会多。这是很正常的经济现象。建立常态化的市场主体救治和退出机制后，企业发展会更加健康。待企业破产常态化、企业破产的社会意识形成后，企业死亡会影响地方官员政绩的观念会发生转变，职工安置等问题也不会成为问题。

六、要不断完善破产管理人制度，加强破产管理人队伍建设

破产管理人队伍建设是破产审判工作的重中之重。尤其是我们确定将救治"生病企业"作为人民法院的重要任务，破产管理人的作用就更加突显。破产管理人在甄别企业属于什么类型、寻找战略投资人、协调债权人和股东权益等工作中要发挥作用，其专业水平、谈判能力都非常重要。按照破产法规定，破产管理人主要由律师事务所、会计师事务所、破产清算事务所组成。其实破产管理人的构成中，律师、会计师等当然很重要，但是还需要有一些懂得企业经营管理、科学和技术的人才，以便判断引入的新技术是否有利于破产企业的发展。破产管理人队伍建设非常重要。各地应该在如何建设一支有利于开展破产重整工作的管理人队伍方面下工夫。我认为主要应从以下几方面入手：第一，破产管理人要逐渐走专业化道路。第二，对破产管理人的管理要规范化，要思考是否通过管理人协会来管理，法院与破产管理人的关系如何处理，如何选任破产管理人，管理人指定方式如何确定等问题。最高人民法院在探索和解决这些问题时要起到引领作用，各地人民法院也要勇于探索。这是破产工作的重中之重。第三，破产管理人工作程序要规范化的问题。第四，人民法院对破产管理人指导监督的规范化问题。

七、要大力推进破产审判信息化建设

此次中美元首杭州会晤中方成果清单专门提到，要运用信息化手段等方式推进破产法的实施。最高人民法院开展的全国企业破产重整案件信息网建设工作，于今年春节后开始启动，由最高人民法院民二庭和信息中心共同承担。今年8月1日，全国企业破产重整案件信息网正式开通。这是一个非常了不起的成就。现在是信息化时代，如何将信息化手段运用到破产审判工作中，是我们必须思考的问题。目前，全国企业破产重整案件信息网已建成"一网两平台"。"一网"是指面向全世界的全国企业破产重整案件信息互联网，该网已经上线。"两平台"是指全国企业破产重整案件法官工作平台和破产管理人工作平台。目前"一网两平台"还不是很完善，还需要在今后的工作中不断改进和完善。周强院长高度重视"一网两平台"建设，今年8月1日亲自到场剪彩，在G20杭州峰会结束后又多次要求推进"一网两平台"的深化应用。我也要求最高人民法院信息中心将这个网建设成全世界最好、最大、最强的破产信息网。之所以要建设破产信息网，一个最重要的原因是要通过破产信息网加大对债务人信息的披露力度，广泛吸引战略投资人，解决双方信息不对称问题，以提高企业破产重整成功率。希望全国各地法院要用好破产信息网络。对该信息网络存在的问题，要通过积极使用、及时发现、及时解决。可能破产信息网络现在使用起来还不方便，以后通过不断完善，使用起来会很方便。大家要齐心协力，把破产审判信息化建设搞上去。

八、要深入研究、及时解决破产案件审理中出现的新问题

目前破产案件审理过程中出现了很多新问题。其中较为突出的是"互联互保"问题。几天前，我曾与浙江、广东、江苏等地高级人民法院民事商事审判庭的庭长们联系，要求他们搜集资料，认真研究"互联互保"问题。我还不了解山东的情况如何。"联互保"问题对企业经营的危害一定要提前摸清情况，然后再思考应对之策。人民法院要以市场化为导向，救治陷入经营困难的企业。在处理金融和实业关系时，应以实业为主、金融为辅。如果实业发展不好，最终会影响金融业的发展。还有诸如税收问题、破产费用问题、破产与执行的衔接问题以及重整、清算、和解的程序衔接问题等，都需要深入研究，及时解决。破产审理部门和执行部门要协调配合，换位思考，齐心协力解决好相关问题。除上面我提出的问题之外，破产审判中还有很多问题，需要大家在司法实践中发现、分析，共同研究、积极解决。

九、要积极推进破产领域双边和多边交流

中美元首杭州会晤中方成果清单提出:"中美双方承诺最早从 2016 年开始,以论坛或互访等方式定期和不定期地就双方各自破产法的实施进行沟通和交流。"人民法院要积极落实中美元首这项共识。最高人民法院国际合作局要积极与美方取得联系,将通过各种渠道落实互访工作,拟出互访和交流计划、论坛计划,要吸引全国破产法官和执行法官、破产领域专家学者等社会人士参加。最高人民法院要牵好头。同时,各地人民法院,尤其是各高级人民法院要发挥自身优势,既要走出去,又要引进来。我们既要吸收国外破产法领域有益实践经验和优秀研究成果,不断改进和优化我国破产制度,也要向其他国家宣传和分享我们的经验和成果。

同志们,上述九个方面的工作是今后人民法院落实中美元首杭州会晤中方成果清单、加快建立和完善破产法律制度和机制的努力方向和工作重点。通过全国法院破产审判法官的不懈努力和各级党委和政府的大力支持,人民法院破产审判工作一定能再创佳绩。人民法院也要通过开展民商事司法审判工作对政府、企业等市场主体自主开展的兼并重组给予有力支持和司法服务。

在全国法院执转破工作视频会议上的讲话

最高人民法院审判委员会专职委员 杜万华

(2016 年 12 月 7 日)

同志们:

经最高人民法院党组批准,今天我们组织全国法院破产审判、执行等部门共同召开视频会议,部署执行案件移送破产审查有关工作。促使执行不能的企业法人依法转入破产程序,是最高人民法院党组深入贯彻党的十八大、十八届五中全会和中央经济工作会议精神,着力推进"五位一体"总体布局和"四个全面"战略布局的重大举措;是人民法院坚决服务和保障供给侧结构性改革、推动经济社会全面协调可持续发展的重要途径;也是依法维护市场主体合法权益,统筹解决企业破产难和民事案件执行难问题的有力抓手。下面,我结合执行案件移送破产审查工作实际情况,谈三点意见。

一、充分认识执行案件依法移送破产审查工作重要意义

改革开放三十多年来,我国从一个经济比较落后的国家,跃升为世界第二大经济体,取得了举世瞩目的成就,形成了中国特色社会主义市场经济基本格局。随着经济结构迈向更高层次和经济交易更加复杂,我们发现,企业法人丧失偿债能力时,单凭传统的审判执行方式难以满足各方主体权利诉求、难以修复业已中断的经济链条。我们认为,此时,需要在一般审判执行方式之外再辟蹊径,积极开拓解决企业问题的破产法律通道,运用破产方式解决相关矛盾纠纷。

在认识市场经济基本规则和人民法院审判执行规律基础上,我们开展执行案件移送破产审查工作,是一次重大的理论创新,也是一次必要和有益的司法实践。执转破工作总的精神是:执行法院发现被执行企业法人符合破产条件,经有关当事人同意后执行法院应当及时将企业移送破产程序,通过破产来化解相关矛盾纠纷。

(一)执转破工作是贯彻中央供给侧结构性改革部署,推动建立和完善市场主体救治和退出机制的需要

当前我国的经济正处于转型时期。中央提出的供给侧结构性改革,需要从企业这一重要的生产端入手,有效化解产能过剩,促进优化重组,提高企业供给对需求变化的适应性和灵活性,提升企业质效和产业层次。在推进供给侧结构性改革过程中,中央集中运用经济政策、金融政策、产业政策化解过剩产能、清理僵尸企业十分重要。今年9月3日,习近平主席与美国奥巴马总统在G20领导人杭州峰会会晤形成的成果清单中,强调建立和完善公正的破产制度和机制的重要性,强调要重视运用兼并重组、破产制度和机制依法解决产能过剩问题,就是落实供给侧结构性改革的重要体现。因此,充分发挥司法职能,将符合破产条件且整体执行不能的企业依法移送破产程序,建立健全市场主体救治和退出机制,成为人民法院服务党和国家工作大局的重要任务。

企业转入破产程序后,人民法院应当以市场化为导向,针对不同情况分别采取措施辨证施治。对那些虽丧失盈利能力和清偿能力但仍具有运营价值的企业,可以通过积极适用破产重整、破产和解手段,帮助企业改善经营、更新营业,实现企业更生和良性发展;对那些继续耗费社会资源、透支社会信用但缺乏运营价值的僵尸企业,必须促使它们尽快退出市场、释放生产要素。今年1~1月,工商行政机关已吊销了39.6万户企业的营业执照。吊销后这些企业只是不能开展营业活动,还未被注销。这些企业怎么办呢?其中有一部分企业通过自行清算办理了注销手续。但是还有相当多的企业需要通过强制清算和破产制度来实现出清。人民法院统筹适用破产重整、和解、清算程序,可以使债权人债权依法实现,企业职工安置和权益保障问题妥善解

决，长期以来僵固的企业资源得以盘活或退出，企业管理者或投资人的权利义务责任得以明确。破产制度既实现了化解产能过剩、提高资源配置效率进而恢复现有产业和企业发展动力的目标，又平衡了各方主体利益的矛盾，于国于民均是好事。

（二）执转破工作是完善司法工作机制，从制度上打通解决部分执行难问题"最后一公里"的需要

最高人民法院周强院长在今年全国人民代表大会上郑重承诺要用两到三年时间基本解决执行难问题。这是周强院长代表全国人民法院对党中央、全国人民作出的庄严承诺，是人民法院的神圣使命。党的十八大以来，在最高人民法院党组坚强领导下，在全国法院干警的共同努力下，人民法院采用信息化手段，建立失信被执行人名单等制度，执行工作取得长足发展，得到了社会各界的高度赞誉。在今后的工作中，要完成解决执行难问题的任务，除了应当继续加大信息化建设、进一步规范执行行为、完善各种相关配套的执行制度外，还应当从建立破产司法环节、完善民事商事司法机制入手，从制度上为解决执行难提供保障。目前，人民法院民事商事司法机制通常由立案、审判和执行三个环节构成。这一机制的不足在市场经济体制不完善时，在民事商事司法上反映尚不明显。但随着社会主义市场经济体制的完善，这一"三环节"机制的不足便逐渐暴露，并在一定程度上成为社会主义市场经济主体救治和退出制度的短板。当前，我国执行不能案件数占到未执行到位案件数的40%～50%，其中相当一部分案件是以企业为被执行人的案件。由于没有破产制度的保障，这部分案件大量沉淀下来，成为人民法院执行工作的隐患。如果破产制度真正落到实处，成为执行环节之后的独立司法环节。一个破产案件就可以消解若干执行案件。同时，这些执行案件进入破产程序后，对所有债权人进行公平清偿，还可以解决债权人在实践中不能受到公平对待的问题。破产程序结束后，这些债权债务关系归于消灭，执行案件也可以结案。现在各地法院都在想办法解决执行难问题。但如果不从落实破产制度下手，执行不能案件的执行难问题很难从制度上得到解决。尽管有些执行案件人民法院可以裁定终结本次执行，但是问题并未解决。目前最高人民法院已经起草了执行案件移送破产审查的司法指导意见，已由最高人民法院审委会讨论通过，很快将发布实施。当前，各级法院要统一思想，从解决执行难的高度认识开展破产审判工作的重要意义，要充分认识到，破产制度是并列于立案、审判、执行的重要司法环节。总之，开展执转破工作，切实构建"能够执行的依法执行，整体执行不能符合破产法定条件的依法破产"的良好工作局面，是人民法院遵循司法规律、完善司法工作机制、打通解决部分执行难问题"最后一公里"的现实需要，应当抓紧抓好。

(三)执转破工作是公平保护债权人和债务人合法权益,维护司法公正和司法公信力的需要

执行程序是实现债权人权利最直接的司法程序。债务人不履行生效法律文书确定的债务时,债权人往往会诉诸执行程序来实现债权。但是,当债务人财产不足以实现全部债权时,债权人间的权利冲突就可能显现,有的甚至出现地方保护主义,在不同地区、不同法院之间发生激烈冲突。为了实现债权人间公平清偿,1992年最高人民法院《关于适用〈中华人民共和国民事诉讼法〉若干问题的意见》规定了参与分配制度。在当时的背景下,这是一种正确的选择。但是,随着社会主义市场经济的发展,这种制度的弊端开始显现。一方面参与分配制度覆盖的债权人范围有限,另一方面也无法做到对债务人企业的财产主动清收,无法纠正和惩罚债务人企业有关人员的违法行为,无法为债务人企业提供化解内部矛盾、缓解债务压力、调整经营方案的机会,无法真正全面保护债权人利益。同时,它的制度效应和辐射效果很大程度上使企业破产程序难以实施。2015年制定的《最高人民法院关于适用〈中华人民共和国民事诉讼法〉的解释》(以下简称《民事诉讼法司法解释》)取消了企业法人为被执行人情形下的参与分配制度,通过引导适用破产程序打开了债权人权利全面保护的大门。

同时,将整体执行不能的符合破产条件的企业及时转入破产程序进行审查,也有利于依法平等保护债务人企业利益。商事登记制度改革后,2014年3月至2015年6月据统计平均每天新增企业1.08万户。从2001年以来,存活到五年的企业比例为68.9%,存活到九年的企业比例仅为49.6%,近一半企业的年龄在五年以下,不少企业成立两三年即经营乏力、债务缠身。相当一批企业采用民间高利贷、非法集资等"饮鸩止渴"方式来缓解负担、维系生计,或者企业主采用"跑路"方式弃企逃债。结果是企业承担更大负担和风险、陷入更大的困境,同时诱发诸多社会问题。上述企业,许多并不是市场淘汰的企业,而是出现困境的"生病"企业,如果通过破产重整、破产和解、辩证施治,是有可能重返市场的。因此,要探索如何有针对性地运用破产方式化解企业债务负担和经营风险,帮助有经营价值的企业再生,既能合理配置生产要素和社会资源,降低社会生产成本,实现经济效益最大化,又能防止大量社会矛盾发生和蔓延,维护社会和谐稳定。司法是企业合法权益的保护神,只有依法平等保护市场主体的合法权益,司法才有权威和公信力。

(四)执转破工作是解决破产程序启动难问题,践行正当法律程序的需要

当前,由于种种原因,法院受理的破产案件数量较少,2007年企业破产法实施以来至2015年,每年进入法院的企业破产案件数量仅为2000~3000余件,而同期工商行政机关每年吊销、注销的企业数量均为70~80万户。两相对比可以看出,破产程

序启动难问题十分突出,破产法律制度这一重要的市场主体救治和退出机制的功能远未充分发挥。破产程序启动难以成为严重制约企业依法破产和破产法律实施的瓶颈问题。这方面我们要下大力气解决。今年,最高人民法院采取了一系列措施,下发了若干文件,从法院内部着力补齐短板,向破产程序启动难全面开战。

通过不懈努力,我们在解决破产程序启动难方面有了一定成效。今年 1~10 月,全国法院受理企业破产案件 3463 件,比去年同期上升 29.9%;审结 2249 件,比去年同期上升 58.7%。我们的工作也受到社会各界高度评价。但是,仍应当清醒地认识到,破产程序启动难问题仍未得到根本解决,甚至在人民法院内部,破产案件立案难、受理难现象仍在相当程度上存在。将执行案件移送破产审查是定向消除破产程序启动难问题的又一有力举措。执行案件移送破产审查后,法院依法及时启动破产程序,可以有效运用破产清算方式淘汰劣质企业和落后产能,可以充分利用破产重整手段促进具有经营价值的企业开展兼并重组、实现规模经济效益,还可以通过公正高效的破产审判活动,解决困境企业长期以来累积的各类深层次矛盾,维护公平有序的市场秩序和优胜劣汰的竞争机制。从这个意义上讲,执转破工作是人民法院解决破产程序启动难顽疾、运用破产法治思维和法治方式促进国家治理体系和治理能力现代化的有效方式。

二、做好执行案件移送破产审查工作应当重点把握的几个问题

执转破涉及不同法院之间或者同一法院内部执行部门、立案部门、破产审判部门之间的配合、衔接和协调,程序繁琐,细节众多。为保障执转破工作顺利开展,这里,我着重就执转破过程中需要重点把握的几个问题谈谈意见。

(一)准确把握执转破的法定要件,确保执转破依法有序进行

执转破的条件,既是执行法院判断是否移送的标准,也是受移送法院审查移送是否合法合规、是否应裁定受理的标准。因此,在执转破过程中,无论是执行部门还是破产审判部门,都应该严格把握执转破的法定条件,减少程序转换的随意性,确保执转破依法有序高效进行。具体而言,执转破的要件应当包括三个:一是对象要件,二是破产原因要件,三是意思要件,三者缺一不可。

执转破的对象要件主要涉及执转破的适用范围。根据《民事诉讼法司法解释》第五百一十三条的规定,执转破应限于被执行人为企业法人的案件,自然人和企业法人以外的组织作为被执行人的案件不适用执转破。在破产原因要件方面,由于执转破只是破产案件的来源之一,与当事人自行申请破产时的要求并无差别,因此,在执行环节判断是否应将案件移送破产审查时,同样也要以《企业破产法》第二条的规定作

为依据。对于《企业破产法》第二条如何具体认定,《最高人民法院关于适用＜中华人民共和国企业破产法＞若干问题的规定(一)》中已经有所规定,执行法官在适用时,要结合执行环节所取得的相关证据加以具体化。一般而言,只要债务人经强制执行,没有财产或财产无法清偿全部债务,即可以认定为明显缺乏清偿能力,就符合破产原因,具备转出的实质要件。虽然执行环节判断是否应将案件转出的实质标准与受移送法院破产审查判断是否受理的标准完全一致,但由于二者是在不同的程序阶段、依据不同的证据分别做出的判断,因此在结论上可能会出现不一致的情况,即执行法院决定执转破,而受移送法院经审查裁定不受理,这完全正常。执转破的最后一个要件是意思要件,即执转破应经过被执行人明确表示同意,或者至少有一个申请执行人明确表示同意。之所以要求这一条件,是由于我国企业破产法规定破产程序启动采取当事人申请主义,以当事人具有启动意愿为前提。执转破也应具备当事人具有启动破产程序的意愿这一意思要件。当事人主动提出申请,无疑直接表明了其具有启动破产程序的意愿;在当事人未主动提出申请的情况下,经人民法院征询其意见,如当事人同意,也可以表明其具有启动破产程序的意愿。在被执行人或申请执行人均不同意移送的情况下,人民法院不能依职权主动启动执转破程序,而应按《民事诉讼法司法解释》第五百一十六条的规定处理,企业法人的其他已经取得执行依据的债权人申请参与分配的,人民法院不予支持。另外应注意的是,此处所说的当事人同意,仅限于明示书面同意。在当事人既不表示同意也不表示反对的情况下,不能采取默示推定认定其同意。

(二)合理确定执转破案件的管辖,促进司法资源恰当配置

执转破案件的管辖问题意义重大,直接关乎审判管理、审判任务配置、执转破的效率,影响破产审判专业化建设。对于执转破案件的地域管辖,仍然应当坚持破产案件的地域管辖原则,由被执行人住所地法院管辖。对于级别管辖,实务当中的认识并不一致。从普通破产案件的级别管辖来看,司法实践中一直是按照以往的司法解释,根据在不同级别的工商机关登记的债务人的不同,分别由基层人民法院和中级人民法院管辖。但目前无论是法院外部情况还是内部情况都发生了一些变化。

从外部情况看,随着企业登记制度的改革,企业工商登记权限在很多地方都已经下移,这直接影响到人民法院破产案件任务量的配置;从内部情况看,今年6月21日,最高人民法院经商中编办同意,制定下发了《关于在中级人民法院设立清算与破产审判庭的工作方案》,要求在全国部分中级人民法院设立破产审判庭,从机构和人员配备方面推进破产审判专业化。为适应上述情况的变化,执转破案件的级别管辖也应相应调整。当前,对执转破案件可以积极探索实行以中级人民法院管辖为原则、基层法院管辖为例外的级别管辖制度。将执转破案件主要交由中级人民法院审

理，一方面，与中级人民法院设立破产审判庭工作相契合配套，有利于保障中级人民法院的破产案件数量，提高中级人民法院破产审判人员的素质，促进破产审判专业化建设；另一方面，主要是考虑全国绝大多数基层法院没有专门的破产审判庭，破产审判人员也凤毛麟角，破产案件多由普通民事商事法官审理，在民商事案件级别管辖下移、案件量大幅增加的情况下，基层法院及其法官很难再有精力处理执转破案件。由中级人民法院审理执转破案件，有利于平衡案件压力，从中级人民法院层面上先行推进破产审判队伍专业化建设。广东、浙江、江苏等地区确有部分基层法院已经建立了专门的破产审判庭，破产审判人员专业水平也较高，具备审理破产案件的能力。对此，可以通过由省级人民法院指定管辖的方式，将执转破案件继续指定由相关基层法院审理。

（三）严格遵循执转破的流程，确保程序转换合法规范有序

从工作流程上看，执转破主要包括决定程序、移送程序、审查处理程序三个环节。执转破的决定程序主要规范执行法院内部如何做出执转破决定。为了防止执转破的随意性，执转破决定的做出应当经过承办人提出意见、合议庭评议、院领导审签的程序。执行法院做出执转破决定后，如何移送是核心环节。执行法院决定移送后，执行部门应先将案件移送到立案部门，由立案部门进行形式审查认定材料齐备后，再编制案号移送给破产审判部门。对于同一法院内部的执转破案件，移送程序相对简单，协调起来也比较容易。但对于不同法院之间的移送，则容易产生推诿扯皮等问题。为此，操作中要注意两点：一是移送决定应严格按上述程序审慎做出，不能随意决定移送；二是受移送法院对依法决定移送的案件不得拒绝接受。如其认为移送错误，可以按移送管辖的程序处理。为防止执转破的随意性，减少异地法院之间移送过程中的推诿扯皮现象，异地法院之间的执转破应坚持平行移送原则。即基层法院决定将执行案件移送异地中级人民法院时，应先将案件报其所在地中级人民法院审核同意，然后再由审核同意的中级人民法院将案件平行移送给异地的中级人民法院。受移送法院接收移送材料后，应根据《企业破产法》第十条的规定进行审查，并作出是否受理的裁定。受移送法院作出裁定后，应当在五日内送达申请执行人、被执行人，并送交执行法院。

（四）做好执转破程序中的配套工作，有效保护当事人的合法权益

执转破程序除涉及案件材料移送外，还包括许多配套程序。其中，最重要的是财产的交接管控程序。执行法院做出移送决定后，为了便于受移送法院审查有关材料，固定被执行人财产状况，在受移送法院裁定是否受理破产案件前，针对被执行人的执行程序均应中止。但是，对被执行人的季节性商品、鲜活、易腐烂变质以及其他

不宜长期保存的物品，执行法院应当及时变价处置，处置的价款不作分配。受移送法院裁定受理破产案件的，执行法院应当在收到裁定书之日起七日内，将该价款移交受理破产案件的法院。为防止案件移送后，被执行人的财产处于脱保状态，在受移送法院裁定受理破产案件之前，对被执行人的查封、扣押、冻结措施不解除。查封、扣押、冻结期限在破产审查期间届满的，申请执行人可以向执行法院申请延长期限，由执行法院负责办理。受移送法院裁定受理破产案件的，在执行程序中产生的评估费、公告费、保管费等执行费用，可以参照破产费用的规定，从债务人财产中随时清偿。执行法院收到受移送法院受理破产的裁定后，应当于七日内将已经划到账的银行存款、实际扣押的动产、有价证券等被执行人财产移交给破产案件的管理人。虽然企业破产法规定法院裁定受理破产申请的，应当同时指定管理人，但实践中往往受理与指定管理人并不完全同步，而是有一个时间差，此时执行法院移交的财产可以由受理破产案件的法院暂时保管。拍卖成交裁定已送达买受人的拍卖财产、以物抵债裁定已送达债权人的以物抵债财产，即便未办理变更登记手续或实际交付，所有权亦发生变动，不属于被执行人的财产，故无需移交。执行法院已完成转账、汇款、现金交付的执行款，也属于执行完毕的财产，同样不再移交。

三、做好执行案件依法移送破产审查工作的保障

各地法院目前正处于年终结案关键时期。经过慎重研究，最高人民法院在这个时候全面动员和部署执行案件移送破产审查工作，体现了对破产审判和执行工作的高度重视。各地法院要继续发挥苦干实干精神，有力保障执行案件依法顺利移送破产审查，充分运用破产手段服务供给侧结构性改革和执行难问题化解。各地法院一定要以大局为重，以全局为重，要敢于担当、勇于作为、敢闯敢干、令行禁止。

（一）要统一思想、提高认识，积极推进执行案件移送破产审查工作

各级法院党组、各地法院主要负责同志、各位法官一定要端正思想、提高认识、系统谋划、尽早行动，通过认真落实执行案件移送破产审查工作全力推进破产法治实践在中国大地落地生根、蓬勃发展。执行案件移送异地法院破产审查的，各地法院要有全局意识，切实树立全国一盘棋思维，坚决克服地方保护主义和部门保护主义。执行法院要严肃认真开展待移送案件审查工作，确保移送行为合法合理，既要避免当移不移，又要防止将不符合破产条件的企业法人随意移送破产审查。破产审查法院要切实克服畏难情绪，要坚决避免互相推诿和踢皮球。在移送工作中各地法院要融洽协商、相互补台、互通方便，依法做好材料移送、企业财产交接和维护、执行程序中

止、异地权利人的保护等工作，切忌相互拆台。执行法院与破产审查法院是同一法院的，法院党组应抓好法院内执行、破产审判、立案、审判管理等部门间工作衔接，坚决杜绝部门本位主义，确保案件移送顺畅、有序和高效。对移送过程中发生的违法违纪事件，各地法院及其上级法院应严厉查处。

（二）要坚持先易后难、循序渐进、逐步推开，讲求工作节奏，防止执行移送破产的案件大进大出

本次会议结束后，对符合《企业破产法》第二条规定的不能清偿到期债务且资不抵债或明显缺乏清偿能力的被执行企业法人的案件，各地法院要认真审查梳理，迅速确定待转案件。对待转案件，各地法院应当按照《民事诉讼法司法解释》第五百一十三条的规定，及时征求有关当事人意见，当事人同意移送破产审查的，法院应当启动移送工作。近期，应当重点将无经营资金、无营业场地、企业管理机构和人员下落不明的企业以及有关当事人申请尽快移送破产审查的企业的案件移送破产审查。各高级人民法院要切实担负起职责，统筹抓好当地的案件移送和转入工作，并将相关情况于明年二月底前报送最高人民法院。

（三）要坚持市场化、法治化导向，全面贯彻破产审判四项工作机制

在推动供给侧结构性改革过程中，人民法院要充分发挥企业破产审判职能，努力营造企业破产和市场主体产权平等保护的良好司法环境，坚持企业破产的市场化、法治化。今年二月在杭州召开的全国部分法院依法处置僵尸企业调研及工作座谈会上，我们提出了破产审判工作必须坚持的四项工作机制。实践证明，这四项工作机制是人民法院服务供给侧结构性改革、处置僵尸企业、实现市场出清的有力保障，在破产审判工作中必须始终坚持和遵循。一是要建立破产重整企业识别机制。通过精准识别企业是否具有运营价值和拯救希望，对能救治的企业及时救治，不能救治的企业依法出清。二是要建立企业破产工作统一协调机制。要建立党委领导下的政府和法院统一协调机制，由该协调机制来统筹国有资产保护、金融安全维护、职工安置和再就业保障、非公经济平等保护等工作，保障破产有序开展、稳妥推进。目前，有的地方法院尚未建立这项机制，应当加紧建立。三是要完善全国企业破产重整案件信息沟通交流机制。通过信息平台切实实现破产重整企业价值、提升破产案件审理的透明度和公信力、解决破产案件"受理难"、引导公众全面正确认识破产法制。四是要建立合法有序的利益衡平机制。依法处理好职工工资、国家税收、担保债权、普通债权的实现顺序和实现方式问题，妥善协调好战略投资人、股东、债权人之间的关系，审慎保护各方利益。

(四)要进一步提高破产审判专业化水平,提高企业破产审判工作质量

各地法院要按照最高人民法院《关于在中级人民法院设立清算与破产审判庭的工作方案》推进破产审判机构专业化建设,加强专门的破产审判法官队伍建设。目前还未落实相应任务的,现在必须加紧落实。其他法院的破产审判专业化建设,也要先行先试、持续迈进,不能等候观望、止步不前。移送破产审查的案件,转入法院已经成立专门清算与破产审判庭的,应当由清算与破产审判庭审查审理。没有成立专门审判庭的,民二庭或相应的破产审判部门必须成立专门的、固定的合议庭来审查审理。执转破案件、清算案件、破产案件较多的中级人民法院,要利用执转破的有利契机,向地方党委和编制主管部门提出建立专门的清算与破产审判庭的意见,推动破产审判机构和队伍专业化建设上一个新台阶,以补齐补好破产司法工作这块短板。要善于运用破产法律规则防范企业逃废债务,要落实和强化破产终结后的法律责任。发现涉及企业破产犯罪线索的,应当及时提供给有关机关。另一方面,要遵从规律、尊重客观,恰当考核破产审判绩效。破产案件审判难度大、事务杂、问题多,破产案件在工作量、工作性质、案件流程上应当区别于普通的民事商事案件。如果用普通民事商事案件标准来考核破产案件,法官和法院的工作绩效均无法客观反映出来。执行案件移送破产审查时间紧、任务重,各地法院应当对破产审判团队其他工作分流减压,激发审判团队对执行案件移送破产审查工作的积极性。今年底对破产审判法官、破产审判团队、破产审判部门以及下级法院进行绩效考评时,执行案件移送形成的破产案件不计入考核任务范围。明年,包括移送后形成的破产案件在内的所有企业破产案件,各地法院在进行绩效考评时原则上应当单独考核,不能再与普通案件同样考核。尤其要彻底摒弃将一件破产案件作为一件普通案件来考核的做法。同时,各地法院要结合实际建立合理的破产案件绩效考核标准。总之,在破产审判中要坚持和推进审判机构专门化、审判队伍专业化、审判程序规范化、考核机制科学化。今后对破产审判工作的考核,各级法院应当将这"四化"作为标准,务必抓紧抓实抓好。

(五)要全面推进破产审判工作信息化,以公开促公正、以公开促效率,以公开促规范

最高人民法院"全国企业破产重整案件信息网"今年8月1日上线运行以来,各地法院已开始以信息网为依托推进破产审判信息化。但总体上,破产审判工作信息化意识和水平还需要进一步提升,信息网强大功能尚待进一步发挥。下一步,我们将大力发挥信息网功能,进一步推动破产审判工作信息化。通过破产行为全程公开、步步留痕,切实避免违法处置企业破产事务,实现以公开促公正;通过全面公布破产企业信息,将企业价值、投资信息在更广阔的市场展现,力促资本、技术、管理能力等

要素在全国乃至全球范围内自由流动和有效配置，最大程度实现中国企业价值，实现以公开促效率；通过践行破产正当法律程序平衡各方利益诉求、实现以公开促规范。执行案件移送破产审查中，要树立线上线下法律程序同步化观念，要习惯、坚持并引导各方充分运用信息网服务市场、规范审判、方便群众。执行法院在将案件移送破产审查时，应按照破产审查立案要求准备相应材料电子版，通过信息网中的法官工作平台提出移送破产案件立案申请并按有关要求填充相应信息，然后再将立案申请发送至破产审查法院审查。破产审查法院立案部门对立案申请登记编号后移送破产审判部门，破产审判部门及时作出受理与否的裁定，案件由此进入破产流程。在执行案件移送破产审查方面，最高人民法院民二庭将按照前期下发的《关于建立破产案件审判信息通报相关制度的通知》要求，采取有效措施督促破产审判工作信息化相关任务的落实。上级法院一定要善于运用信息网各个平台的数据统计、数据检索等功能，分析研判下级法院破产案件情况，及时发现新情况新问题，积极采取有针对性措施加以指导。

（六）要建立健全破产费用保障机制，切实避免执行难变异为破产难

执行不能的案件移送破产审查后，相当一批企业可能已没有资产或者资产已不足以抵偿破产费用，此时审理破产案件的法院要做好破产费用保障工作，确保通过破产清算程序彻底了结企业债务纠纷，实现市场出清。尤其要避免企业因不能支付破产费用而无法继续进行破产程序进而执行难变异为破产难。目前，对移送破产后确无破产财产的企业，在破产费用方面应当分类解决：对破产案件的诉讼费用，原则上法院可依法依规予以减免；对包括管理人报酬在内的其他破产费用，各地法院应结合实际采取鼓励利害关系人垫付费用、从其他破产案件管理人报酬中提取一定比例解决破产费用、建立管理人报酬保障资金等措施来解决。继广东深圳、浙江温州等地中级人民法院协调当地政府建立专项破产费用保障资金后，今年越来越多的地方法院协调政府建立了破产费用保障机制。最近四川省高级人民法院协调省级财政注资五百万元建立了省内破产管理人援助基金，实行专户管理。这对开展破产审理是一个有力促进，实践中效果也较好，各地应当汲取经验。

同志们，执行案件移送破产审查工作事关社会主义市场主体救治和退出机制的完善，事关供给侧结构性改革能否取得预期成果，影响重大、意义深远。今天最高人民法院全面铺开这项工作，各级法院要强化大局意识、责任意识、看齐意识，要依法积极稳妥开展各项工作。上级法院要针对执行案件移送破产审查工作特点，依法依规采取审级监督、审判管理、组织监督、纪律监督等综合手段，加强督促指导，保障有关工作顺利进行。同志们，执行案件移送破产审查是绵绵用力、久久为功的系统工

程。今天的会议既是一次动员会,也是一次工作部署会,各地法院要在党委坚强领导下切实发挥首创精神,勇于探索,切实完善体制机制,积极总结新成果、新经验,不断探索破产实践发展和执行难问题解决的新途径、新手段,为经济社会持续健康发展和社会和谐稳定营造良好司法环境。

六、地方规范性文件

浙江省高级人民法院关于规范企业破产案件管理人工作若干问题的意见

2013年2月20日　　　　　　　　　　　　　浙高法〔2013〕38号

为公平、公正和高效审理企业破产案件,依法保护债权人、债务人和其他利害关系人的合法权益,确保企业破产案件管理人勤勉尽责,忠实履职,进一步推进我省市场化导向企业破产审判工作,根据《中华人民共和国企业破产法》、最高人民法院《关于审理企业破产案件指定管理人的规定》和《关于审理企业破产案件确定管理人报酬的规定》,结合我省企业破产案件审判实际,就规范企业破产案件管理人工作提出以下意见:

第一条　(管理人名册的编制)省高级人民法院依法组成评审委员会,分别编制社会中介机构管理人名册和个人管理人名册。

申请编入个人管理人名册的个人,必须符合《企业破产法》和最高人民法院《关于审理企业破产案件指定管理人的规定》(以下简称《破产管理人规定》)的相关要求,担任所在社会中介机构管理人团队的负责人并承担过有影响的企业破产案件的管理人工作。

管理人名册应注明管理人所属的中级人民法院辖区。

适时开展从律师事务所、会计师事务所之外的破产清算事务所等其他社会中介机构中编制管理人名册的工作。

第二条　(管理人动态管理机制的原则要求)省高级人民法院司法鉴定处商民二

庭等部门指导、监督和负责管理人动态管理的相关工作；民二庭指导、监督和协调下级法院审理企业破产案件中涉及管理人工作的相关问题；监察室负责实施管理人制度中涉及人民法院廉政建设的相关工作。

各中级人民法院司法鉴定处商商事审判庭等部门指导、监督和负责辖区内管理人的动态管理工作，依法办理指定管理人等相关工作。

省高级人民法院相关部门与省律师协会、省注册会计师协会等社会中介机构行业协会建立管理人动态管理工作的会商机制。

管理人动态管理的规范性文件、编制管理人名册、指定管理人（包括管理人回避、辞职和更换）等事项，应在人民法院和相关行业协会门户网站或其他媒体上公布。

第三条 （分级建立管理人履职资料库）省高级人民法院协调、指导各中级人民法院建立辖区管理人履职资料库，统一管理、使用上述资料库，并在此基础上，选择工作业绩突出的社会中介机构管理人建立省级管理人履职资料库。

列入省级管理人履职资料库的管理人，可以跨中级人民法院辖区参与重大疑难企业破产案件管理人的竞争。

社会中介机构管理人团队的建设情况报告、对管理人履职实效的嘉奖和其他社会评价证明材料、个案中债权人会议对管理人工作的评价意见、人民法院对管理人监督重整计划执行等履职情况的评价意见、管理人定期提交的《履职报告》和参加管理人业务培训的证明材料是管理人履职资料库的重要内容。

省高级人民法院以管理人履职资料库为重要依据，结合管理人的履职情况，逐步建立管理人名册和省级履职资料库的动态调整机制。

第四条 （个案中对管理人履职情况的评价）企业破产程序终结前，管理人应向债权人会议（或债权人委员会，下同）述职，由债权人会议对管理人履职情况提出评价意见。

企业破产重整案件重整计划监督期届满时，管理人应向法院提交监督报告，全面、客观反映其监督重整计划执行的履职情况。人民法院综合重整计划执行情况、管理人监督报告并听取债权人代表、债务人及新出资人等利害关系人的意见，对管理人的履职情况作出评价。

受理企业破产案件的审判业务庭应将债权人会议和人民法院对管理人履职情况的评价意见向管理人反馈，并将评价意见留存管理人履职资料库。

第五条 （管理人提交《履职报告》）管理人应在每年三月底之前向所在辖区的中级人民法院提交上一年度的《履职报告》，《履职报告》应包括以下内容：

（1）管理人机构合并、分立情况；

（2）管理人工作团队建设情况；

（3）参加企业破产法制宣传的情况；

（4）担任管理人的情况，包括：案件名称和概况、收取管理人报酬、交纳管理人报酬援助资金、执行管理人自行回避制度、管理人工作的显著业绩及受到嘉奖和相关社会评价的情况；

（5）管理人履职过程中遇到的法律、政策适用的疑难问题及解决问题的建议；

（6）法院工作人员在指定管理人、审理企业破产案件中遵守廉政纪律的情况；

（7）其他需要报告的情况。

审理企业破产案件的人民法院和上级法院相关部门根据工作需要，可以要求管理人提交特定事项的情况报告。

第六条 （管理人培训）省高级人民法院会商省律师协会、省注册会计师协会等行业协会建立管理人定期业务培训制度。

第七条 （管理人类型及社会中介机构管理人作为清算组成员的指定）管理人原则上应由列入管理人名册的社会中介机构和个人担任。

依法且确有必要指定清算组为管理人的，清算组中的社会中介机构必须是中级人民法院辖区管理人名册的现行在册机构。

债务人企业进入破产程序之前，应根据《企业破产法》《破产管理人规定》和本意见的要求，由中级人民法院开展以随机方式或竞争方式产生社会中介机构清算组成员的相关工作。

第八条 （管理人指定方式的原则要求）基层人民法院管辖（包括上级人民法院指定管辖）的企业破产案件，可以采用轮候、抽签、摇号等随机方式产生管理人。

符合《破产管理人规定》第二十一条规定的企业破产案件、中级人民法院管辖的企业破产案件和基层人民法院管辖的在当地有重大影响的企业破产案件，采用竞争方式产生管理人。

基层人民法院管辖的其他破产案件，根据需要也可以采用竞争方式产生管理人。

受理企业破产申请的审判业务庭根据实际情况，对管理人形式（包括社会中介机构管理人、个人管理人和清算组管理人等）、管理人产生方式（包括随机方式、竞争方式）提出建议，经该院领导同意后，由中级人民法院司法鉴定处具体实施。

中级人民法院司法鉴定处、审判业务庭和监察室共同制定通过随机方式、竞争方式确定管理人的工作规程，报省高级人民法院备案并向社会公布。

第九条 （随机方式产生管理人）适用随机方式产生管理人的，应从中级人民法院的辖区管理人名册中产生管理人。

事实清楚、债权债务关系简单、债务人财产相对集中的企业破产案件，以及已知的债务人财产可能不足以支付管理人报酬和管理人执行职务费用的企业破产案件，中级人民法院可以根据基层人民法院的建议，在后者辖区或临近县（县级市和区）域的在册社会中介机构和个人中通过随机方式产生管理人。

第十条 （竞争方式产生管理人）适用竞争方式产生管理人的，由中级人民法院相关领导召集司法鉴定处、审判业务庭、监察室人员组成不少于7人的评审委员会（基层人民法院受理的企业破产案件，评审委员会应包括1至2名基层人民法院的院领导），在中级人民法院辖区及省级管理人名册中通过竞争方式产生管理人。参与竞争的社会中介机构不得少于5家。

中级人民法院制定以竞争方式产生管理人的具体工作方案，实施前需报省高级人民法院备案。

第十一条 （临时管理人的指定）因情况紧急，办理指定管理人手续可能影响企业破产案件依法及时受理的，且债务人企业已经组成符合《破产管理人规定》第十八条、第十九条规定的清算组的，受理企业破产案件的人民法院可以指定该清算组为临时管理人，承担人民法院指定范围内的管理人职责。

第一次债权人会议召开前，重要债权人向人民法院建议由临时管理人正式履行管理人职责的，人民法院应结合清算组的临时履职情况，决定启动管理人的指定工作，或将是否由清算组正式履行管理人职责的议案提请第一次债权人会议表决。第一次债权人会议表决同意清算组正式履行管理人职责的，经人民法院确认后，不再启动管理人指定程序，但应将确定管理人的情况报上级法院司法鉴定处备案。

临时管理人中的社会中介机构在破产程序前介入债务人企业风险处置和庭外和解谈判，出现违反法律和职业准则、损害债权人合法权益行为的，人民法院应及时停止其履职活动。

第十二条 （接受推荐方式产生管理人）除《破产管理人规定》第二十二条规定的情形外，人民法院不得采用接受推荐方式产生中介机构管理人。

第十三条 （联合管理人的指定）受理企业破产申请案件的人民法院，可以根据案件情况并听取主要债权人的意见，决定通过随机方式或竞争方式产生联合管理人。

联合管理人可以由律师事务所之间、会计师事务所之间或律师事务所、会计师事务所和个人管理人相互之间组成，联合管理人之间因履职行为对外承担连带责任。

社会中介机构管理人和个人管理人也可以以联合管理人的形式参加随机方式产生管理人的挑选和竞争方式产生管理人的竞争，但个人管理人不得与所在社会中介机构组成联合管理人。

新编入管理人名册的社会中介机构第一次申请参加随机方式产生管理人的挑选或竞争方式产生管理人的竞争，受理企业破产申请的人民法院可以要求其与已列入管理人名册并有管理人执业经验的社会中介机构联合接受挑选或参与竞争。

联合管理人被指定后,经协商产生联合管理人组长。

第十四条 (简易清算组)对于基层人民法院受理的事实清楚、债权债务关系简单、债务人财产相对集中的企业破产案件,以及债务人财产可能不足以支付管理人报酬和管理人执行职务费用的企业破产案件,债权人在提出破产申请时承诺自行承担清算组费用,审判业务庭报请分管院长同意后,可以债权人推荐的名单为基础确定清算组成员并指定清算组为管理人。

第十五条 (管理人的更换)根据《破产管理人规定》更换管理人的,已有依照法定程序产生的备选管理人的,由备选管理人担任管理人,无备选管理人的,债权人会议应就新管理人的产生方式形成决议。

审判业务庭认为前款中的债权人会议决议违法或者难以执行,需要由人民法院依职权启动管理人更换程序的,应提出产生新管理人的形式、指定方案以及符合案件特点的具体意见,经该院领导同意后,由中级人民法院启动管理人更换程序。

第十六条 (管理人的回避和重新指定管理人)指定的管理人(包括中介机构、个人管理人和清算组)与本案有《破产管理人规定》第二十三条、第二十四条规定情形的利害关系的,必须依法主动回避。受理企业破产案件的人民法院结合债权人会议的意见启动重新指定管理人程序。

第十七条 (对管理人履职的指导、监督)管理人根据《企业破产法》的规定勤勉尽责,忠实履职。人民法院依法支持、指导、监督管理人履行职责,协调管理人履职中的相关问题。

管理人应结合行业协会制定的管理人工作指引规范,制定履职的规范要求和具体企业破产案件中的相关制度。

第十八条 (管理人报酬的确定)受理企业破产案件的人民法院领导召集审判业务庭、司法鉴定处(对外委托部门)和监察室相关负责人,根据最高人民法院《关于审理企业破产案件确定管理人报酬的规定》等规定,依法初步确定、调整和确定管理人报酬方案和审查支付管理人报酬。

依法初步确定、调整和确定管理人报酬方案,应充分尊重债权人会议的知情、监督和表决权利,并听取管理人的意见。

经债权人会议或债权人会议授权的债权人委员会与管理人自愿协商合理确定的管理人报酬方案,人民法院应予认可。

第十九条 (企业破产重整案件中管理人报酬确定的特殊情形)经人民法院征询主要债权人同意或债权人会议决议,人民法院可以同意由债权人会议主持债务人企业重整的相关事宜,或委托金融资产管理公司和其他相关经营机构负责债务人企业重整的相关事宜。

前款情形下，管理人报酬应据实合理确定和支付。管理人是否管理债务人财产和营业事务、是否对引进战略投资者和制定重整计划草案具有实质性贡献以及是否依法履行监督重整计划执行的职责，是确定管理人报酬标准的重要因素。

第二十条 （金融资产管理公司、社会中介机构参加清算组工作的报酬）金融资产管理公司和依法指定的、编入管理人名册的社会中介机构作为清算组成员参加管理人工作，其工作报酬由受理企业破产案件的人民法院根据本《意见》第十八条的要求确定。

第二十一条 （已知的债务人财产可能不足以支付管理人报酬和管理人执行职务费用的企业破产推进）企业破产案件受理以后，发现债务人财产不足以支付管理人报酬和管理人执行职务费用的，如债权人、管理人和其他利害关系人愿意承担或垫付管理人报酬和管理人执行职务费用的，人民法院可予准许，依法推进企业破产进程。

前款情形的企业破产案件，可以从财政部门依法成立的管理人报酬保障资金和当地律师协会、注册会计师协会经依法批准设立的管理人报酬援助资金中提取部分款项，用于支付管理人报酬。

各中级人民法院按照最高人民法院的要求和省高级人民法院的部署，协调当地财政部门成立管理人报酬保障资金，会商当地律师协会、注册会计师协会建立管理人报酬援助资金。

使用管理人报酬保障资金和管理人报酬援助资金支付管理人报酬，应在听取债权人会议意见后，由受理企业破产案件人民法院的院领导召集审判业务庭、司法鉴定处和监察室负责人研究确定具体方案。

第二十二条 （管理人报酬支付的特定方式）企业破产程序终结前，债务人财产不足以支付管理人报酬和管理人执行职务费用的，经债权人会议确认，可以将债权人对债务人未知财产的追索权以及对公司股东、董事、实际控制人等相关责任人的民事请求权全部或部分转让给管理人，以折抵应予支付的管理人报酬和管理人执行职务费用。

按照前述请求权转让方式折抵管理人报酬和管理人执行职务费用的，债权人应审查管理人的勤勉尽责情况，并向管理人释明请求权不能实现的风险。

第二十三条 （《意见》适用的时间）本意见自发布之日起施行，法律、司法解释有新的规定的，适用法律、司法解释的规定。

北京市高级人民法院
企业破产案件审理规程

2013年7月22日　　　　　　　　京高法发〔2013〕242号

为公平公正审理企业破产案件，进一步规范破产案件审判工作，根据《中华人民共和国企业破产法》(以下简称企业破产法)、《中华人民共和国民事诉讼法》、国务院《证券公司风险处置条例》、最高人民法院《关于审理企业破产案件指定管理人的规定》《关于审理企业破产案件确定管理人报酬的规定》《关于〈企业破产法〉施行时尚未审结的企业破产案件适用法律若干问题的规定》《关于适用〈企业破产法〉若干问题的规定（一）》等法律、行政法规和司法解释，结合我市破产案件审判工作的实践，制定本规程。

第一章　申请和受理

第一节　破产申请的受理审查事项

一、管辖问题审查

1.（地域管辖）破产案件由债务人住所地人民法院管辖。债务人住所地指债务人的主要办事机构所在地。债务人主要办事机构所在地难以确定的，由债务人注册登记地人民法院管辖。

2.（级别管辖）基层人民法院管辖县、区级工商行政管理机关核准登记企业的破产案件。

中级人民法院管辖市级以上工商行政管理机关核准登记企业的破产案件。

纳入国家计划调整的企业破产案件，由中级人民法院管辖。

金融机构、上市公司破产案件，由中级人民法院管辖。

3.（管辖权异议）债权人提出破产申请，债务人对法院管辖权有异议的，应当依据企业破产法第十条第一款的规定，自收到人民法院的通知之日起七日内向人民法院提出。

4.（管辖调整）中级人民法院对其管辖的企业规模较小、债权债务关系简单的破产案件,可交由该企业住所地的基层人民法院审理,但应当报请高级人民法院批准。

下级人民法院对其管辖的破产案件,认为需要由上级人民法院审理的,可以报请上级人民法院审理。

二、债务人破产能力审查

5.(破产能力的一般规定)被申请破产的企业应具有企业法人资格。

实缴出资情况即出资是否到位不影响企业法人的破产能力。

6.(企业法人以外的组织的破产能力问题)其他法律规定企业法人以外的组织的清算,属于破产清算的,参照适用企业破产法规定的程序。目前,合伙企业、民办学校、农民专业合作社、个人独资企业可参照适用破产清算程序。

7.(独立法人单独破产原则及例外)债务人投资的全资公司、控股的公司等具有独立法人资格的关联企业不能清偿到期债务,需要进行破产还债的,原则上应当分别提出破产申请。

关联企业不当利用关联关系,导致关联企业成员之间法人人格高度混同,损害债权人公平受偿利益的,关联企业成员、关联企业成员的债权人、关联企业成员的清算义务人、已经进入破产程序的关联企业成员的管理人,可以向人民法院提出对关联企业进行合并破产的申请。

三、债权人申请人资格审查

8.(债权人申请破产的积极条件)债权符合下列情形的,债权人可以向人民法院申请债务人破产:

(1)债权为具有金钱或财产给付内容的到期债权;

(2)债权合法、有效,且未超过诉讼时效或者申请执行时效。

9.(职工的申请权)债务人出现企业破产法第二条规定的情形,经职工代表大会或者全体职工三分之二以上多数同意,债务人职工可以以企业破产法第一百一十三条第一款第(一)项规定的债权申请债务人破产清算。

10.(税务机关、社会保险费管理部门的申请权)债务人出现企业破产法第二条规定的情形,欠缴税款、企业应缴部分社会保险费用(不包括滞纳金、罚款)的,税务机关、社会保险费用管理部门可以向人民法院申请债务人破产清算。

四、破产申请书和有关证据材料审查

11.(不同破产程序的申请主体)债务人可以申请本企业破产清算、和解或者重整。

债权人可以申请债务人破产清算或者重整。

对企业依法负有清算责任的人可以申请清算中法人破产清算。

12.（申请人应当明确所申请的具体破产程序）申请人向人民法院申请债务人破产，未明确具体破产程序的，人民法院应当告知申请人根据企业破产法第七条之规定，择一提出重整、和解或者破产清算的申请。

人民法院受理案件之前又有其他申请人提出不同类型的破产申请的，人民法院应当召开听证会，组织各申请人协商确定具体的破产程序。协商不成的，人民法院应当根据债务人的实际情况，依法受理相应的破产申请。

召开听证会的时间不计入受理期限。

13.（破产申请书）向人民法院提出破产申请，应当提交破产申请书。

破产申请书应当载明下列事项：

（1）申请人、被申请人的基本情况，包括：名称或姓名、住所地、法定代表人姓名及职务。申请人为债务人时，只需列出申请人的基本情况；

（2）申请目的，即申请重整、和解还是破产清算；

（3）申请的事实和理由，主要指债务人有企业破产法第二条规定的情形；

（4）人民法院认为应当载明的其他事项，主要指特殊主体破产申请中的特别事项，如金融机构申请破产的，申请书中还应载明主管机关的批准文件、个人债务的兑付情况、证券类资产的处置情况等。

14.（债务人申请破产时应当提交的材料）债务人申请破产，除应当提交破产申请书以外，还应当向人民法院提交下列材料：

（1）债务人主体资格证明，即工商行政管理机关颁发的企业法人营业执照，及债务人最近一个年度的工商年检材料；

（2）债务人股东会或股东大会、董事会（外商投资企业）、职工股东大会或者其他依法履行出资义务的人同意申请破产的文件；

债务人为国有独资企业、国有独资公司的，还应当提交对债务人履行出资人职责的机构同意申请破产的文件；

（3）债务人法定代表人或者主要负责人名单、联系方式，及债务人董事、监事、高级管理人员和其他管理部门负责人名单、联系方式；

（4）财产状况说明，包括有形资产、无形资产、对外投资情况、资金账户情况等；

（5）债务清册，列明债权人名称、住所、联系方式、债权数额、有无担保、债权形成时间和被催讨情况；

（6）债权清册，列明债务人的债务人名称、住所、联系方式、债务数额、有无担保、债务形成时间和催讨偿还情况；

（7）有关财务会计报告；

（8）债务人涉及的诉讼、仲裁、执行情况；

（9）企业职工情况和安置预案，列明债务人解除职工劳动关系后依法对职工的补偿方案；债务人为国家出资企业的，职工安置预案应列明拟安置职工基本情况、安置障碍及主要解决方案等。职工安置预案报对债务人履行出资人职责的机构备案；

（10）职工、高管人员工资的支付和社会保险费用、住房公积金的缴纳情况；

（11）债务人为国家出资企业的，应提交企业工会或职工代表大会对企业申请破产的意见；

（12）债务人申请重整的，应提交重整的必要性和可行性评估材料；

（13）债务人申请和解的，应提交和解协议草案。

15.（债权人申请破产时应当提交的材料）债权人申请债务人破产，除应当提交破产申请书以外，还应当向人民法院提交下列材料：

（1）债权人及债务人的主体资格证明；

（2）债权发生的事实及债权性质、数额、有无担保，并附证据；

（3）债务人不能清偿到期债务的证据；

（4）申请债务人重整的，应提交重整的必要性和可行性评估报告。

16.（清算责任人申请债务人破产清算时应当提交的材料）清算责任人申请债务人破产清算，除应当提交破产申请书以外，还应当向人民法院提交下列材料：

（1）债务人主体资格证明；

（2）清算责任人的基本情况或者清算组成立的文件；

（3）债务人解散的证明材料；

（4）债务人未清算的，债务人资产不足以清偿全部债务的财务报告；

（5）债务人经过清算的，债务人资产不足以清偿全部债务的清算报告；

（6）债务清册，列明债权人名称、住所、联系方式、债权数额、有无担保、债权形成时间和被催讨情况；

（7）债权清册，列明债务人的债务人名称、住所、联系方式、债务数额、有无担保、债务形成时间和催讨偿还情况；

（8）债务人涉及的诉讼、仲裁、执行情况；

（9）企业职工情况和安置预案，列明债务人解除职工劳动关系后依法对职工的补偿方案；债务人为国家出资企业的，职工安置预案应列明拟安置职工基本情况、安置障碍及主要解决方案等。职工安置预案报对债务人履行出资人职责的机构备案；

（10）职工、高管人员工资的支付和社会保险费用、住房公积金的缴纳情况。

17.（更正、补充材料）申请人向人民法院提出破产申请，应当按企业破产法及本规程的规定提交破产申请书和申请材料。申请人提交的材料不符合规定的，人民法院应当自收到破产申请之日起五日内告知申请人需要更正、补充的材料，并指定提交期限。

申请人更正、补充有关申请材料的时间，不计入企业破产法第十条规定的人民法院对破产申请的受理审查期限。

申请人未在人民法院指定的期限内更正、补充材料的，人民法院不予受理其申请。

五、破产原因审查

18.（破产原因）债务人具有下列情形之一的，为发生破产原因：

（1）不能清偿到期债务，并且资产不足以清偿全部债务；

（2）不能清偿到期债务，并且明显缺乏清偿能力。

对债务人具备破产原因的判断，不以对其债务负有连带责任的主体也丧失清偿能力为条件。

19.（"不能清偿到期债务"的认定）"不能清偿到期债务"是指同时满足下列条件：

（1）债权债务关系依法成立；

（2）债务履行期限已经届满；

（3）债务人未完全清偿债务。

20.（"资产不足以清偿全部债务"的认定）债务人的资产负债表，或者审计报告、资产评估报告等显示其全部资产不足以偿付全部负债的，人民法院应当认定债务人"资产不足以清偿全部债务"。但有相反证据足以证明债务人资产能够偿付全部负债的除外。

21.（"明显缺乏清偿能力"的认定）债务人账面资产虽大于负债，但存在下列情形之一的，人民法院应当认定其"明显缺乏清偿能力"：

（1）因资金严重不足或者财产不能变现等原因，无法清偿债务；

（2）法定代表人下落不明且无其他人员负责管理财产，无法清偿债务；

（3）经人民法院强制执行，仍不能清偿生效法律文书确定的债务；

（4）长期亏损且经营扭亏困难，无法清偿债务；

（5）导致债务人丧失清偿能力的其他情形。

人民法院裁定"终结本次执行程序"的，亦属于强制执行后不能履行的情形。

22.（债务人提出破产申请时关于破产原因的举证责任）

债务人自行申请破产的，应当提交其不能清偿到期债务，并且资产不足以清偿全部债务或者明显缺乏清偿能力的相关证据。

23.（债权人提出破产申请时关于破产原因的举证责任）

债权人申请债务人破产的，应当提交债务人不能清偿到期债务的相关证据。

24.（清算责任人提出破产申请时关于破产原因的举证责任）债务人已解散但未清算或者未清算完毕，依法负有清算责任的人申请债务人破产的，应当提交债务人"资不抵债"的相关证据。

六、受理审查中的几种特殊情况

25.（借用外国政府和国际金融机构贷款或转贷款）自2007年6月1日起，借用国际金融组织和外国政府贷款或转贷款的有关企业申请或者被申请破产的，人民法院应依照企业破产法的有关规定依法受理。

上述企业在2007年6月1日之前已签署转贷协议但偿还任务尚未落实的，暂不受理其破产申请，也暂不受理债权人申请其破产的案件。

26.（撤回申请）人民法院受理破产申请前，申请人可以请求撤回申请。人民法院应于收到请求之日起七日内做出是否准许撤回申请的裁定，并送达申请人和被申请人。

人民法院准许申请人撤回破产申请的，破产申请撤回前已经发生的费用由申请人负担。

27.（债务人下落不明或财产状况不清不构成受理障碍）

债权人对人员下落不明或者财产状况不清的债务人申请破产清算，符合企业破产法规定的，人民法院应依法予以受理。债务人能否依据企业破产法第十一条第二款的规定向人民法院提交财产状况说明、债权债务清册等相关材料，并不影响对债权人申请的受理。

28.（惟一债权人不影响受理）人民法院审查破产申请时，根据债权人和债务人提供的材料，仅能确定一个适格债权人的，不得因债权人仅为一人而裁定不予受理。

第二节 破产申请的审查受理程序

29.（分工及案号）破产案件的立案工作由人民法院立案庭与负责审理破产案件的审判庭共同完成。审判庭负责破产申请的审查工作，立案庭负责案件立案的程序工作。

立案庭收到破产申请人提交的破产申请书和相关材料后，经形式审查，符合本规程第13条、14条、15条、16条规定的，应立案号，案号为"（××××）×破（预）字第×号"。之后，立案庭应将申请人提交的申请等有关材料移交审理破产案件的审判庭审查，并由审判庭依法作出是否受理破产申请的裁定。

破产申请受理前人民法院制作的各类法律文书，以及审判业务庭作出的不予受理或受理民事裁定书，均按前款规定确定文号。

审判业务庭裁定受理破产申请后，立案庭应以"（××××）×破字第×号"确定案号。

30.（破产程序中的文书应编排序号）人民法院在审理一个破产案件中作出的各类文书应编排序号。如：民事裁定书应当分别以"（××××）×破字第×-1号"民事裁定书、"（××××）×破字第×-2号"民事裁定书、"（××××）×破字第×-3号"民事裁定书……依次编号；决定书应当分别以"（××××）×破字第×-1号"决定书、"（××××）×破字第×-2号"决定书、"（××××）×破字第×-3号"决定书……依次编号，等等。

31.（破产案件的审判组织形式）人民法院审查受理破产申请以及审理破产案件，应当组成合议庭。

32.（受理审查期间）债权人、对企业依法负有清算责任的人提出破产申请的，人民法院应当自立案号（"破预字"）之日起五日内通知债务人。债务人对申请有异议的，应当自收到人民法院通知之日起七日内向人民法院提出。人民法院应当自异议期满之日起十日内裁定是否受理。

除前款规定的情形外，人民法院应当自立案号（"破预字"）之日起十五日内裁定是否受理。

有特殊情况需要延长前两款规定的裁定受理期限的，经上一级人民法院批准，可以延长十五日。

33.（债权人、清算责任人申请时破产申请书的送达）债权人、对债务人依法负有清算责任的人提出破产申请的，人民法院应当在通知债务人的同时，向债务人送达破产申请书及申请材料的副本。

上述送达不适用公告送达方式，即使债务人人员下落不明。

34.（破产申请审查期间的保全措施）在人民法院受理破产申请前的受理审查期间，发现债务人财产、印章和账簿、文书等可能被隐匿、转移、处分或者销毁的，破产申请人可以向人民法院申请对债务人财产、印章和账簿、文书等采取保全措施。

破产申请人申请对债务人财产采取保全措施的，人民法院可以责令申请人提供相应担保。

35.（债务人的异议权）债务人对债权人、依法对其负有清算责任的人提出的破产申请有异议的，可以自收到人民法院的通知之日起七日内，就发出通知的人民法院对本案是否具有管辖权、申请人与被申请人的主体资格、申请人债权的真实性及合法性、以及债务人是否发生破产原因等向人民法院提出书面异议，并应当提交相关的证据材料。

人民法院认为有必要的，可以组织破产申请人、债务人对破产申请应否受理进行听证。与破产申请存在利害关系的人员可以申请参加。

人民法院组织听证的时间不计入破产申请的受理审查期间。

36.（对债务人异议的处理）债务人对法院管辖权提出异议，人民法院经审查异议成立的，裁定不予受理破产申请。

债务人对申请人的主体资格或自身的破产能力提出异议，人民法院经审查异议成立的，裁定不予受理破产申请。

债权人提出破产申请，债务人对申请人债权的真实性及数额提出异议，但债权人申请所依据的债权已得到生效裁判文书、仲裁裁决书等可强制执行的法律文书的确认且在申请执行时效内的，人民法院应认定债务人的该项异议不成立；如果申请人的债权未得到生效的可强制执行的法律文书的确认，且债务人的异议具有合理理由，人民法院应裁定不予受理破产申请，并告知债权人向有管辖权的人民法院提起民事诉讼。

债权人提出破产申请，债务人对申请人债权的真实性及数额无异议，但对不能清偿到期债务的事实提出异议的，债务人应实际清偿债务，或者与申请人达成债务清偿协议。否则，人民法院应认定债务人的该项异议不成立。

债权人提出破产申请，债务人对不能清偿到期债务的事实无异议，但对其发生破产原因提出异议的，应当证明其并非"资不抵债"且并非"明显缺乏清偿能力"。否则，人民法院应认定债务人的该项异议不成立。

依法负有清算责任的人提出破产申请，债务人提出异议的，应当证明其未解散或者并非"资不抵债"。否则，人民法院应认定债务人的异议不成立。

37.（法院违反受理规定的救济程序）申请人向人民法院提出破产申请，人民法院未在本规程第32条规定的期限内作出是否受理的裁定的，申请人可以向上一级人民法院提出破产申请。

上一级人民法院接到破产申请后，应当责令下级人民法院依法审查并及时作出是否受理的裁定；下级人民法院仍不作出是否受理裁定的，上一级人民法院可以径行作出裁定。

上一级人民法院裁定受理破产申请的，可以同时指令下级人民法院审理该案件。

38.（裁定受理）人民法院受理破产申请的，受理裁定自作出之日起生效。

受理裁定应当自作出之日起五日内送达申请人和被申请人。

债权人提出申请的，债务人应当自裁定送达之日起十五日内，向人民法院提交财产状况说明、债务清册、债权清册、有关财务会计报告以及职工、高管人员工资的支付和社会保险费用、住房公积金的缴纳情况。

39. （受理的同时应指定管理人）人民法院裁定受理破产申请的，应当同时指定管理人。法院确定管理人的时间不计入审查受理期间。

40. （裁定不予受理）人民法院裁定不受理破产申请的，应当自裁定作出之日起五日内送达申请人和被申请人。申请人对裁定不服的，可以自裁定送达之日起十日内向上一级人民法院提起上诉。

上一级人民法院应当自上诉受理之日起三十日内作出裁定。申请人上诉理由成立的，裁定撤销原裁定，指令下级人民法院受理破产申请。

41. （裁定驳回破产清算申请）人民法院受理破产清算申请后至破产宣告前，经审查发现债务人不符合企业破产法第二条规定情形的，可以裁定驳回申请。申请人对裁定不服的，可以自裁定送达之日起十日内向上一级人民法院提起上诉。

上一级人民法院应当自上诉受理之日起三十日内作出裁定。申请人上诉理由成立的，裁定撤销原裁定，指令下级人民法院继续审理。

第三节　受理破产申请后的工作

一、对债权人的相关工作

42. （通知已知债权人并予以公告）人民法院受理破产申请后，应当自受理裁定或者上级人民法院指令受理裁定作出之日起二十五日内，自行或委托管理人向已知债权人发出书面受理通知，法院并应在人民法院报上予以公告。涉及境外已知债权人的，可通过邮寄、传真、电子邮件等能够确认收悉的适当方式通知。

通知和公告应当载明下列事项：

（1）申请人、被申请人的名称或者姓名；

（2）人民法院受理破产申请的时间；

（3）申报债权的期限、地点和注意事项；

（4）管理人名称或者姓名及其处理事务的地址；

（5）债务人的债务人或者财产持有人应当向管理人清偿债务或者交付财产的要求；

（6）第一次债权人会议召开的时间和地点；

（7）人民法院认为应当通知和公告的其他事项。

已知债权人的范围可以根据债务人提交的债务清册，或者清算责任人提交的财务报告或清算报告确定。

按照债务清册、财务报告或清算报告的记载，无法与债权人取得联系的，该债权人视为未知债权人。

43.（申报债权的期限）人民法院确定的债权申报期限自人民法院发布受理破产申请公告之日起计算，最短不得少于三十日，最长不得超过三个月。

二、对债务人的相关工作

44.（通知债务人停止清偿债务）人民法院受理破产申请后，应立即通知债务人停止向债权人清偿债务。债务人的日常开支和其他必要开支由管理人审查批准。

人民法院受理破产申请后，债务人对个别债权人的债务清偿无效。

45.（告知债务人或有关人员应承担的义务）人民法院受理破产案件后，应告知债务人的法定代表人、（必要时）债务人的财务管理人员和其他经营管理人员在破产程序终结前承担以下义务：

（1）在管理人接管之前，妥善保管其占有和管理的财产、印章和账簿、文书等资料；

（2）根据人民法院、管理人的要求进行工作，并如实回答询问；

（3）列席债权人会议并如实回答债权人的询问；

（4）未经人民法院许可，不得离开住所地；

（5）不得新任其他企业的董事、监事、高级管理人员。

人民法院受理破产申请后，债务人的有关人员未经人民法院许可或者管理人同意，擅自以债务人名义对外从事经营活动的行为无效，造成债务人或者相对人损失的，管理人或者相对人请求债务人的有关人员承担民事责任的，人民法院应当依法支持。

三、对有关部门的相关工作

46.（通知银行停止结算）人民法院裁定受理破产清算申请后，应当立即通知债务人的开户银行停止债务人的账户支出，债务人的日常开支和其他必要开支由管理人审查批准并通知银行。

债务人的开户银行收到人民法院的通知后，不得扣划债务人的既存款和汇入款抵还贷款及利息。扣划的无效，应当退还扣划的款项。

47.（通知工商管理部门）人民法院应将受理破产申请的裁定送达债务人注册登记的工商行政管理部门，并告知需要其配合工作的有关事项。

48.（通知公安部门刻制管理人用章）人民法院受理破产案件后，应书面通知公安部门为管理人刻制管理人公章[印文为"×××（债务人名称）管理人"]和财务专用章，以便管理人设立管理人账户及开展相关工作。

四、管理人的相关工作

49.（接管债务人财产）人民法院指定管理人后，管理人应当及时接管债务人的财产、印章和账簿、文书等资料。

管理人接管债务人的财产，一般应当自管理人被指定之日起二个月内完成。确因客观原因无法在二个月内完成接管的，经人民法院许可，接管期限可相应延长。

50.（决定债务人是否停止营业）人民法院受理破产申请时债务人处于营业中的，管理人应在第一次债权人会议召开前，及时决定继续或者停止债务人的营业，并应经人民法院许可。

51.（处分债务人财产）在第一次债权人会议召开前，管理人对易损、易腐、跌价、保管费用较高以及其他必须及时处置的财产予以处置，须经法院许可。

52.（管理人对未履行完毕合同的处理）人民法院受理破产申请后，管理人对破产申请受理之前成立而债务人和对方当事人均未履行完毕的合同，应当根据最有利于债务人财产利益的原则，及时决定解除或者继续履行，并书面通知对方当事人。

管理人自破产申请受理之日起二个月内未通知对方当事人，或者自收到对方当事人催告之日起三十日内未答复的，视为解除合同。

53.（管理人为继续履行合同提供担保）管理人决定继续履行合同的，对方当事人应当履行；但对方当事人有权要求管理人为继续履行合同提供担保。管理人不提供担保的，视为解除合同。

五、解除财产保全措施、中止执行程序

54.（解除财产保全措施）自受理破产申请裁定作出之日起，除因破产程序需要对债务人财产采取保全措施外，人民法院及行政机关不得对债务人的财产采取新的保全措施。

债务人财产在破产申请受理前已被采取保全措施的，管理人应当向采取保全措施的人民法院或行政机关发出解除保全措施的通知，并附破产申请受理裁定。采取保全措施的人民法院或行政机关接到通知后，应当及时解除保全措施，同时通知管理人，并将财产移交管理人接管。

55.（中止执行程序）自人民法院作出受理破产申请裁定之日起，有关人民法院或者行政机关不得执行债务人的财产。

破产申请受理之前已经开始但尚未完毕的针对债务人财产的执行程序应当中止，管理人应当向相关人民法院或行政机关发出中止执行程序的通知，并附破产申请受理裁定。执行法院或行政机关接到通知后，应当及时中止执行。

人民法院裁定宣告债务人破产，或者裁定批准重整计划或和解协议后，因破产

受理而中止的对债务人财产的执行程序终结。

56.（保全措施与执行程序的恢复）人民法院在受理破产申请后至破产宣告前裁定驳回破产申请，或者在破产宣告前依据企业破产法第一百零八条的规定裁定终结破产程序的，管理人应当及时通知原有关保全或者执行债务人财产的人民法院或者行政机关按照原保全顺位恢复相关保全或者恢复执行，并移交已接管的保全财产或执行财产。

六、有关债务人民事诉讼的审理问题

57.（未结民事诉讼或仲裁的中止与恢复）人民法院受理破产申请后，已经开始而尚未终结的有关债务人的民事诉讼或者仲裁应当中止，等待管理人接管债务人财产。管理人应当向审理民事诉讼的人民法院或者进行仲裁的仲裁机关发送中止审理程序通知，并附破产申请受理裁定。

管理人接管债务人的财产后，应当通知相关人民法院或者仲裁机关恢复已中止的诉讼或者仲裁。

58.（尚未终结的给付之诉的处理问题）人民法院受理破产申请后，已经开始而尚未终结的请求债务人为给付的民事诉讼或者仲裁，受理法院或者仲裁庭应当将债务人已进入破产程序的事实告知该案的债权人，并直接作出是否确认当事人之间债权债务的裁判，而不应作出以给付为内容的裁判。

59.（新发生的有关债务人民事案件的集中管辖）人民法院受理破产申请后，以债务人为原告、被告或者第三人的新提起的第一审民事诉讼，由受理破产申请的人民法院管辖，不受民事诉讼法、海事特别诉讼法及有关司法解释关于地域管辖、级别管辖和专属管辖规定的限制。但确认仲裁条款效力、申请撤销仲裁裁决的案件除外。

上述由受理破产申请的人民法院管辖的第一审民事案件，在受理法院内部根据案件类型和法院内部分工由相关审判庭进行审理。

人民法院受理破产申请后，与债务人相关的民事权利义务争议，如果当事人双方就解决争议约定有明确有效的仲裁条款，则应当按照约定通过仲裁方式解决。

60.（有关债务人诉讼的当事人问题）人民法院受理破产申请后，有关债务人的民事诉讼（包括破产申请受理时已经开始而尚未终结的民事诉讼，以及破产申请受理后新提起的民事诉讼），由债务人作为诉讼主体，管理人负责人作为诉讼代表人代表债务人参加诉讼；管理人为个人的，由该人员作为债务人的诉讼代表人。

管理人依企业破产法第三十一条、第三十二条提起的破产撤销权诉讼，以及依企业破产法第三十三条提起的确认债务人行为无效之诉，应由管理人作为原告，不适用前款关于诉讼主体的规定。

第二章 管理人

第一节 一般规定

61.（管理人职责）人民法院监督管理人履行下列职责：

（1）接管债务人的财产、印章和账簿、文书等材料；

（2）调查债务人财产状况，制作财产状况报告；

（3）决定债务人的内部管理事务；

（4）决定债务人的日常开支和其他必要开支；

（5）在第一次债权人会议召开之前，决定继续或者停止债务人的营业；

（6）管理和处分债务人的财产；

（7）代表债务人参加诉讼、仲裁或者其他法律程序；

（8）提议召开债权人会议；

（9）人民法院认为管理人应当履行的其他职责。

62.（不得转委托）管理人一经指定，不得以任何形式将管理人应当履行的职责全部或者部分转给其他社会中介机构或者个人。

63.（须经法院许可的行为）在第一次债权人会议召开之前，管理人决定继续或者停止债务人的营业，或者有企业破产法第六十九条规定行为之一的，应当经人民法院许可。

64.（聘用工作人员）管理人经人民法院许可，聘用必要的审计、评估、拍卖等社会中介机构的，可以通过市高级人民法院委托司法鉴定和拍卖工作办公室，从相关名册中随机确定聘用的中介机构，并由管理人出具委托手续；亦可以由管理人制定其他选任方案报债权人会议决定。债权人会议授权管理人自行确定或者授权债权人委员会决定的，依债权人会议授权处理。

65.（管理人报告义务）人民法院根据破产案件的情况，可以要求管理人就其工作进展情况定期向人民法院出具报告。

第二节 管理人的指定

66.（指定管理人的时间）人民法院裁定受理破产申请的，应当同时指定管理人。

67.（指定管理人的法律文书）受理破产案件的人民法院指定管理人应当制作决定书，并向被指定为管理人的社会中介机构或者个人以及破产申请人、债务人、债务人的注册登记机关送达。

指定管理人决定书应与受理破产申请的民事裁定书一并公告。

68.（管理人负责人的指定）人民法院指定社会中介机构或者清算组担任管理人的，应当同时指定管理人负责人。

社会中介机构或者清算组需要变更管理人负责人的，应当向人民法院提出申请。

69.（指定中介机构或者个人）一般应指定管理人名册中的社会中介机构担任管理人。

对于事实清楚、债权债务关系简单、债务人财产相对集中的企业破产案件，人民法院可以指定管理人名册中的个人担任管理人。

70.（指定清算组）有下列情形之一的，人民法院可以指定清算组为管理人：

（1）破产申请受理前，根据有关规定已经成立清算组（包括金融机构的行政清理组、公司强制清算程序中法院指定成立的清算组），且人民法院认为符合最高人民法院《关于审理企业破产案件指定管理人的规定》第十九条规定；

（2）审理企业破产法第一百三十三条规定的政策性破产案件；

（3）人民法院认为可以指定清算组为管理人的其他情形。

71.（清算组成员构成）清算组为管理人的，人民法院可以从政府有关部门、编入管理人名册的社会中介机构、金融资产管理公司中指定清算组成员，人民银行及金融监督管理机构可以按照有关法律和行政法规的规定派人参加清算组。

72.（强制清算转破产的管理人指定）公司强制清算转入破产清算的，如原强制清算中的清算组由管理人名册中的中介机构或者个人组成或者参加，该中介机构或者个人亦不存在与本案有利害关系等不宜担任管理人或者管理人成员的情形的，人民法院可以指定该中介机构或者个人作为破产案件的管理人，或者吸收该中介机构作为新成立的清算组管理人的成员。

上述中介机构或者个人不宜担任破产清算中的管理人或者管理人的成员的，人民法院应当根据企业破产法和有关司法解释的规定，及时指定管理人。

73.（摇号方式指定）人民法院一般应当采取随机摇号方式从本市管理人名册中公开指定管理人。具体步骤是：受理破产案件的人民法院向市高级人民法院委托司法鉴定和拍卖工作办公室提出随机确定管理人的申请，并明确所需管理人的类别（机构管理人，或个人管理人）；市高级人民法院委托司法鉴定和拍卖工作办公室召集选定管理人会议，进行摇号，并将选定结果书面通知受理破产案件的人民法院；受理法院依该通知制作指定管理人决定书。

74.（竞争方式指定）商业银行、证券公司、保险公司等金融机构或者在全国范围内有重大影响、法律关系复杂、债务人财产分散的企业破产案件，人民法院可以采取公告的方式，邀请编入各地人民法院管理人名册中的社会中介机构参与竞争，从参与竞争的社会中介机构中指定管理人。参与竞争的社会中介机构不得少于三家。

75.（竞争方式中的评审）采取竞争方式指定管理人的，人民法院应当组成专门的评审委员会。评审委员会由审理破产案件审判庭的人员、人民法院司法技术辅助工作部门人员、相关审判委员会委员、人民法院监察部门人员组成。

评审委员会应当结合案件的特点，综合考量社会中介机构的专业水准、经验、机构规模、初步报价等因素，从参与竞争的社会中介机构中择优指定管理人。被指定为管理人的社会中介机构应经评审委员会成员二分之一以上通过。

采取竞争方式指定管理人的，人民法院应当确定一至两名备选社会中介机构，作为需要更换管理人时的接替人选。

76.（接受推荐方式指定）对于经过行政清理、行政清算的商业银行、证券公司、保险公司等金融机构的破产案件，人民法院除了可以指定清算组担任管理人外，也可以在金融监督管理机构推荐的已编入管理人名册的社会中介机构中指定管理人。

77.（利害关系回避）在进入指定管理人程序后，社会中介机构或者个人发现本人与本案有利害关系，符合最高人民法院《关于审理企业破产案件指定管理人的规定》第二十三条、第二十四条规定的情形的，应主动申请回避并向人民法院书面说明情况。人民法院查证属实的，不应指定该社会中介机构或者个人为本案管理人。

78.（不宜指定的其他情形）社会中介机构或者个人有重大债务纠纷，或者因涉嫌违法行为正被相关部门调查的，人民法院不应指定该社会中介机构或者个人为本案管理人。

79.（拒绝指定）管理人无正当理由，不得拒绝人民法院的指定。

80.（管理人印章）管理人持人民法院受理破产申请裁定书、指定管理人决定书和刻制印章通知书，到公安机关刻制管理人印章，印文为"×××（债务人名称）管理人"。管理人印章交人民法院封样备案后启用。

管理人印章只能用于所涉破产事务。管理人根据企业破产法第一百二十二条规定终止执行职务后，应当将管理人印章交公安机关销毁，并将销毁证明送交法院。公安机关不予办理的，交人民法院销毁，人民法院应制作销毁笔录。

81.（指定材料入卷）受理破产案件的人民法院应当将指定管理人过程中形成的材料存入破产案件卷宗，债权人会议或者债权人委员会有权查阅。

第三节 管理人的更换

82.（债权人会议申请更换）债权人会议认为管理人不能依法、公正执行职务或者有其他不能胜任职务情形，形成债权人会议决议并书面申请更换管理人的，人民法院应通知管理人在二日内作出书面说明,并且在收到管理人书面说明之日起十日内作出是否更换管理人的决定。

83.（更换机构管理人）社会中介机构管理人有下列情形之一的,人民法院可以根据债权人会议的申请或者依职权径行决定更换管理人：

（1）执业许可证或者营业执照被吊销或者注销；

（2）出现解散、破产事由或者丧失承担执业责任风险的能力；

（3）依据最高人民法院《关于审理企业破产案件指定管理人的规定》第二十三条能够认定与本案有利害关系；

（4）履行职务时,因故意或者重大过失导致债权人利益受到损害；

（5）有重大债务纠纷,或者因涉嫌违法行为正被相关部门调查；

（6）拒绝接受人民法院、债权人会议、债权人委员会的监督,经批评教育仍不改正；

（7）违反法律、司法解释和本规程规定私自收费；

（8）缺乏担任管理人所应具备的专业能力。

清算组成员参照适用前款规定。

84.（更换个人管理人）个人管理人有下列情形之一的,人民法院可以根据债权人会议的申请或者依职权径行决定更换管理人：

（1）执业资格被取消、吊销；

（2）依据最高人民法院《关于审理企业破产案件指定管理人的规定》第二十四条能够认定与本案有利害关系；

（3）履行职务时,因故意或者重大过失导致债权人利益受到损害；

（4）失踪、死亡或者丧失民事行为能力；

（5）因健康原因无法履行职务；

（6）执业责任保险失效；

（7）有重大债务纠纷,或者因涉嫌违法行为正被相关部门调查；

（8）拒绝接受人民法院、债权人会议、债权人委员会的监督,经批评教育仍不改正；

（9）违反法律、司法解释和本规程规定私自收费；

（10）缺乏担任管理人所应具备的专业能力。

清算组成员的派出人员、社会中介机构的派出人员参照适用前款规定。

85.（管理人辞职）管理人无正当理由申请辞去职务的,人民法院不予许可。正当理由的认定,可参照适用最高人民法院《关于审理企业破产案件指定管理人的规定》及本规程关于更换管理人事由的规定。

人民法院对管理人申请辞去职务未予许可，管理人仍坚持辞去职务并不再履行管理人职责的，人民法院应当决定更换管理人。

86.（更换管理人决定书）人民法院决定更换管理人的，应将决定书送达原管理人、新任管理人、破产申请人、债务人以及债务人的注册登记机关，并予公告。

87.（新旧管理人交接）人民法院决定更换管理人的，原管理人应当自收到决定书之次日起，在人民法院监督下向新任管理人移交全部资料、财产、营业事务及管理人印章，并及时向新任管理人书面说明工作进展情况。

原管理人不履行上述职责的，新任管理人可以直接接管相关事务。

在破产程序终结前，原管理人应当随时接受新任管理人、债权人会议、人民法院关于其履行管理人职责情况的询问。

88.（罚款）管理人申请辞去职务未获人民法院许可，但仍坚持辞职并不再履行管理人职责，或者人民法院决定更换管理人后，原管理人拒不向新任管理人移交相关事务，人民法院可以根据企业破产法第一百三十条的规定和具体情况，决定对原管理人罚款。对社会中介机构为管理人的罚款5万元至20万元人民币，对个人为管理人的罚款1万元至5万元人民币。

罚款必须经院长批准，并制作决定书。

89.（对罚款的复议及其处理）管理人不服罚款决定的，可以向上一级人民法院申请复议，上级人民法院应在收到复议申请后五日内作出决定，并将复议结果通知下级人民法院和当事人。

90.（除名）管理人有本规程第88条规定的行为或者无正当理由拒绝人民法院指定的，市高级人民法院可以决定停止其担任管理人一年至三年，或者将其从管理人名册中除名。

第四节 管理人报酬

91.（报酬的计算方法）人民法院应根据债务人最终清偿的财产价值总额，在以下比例限制范围内分段确定管理人报酬：

（1）不超过一百万元（含本数，下同）的，在12%以下确定；

（2）超过一百万元至五百万元的部分，在10%以下确定；

（3）超过五百万元至一千万元的部分，在8%以下确定；

（4）超过一千万元至五千万元的部分，在6%以下确定；

（5）超过五千万元至一亿元的部分，在3%以下确定；

（6）超过一亿元至五亿元的部分，在1%以下确定；

（7）超过五亿元的部分，在 0.5% 以下确定。

担保权人优先受偿的担保物价值，不计入前款规定的财产价值总额。

92.（报酬方案）人民法院受理破产申请后，应当对债务人可供清偿的财产价值和管理人的工作量作出预测，初步确定管理人报酬方案。报酬方案包括管理人报酬比例和收取时间。

人民法院可以根据破产案件的实际情况，确定管理人分期或者最后一次性收取报酬。

93.（竞争方式的报酬）人民法院采取公开竞争方式指定管理人的，可以根据社会中介机构提出的报价确定管理人报酬方案，但报酬比例不得超出本规程第 91 条规定的限制范围。

上述报酬方案一般不予调整，但债权人会议异议成立的除外。

94.（报酬方案告知）人民法院应当自确定管理人报酬方案之日起三日内，书面通知管理人。

管理人应当在第一次债权人会议上报告管理人报酬方案内容。

95.（管理人与债权人会议协商）管理人和债权人会议对管理人报酬方案有意见的，可以进行协商。双方就调整管理人报酬方案内容协商一致的，管理人应向人民法院书面提出具体的请求和理由，并附相应的债权人会议决议。

人民法院经审查认为上述请求和理由不违反法律和行政法规强制性规定，且不损害他人合法权益的，应当按照双方协商的结果调整管理人报酬方案。

96.（报酬方案调整）人民法院确定管理人报酬方案后，可以根据破产案件和管理人履行职责的实际情况进行调整。

人民法院应当自调整管理人报酬方案之日起三日内，书面通知管理人。管理人应当自收到上述通知之日起三日内，向债权人委员会或者债权人会议主席报告管理人报酬方案调整内容。

97.（影响报酬的因素）人民法院确定或者调整管理人报酬方案时，应当考虑以下因素：

（1）破产案件的复杂性；

（2）管理人的勤勉程度；

（3）管理人为重整、和解工作做出的实际贡献；

（4）管理人承担的风险和责任；

（5）债务人住所地居民可支配收入及物价水平；

（6）其他影响管理人报酬的情况。

前期的公司清算工作和行政处置工作减轻管理人工作负担的，人民法院应当根据管理人的实际工作确定和调整管理人报酬。

98.（报酬的收取）管理人收取报酬，应当向人民法院提出书面申请。人民法院应当自收到上述申请书之日起十日内，确定支付管理人的报酬数额。

99.（禁止重复报酬）律师事务所、会计师事务所通过聘请本专业的其他社会中介机构或者人员协助履行管理人职责的，所需费用从其报酬中支付。

经人民法院许可，律师事务所、会计师事务所通过聘请非本专业的其他社会中介机构或者人员协助履行管理人职责的，所需费用作为破产费用从债务人财产中支付。

破产清算事务所通过聘请其他社会中介机构或者人员协助履行管理人职责的，所需费用从其报酬中支付。

100.（清算组的报酬）清算组中有关政府部门派出的工作人员不收取报酬。其他机构或人员的报酬根据其履行职责的情况确定。

101.（管理人变更情形的报酬）管理人发生更换的，人民法院应当根据其履职情况分别确定更换前后的管理人报酬。其报酬比例总和不得超出本规程第91条规定的限制范围。

102.（担保物管理的报酬）管理人对担保物的维护、变现、交付等管理工作付出合理劳动的，有权向担保权人收取适当的报酬。管理人与担保权人就上述报酬数额不能协商一致的，人民法院应当参照本规程第91条规定的方法确定，但报酬比例不得超出该条规定限制范围的10%。

103.（债权人会议异议权）债权人会议对管理人报酬有异议的，应当向人民法院书面提出具体的请求和理由。异议书应当附相应的债权人会议决议。

104.（债权人会议异议的处理）人民法院应当自收到债权人会议异议书之日起三日内通知管理人。管理人应当自收到通知之日起三日内作出书面说明。人民法院认为有必要的，可以举行听证会，听取当事人意见。

人民法院应当自收到债权人会议异议书之日起十日内，就是否调整管理人报酬问题书面通知管理人、债权人委员会或者债权人会议主席。

第三章　债务人财产

第一节　债务人财产总述

105.（债务人财产的范围）破产申请受理时属于债务人的全部财产，以及破产申请受理后至破产程序终结前债务人取得的财产,为债务人财产。

在破产重整程序和破产和解程序中,破产程序的终结指裁定批准重整计划或和解协议时,但是破产重整程序或破产和解程序转入破产清算程序的除外。

债务人财产的范围不以债务人是否实际占有为认定条件。

106.(已设定担保的财产)债务人为自己或他人的债务以自己的财产设定担保的,该财产为债务人财产。

该财产优先清偿担保权人,剩余部分的价款向其他债权人清偿。不足以清偿担保权人的,担保权人以不足部分申报债权。

设定担保物权的财产毁损、灭失的,因担保物毁损、灭失而产生的保险金、补偿金和赔偿金等代偿物,仍然属于担保财产。

107.(共有财产)债务人与他人共有的物、债权、知识产权等财产或财产权益,应当在破产中予以分割,债务人分割所得属于债务人财产;共有财产不能分割的,应当就其应得部分转让,转让所得属于债务人财产。转让时共有人有优先购买权。

108.(债务人的对外投资)债务人的对外投资及其收益属于债务人财产。管理人在清理债务人对外投资时,不得以该投资价值为负或为零而不予清理。

109.(与执行相关的财产)自人民法院作出受理破产申请裁定之日,有关债务人财产的执行程序中止;执行机关对债务人财产尚未执行完毕的剩余部分为债务人财产,由管理人从执行法院或者其他执行机关接管。因错误执行应当执行回转的财产,在执行回转后列入债务人财产。

执行法院对债务人的动产作出拍卖成交裁定或者以物抵债裁定,且该动产已交付给买受人或者债权人的,视为执行完毕。

执行法院对债务人的不动产、有登记的特定动产或者其他财产权作出拍卖成交裁定或者以物抵债裁定,且该裁定已经送达买受人或者债权人的,视为执行完毕。

执行机关扣划债务人的账户资金,该资金已脱离债务人的实际控制,视为该次执行已完毕。

110.(债务人的债务人清偿债务)人民法院受理破产申请后,债务人的债务人或者财产持有人应当向管理人清偿债务或者交付财产。

故意违反前款规定向债务人清偿债务或者交付财产,使债权人受到损失的,不免除其清偿债务或者交付财产的义务。

111.(支付令)管理人向债务人的债务人追收债权时,可以以债务人的名义向受理破产案件的基层人民法院,或者向受理破产案件的中级人民法院下属的基层人民法院申请支付令。

112.(追收未缴出资)管理人应当及时向债务人的出资人追缴未缴出资。未缴出资包括应缴未缴的出资，以及破产申请受理时缴纳期限尚未届满的出资。管理人应当向出资人发出追缴出资的通知，并指定缴纳期限。指定的缴纳期限届满后出资人仍未缴纳出资的，管理人有权以债务人的名义、以出资人为被告向人民法院提起诉讼请求缴纳。出资人以出资期限尚未届满或者超过诉讼时效等理由抗辩的，人民法院不予支持。

债务人的出资人有抽逃出资行为的，管理人应要求该出资人返还抽逃的出资，比照前款规定处理。

113.（董、监、高非正常收入和侵占财产的追回）债务人的董事、监事和高级管理人员利用职权从企业获取的非正常收入和侵占的企业财产，管理人应当追回。

债务人出现破产原因，在拖欠其他职工工资的情况下，董事、监事和高级管理人员获取的高于职工平均工资的收入，属于前款所称的"非正常收入"。

114.（管理人取回质物、留置物）人民法院受理破产申请后，管理人可以通过清偿债务或者提供为债权人接受的担保，取回质物、留置物。

前款规定的债务清偿或者替代担保，在质物或者留置物的价值低于被担保的债权额时，以该质物或者留置物当时的市场价值为限。

第二节　破产撤销权和无效行为

115.（破产撤销权诉讼）管理人发现债务人存在企业破产法第三十一条或第三十二条规定的行为之一的，有权以自己的名义，以受益人为被告，向受理破产案件的人民法院提起破产撤销权诉讼。

116.（破产撤销权的行使）行使破产撤销权是管理人的职责，无须债权人会议表决或者授权。

管理人发现债务人存在企业破产法第三十一条或三十二条规定的行为，但认为可以不提起破产撤销诉讼的，应当向债权人会议通报并说明理由，由债权人会议决议是否不提起诉讼。

117.（得撤销的个别清偿的范围）企业破产法第三十二条规定的得撤销的个别清偿是指对无财产担保债权的个别清偿，不包括债务人对有财产担保债权的个别清偿，但对于超出担保财产市价部分的担保债权的个别清偿仍属于撤销范围。

118.（必要的个别清偿）债务人有企业破产法第三十二条规定的个别清偿情形，而该个别清偿系基于维系债务人正常生产经营需要而必须进行的支出的，不应予以撤销。该类支出主要指水、电、气、煤等费用。

119.（银行自行抵扣到期债权的的撤销）人民法院受理破产申请前六个月内，债权银行明知债务人已出现破产原因，仍然自行扣划债务人的银行存款清偿债务人对其负有的到期债务的，属于企业破产法第三十二条规定的应撤销的行为。

120.（不可撤销赠与合同的例外）人民法院受理破产申请前一年内，债务人在已经发生破产原因的情况下签订的救灾、扶贫等社会公益、道德义务性质的赠与合同或者经过公证的赠与合同，管理人可以依据企业破产法第三十一条的规定行使破产撤销权，但债务人已经实际完成赠与的除外。

121.（债务人无效行为）管理人发现债务人为逃避债务隐匿、转移财产的，应当依法追回相关财产。基于无效行为的财产占有人不予返还的，管理人有权以自己的名义、以该财产占有人为被告提起诉讼，请求返还。追回的财产归入债务人财产。

债务人虚构债务或者承认不真实债务的，管理人有权以自己的名义、以行为相对人为被告提起诉讼，请求确认该行为无效。追回的财产归入债务人财产。

第三节　取回权

122.（一般取回权）人民法院受理破产申请后，债务人占有的不属于债务人的财产之权利人向管理人主张取回该财产，管理人经审查予以认可的，可将该财产返还取回权人，并及时报告债权人委员会。未成立债权人委员会的，应当报告债权人会议；管理人不予认可的，权利人可以以债务人为被告向人民法院提起诉讼，请求行使取回权。

123.（破产申请受理前取回物被转让时取回权的行使）在破产申请受理前取回物被转让的，如果受让人支付了相应合理的对价，且该对价与债务人的其他财产不发生混同的，取回权人可就该对价行使取回权；如果该对价与债务人的其他财产发生混同的，取回权人以该物价申报债权。

在破产申请受理前取回物被转让的，如果受让人并未支付对价或支付的对价明显低于物价的，在符合破产撤销权规定情形下，按照破产撤销权的相关规定处理，因撤销而追回的物，由权利人按照一般取回权的规定取回；在不符合破产撤销权规定情形时，按照前款规定处理。

124.（取回物毁损、灭失时取回权的行使）取回物因自然原因或者第三人原因毁损、灭失的，权利人向管理人主张对相应保险金、赔偿金或代偿物行使取回权的，人民法院应予支持。

125.（所有权保留买卖合同下的取回权）以债务人为买受人的买卖合同中约定未付清全部价款前所有权属于出卖人的，如债务人未付清全款即进入破产程序，则债务人支付价款的期限于受理破产案件之日加速到期，管理人决定继续履行该合同的，应付清全部价款，取得买卖标的物的所有权；管理人决定不继续履行合同或不支付剩余款项，则出卖人在返还债务人已付价款的前提下，有权行使对买卖标的物的取回权。

126.（运输途中标的物的取回）破产申请受理时，出卖人已将买卖标的物向作为买受人的债务人发运，债务人尚未收到且未付清全部价款、标的物所有权仍为出卖人所有的，出卖人可以通过通知承运人中止运输、返还货物、变更到达地或者将货物交给其他收货人等方式行使对该在运途中标的物的取回权。但是，管理人可以支付全部价款，请求出卖人交付标的物。

127.（取回权与对待给付义务的同时履行）权利人行使取回权时应当对待给付的，管理人有权主张权利人先交付法定或者约定的取回物之加工费、保管费、托运费、委托费、代销费、维护费等费用后再行取回相应财产。管理人可以权利人未履行上述对待给付义务为由拒绝取回权的行使。

128.（特别约定下取回权的行使）权利人与债务人对债务人合法占有的权利人的财产的取回有特别约定的，在破产清算和和解申请受理后，权利人可不受原约定条件的限制，行使取回权。

债务人重整期间，权利人主张取回债务人合法占有的权利人的财产，应当符合双方事先约定的条件。

第四节 破产抵销

129.（破产抵销的基本含义）债权人在破产申请受理前对债务人负有债务的，可以向管理人主张抵销。

130.（抵销权的行使主体）破产抵销权只能由债权人行使。管理人不得主动提出。

131.（破产抵销权的行使时间）债权人行使破产抵销权，应当在破产财产分配方案提交债权人会议表决之前、或者和解协议或重整计划草案提交债权人会议表决之前行使。

132.（破产抵销权的行使）债权人行使破产抵销权，应当向管理人提出抵销申请。管理人经审查予以认可的，可抵销该债权债务，并及时报告债权人委员会。未成立债权人委员会的，应当报告债权人会议；管理人不予认可的，债权人可以以债务人为被告，向人民法院提起破产抵销权诉讼。

133.（抵销债权的条件）债权人用以抵销的债权应当同时满足以下条件：

（1）已依据企业破产法的规定进行申报；

（2）经债权人会议核查无异议；

（3）债权债务关系无争议；

（4）未超过诉讼时效或者申请执行时效；

（5）不属于企业破产法第四十条第（一）、（三）项规定的债权。

134.（不同种类标的物债权的抵销）与债务人互负债务的标的物种类、品质不同但均可折合为货币的，债权人主张行使破产抵销权，应当允许。

135.（约定排除抵销权）债权人与债务人在合同中约定放弃一般民法上的抵销权的，在破产程序中仍可主张行使破产抵销权。

136.（破产抵销权的禁止）债权人的以下债权不得与对债务人的债务进行破产抵销：

（1）债务人的债务人在破产申请受理后，取得他人对债务人的债权的；

（2）债权人已知债务人有不能清偿到期债务或者破产申请的事实，对债务人负担债务的；但是，债权人因为法律规定或者有破产申请一年前所发生的原因而负担债务的除外；

（3）债务人的债务人已知债务人有不能清偿到期债务或者破产申请的事实，对债务人取得债权的；但是，债务人的债务人因为法律规定或者有破产申请一年前所发生的原因而取得债权的除外；

（4）债务人股东的债权不得与其因欠缴公司的出资或抽逃出资形成的债务抵销；

（5）债权人因侵权行为对债务人负有的债务不得与其享有的债权抵销；

（6）滥用股东权利损害公司或者其他股东利益的债务人股东对公司享有的债权不得抵销；

（7）清偿顺序在普通债权之后的劣后债权不得与对债务人的债务抵销，如行政、刑事罚款、罚金和没收违法所得等债权。

第四章 破产费用和共益债务

137.（破产费用）人民法院受理破产申请后发生的，为全体债权人的共同利益、保障破产程序顺利进行所必需的程序上的费用，为破产费用。包括：

（1）破产案件的申请费；

（2）管理、变价和分配债务人财产的费用；

（3）管理人执行职务的费用、报酬和聘用工作人员的费用。

138.（破产案件申请费）破产案件申请费依据破产财产总额计算，按照《诉讼费用交纳办法》规定的财产案件受理费标准减半交纳，但是，最高不超过30万元。

破产案件申请费不预交，从破产财产中拨付。

139.（管理、变价和分配债务人财产的费用）管理、变价和分配债务人财产的费用包括：

（1）破产企业留守人员工资；

（2）破产程序期间债务人财产、设施的保管、维护、仓储、运输、保险等费用；

（3）催收破产企业债权所需费用及诉讼中发生的费用；

（4）审计、评估、拍卖、变卖债务人财产的费用。

140.（债权人会议费用）召开债权人会议所必需的会场租赁、材料、通讯等费用应列入破产费用。

债权人参加破产程序的费用不列入破产费用。

141.（债权人委员会的费用）债权人委员会及其成员履行职责所必需的费用，经债权人会议同意或者授权，可以列入破产费用。

142.（破产前的清算费用）在债务人破产案件受理前，尚未支付的公司强制清算费用，符合本规程关于破产费用范围的规定的，可以列入破产费用。

债务人为金融机构的，经国务院金融监督管理机构核准而尚未支付的行政处置费用，可以列入破产费用。

143.（共益债务）共益债务是指人民法院受理破产申请后，为全体债权人的共同利益而由债务人财产负担的债务。包括：

（1）因管理人或者债务人请求对方当事人履行双方均未履行完毕的合同所产生的债务；

（2）债务人财产受无因管理所产生的债务；

（3）因债务人不当得利所产生的债务；

（4）为债务人继续营业而应支付的劳动报酬和社会保险费用以及由此产生的其他债务；

（5）管理人或者相关人员执行职务致人损害所产生的债务；

（6）债务人财产致人损害所产生的债务。

144.（破产费用和共益债务的清偿）破产费用和共益债务由债务人财产随时清偿。

债务人财产不足以清偿所有破产费用和共益债务的，先行清偿破产费用。

债务人财产不足以清偿欠付的破产费用或者共益债务的，按照比例清偿。

145.（清偿的执行主体）破产费用的支付和共益债务的清偿，由管理人执行。

管理人应将清偿的项目、时间、数额等列清单记明，并定期向人民法院通报。

146.（审查申请费用的垫付）债权人为破产申请人的，案件受理前人民法院审查申请所发生的通知债务人等必要的费用,由债权人垫付。

147.(债务人财产不足以清偿破产费用)债务人财产不足以清偿破产费用的,管理人应当提请人民法院宣告债务人破产并终结破产程序。即使债权申报期未届满,亦可申请。

债权人、管理人、债务人的出资人或者其他利害关系人愿意垫付破产费用的,破产程序可以继续进行。垫付款项作为破产费用,从债务人财产中向垫付人随时清偿。

148.(税费的交纳)人民法院受理破产申请后,因变价和分配债务人财产而发生债务人土地使用权、房屋所有权、有价证券等转移的,债务人依税法规定交纳应由其承担的税费。

149.(控制破产成本)破产程序中应尽量降低破产成本。各种破产费用的支出要按照保证工作需要的最低标准支付。

第五章 债权申报

第一节 债权申报

150.(债权申报期限和补充申报)人民法院受理破产申请时对债务人享有债权的债权人,应当在人民法院受理破产申请通知书和公告中确定的债权申报期限内向管理人申报债权。

在人民法院确定的债权申报期限内,债权人未申报债权的,可以在最后一次破产分配方案提交债权人会议表决之前、或者和解协议或重整计划草案提交债权人会议表决之前补充申报。但此前已进行的分配不再对其补充分配。为审查和确认补充申报债权的费用,由补充申报人承担。

债权人未依照企业破产法规定申报债权的,不得依照企业破产法规定的程序行使权利。

151.(破产受理后禁止对债务人提起给付之诉)人民法院受理破产申请后,债务人的债权人只能申报债权,不得就该债权对债务人提起新的给付之诉。

人民法院对此类起诉应不予受理;已经受理的,应裁定驳回债权人的起诉,并告知债权人向债务人的管理人申报债权。

152.(未申报债权即提起确认之诉的处理)人民法院受理破产申请后,债权人未申报债权而直接提起诉讼请求确认债权的,人民法院应当告知其向管理人申报债权,对其起诉应不予受理；已经受理的，应当驳回起诉。

153.（向管理人申报债权）债权人应向管理人申报债权。向受理破产案件的人民法院提交债权申报文件的，不具有债权申报的效力。

154.（职工债权无需申报、职工债权登记及异议处理）企业破产法第一百一十三条第一款第（一）项规定的职工债权，不必申报。管理人应当在第一次债权人会议召开前十五日内完成调查并列出详情清单，在债务人公告栏或者其他显著地方进行公示，或者向职工送达。债务人职工人数众多、确无法在上述期限内完成的，管理人可报人民法院延长期限，并应将延长期限的情形公示。

职工对清单记载有异议的（包括对是否具有职工身份、债权数额、债权性质等有异议），应当在管理人作出职工债权清单公示后十五日内申请管理人更正，并提出要求更正的具体请求和理由。管理人不予更正的，应当作出不予更正决定，并说明理由。异议职工不服该决定的，无需申请劳动争议仲裁，可在收到该决定之日起十五日内以债务人为被告直接向受理破产申请的法院提起诉讼，请求确认债权。逾期不提起诉讼的，视为同意。

债务人所欠职工的住房公积金、住房补贴，属于企业破产法第一百一十三条第一款第（一）项规定的职工债权。

155.（税收、社会保险等债权的申报）税收、社会保险费、住房公积金债权，由有关征管机关向管理人申报。

156.（债权申报的内容）债权人应以书面形式申报债权。

债权申报文件应包含以下主要内容：债权人基本情况、债权的形成过程、债权的数额（本金数额、截至破产受理之日的孳息数额、利息计算方法和利息清单）、有无财产担保、是否属于连带债权、债权的到期日、申报时间，并应附相关证据。

申报债权时，债权人应填写联系电话、邮寄地址及联系人或收件人。破产程序中，按照以上地址发出的通知，如该债权人未实际收到的，视为收到。

157.（未到期债权、附利息债权和含违约金的债权申报）未到期的债权，在破产申请受理时视为到期。可以申报，但应扣除未到期期间的利息。

计息的债权，其利息计算至破产申请受理之日。

破产申请受理前已产生违约金的，该违约金计算至破产申请受理之日。

158.（附条件债权和诉讼、仲裁未决债权的申报）附条件的债权和诉讼、仲裁未决的债权，可以申报。

159.（外汇债权的申报）申报的债权为外币结算的，应以破产申请受理日公布的同一币种的汇率折算为人民币计算债权额，进行申报。

160.（解除合同赔偿的申报）管理人或者债务人因债务人进入破产程序而解除合

同的，对方当事人以因合同解除所产生的损害赔偿请求权申报债权。

损害赔偿额的计算以实际损失为原则，不能以合同约定的违约金申报债权。

债务人收取定金的，合同相对方可以双倍定金申报债权。

161.（连带债权人的债权申报）连带债权人可以由其中一人代表全体连带债权人申报债权，也可以共同申报债权。共同申报的，申报总额不得超过该债权额。

162.（债务人之保证人、连带债务人的申报）债务人的保证人或者其他连带债务人已经代替债务人清偿债务的，以其对债务人的求偿权申报债权；

尚未代替债务人清偿债务的，以其对债务人的将来求偿权申报债权。但债权人已向管理人申报全部债权的除外。

163.（连带债务人破产时债权人的申报）连带债务人中的一人或数人进入破产程序的，债权人既可以向破产的连带债务人申报债权，也可以向未破产的连带债务人要求清偿。

连带债务人数人被裁定进入破产程序的，债权人有权就全部债权分别在各破产案件中申报债权。

164.（保证人破产时的债权申报）人民法院受理保证人破产案件时，保证债权未到期的，在保证人破产申请受理时视为到期，且承担一般保证责任的保证人不享有先诉抗辩权。

债权人可以向保证人申报保证债权。债权人未在保证人破产程序中申报债权的，保证人的保证义务自其破产清算程序终结时终止；在保证人破产程序为和解或重整程序时，按照和解债权、重整债权受偿规定受偿。

保证人被确定应承担保证责任的，保证人的管理人可以就保证人应承担的保证责任份额向主债务人行使求偿权。

165.（主债务人、保证人同时破产时的债权申报）主债务人、保证人同时破产的，债权人可以向主债务人、保证人申报全额保证债权。

在保证人提供一般保证情形，如债权人先获得主债务人清偿的，应相应削减其对保证人的债权额；如债权人先行从保证人获得清偿的，应先提存，待确定债权人从主债务人获得清偿数额后，按保证人实际应承担保证责任数额受偿。保证人履行保证责任后不再享有求偿权。

在保证人提供连带责任保证情形下，如债权人先获得主债务人清偿的，应相应削减其对保证人的债权额；如债权人先从保证人获得清偿的，保证人的管理人可以根据企业破产法第五十一条第一款规定向主债务人行使求偿权，要求主债务人将债权人应得清偿部分转付给保证人。

166.（受托人的申报）债务人是委托合同的委托人，被裁定受理破产后，债务人未将其进入破产程序的事实告知受托人，导致受托人不知该事实，继续处理委托事务的，受托人以由此产生的请求权申报债权。

167.（票据付款人的申报）债务人是票据的出票人，被裁定受理破产后，该票据的付款人继续付款或者承兑的，付款人以由此产生的请求权申报债权。

第二节 债权登记和审查

168.（债权申报的登记）管理人应当对所有债权申报进行登记造册，详尽记载申报人的姓名、单位、代理人、申报债权额、债权性质、担保情况、证据、联系方式等事项，形成债权申报登记册。

同一债权人申报多笔债权的，应当分别登记。

169.（债权申报的审查）管理人应当在第一次债权人会议之前对债权进行实质审查，确定债权的性质、数额、担保财产、是否超过诉讼时效、是否超过申请执行时效等情况。

170.（编制债权表）管理人应当根据审查情况，分别编制应予确认债权的债权表和不应予确认债权的债权表，提交第一次债权人会议核查。

应予确认债权的债权表，应当按照债权的清偿顺序分类登记。

债权表、债权申报登记册和债权申报材料在破产程序终结前由管理人保管，供债权人、债务人、债务人职工及其他利害关系人查阅。

171.（对有名债权的审查）管理人应当将生效法律文书确定的债权记载于应予确认债权的债权表。但超过申请执行时效的债权除外。

在债权审查中，管理人发现债权人据以申报债权的生效法律文书所确定的债权有错误，或者有证据证实债权人与债务人恶意通过诉讼、仲裁或公证机关赋予强制执行力公证文书等形式虚构债权债务的，管理人应当依照相关法律规定申请再审，或者提起第三人撤销之诉，或者申请撤销仲裁裁决或不予执行。但在再审、撤销或者不予执行程序作出结论前，该债权人在破产程序中的权利不受影响。

第三节 债权核查与异议债权确认诉讼

172.（债权核查的时间）管理人编制的债权表应当提交第一次债权人会议核查。

因特殊原因无法在第一次债权人会议核查，且第一次债权人会议无必须表决事项的，可以在以后的债权人会议上核查，但是不得迟于待表决事项进行表决之时。

173.（无异议债权）债务人、债权人均对债权表记载的债权无异议的，由人民法院裁定确认。

债务人是否有异议的意思表示，由债务人的原法定代表人作出。债务人的原法定代表人未参加债权人会议，亦未委托代理人参加债权人会议的，视为债务人无异议。

债权人未参加债权人会议，亦未委托代理人参加债权人会议的，视为该债权人对债权表记载的本人的债权以及其他债权人的债权无异议。

174.（有异议债权的处理）债务人、债权人对债权表记载的债权有异议的，应当说明理由和法律依据。经管理人解释或者调整后，仍有异议的，按照以下原则处理：

（1）债务人、对他人债权有异议的债权人，可以在核查债权之债权人会议结束后十五日内，向受理破产案件的人民法院提起债权确认诉讼。逾期未起诉的，该债权确定；

（2）对本人债权有异议的债权人，可以向受理破产案件的人民法院提起债权确认诉讼。人民法院可以依照企业破产法第五十九条第二款之规定，为其行使表决权而临时确定债权额。破产财产分配时，该债权确认诉讼案件尚未作出生效裁判的，应当根据该债权人申报债权额和破产案件清偿率计算其分配额并提存。

对于债权人会议核查的债权，如该债权有担保的，管理人应将审查情况书面告知担保人。担保人有异议的，可以要求管理人更正。管理人不予更正的，担保人可以在收到不予更正决定之日起十五日内，向受理破产案件的人民法院提起债权确认诉讼。逾期未起诉的，该债权确定。

175.（异议债权确认诉讼的诉讼费）异议债权确认诉讼的案件受理费按照《诉讼费用交纳办法》规定的财产案件受理费标准收取。对债权数额无异议，但对债权的清偿顺序或者是否具有优先权有争议而提起的诉讼，应按照争议涉及的金额计算案件受理费。

第六章 债权人会议

第一节 债权人会议的召开

176.（会议成员）依法申报债权的债权人为债权人会议的成员，有权参加债权人会议，享有表决权。

债权人可以委托代理人出席债权人会议，行使表决权以及行使债权人所享有的其他民事权利。代理人应当向人民法院或者债权人会议主席提交债权人的授权委托书。

177.（职工和工会的代表）债权人会议应当有债务人的职工和工会的代表参加，由债务人职工大会和工会推选产生，代表人数不得超过三人。

参加债权人会议的职工和工会的代表，可以就与职工利益相关的事项发表意见，不参与表决。

178.（列席人员）依照企业破产法第二十三条第二款的规定，管理人应当列席债权人会议，向债权人会议报告职务执行情况，并回答询问。

依照企业破产法第十五条第一款第（三）项、第二款的规定，债务人的法定代表人以及经人民法院决定的财务负责人和其他经营管理人员应当列席债权人会议，并如实回答债权人的询问。拒绝列席的，人民法院可依据企业破产法一百二十六条的规定，对其拘传并罚款。

管理人聘用的审计、评估等中介机构可以列席债权人会议。

必要时，可以通知债务人的出资人和政府相关部门派员列席债权人会议。

179.（债权人会议主席）债权人会议设主席一人，由人民法院在第一次债权人会议上，从有表决权的债权人中指定。

债权人会议主席为单位的，应指派固定的代表人员负责履行职责。代表人员未经人民法院同意不得更换。

债权人会议主席和债权人委员会成员应当根据法律规定和人民法院的指令履行职责。不正确履行职责、妨碍破产程序的，人民法院可以予以告诫、罚款，或者依照法定程序予以更换。

经人民法院准许，债权人会议主席可辞去职务。

180.（债权人会议的召集与主持）第一次债权人会议由人民法院召集并主持，自债权申报期限届满之日起十五日内召开。

以后的债权人会议，在人民法院认为必要时召开，或者在管理人、债权人委员会、占债权总额四分之一以上的债权人向债权人会议主席提议时召开。债权人会议由债权人会议主席召集并主持，管理人协助筹备会议。人民法院应当参加会议。

181.（会议通知）召开债权人会议，管理人应当提前十五日，将会议的时间、地点、议题等事项通知已知债权人。

182.（第一次债权人会议准备工作）人民法院召集第一次债权人会议前，应做好以下准备工作：

（1）确定会议议题，拟定会议议程；

（2）提前十五天向债权申报人发出会议通知；

（3）通知债务人的法定代表人和法院认为必要的债务人的其他管理人员，要求其必须到会；

（4）通知管理人列席会议；

（5）通知其他相关人员列席会议；

（6）拟定债权人会议主席候选名单；

（7）准备会场；

（8）准备会议文件（督促管理人准备文件）。

会议文件一般包括：

（1）程序类：参会须知、会议议程、债权人签到表、列会人员签到表、表决票、表决票统计表等；

（2）报告类：管理人执行职务报告、债务人财产状况报告、债权审查报告及债权表、管理人报酬方案等；

（3）议案类：债务人财产管理方案、债权人会议主席候选名单、破产财产变价方案等。

183.（第一次债权人会议议程）第一次债权人会议一般包括如下议题议程，可以根据实际情况进行调整：

（1）人民法院宣布会议纪律要求、合议庭组成人员和书记员、申报债权人的到会情况；

（2）人民法院宣布债权人会议职权；

（3）人民法院介绍破产申请受理及指定管理人的情况；

（4）管理人作执行职务报告和债务人财产状况报告；

（5）核查债权；

（6）人民法院宣布债权人会议主席的职责；指定债权人会议主席；

（7）人民法院宣布债权人委员会的职责；债权人会议以表决的方式决定是否设置债权人委员会；选举债权人委员会成员，通过对债权人委员会职权的授权范围和债权人委员会议事规则；

（8）以表决的方式决定继续或者停止债务人的营业；

（9）通过债务人财产管理方案等；

（10）管理人向债权人会议报告管理人报酬方案；

（11）管理人、债务人的法定代表人等接受债权人的询问。

184.（会议记录）债权人会议应当对所议事项的决议作成会议记录。

第二节 债权人会议决议

185.（表决资格）债权人依据债权人会议核查后确定的债权额或者人民法院临时

确定的债权额，对需要表决的事项行使表决权。

186.（临时债权额的确定）债权尚未确定的债权人，可以申请人民法院为其行使表决权而临时确定其债权额。

人民法院应当根据申请人提交的证据材料进行形式审查，确定申请人的临时债权额。

187.（有财产担保债权人的表决限制）对债务人的特定财产享有担保权的债权人，未放弃优先受偿权利的，在被担保债权的份额范围内，对企业破产法第六十一条第一款第七项、第十项规定的事项（即通过和解协议、通过破产财产分配方案）不享有表决权。

188.（表决方式）债权人会议采取现场由债权人填写表决票的方式，或者其他便于记录和统计表决债权额和表决结果的方式进行表决。

除现场表决外，还可以由管理人将相关决议事项告知债权人，采取通信、网络投票等非现场方式进行表决。

债权人在表决相关事项时放弃投票表决的，不视为同意。

管理人应当根据表决结果协助人民法院或者债权人会议主席形成债权人会议的书面决议。采取非现场方式表决的，管理人应当在债权人会议决议通过后的三日内，以信函、电子邮件等方式告知参与表决的债权人。

189.（表决通过）债权人会议的决议，除企业破产法另有规定外，由出席会议的有表决权的债权人过半数通过，并且其所代表的债权额占对该决议有表决权的债权总额的二分之一以上。

190.（同一债权人的多笔债权）同一债权人对债务人享有一笔以上的债权时，其表决时代表的债权额为其债权总和，但按一家债权人计数。

191.（决议的效力）债权人会议决议对在相关决议事项上有表决权的全体债权人均有约束力，包括出席债权人会议但投反对或者弃权票的债权人、未出席债权人会议的债权人和以后补充申报的债权人。

192.（申请撤销决议）债权人认为债权人会议的决议违反法律规定、损害其利益，依据企业破产法第六十四条第二款的规定申请人民法院裁定撤销债权人会议决议的，应在债权人会议决议作出之日起十五日内向人民法院提出书面申请。债权人会议采取非现场方式表决的，债权人申请撤销债权人会议决议，应自收到管理人决议通知之日起十五日内向人民法院提出书面申请。

193.（决议撤销事由）债权人会议的决议具有以下情形之一的，人民法院应裁定撤销：

（1）债权人会议的召开违反法定程序，导致影响债权人行使权利的；

（2）债权人会议的决议表决违反法定程序，导致影响债权人行使权利的；

（3）债权人会议的决议内容违法，或者剥夺少数债权人合法权益和平等受偿机会；

（4）债权人会议的决议内容损害国家和社会公共利益，或者违背公序良俗。

人民法院裁定撤销债权人会议决议的，应当责令债权人会议就相关事项依法重新作出决议。

194.（需法院裁定的未通过事项1）企业破产法第六十一条第一款第八项、第九项所列事项（即债务人财产的管理方案、破产财产的变价方案），经债权人会议表决未通过的，由人民法院裁定。该裁定人民法院可以在债权人会议上宣布，也可另行通知债权人。

债权人不服裁定的，可以自裁定宣布之日起或者收到通知之日起十五日内向作出裁定的人民法院申请复议。复议期间不停止裁定的执行。

195.（需法院裁定的未通过事项2）企业破产法第六十一条第一款第十项所列事项（即破产财产的分配方案），经债权人会议二次表决仍未通过的，由人民法院裁定。该裁定人民法院可以在债权人会议上宣布，也可另行通知债权人。

债权额占无财产担保债权总额二分之一以上的债权人不服裁定的，可以自裁定宣布之日起或者收到通知之日起十五日内向作出裁定的人民法院申请复议。复议期间不停止裁定的执行。

第三节　债权人委员会

196.（债权人委员会成员）债权人会议可以根据实际情况决定是否设立债权人委员会。决定设立的，债权人委员会的成员人数应当为单数，并不得超过九人。

债务人职工大会或者工会推选一名代表参加债权人委员会；其他成员由债权人会议从债权人中推选。

债权人委员会成员应当经人民法院书面决定认可。人民法院认为有关代表不适宜担任债权人委员会成员的，可以不予认可，建议债权人会议或职工大会和工会予以调整人选。

197.（债权人委员会的职权）债权人委员会行使下列职权：

（1）监督债务人财产的管理和处分；

（2）监督破产财产分配；

（3）提议召开债权人会议；

（4）受债权人会议委托，审查管理人费用和报酬、监督管理人等。

债权人委员会不得要求债权人会议对其作出概括性授权，行使债权人会议所有职权。

198.（债权人委员会议事规则）债权人委员会表决实行一人一票，所议事项应获得全体成员过半数通过，并制作议事记录。债权人委员会成员对所议事项的决议有不同意见的，应当在记录中载明。

债权人委员会行使职权应当接受债权人会议的监督，对债权人会议负责，以适当的方式向债权人会议及时汇报工作。

199.（管理人财产处分行为的报告制度）管理人实施企业破产法第六十九条规定的财产处分行为，应当提前十日书面报告债权人委员会。未设债权人委员会的，报告人民法院。

债权人委员会可以依照企业破产法第六十八条第二款、第三款的规定，要求管理人对处分行为作出相应说明或者提供有关文件依据。债权人委员会认为管理人实施财产处分行为不当的，可以请求人民法院作出是否准许管理人实施该处分行为的决定。人民法院应当在五日内作出决定。

未设立债权人委员会，人民法院认为管理人实施财产处分行为不当的，可以责令管理人停止财产处分行为。

200.（保密义务）债权人委员会执行职务时，有权要求管理人、债务人的有关人员对其职权范围内的事务作出说明或者提供有关文件。对其中涉及的商业秘密或其他保护相关利益人合法权益而应当保密的内容，债权人委员会成员应承担保密义务。

第七章 重 整

第一节 重整申请和重整期间

201.（重整申请主体）债务人或者债权人可以依据企业破产法的相关规定，直接向人民法院申请对债务人进行重整；

债权人申请对债务人进行破产清算，在人民法院受理该申请后、宣告债务人破产前，债务人以及单独或者合计出资额占债务人注册资本十分之一以上的出资人，可以向人民法院申请重整。

202.（提交重整可行性报告）债务人申请重整的，除提交本规程第13.14条规定的材料外，还应当提交债务人通过重整程序企业能够持续经营，获得经济收益和摆脱困境的重整可行性报告。

重整可行性报告一般应包括以下内容:
(1) 债务人在重整申请之前一年内的资金周转状况;
(2) 重整如获得批准后的资金筹措方案;
(3) 重整如获得批准后的资金运行周转方案;
(4) 重整如获得批准后的生产经营方案;
(5) 重整如获得批准后债务人收取经营利润的可能性说明。

203. (裁定受理) 人民法院经审查认为重整申请符合企业破产法规定的,应当裁定债务人重整,并予以公告。

自人民法院裁定债务人重整之日起至重整程序终止,为重整期间。

204. (财产管理和营业事务) 重整期间,既可以由管理人负责管理财产和营业事务,也可以经人民法院批准,由债务人在管理人监督下自行负责。

205. (债务人自行管理的条件) 重整期间,债务人符合下列条件的,经债务人申请,人民法院可以批准债务人在管理人的监督下自行管理财产和营业事务:
(1) 未发现债务人有企业破产法第三十一条、第三十三条规定的行为;
(2) 债务人的内部治理结构足以使企业正常运转;
(3) 出资人对债务人自行管理财产和营业事务有实际可行的支持措施。

债务人自行管理的,依照企业破产法及本规程规定已接管债务人财产和营业事务的管理人应当向债务人移交财产和营业事务,企业破产法及本规程规定的管理人的职权由债务人行使。

206. (管理人聘任债务人有关人员的费用) 重整期间,管理人负责管理财产和营业事务的,可以聘任债务人的经营管理人员负责营业事务。

聘用的债务人经营管理人员的工资根据经营情况确定,作为破产费用从债务人财产中支付。

207. (对出资人和董、监、高的限制) 重整期间,债务人的出资人不得请求投资收益分配。

重整期间,债务人的董事、监事、高级管理人员不得向第三人转让其持有的债务人的股权,但是,经人民法院同意的除外。

208. (对别除权人和取回权人的限制) 在重整期间,对债务人的特定财产享有的担保权暂停行使。但担保物有损坏或者价值明显减少的可能,足以危害担保权人权利的,担保权人可以向管理人申请恢复行使担保权。

债务人合法占有的他人财产,该财产的权利人在重整期间要求取回的,应当符合事先约定的条件。

取回物被转让或者毁损、灭失,权利人行使代偿取回权的,不受前款限制。

209.（重整程序转为破产清算）在重整期间，有下列情形之一的，经管理人或者利害关系人请求，人民法院应当裁定终止重整程序，并宣告债务人破产：

（1）债务人的经营状况和财产状况继续恶化，缺乏挽救的可能性；

（2）债务人有欺诈、恶意减少债务人财产或者其他显著不利于债权人的行为；

（3）由于债务人的行为致使管理人无法执行职务。

第二节 重整计划的制定和批准

210.（重整计划草案的提出主体）债务人自行管理财产和营业事务的，由债务人制作重整计划草案；管理人负责管理财产和营业事务的，由管理人制作重整计划草案；债权人、债务人出资人、新出资人等利害关系人均可就重整计划草案向债务人或管理人提出建议。

211.（重整计划草案的提交时间）债务人或者管理人应当自人民法院裁定债务人重整之日起六个月内，向人民法院和债权人会议提交重整计划草案。

前款规定的期限届满，经债务人或者管理人请求，有正当理由的，人民法院可以裁定延期三个月。

提交期限届满未提交重整计划草案，或者重整计划草案明显不符合企业破产法及本规程相关规定的，人民法院应当裁定终止重整程序，并宣告债务人破产。

212.（重整计划草案的必要记载事项）重整计划草案应当包括以下内容：

（1）债务人的经营方案，包括债务人的经营管理方案、融资方案、裁员减薪方案、营利模式、资产与业务重组方案等重整的具体措施；

（2）债权分类；

（3）债权调整方案；

（4）债权受偿方案；

（5）清偿率的说明，包括该草案被提请批准时普通债权依破产清算程序所能获得的清偿比率的计算依据，以及依重整计划草案普通债权所能获得清偿比率计算依据的详细说明；

（6）重整计划的执行期限；

（7）重整计划执行的监督期限；

重整涉及债务人的出资人权益调整的，重整计划草案还应当包括出资人权益调整方案。

如有第三方为重整计划的执行提供担保，重整计划草案应当载明相应的担保条款。

213.（交付表决前的说明义务）重整计划草案提交债权人会议表决前，草案制作人应通过会议、电话、信件、传真、电子邮件或其他有效方式向债权人等利害关系人就草案作出详尽说明。

214.（召开债权人会议）人民法院应当自收到重整计划草案之日起三十日内召开债权人会议，对重整计划草案进行表决。

重整计划草案不涉及出资人权益调整事项的，管理人应当通知债务人的出资人，由其决定是否派代表列席债权人会议。

重整计划草案涉及出资人权益调整事项的，管理人应当在债权人会议召开前十五日通知出资人参加会议进行表决；通知对出资人权益进行查封或者享有股权质押权的出资人之债权人等利害关系人列席会议。

根据案件实际需要，人民法院也可以决定出资人组的表决不与债权人组的表决同时进行。

215.（分组方法）债权人依照企业破产法第八十二条第一款的规定，按债权性质的不同进行分组表决。持有不同性质债权的债权人不得分至同一组。

必要时，人民法院可以决定对普通债权人按债权额大小、清偿比例的不同等标准增加分组。同一清偿额度的债权人不应另行拆分。

重整计划草案涉及出资人权益调整事项的，应当设出资人组，对该事项进行表决。

216.（社保债权人不参加表决）重整计划不得规定减免债务人欠缴的企业破产法第八十二条第一款第二项规定以外的社会保险费用；该项费用的债权人不参加重整计划草案的表决。

217.（表决通过）出席债权人会议的同一表决组的债权人过半数同意重整计划草案，并且其所代表的债权额占该组债权总额的三分之二以上的，即为该组通过重整计划草案。

出资人组对重整计划草案中涉及出资人权益调整事项进行表决，同意重整计划草案的出资人的出资额占债务人注册资本三分之二以上的，即为该组通过重整计划草案。

各表决组均通过重整计划草案时，重整计划即为通过。

218.（未通过后的再次表决）部分表决组未通过重整计划草案的，债务人或管理人可以同该表决组协商。该表决组可以在协商后再表决一次。双方协商的结果不得损害其他表决组的利益。

再次表决应当在第一次表决后的三个月内完成。

未通过重整计划草案的表决组就是否再次表决进行程序表决时，过半数的成员或者代表表决权额三分之二以上的表决权人反对再次表决；或者在指定的时间不参加再次表决会议；或者以书面形式明确表示不接受债务人或者管理人再次表决的建议的，视为该表决组拒绝再次表决重整计划草案。

219.（申请批准、申请强制批准）自重整计划通过之日起十日内，债务人或者管理人应当向人民法院提出批准重整计划的申请。

未通过重整计划草案的表决组拒绝再次表决，或者再次表决仍未通过重整计划草案，但重整计划草案符合企业破产第八十七条第二款规定条件的，债务人或者管理人可以申请人民法院强制批准该重整计划草案。

220.（批准和强制批准）人民法院经审查认为重整计划草案符合下列条件的，应当自收到债务人或管理人提请批准或者强制批准重整计划草案的申请之日起三十日内裁定批准，终止重整程序，并公告：

（1）重整计划草案的表决程序符合企业破产法和本规程的规定；

（2）重整计划草案的内容符合企业破产法第八十七条第二款规定的条件；

（3）重整计划草案涉及行政许可事项的，债务人或管理人已取得相关行政机关许可相关事项的书面意见。

经人民法院审查发现重整计划草案内容违反法律、行政法规强制性规定或损害国家、集体、第三人利益、公共利益的，不应予以批准。

221.（因重整计划未通过或未批准而转入破产清算）重整计划草案未通过且未获得强制批准，或者虽已通过但未获批准的，人民法院应当裁定终止重整程序，并宣告债务人破产。

第三节 重整计划的执行

222.（重整计划的执行与监督）重整计划由债务人执行，由管理人在重整计划规定的监督期内监督执行。

在监督期内，债务人应当向管理人报告重整计划执行情况和财务状况。

监督期届满时，管理人应当向人民法院提交监督报告。自监督报告提交之日起，管理人的监督职责终止。

经管理人申请，人民法院可以裁定延长监督期。

223.（出资人权益调整事项的执行）重整计划涉及出资人权益调整事项的，出资人权益登记机关应当根据人民法院批准重整计划的裁定办理该权益的变动登记。

224.（未申报债权的处理）经人民法院裁定批准的重整计划，对全体债权人均有约束力。

债权人未依照企业破产法及本规程规定申报债权的，在重整计划执行期间不得行使权利；重整计划执行完毕后，可以按照重整计划规定的同类债权的清偿条件行使权利（但有证据证明债权人已收到债权申报的书面通知或通过除公告以外的其他方式明知债权申报事实而故意不申报的情形除外）。

225.（债务人保证人的权利义务）债权人对债务人的保证人和其他连带债务人所享有的权利，不受重整计划的影响，也不受该债权人表决情况的影响。后者仍应依原合同约定的金额和期限履行担保责任或者清偿义务。

226.（行政审批问题）重整计划未获正式的行政许可，致使重整目的不能实现的，人民法院可以依管理人、债务人和其他利害关系人的申请，裁定终止重整计划的执行，并宣告债务人破产。

227.（终止重整计划执行）重整计划不具有强制执行力。债务人不能执行或者不执行重整计划的，人民法院经管理人或者利害关系人请求，应当裁定终止重整计划的执行，并宣告债务人破产。

自人民法院作出上述裁定之日起，债权人在重整计划中作出的债权调整的承诺失去效力。债权人因执行重整计划所受的清偿仍然有效，债权未受清偿的部分作为破产清算程序中的破产债权，在其他同顺位债权人同自己所受的清偿达到同一比例时，才能继续接受分配。

228.（终止执行后执行担保继续有效）重整计划终止执行的，为重整计划的执行提供的担保继续有效。

229.（重整计划执行完毕的效力）重整计划执行完毕的，按照重整计划减免的债务，债务人不再承担清偿责任。

第八章　和　解

230.（申请人）只有债务人享有和解申请权。

231.（申请的提出）债务人已经发生破产原因的，可以直接向人民法院申请和解；也可以在人民法院受理破产申请后、宣告债务人破产前，向人民法院申请和解。

232.（和解协议草案的内容）债务人提出和解申请时，应当同时提交和解协议草案，供债权人会议讨论审查并表决。

和解协议草案一般包括下列内容：

（1）债务人的财产状况；

（2）清偿债务的比例、期限及财产来源；

（3）破产费用、共益债务的种类、数额及支付期限。

债务人可以在和解协议草案中为和解协议的执行设定担保。

和解协议草案中可以规定监督条款，设置和解协议执行的监督人。

233.（法院审查受理）人民法院经审查认为债务人已经发生破产原因，其申请符合企业破产法规定的，应当裁定受理和解申请，予以公告，并召集债权人会议讨论和解协议草案。

234.（别除权的行使）对债务人的特定财产享有担保权的债权人，自人民法院裁定受理和解申请之日起，可以行使权利。

235.（债权人会议表决）债权人会议通过和解协议的决议，须由出席会议的有表决权的债权人过半数同意，且其所代表的债权额占无财产担保债权总额的三分之二以上。

债权人会议表决结果符合前款规定的条件之一，债务人申请二次表决的，人民法院应当准许。

二次表决应在首次表决后的三十日内进行。

236.（申请法院裁定认可）债权人会议通过和解协议满十五日，无债权人依据企业破产法第六十四条第二款之规定请求撤销债权人会议决议的，管理人应当向人民法院提出认可和解协议的申请。

237.（法院裁定认可）人民法院经审查认为和解协议符合下列条件的，应当自收到管理人申请之日起三十日内裁定认可和解协议：

（1）和解协议的表决程序符合企业破产法的规定；

（2）不违反公平清偿原则，和解条件对于同一性质的债权平等，或者受到不平等对待的不利益者自愿接受；

（3）债务人申请和解的目的正当，无破产欺诈行为。

经人民法院审查发现和解协议内容违反法律、行政法规强制性规定，或损害国家、集体、第三人利益、公共利益的，不应予以认可。

238.（终止和解程序情形1：表决通过并法院认可）人民法院裁定认可债权人会议通过的和解协议的，应当同时裁定终止和解程序，并公告。管理人应当向债务人移交财产和营业事务，并向人民法院提交执行职务的报告。

239.（终止和解程序情形2：表决未通过或法院未认可）

和解协议草案经债权人会议表决未获得通过，或者债权人会议通过的和解协议未获得人民法院认可的，人民法院应当裁定终止和解程序，宣告债务人破产，并公告。

240.（终止和解程序情形3：法院认可前撤回申请）在人民法院作出是否认可和解协议的裁定之前，债务人撤回和解申请的，人民法院应当裁定终止和解程序，宣告债务人破产，并公告。

241.（未申报债权的处理）经人民法院裁定认可的和解协议，对和解债权人，即人民法院受理破产申请时对债务人享有无财产担保债权的人，均有约束力，而无论其是否申报债权、是否参加债权人会议、表决时是否同意。

和解债权人未依照企业破产法规定申报债权的，在和解协议执行期间不得行使权利；和解协议执行完毕后，可以按照和解协议规定的清偿条件行使权利。

242.（债务人保证人的权利义务）和解协议中，和解债权人对债务人所作的债务减免或延期偿还的让步，效力不及于债务人的保证人或者连带债务人，其仍应依原合同约定的金额和期限履行担保责任或者清偿义务。

243.（和解协议的无效）因债务人的欺诈或者其他违法行为而成立的和解协议，人民法院应裁定和解协议无效，并宣告债务人破产。

和解债权人因执行和解协议所受的清偿，在其他债权人所受清偿同等比例的范围内，不予返还；超过部分，应当返还，作为破产财产按照破产清算程序分配。

244.（终止和解协议的执行）和解协议不具有强制执行力。债务人不能执行或者不执行和解协议的，人民法院经和解债权人申请，应当裁定终止和解协议的执行，并宣告债务人破产。

和解协议终止执行的，和解债权人在和解协议中所作的债权调整的承诺失去效力。

和解债权人因执行和解协议所受的清偿仍然有效，和解债权未受清偿的部分作为破产清算程序中的破产债权，在其他债权人同自己所受的清偿达到同一比例时，才能继续接受分配。

245.（终止执行后执行担保继续有效）和解协议终止执行的，为和解协议的执行提供的担保继续有效。

246.（和解协议执行完毕的效力）债务人完全履行和解协议后，按照和解协议减免的债务，自和解协议执行完毕时起，债务人不再承担清偿责任。

247.（自行和解）人民法院受理破产申请后，债务人与全体债权人就债权债务的处理自行达成协议的，可以请求人民法院裁定认可，并终结破产程序。

第九章　破产清算

第一节　破产宣告

248.（宣告破产的时间）第一次债权人会议召开之后，无人提出重整或和解申请，债务人符合企业破产法规定的宣告破产条件的，管理人应当申请人民法院裁定宣告债务人破产。管理人不申请的，人民法院依职权宣告破产。

破产申请受理后，债务人财产不足以清偿破产费用，且无人代为清偿或予以垫付的，经管理人申请，人民法院应当宣告债务人破产，并裁定终结破产程序。宣告债务人破产的时间不受前款规定限制。

249.（宣破裁定的送达和公告）宣告债务人破产的裁定，应自作出之日起五日内送达债务人和管理人，自作出之日起十日内通知已知债权人，并公告。

250.（资产交接）由债务人自行管理的重整程序经破产宣告转为清算程序的，或者和解协议生效后经破产宣告转为破产清算的，债务人应当立即向管理人办理财产和事务的移交。

251.（宣告破产前裁定终结破产程序的情形）宣告破产前，有下列情形之一的，人民法院应当裁定终结破产程序，并公告：

（1）第三人为债务人的全部债务提供足额担保，包括到期债务，以及因破产受理而视为到期的未到期债务，且为债权人所接受；

（2）债务人已清偿全部债务，包括到期债务，以及因破产受理而视为到期的未到期债务。

252.（别除权的行使）在人民法院对债务人裁定宣告破产后，对债务人特定财产享有担保权的债权人可以就该特定财产行使优先受偿权。

担保债权人在占有担保物的情况下，应遵循物权法、担保法等有关规定行使其优先受偿权。在管理人占有担保物的情况下，管理人应当在通知担保债权人之后，依法定程序处置担保物；担保债权人亦可向管理人要求就该特定财产行使优先受偿权。管理人根据案件情况在十五日内决定是否同意其立即行使权利，并与之协商确定权利实现期限和实现方式。担保债权人对管理人的决定有异议，或者不能协商一致的，可以向受理破产案件的人民法院提起诉讼。

对债务人特定财产享有担保权的债权人行使优先受偿权未能完全受偿的，其未受偿的债权作为普通债权；放弃优先受偿权利的，其债权作为普通债权。

253.（建设工程价款优先受偿权）破产人为建设工程发包人时，就该工程折价或者拍卖的价款，承包人的建设工程价款债权优先于抵押权受偿。

建设工程承包人行使优先权的期限为六个月，自建设工程竣工之日或者建设工程合同约定的竣工之日起计算。

254.（国家对划拨土地使用权出让金的优先受偿权）以划拨方式取得的国有土地使用权及其地上建筑物设定抵押的，就该抵押物拍卖的价款，应优先缴纳国家收取的土地使用权出让金。

第二节 变价和分配

255.（破产财产变价方案）管理人应当及时拟订破产财产变价方案，提交债权人会议讨论，并按照通过的方案适时变价出售破产财产。

破产财产变价方案一般应包括以下内容：
（1）拟变价的破产财产范围、形态、类别；
（2）拟变价的财产评估情况；
（3）各类财产的变价方式；
（4）财产变价的时间与进度安排；
（5）财产变价的预计费用；
（6）委托评估、拍卖机构的情况。

256.（破产财产的评估）处理破产财产前，管理人可以确定有相应评估资质的评估机构对破产财产进行评估。债权人会议对破产财产的变现底价无异议的，可以不进行评估。

破产企业为国有性质的，其资产的评估应按照国有资产评估的规定办理。但国有资产管理部门和债权人会议均同意不评估的除外。

257.（拍卖变现及其例外情形）破产财产的变现应当以拍卖方式为原则，但拍卖所得预计不足以支付评估、拍卖费用，或者债权人会议另有决议的除外。

依前款不进行拍卖或者拍卖不成的破产财产，可以作价变卖，或者进行实物分配。变卖或者实物分配方案应当提交债权人会议表决。

258.（有优先购买权的拍卖）拍卖的破产财产上存在优先购买权的，拍卖过程中，有最高应价时，优先购买权人可以表示以该最高价买受，如无更高应价，则拍归优先购买权人；如有更高应价，而优先购买权人不作表示的，则拍归该应价最高的竞买人。

顺序相同的多个优先购买权人同时表示买受的，以抽签方式决定买受人。

259.（变价方式不得违反强制性规定）法律、行政法规明确规定了财产转让方式的，应当从其规定，债权人会议不得以决议排除其适用。

依法属于限制流通的破产财产，应当由国家指定的部门收购或者按照有关法律规定处理。

260.（成套设备的变价）破产财产中的成套设备，一般应当整体出售。

261.（对外投资的收回）破产企业的对外投资应当通过拍卖或者协议转让股权的方式予以收回。

管理人拍卖或者协议转让债务人持有的有限责任公司股权的，应当依法通知公司及全体股东；管理人拍卖或者协议转让债务人投资的股份有限公司股权的，应当依法通知公司。

262.（公益福利性设施的处置）国有企业、集体企业债务人的幼儿园、学校、医院等公益福利性设施，继续开办的，按有关规定移交政府有关部门管理，不作为破产财产分配；不继续开办的，作为破产财产变价分配。

263.（债权追收以及直接分配债权）管理人应当向破产企业的债务人追收债权。

债权追收成本过高的，经债权人会议决议，可以放弃债权，亦可以选择拍卖债权。拍卖不成的，可以分配债权。

债权人会议决议直接分配债权的，可以进行债权分配。由管理人向债权人出具债权分配书，债权人可以凭债权分配书向债务人的债务人要求履行。

264.（债务人债权的诉讼时效）债务人享有的债权，其诉讼时效自人民法院受理破产申请之日起，适用《中华人民共和国民法通则》第一百四十条关于诉讼时效中断的规定。

管理人不能及时提起诉讼的，应当及时向债务人的债务人提出履行要求；已经取得胜诉裁判的，管理人应当及时向相关人民法院申请强制执行。

265.（分配方式）破产财产的分配应当以货币分配方式进行。但债权人会议另有决议的除外。

266.（破产财产分配方案）管理人应当及时拟订破产财产分配方案，提交债权人会议讨论。债权人会议通过后，由管理人将该方案提请人民法院裁定认可。

破产财产分配方案应当载明下列事项：

（1）参加分配的债权人的名称或者姓名、住所；

（2）参加分配的债权额；

（3）可供分配的破产财产数额；

（4）破产财产分配的顺序、比例及数额；

（5）实施破产财产分配的方法。

267.（法定清偿顺序）依照企业破产法第一百一十三条之规定，破产财产在优先清偿破产费用和共益债务后，按下列顺序清偿：

（1）破产人所欠职工的工资和医疗、伤残补助、抚恤费用，所欠的应当划入职工个人账户的基本养老保险、基本医疗保险费用，以及法律、行政法规规定应当支付给职工的补偿金；

（2）破产人欠缴的除前项规定以外的社会保险费用和破产人所欠税款；

（3）普通破产债权。

破产财产不足以清偿同一顺序的清偿要求的，按照比例分配。

268.（法律、法规规定的补偿金）企业破产法第一百一十三条第一款第一项中的"法律、行政法规规定应当支付给职工的补偿金"包括：企业因破产解除、终止劳动合同，依据《劳动合同法》第四十六条、第四十七条、《劳动合同法实施条例》第二十七条应向职工支付的解除劳动合同补偿金；依据《劳动合同实施条例》第二十三条应向工伤职工一次性支付的工伤医疗补助金和伤残就业补助金。

解除劳动合同补偿金，按劳动者在破产企业工作的年限，每满一年支付一个月工资的标准向劳动者支付。六个月以上不满一年的，按一年计算；不满六个月的，向劳动者支付半个月工资的经济补偿。支付解除劳动合同补偿金的年限最高不超过十二年。

劳动者月工资高于北京市公布的本市上年度职工月平均工资三倍的，向其支付经济补偿的标准按职工月平均工资三倍的数额支付；劳动者月工资低于本市最低工资标准的，按照本市最低工资标准计算。

本条所称月工资是指劳动者在劳动合同解除或者终止前十二个月的平均工资。劳动者工作不满 12 个月的，按照实际工作的月数计算平均工资。月工资按照劳动者应得工资计算，包括计时工资或者计件工资以及奖金、津贴和补贴等货币性收入。

269.（第二顺位中"社保费"的理解）企业破产法第一百一十三条第一款第二项中的"除前款规定以外的社会保险费用"是指基本养老保险和基本医疗保险中的社会统筹部分，以及除基本养老保险和基本医疗保险以外的其他依法设置的失业保险、工伤保险和生育保险等社会保险。

社会保险债权计算截止日为劳动合同解除之日。

270.（高管人员的工资债权计算）破产企业的董事、监事和高级管理人员的工资按照破产企业职工的平均工资计算，即按照破产企业职工同期的平均工资确定对董事、监事和高级管理人员的工资支付标准，并且按照破产企业拖欠职工工资的平均期间确定按上述标准支付上述人员工资的期间，但上述人员被拖欠工资的期间长于职工被拖欠工资平均期间的除外。

271.（住房公积金债权的清偿顺序）债务人根据《住房公积金管理条例》的规定应为职工缴存而未缴存的住房公积金部分，视为债务人拖欠职工工资。按企业破产法第一百一十三条第一款第一项规定的第一顺序清偿。

272.（人身侵权债权的优先受偿）因债务人侵权行为造成的人身损害赔偿，参照企业破产法第一百一十三条第一款第（一）项规定的顺序清偿。

273.（股东的投资权益作为劣后债权）破产企业的股权、股票持有人在股权、股票上的权利，在普通债权完全受偿后清偿。

274.（多次分配）管理人按照破产财产分配方案实施多次分配的，应当公告本次分配的财产额和债权额。

管理人实施最后分配的，应当在公告中指明，并依企业破产法第一百一十七条第二款载明对附条件债权的处理。

275.（附条件债权的分配）对于附生效条件或者解除条件的债权，管理人应当将其分配额提存。

在最后分配公告日，生效条件未成就或者解除条件成就的，应当将提存的分配额分配给其他债权人；在最后分配公告日，生效条件成就或者解除条件未成就的，应当将提存的分配额交付给债权人。

276.（破产分配的受领）债权人未受领的破产财产分配额，管理人应当提存。债权人自最后分配公告日起满二个月仍不领取的，视为放弃受领分配的权利，管理人或者人民法院应当将提存的分配额分配给其他债权人。

277.（诉讼未决债权的分配）破产财产分配时，对于诉讼或者仲裁未决的债权，管理人应当将其分配额提存。自破产程序终结之日起满二年仍不能受领的，人民法院应当将提存的分配额分配给其他债权人。

第三节 破产程序的终结

278.（因分配完毕而终结）管理人在破产财产最后分配完结后，应当及时向人民法院提交破产财产分配报告，并申请人民法院终结破产程序。

279.（因无财产分配而终结）破产人无财产可供分配的，管理人应当申请人民法院裁定终结破产程序。

280.（裁定终结）人民法院应当自收到管理人终结破产程序的申请之日起十五日内，作出是否终结破产程序的裁定。

裁定终结的，应当予以公告。

281.（办理注销手续）管理人应当自破产程序终结之日起十日内，持人民法院终结破产程序的裁定，向破产人的原登记机关办理注销登记。

管理人到破产人的原登记机关办理注销登记前，应当先办理税务注销。对于有特殊资质的破产人，管理人还应当到相应的特殊资质管理部门办理注销手续。

282.（管理人终止执行职务）管理人办理完破产人注销登记手续后，应向人民法院报告。并于注销完毕的次日终止执行职务。

管理人终止执行职务后，应当将管理人印章交回公安机关或者法院销毁。

存在诉讼或者仲裁未决情况的，管理人自诉讼或者仲裁程序所涉事项全部办理完毕之次日终止执行职务。

283.（终结二年内的追加分配）自破产清算程序终结之日起二年内，有下列情形之一的，债权人可以请求人民法院依照破产财产分配方案进行追加分配：

（1）发现有企业破产法第三十一条、第三十二条、第三十三条、第三十六条规定应当追回的财产的；

（2）因纠正破产程序中错误支出的款项或错误认可的债务而追回的款项的；

（3）破产程序终结后发现破产人有应当供分配的其他财产的。

有前款规定情形，但财产数量不足以支付分配费用的，不再进行追加分配，由人民法院将其上交国库。

284.（追加分配的程序）追加分配应由债权人向人民法院提出申请，人民法院做出追加分配的裁定。

必要时，人民法院可依职权直接做出追加分配的裁定。

追加分配涉及的资产变现和具体分配工作，应当由管理人办理。管理人已经停止执行本案职务的，由人民法院通知管理人恢复职务。因客观原因原管理人无法继续履行职务的，人民法院可以重新指定管理人，或者由人民法院进行追加分配工作。

债务人财产不足以清偿破产费用而终结破产程序后二年内又追回财产的，原破产程序已完成债权确认程序的，由管理人依照企业破产法的规定进行分配；原破产程序未完成债权确认程序的，则管理人或者债权人可以申请人民法院恢复破产程序。恢复破产程序的，应当重新立案号。

285.（提前终结破产程序）同时符合下列条件的，管理人可以申请人民法院提前终结破产清算程序：

（1）对债务人占有的财产已经处分完毕，并已向债权人分配完毕；

（2）尚有小额财产未追回，但债务人为此已经提起诉讼或者申请仲裁；

（3）人民法院已经裁定认可的破产财产分配方案对该尚未追回财产的分配有明确规定。

人民法院应当严格把握前款提前终结破产清算程序的条件。

人民法院裁定提前终结破产程序时，债务人清收财产的诉讼或仲裁尚未终结的，最终追回的财产不属于本规程第283条规定的财产，应按照破产财产分配方案的规定，向债权人补充分配，不受破产清算程序终结后二年期限的限制。

286.（档案保管）破产程序终结后，破产企业的帐册、文书等材料由管理人移交档案部门保存，保管费用比照破产费用由管理人在破产财产分配时预留。

第十章 证券公司破产案件审理程序特别规定

第一节 申 请

287.（国务院证券监督管理机构申请证券公司破产）证券公司被依法撤销、关闭时，有企业破产法第二条规定情形的，行政清理工作完成后，国务院证券监督管理机构或者其委托的行政清理组依照企业破产法的有关规定，可以向人民法院申请被撤销、关闭的证券公司破产清算。

288.（证券公司或者其债权人申请证券公司破产）证券公司或者其债权人依照企业破产法的有关规定，可以向人民法院申请证券公司破产清算或者重整，但应当依照《中华人民共和国证券法》第一百二十九条之规定报经国务院证券监督管理机构批准。

289.（破产申请提交的证据）国务院证券监督管理机构或者其委托的行政清理组向人民法院提出证券公司破产申请的，应当向人民法院提交以下证据：

（1）破产申请书；

（2）证券公司资产、负债清查情况的专项审计报告；

（3）国务院证券监督管理机构批准证券公司进入司法破产清算程序的相关审批文件；

（4）国务院证券监督管理机构同意证券类资产处置方案的相关审批文件；

（5）证券类资产已根据本款第四项中审批文件之要求处置完毕的书面证据；

（6）国务院证券监督管理机构及行政清理组按照国家规定甄别确认和收购（或者处置）已登记的个人债权等相关债权的债权登记通知、债权确认及具体处置结果的书面证据；

（7）行政清理组处置证券公司的关联公司的情况或者处置方案等的书面证据；

（8）职工安置方案或者具体安置结果的书面证据；

（9）中介机构或者其他有关机构向人民法院出具的在行政清理期间，证券公司或者行政清理组没有不当处置资产情况的法律意见书等书面证据；

（10）行政清理组向人民法院出具的有关刑事侦查机关查收的资产、账簿已处于可随时向管理人移交状态或者不存在此类情况的书面承诺或者说明；

（11）地方政府有关部门向人民法院出具的证券公司进入破产清算程序期间突发事件应急处置工作预案；

（12）依据企业破产法及相关行政法规、规定，应当提交的其他证据。

证券公司或者其债权人向人民法院提出证券公司破产申请的，应当向人民法院提交破产申请书、国务院证券监督管理机构批准证券公司进入司法破产清算程序的相关审批文件，并应当尽可能地向人民法院提交本条第一款所列证据。

第二节 受理审查

290.（受理审查）人民法院应当自收到申请之日起，及时对证券公司破产申请进行审查。

291.（受理条件）人民法院受理国务院证券监督管理机构或者其委托的行政清理组申请证券公司破产的案件，应当符合下列条件：

（1）国务院证券监督管理机构已批准证券公司进入司法破产清算程序；

（2）国务院证券监督管理机构已同意证券类资产处置方案，且证券类资产已处置完毕；

（3）国务院证券监督管理机构及行政清理组对已登记的个人债权等相关债权的甄别确认及收购（或者处置）工作已基本完成；

（4）行政清理组对证券公司关联公司的处置工作已基本完成或者相关处置方案切实可行；

（5）职工安置工作已基本结束，或者职工安置方案切实可行，并能够在短期内落实；

（6）证券公司或者行政清理组在行政清理期间没有不当处置资产的情况；

（7）有关刑事侦查机关查收的资产、账簿已处于可随时向破产管理人移交的状态，或者不存在此类情况；

（8）地方政府有关部门已制定出证券公司破产清算期间突发事件应急处置工作预案，或者维护社会稳定的方案。

292.（中级人民法院审核）中级人民法院经审查认为证券公司破产申请符合本规程第291条所列条件的，应当及时向市高级人民法院报送书面立案受理请示报告，并将证券公司破产申请及所附全部证据一并予以报送。

293.（高级人民法院审核）市高级人民法院收到中级人民法院书面立案受理请示报告及相关证据后，应及时进行审核。经审核认为符合本规程第291条所列条件的，应当及时向最高人民法院报送书面立案受理请示报告，并将证券公司破产申请及所附全部证据一并予以报送。

294.（补充审查）经最高人民法院或者市高级人民法院审核，认为尚需进行补充审查或者补充相关证据的，负责审查的中级人民法院应当自收到相关通知之日起尽快进行补充审查。补充审查完成后，应当及时向最高人民法院或者市高级人民法院报送书面补充审查报告，并将补充的相关证据一并予以报送。

295.（审查批复）最高人民法院批准受理证券公司破产申请的，市高级人民法院应当自收到最高人民法院复函之日起，及时向负责审查的中级人民法院转发最高人民法院复函。

第三节 受理及破产宣告

296.（立案受理）负责受理审查的中级人民法院收到市高级人民法院转发的最高人民法院批准受理证券公司破产申请的复函后，应当依照企业破产法之规定，立案受理证券公司破产案件。

297.（破产申请的不可逆转）国务院证券监督管理机构依照《证券公司风险处置条例》第二章、第三章之规定，对证券公司进行处置的，证券公司破产申请受理的理由应当以证券公司被行政撤销、关闭时的情况进行确认。即使因金融市场变动，导致证券公司在经行政清理后申请破产时出现资产大于负债的情形，人民法院仍应受理证券公司破产申请。

298.（受理申请的同时宣告破产）人民法院经审查符合企业破产法、相关司法解释、相关法规政策之规定的，可以在受理证券公司破产申请的同时，宣告该证券公司破产。

第四节 管理人

299.（指定管理人）人民法院可以采取下列方式指定管理人：

（1）依据最高人民法院《关于审理企业破产案件指定管理人的规定》第十八条之规定，直接指定行政清理组为管理人；

（2）重新指定清算组为管理人。

人民法院认为可以指定清算组为管理人的，可以从政府有关部门、编入管理人名册的社会中介机构、证券类资产管理公司中指定清算组成员，中国人民银行及国家金融监督管理机构可以按照有关法律和行政法规之规定派人参加清算组。

人民法院重新指定的清算组成员中，一般应当包括行政清理组的成员；

（3）在国务院证券监督管理机构推荐的已编入管理人名册的社会中介机构中指定管理人；

（4）采取公告方式，邀请编入各地人民法院管理人名册中的社会中介机构参与竞争，从参与竞争的社会中介机构中指定管理人。参与竞争的社会中介机构不得少于三家。

300.（管理人的免回避）人民法院采取本规程第299条第（1）项、第（2）项规定的方式指定管理人的，当事人依据最高人民法院《关于审理企业破产案件指定管理人的规定》第二十三条、第二十四条之规定，以行政清理组或其成员存在企业破产法第二十四条第三款第（三）项规定的利害关系为由，主张其回避的，人民法院应不予支持。

301.（行政清理组与管理人的衔接）在人民法院受理证券公司破产申请后、指定管理人之前，行政清理组仍应在人民法院的监督、指导下，负责保管证券公司的财产，为全体债权人利益进行必要的经营活动，支付人民法院许可的必要支出，以及人民法院许可的其他工作，保证证券公司行政处置程序与司法破产清算程序的顺利衔接。

人民法院指定管理人后，行政清理组仍须保留一段时间，负责行政清理后续事宜，配合管理人做好后续工作。

行政清理组被撤销后，个别确需处理的后续问题，人民法院可商请国务院证券监督管理机构协调解决。

第五节 债权申报及确认

302.（债权申报材料审查）在进入破产清算程序之前，行政清理组已进行债权申报、登记、审核工作的，进入破产清算程序后，行政清理组应当将纳入破产清算的债权申报材料直接交付管理人。管理人应当对申报材料进行审查。

行政清理时已进行登记，但不符合国家收购规定的申报债权，管理人可以直接予以登记。

债权申报材料符合法律规定的，管理人应当书面通知相关债权人，其向行政清理组申报的债权已作为破产清算程序的债权申报。

债权申报材料不符合法律规定的，管理人应当书面通知申报人补充申报材料。

303.（债权申报主体）对于已纳入国家收购范围的个人债权等相关债权，其对应的权利由国家相关政策规定的中国人民银行、中国证券投资者保护基金公司和提供收购资金的地方政府等收购主体取得，在证券公司破产清算程序中，应当由收购主体向管理人申报债权。

对于不应纳入国家收购范围的权利申请，经国务院证券监督管理机构作出结论并告知相关权利人后，该权利人可以在证券公司破产清算程序中向管理人申报债权。

304.（对被收购人的债权申报不予确认）个人债权人已经选择行政收购的，不得再选择参与破产清算。被收购人在证券公司破产清算程序中再行申报债权的，管理人应不予确认。

305.（对个人债权行政甄别、确认、收购等结果提出异议的，不予立案受理）当事人对国务院证券监督管理机构或者行政清理组等相关组织在行政清理程序中作出的关于个人债权等相关债权的甄别、确认、收购等结果存有异议，以上述相关组织为被告，向人民法院提起诉讼的，人民法院应不予受理，并应告知其向国务院证券监督管理机构提出相关异议。

306.（逾期债权收购的行政确认）进入破产清算程序后，对于确属应当收购的债权，当事人有合理的理由未能在规定期间内向本规程第303条规定中的相关组织要求收购，而在破产清算程序中向管理人申报债权，并要求优先受偿的，管理人应当告知其向保留的行政清理组申报债权，并由国务院证券监督管理机构确认其债权是否应当纳入国家收购范围。

应当纳入国家收购范围的债权，由国务院证券监督管理机构在预留的收购资金中予以收购。

国务院证券监督管理机构认为债权不属于国家收购范围的，权利人在破产清算程序中申报的权利性质，由管理人予以确认。对不属于法定优先权的债权，管理人应当按照普通债权确认。

307.（对行政清理中债权申报的核查）管理人对行政清理程序中已申报的债权应当进行核查。

管理人经核查认为债权不应予以确认的，需在债权表中注明，并提交第一次债权人会议核查。

当事人对该债权确认结论有异议的，管理人可与其进行再次核对。经管理人与当事人双方再次核对后，当事人对该债权确认结论仍有异议的，管理人应当书面告知其可以向受理证券公司破产申请的人民法院提起诉讼，同时告知不及时提起诉讼可能承担的法律后果。

第六节 证券公司财产保护

308.（涉案资产保护）在行政清理期间，有关刑事侦查机关冻结证券公司涉案资产的，人民法院在受理证券公司破产申请后，应当通知该刑事侦查机关立即依法将证券公司相关涉案资产移送给受理破产案件的人民法院。

309.（客户资产保护）在行政清理期间，有关司法机关或者其他国家机关冻结证券公司客户交易结算资金的，人民法院在受理证券公司破产申请后，应当通知立即解除保全措施。

以证券公司的客户为被执行人、证券公司为协助执行人的相关执行案件，对于客户资产未被证券公司挪用，与证券公司及其他客户资产有明显区分，能够独立识别和处理的，证券公司作为协助执行人应当履行协助执行义务；对于客户资产已被证券公司挪用，或者与证券公司的自有资产混同，不能独立识别和处理的，管理人应当将财产混同情况向负责执行的人民法院进行书面说明。

证券公司进入破产清算后，被申请执行的证券公司客户已申报债权的，管理人应当以该客户获得分配的财产协助相关人民法院执行；客户未申报债权的，申请执行人可作为该客户的债权人，根据已生效的裁判文书向管理人申报债权，进行代位求偿。

310.（债权清收）最高人民法院对于以进入行政清理程序的证券公司及其附属机构、关联企业为被告、第三人、协助执行人的民商事案件实施的暂缓受理、暂缓审理、暂缓执行的政策，不约束行政清理组或者管理人对证券公司债权的清收。

管理人应当通过诉讼、强制执行等手段尽可能实现证券公司的债权。债权清收的诉讼时效自最高人民法院对于以进入行政清理程序的证券公司及其附属机构、关联企业为被告、第三人、协助执行人的民商事案件实施暂缓受理、暂缓审理、暂缓执行政策之日起重新计算。

管理人不能及时提起诉讼的，应当及时向债务人提出履行要求；已经取得胜诉判决的，管理人应当及时向相关人民法院申请强制执行。

311.（债权债务关系存续）证券公司被国务院证券监督管理机构责令停业整顿、托管、接管、行政重组、撤销的，其债权债务关系不因相关行政处置决定而发生变化。

证券公司的债务自证券公司被撤销之日起，停止计算利息。

312.（对行政清理中资产处置的认可）在行政清理程序中，行政清理组不得转让证券类资产以外的资产，但经国务院证券监督管理机构批准，易贬损并可能遭受损失的资产或者确为保护客户和债权人利益的其他情形除外。

在破产清算程序中，人民法院对于行政清理组等相关组织在行政清理期间，依照法律和其他相关规定，并经国务院证券监督管理机构批准，对证券类资产及其他财产的处置行为和处置结果，应当予以认可。

313.（破产撤销权）最高人民法院对于以进入行政清理程序的证券公司及其附属机构、关联企业为被告、第三人、协助执行人的民商事案件实施暂缓受理、暂缓审理、暂缓执行政策之日前一年内，涉及该证券公司财产的下列行为的，进入破产清算程序后，管理人有权依据企业破产法第三十一条之规定，请求人民法院予以撤销：

（1）无偿转让财产的；

（2）以明显不合理的价格进行交易的；

（3）对没有财产担保的债务提供财产担保的；

（4）对未到期的债务提前清偿的；

（5）放弃债权的。

314.（债权个别清偿的撤销）最高人民法院对于以进入行政清理程序的证券公司及其附属机构、关联企业为被告、第三人、协助执行人的民商事案件实施暂缓受理、暂缓审理、暂缓执行政策之日前六个月内，该证券公司有企业破产法第二条第一款规定的情形，仍对个别债权人进行清偿的，进入破产清算程序后，管理人有权依据企业破产法第三十二条之规定，请求人民法院予以撤销。但是，个别清偿使该证券公司财产受益的除外。

第七节 重 整

315.（国务院证券监督管理机构申请证券公司重整）证券公司有企业破产法第二条规定情形的，国务院证券监督管理机构可以直接向人民法院申请对该证券公司进行重整。

316.（提交重整计划草案）人民法院裁定证券公司重整的，证券公司或者管理人应当同时向债权人会议、国务院证券监督管理机构和人民法院提交重整计划草案。

317.（申请批准重整计划）自债权人会议各表决组通过重整计划草案之日起十日内，证券公司或者管理人应当向人民法院提出批准重整计划的申请。重整计划涉及《中华人民共和国证券法》第一百二十九条之规定的，证券公司或者管理人应当同时向国务院证券监督管理机构提出批准相关事项的申请。

债权人会议部分表决组未通过重整计划草案，但重整计划草案符合企业破产法第八十七条第二款之规定的，证券公司或者管理人可以申请人民法院强制批准重整计划草案。重整计划草案涉及《中华人民共和国证券法》第一百二十九条之规定的，证券公司或者管理人应当同时向国务院证券监督管理机构提出批准相关事项的申请。

318.（重整计划的监督执行）经批准的重整计划由证券公司执行，管理人负责监督。监督期届满，管理人应当向人民法院和国务院证券监督管理机构提交监督报告。

319.（终止重整程序）证券公司重整计划的相关事项未获国务院证券监督管理机构批准，或者重整计划未获人民法院批准的，人民法院应当裁定终止重整程序，并宣告证券公司破产。

320.（恢复行政清算程序）重整程序终止，人民法院宣告证券公司破产的，国务院证券监督管理机构应当对证券公司做出撤销决定，人民法院依照企业破产法之规定，组织证券公司破产清算。

人民法院认为应当对证券公司进行行政清理的，国务院证券监督管理机构比照《证券公司风险处置条例》第三章之规定，成立行政清理组，负责清理账户，协助甄别确认、收购符合国家规定的债权，协助证券投资者保护基金管理机构弥补客户的交易结算资金，转让证券类资产等。

第八节 破产清算

321.（证券资产的变现）对于证券公司证券资产的变现，是采取变现分配货币还是直接分配证券等方式进行清偿，应当在破产清算程序中由债权人会议决议决定。

债权人会议决议分配现金的，债权人会议还应当就变现、操作方式等事项作出决议；债权人会议决定分配证券的，应当由管理人提出证券价格确定方法，交由债权人会议一并作出决议，并应当经国务院证券监督管理机构批准后，进行证券分配的非交易过户。

322.（股权处置）证券公司财产中包括相关法律、法规或者其他国家政策对出资人资格有特殊要求的企业股权的，应当采取拍卖方式将该股权进行变现。但参与竞买人和竞买后的权利人均应当具备可以作为上述企业股东的法定资格。

323.（关联公司资产处置）经人民法院确认证券公司与其设立或者实际控制的关联公司之间存在融资自营平台性质的关联关系，或者依据《证券公司风险处置条例》第二十五条之规定，经国务院证券监督管理机构审查批准，证券公司的关联公司被纳入行政清理范围的，应当将证券公司存于该关联公司名下的用于融资经营炒作的相关财产和款项取回，并作为证券公司破产财产参加变价和分配。

324.（劳动债权认定）对于应纳入第一顺序的劳动债权，在经甄别确认及债权人会议审查确认后，人民法院应尽快予以偿付。

对属于职工工资构成的奖金，人民法院应当依法予以支付。

对确实存在合理的与业绩挂钩的职工奖金，人民法院可以作为普通债权予以认定。

对证券公司被处置负有责任，并受过相关刑事处罚或者取消从业资格、市场禁入以上行政处罚的证券公司管理人员主张与业绩挂钩奖金的，人民法院应不予支持。

325.（收购债权的清偿顺位）再贷款主体、中国证券投资者保护基金公司及地方政府等相关收购主体在破产清算中因收购债权而产生的代位权利，应当按照已收购债权的性质认定清偿顺位。

326.（侵权之债的清偿顺位）未纳入国家收购范围的证券公司名义下的个人债

权,以及因证券公司存在行政违法、违规、甚至触犯刑律的行为形成的侵权之债,在破产清算中,人民法院应当认定为第三顺序债权进行清偿。

327.(罚金或者没收财产的清偿顺位)证券公司因存在行政违法、违规、甚至触犯刑律的行为而被科以行政处罚或刑事处罚的罚金或者没收的财产,人民法院应当认定为劣后于普通债权,在债权人得到全部清偿后支付。

328.(剩余资产分配)证券公司的债务金额清偿后,仍有剩余资产的,应当按照股东持股比例进行分配。

329.(高管人员工资标准认定)对于证券公司的高管人员,特别是对证券公司被处置负有责任,并受过刑事处罚或取消从业资格、市场禁入以上行政处罚的证券公司管理人员的工资,应当重新进行核定。其标准应当比照管理人的聘用人员的工资标准确定。

经确认属于证券公司高管人员工资的债权,可以依照企业破产法第一百一十三条之规定,作为第一顺序债权优先受偿。

经确认属于证券公司高管人员合理的与业绩挂钩的奖金的,可以作为普通债权进行受偿。

对证券公司被处置负有责任,并受过刑事处罚或取消从业资格、市场禁入以上行政处罚的证券公司管理人员主张与业绩挂钩奖金的,人民法院应不予支持。

330.(税收事项)行政清理期间,被处置证券公司免缴行政性收费和增值税、营业税等行政法规规定的税收。

人民法院宣告证券公司破产后,涉及证券公司税收事项的,应当依照企业破产法、税收征收管理法以及税收征收管理法实施细则第十五条第一款、第五十条之规定执行。

331.(破产费用)行政清理费用经国务院证券监督管理机构审核后尚未支付的,进入破产清算后可以列入破产费用。

前款所称行政清理费用,是指行政清理组管理、转让证券公司财产所需的费用,行政清理组履行职务和聘用专业机构的费用等。

破产清算期间,行政清理组配合破产清算的费用开支,从破产费用中列支。

332.(证券类资产买受人的免追索)债权人不得因破产证券公司的证券类资产在行政清理程序中已转移给买受人,而将买受人作为证券公司债务的连带或者赔偿义务人进行追索。但买受人以明显不合理低价购买证券类资产的除外。

333.(托管机构的免追索)有关权利人仅以托管为由向人民法院提起诉讼,请求判令托管机构承担被托管证券公司债务的,人民法院不予受理。

334.(违法违规涉嫌犯罪行为处理)管理人在破产清算中,要继续协助配合有关刑事侦查机关、行政稽查部门等做好责任追究工作。发现违法违规线索的,要及时移交国务院证券监督管理机构进行查处。涉嫌犯罪的,要移送有关刑事侦查机关统一查处。

第十一章 附 则

335.(条文适用)重整、和解、证券公司破产程序中涉及的受理审查、管理人指定、破产费用、债权申报与确认、债权人会议召开、债务人财产清收、破产撤销、破产抵销等问题,本规程第七章、第八章、第十章未规定的,适用企业破产法和本规程其他相关章节的规定。

336.(施行时间)本规程自2013年7月22日起施行,2004年《北京市高级人民法院审理企业破产案件操作规程》同时废止。

深圳市中级人民法院
破产案件立案规程

(2015年2月5日)

第一章 总 则

第一条 为规范破产案件立案审查,明确本院相关庭室的职责,充分发挥破产法调节市场经济秩序的职能和作用,促进破产审判工作的健康发展,根据《中华人民共和国企业破产法》及相关司法解释,结合破产审判工作实际,制定本规程。

第二条 破产案件应当坚持依法受理原则,严格遵循法定程序,对于符合《中华人民共和国企业破产法》及相关司法解释规定的破产申请,应当予以受理。

第三条 破产案件立案实行形式审查与实质审查相结合的审查原则,形式审查由立案一庭负责,实质审查由公司清算和破产审判庭负责。

第四条 破产案件立案审查应当坚持公正与效率原则,注重案件受理法律效果与社会效果的统一。

第五条 住所地在深圳的企业法人及法律规定的其他组织的破产申请,统一由本院审查受理。

第二章 破产申请的提起

第六条 申请人提出破产申请的，应当明确选择具体的破产程序，并按本章规定提交申请材料。

第七条 债权人申请债务人破产清算的，应当提交下列材料：

（一）破产清算申请书。载明申请人及被申请人的基本信息、申请目的、申请的事实和理由；

（二）申请人的主体资格证明、营业执照副本、组织机构代码证及其它身份证明；

（三）债务人的主体资格证明和最新工商登记材料；

（四）债务人不能清偿申请人到期债务的证据；

（五）本院认为应当提交的其他材料。

第八条 债务人申请破产清算的，应当提交下列材料：

（一）破产清算申请书。应载明申请人的基本信息、申请目的、申请的事实和理由；

（二）债务人的主体资格证明。即企业法人营业执照副本、组织机构代码证及工商注册登记材料；

（三）债务人的股东会、董事会、主管部门或投资人同意其破产的文件；

（四）债务人的职工名单、工资清册、社保清单及职工安置预案；

（五）债务人的资产负债表、资产评估报告或审计报告；

（六）债务人至破产申请日的资产状况明细表。包括有形资产、无形资产及对外投资情况等；

（七）债务人的债权、债务及担保情况表。应列明债务人的债权人及债务人名称、住所、债权或债务数额、发生时间、催收及担保情况等；

（八）债务人所涉诉讼、仲裁、执行情况及相关法律文书；

（九）本院认为应当提交的其他材料。

第九条 企业法人已解散但未清算或者未清算完毕，资产不足以清偿债务的，依法负有清算责任的人向人民法院申请破产清算的，应提交下列材料：

（一）破产清算申请书。应载明申请人和被申请人的基本信息、申请目的、申请的事实和理由；

（二）清算责任人的基本情况或者清算组成立的文件；

（三）债务人的主体资格证明。即企业法人营业执照副本、组织机构代码证及工商注册登记材料；

（四）债务人资产不足以清偿债务的证据，其中：

1.债务人未经清算的，应提交本规程第八条第（五）、（六）、（七）项规定的材料；

2.债务人经过清算的，应提交清算报告；

（五）债务人的职工名单、工资清册、社保清单及职工安置预案。

第十条 债权人申请对债务人重整的，应当提交下列材料：

（一）重整申请书。应载明申请人和被申请人的基本信息、申请目的、申请的事实和理由。

（二）申请人的主体资格证明、营业执照副本、组织机构代码证及其它身份证明；

（三）债务人的主体资格证明和最新工商登记材料；

（四）债务人不能清偿申请人到期债务的证据；

（五）债务人具有重整价值的证据材料；

（六）本院认为应当提交的其他材料。

第十一条 债务人申请重整的，应当提交下列材料：

（一）重整申请书。应载明申请人的基本信息、申请目的、申请的事实和理由；

（二）债务人的主体资格证明。即企业法人营业执照副本、组织机构代码证及工商注册登记材料；

（三）债务人的股东会、董事会、主管部门或投资人同意其重整的文件；

（四）债务人的职工名单、工资清册、社保清单及职工安置预案；

（五）债务人的资产负债表、资产评估报告或审计报告；

（六）债务人至破产申请日的资产状况明细表。包括有形资产、无形资产及对外投资情况等；

（七）债务人的债权、债务及担保情况表。应列明债务人的债权人及债务人名称、住所、债权或债务数额、发生时间、催收及担保情况等；

（八）债务人所涉诉讼、仲裁、执行情况及相关法律文书；

（九）债务人具有重整价值的证据材料；

（十）债务人重整的可行性分析报告或重整方案；

（十一）本院认为应当提交的其他材料。

第十二条 本院受理债权人提出的破产清算申请后，宣告债务人破产前，出资额占债务人注册资本十分之一以上的出资人申请对债务人重整的，应当提交下列材料：

（一）重整申请书。应载明申请人的基本信息、申请目的、申请的事实和理由。

（二）出资人的出资证明和主体资格证明文件；

（三）债务人具有重整价值的证据材料；

（四）债务人重整的可行性分析报告或重整方案；

（五）本院认为应当提交的其他材料。

第十三条 债务人申请和解的，应当提交下列材料：

（一）和解申请书。应载明申请人的基本信息、申请目的、申请的事实和理由；

（二）债务人的主体资格证明。即企业法人营业执照副本、组织机构代码证及工商注册登记材料；

（三）债务人的股东会、董事会、主管部门或投资人同意其和解的文件；

（四）债务人的职工名单、工资清册、社保清单及职工安置预案；

（五）债务人的资产负债表、资产评估报告或审计报告；

（六）债务人至破产申请日的资产状况明细表。包括有形资产、无形资产及对外投资情况等；

（七）债务人的债权、债务及担保情况表。应列明债务人的债权人及债务人名称、住所、债权或债务数额、发生时间、催收及担保情况等；

（八）债务人所涉诉讼、仲裁、执行情况及相关法律文书；

（九）和解协议草案。应包括：1.债务人的财产状况说明；2.债务人的负债情况说明。对于有争议的债权，应当单独列明；3.债务清偿的方式和期限。包括债权人清偿比例以及清偿债务期限；4.确保执行和解协议的措施。

（十）本院认为应当提交的其他材料。

第十四条 职工债权人提出破产申请的，应当提供职工代表大会或工会同意的文件。

第十五条 申请人提交的材料符合本章规定的，立案一庭应予登记并向申请人出具收到申请及相关证据的书面凭证。

第三章　破产申请的审查

第十六条 公司清算和破产审判庭应当对债务人是否具备《中华人民共和国企业破产法》第二条规定的破产原因进行实质审查。

第十七条 对破产申请的审查，应当通过听证调查或书面审查的方式进行。

下列破产申请，应当进行听证调查：

（一）债权人对债务人提出的破产清算、重整申请，但债务人下落不明的除外；

（二）债务人提出的重整申请；

（三）本院受理债权人提出的破产清算申请后，宣告债务人破产前，出资额占债务人注册资本十分之一以上的出资人提出的对债务人重整申请；

（四）在全国、全省及本辖区范围内有重大影响企业提出的破产申请；

（五）其他需要听证调查的破产申请。

第十八条 听证会一般由合议庭委托承办法官主持，下列人员参加：

（一）破产申请人；

（二）债务人的法定代表人、财务人员和职工代表；

（三）本院认为应当参加听证会的其他人员。

重大案件听证会应由合议庭全体成员参加。

组织听证调查的时间不计入破产申请的立案审查期间。

第十九条 听证会应当按照以下程序进行：

（一）申请人陈述申请的事实和理由，并出示相关证据；

（二）债务人有关人员针对破产申请发表意见；

（三）合议庭对债权是否成立、债务人是否具备破产原因、债务人的资产负债情况以及案件的其他相关情况进行调查；

（四）申请人、债务人发表最后意见。

听证笔录应由参加听证的合议庭成员、书记员及其他与会人员签名确认。

第二十条 下列情形同时存在的，应认定债务人"不能清偿到期债务"：

（一）债权债务关系依法成立且无争议，或已经生效法律文书确认；

（二）未经生效法律文书确认的债务履行期限已经届满且未超过诉讼时效；已经生效法律文书确认的债务未超过申请执行期限；

（三）债务人未能清偿到期债务或明确表示不能清偿到期债务。

第二十一条 债务人"资产不足以清偿全部债务"是指，债务人的资产负债表、审计报告、资产评估报告、财务账册或其他证据证明债务人全部资产不足以偿付全部债务，但有相反证据足以证明债务人资产能够偿付全部债务的除外。

第二十二条 债务人无法证明其资产负债情况或提供的证据显示其资产大于负债，因下列情形之一无法清偿债务的，应认定债务人"明显缺乏清偿能力"：

（一）资金严重不足或者财产无法变现；

（二）法定代表人下落不明且无其他人员负责管理财产；

（三）债务人长期亏损，经营状况严重恶化，已丧失盈利能力或已经停止营业；

（四）经人民法院强制执行，因无财产可供执行而中止、终结执行程序；

（五）债务人被吊销营业执照或因其他原因已解散，但未清算或未在合理期限内清算完毕；

（六）其他可以证明债务人明显缺乏清偿能力的情形。

第二十三条 存在下列情形之一的，应认定债务人具有"明显丧失清偿能力可能"：

（一）资金流动困难或长期过度负债导致债务人陷入财务困境；

（二）存在大量诉讼和执行案件，导致债务人陷入经营困境；

（三）债务人因经营困难暂停营业或有停业可能；

（四）债务人的资产虽超过负债，但资产无法变现或者法律禁止交易，无法用于清偿到期债务；

（五）债务人存在大量待处理资产损失，致使实际资产的变现价值可能小于负债；

（六）清偿已届清偿期的债务，将导致债务人难以继续经营；

（七）本院认可的其他情形。

第二十四条 债权人申请债务人破产，债务人可以对申请人债权的真实性、债务人是否具备破产原因等提出异议，并提交相关证据材料。异议成立的，破产申请不予受理。

第二十五条 本院受理破产申请前，申请人可以请求撤回申请。申请人撤回破产申请的，本院将申请材料及相关证据退回申请人。

本院受理破产申请前，债权人和债务人可以自行协商和解或提前准备重整方案，协商和解和准备重整方案的期间不计入本院破产案件立案审查期间。

第二十六条 国有独资企业或国有资本控股企业申请破产的，必须经对债务人履行出资人职责的国有资产监督管理机构或国有企业上级主管部门的同意，且企业员工已经妥善安置或已制定切实可行的员工安置方案。未经国有资产监督管理机构或国有企业上级主管部门同意的，破产申请不予受理。

债权人申请国有独资企业或国有资本控股企业破产的，人民法院应当向对债务人履行出资人职责的国有资产监督管理机构或国有企业上级主管部门告知申请情况，说明股东、清算义务人的破产法律责任。

第二十七条 商业银行、证券公司、保险公司等金融机构或者其债权人申请该金融机构破产的，应经国务院金融监督管理机构批准。未经批准的，破产申请不予受理。

占商业银行、证券公司、保险公司等金融机构注册资本十分之一以上的出资人申请该金融机构重整的，须提交国务院金融监督管理机构同意重整的批准文件。未经同意或批准的，重整申请不予受理。

第二十八条 受理商业银行、证券公司、保险公司等金融机构以及上市公司破产申请，需逐级呈报最高人民法院审核批准。

第二十九条　存在下列情形之一的破产申请，在拟立案受理前，应报广东省高级人民法院批准：

（一）债权人申请债务人破产的，其申报债权金额在人民币1亿元以上的；

（二）被申请破产的债务人需要安置的员工数量在100人以上的；

（三）债权人或债务人对于债务人是否达到破产界限争议极大或债务人破产可能造成重大社会不稳定因素的。

第三十条　债权人提出破产清算申请，债务人下落不明的，人民法院应向债务人公告送达破产申请书及相关证据，并告知听证会召开时间及债务人的异议权利等。

以公告方式送达的，可以适用网络公告方式，统一在本院官方网站公告栏进行公告。

自公告发出之日或公告在本院官方网站公告栏刊登之日起，经过六十日，即视为送达。

第三十一条　债权人申请对人员下落不明或者财务状况不清的债务人破产清算，经审查债务人符合《中华人民共和国企业破产法》第二条规定的，应当予以受理。债务人能否依据《中华人民共和国企业破产法》第十一条第二款的规定提交财产状况说明、债权债务清册等相关材料，不影响对债权人申请的受理。

第三十二条　申请民办学校破产清算，同时符合下列条件的，应当受理：

（一）审批机关对民办学校已作出终止办学的决定或发布终止办学公告；

（二）在读学生已经安置完毕；

（三）民办学校已经清退受教育者学费、杂费和其他费用或有关部门已经作出相关退费预案；

（四）教职员工已经安置或有切实可行的职工安置方案；

（五）地方政府有维护社会稳定的方案。

第三十三条　对重整申请进行实质审查时，可以要求债权人、债务人、出资人提交相关文件并接受询问，也可征询银行等金融机构或工商行政管理机关、证券监督管理机构、国有资产管理机关、税务机关等部门的意见。

第三十四条　经审查，存在下列情形之一的，重整申请不予受理：

（一）申请人不具有重整申请权；

（二）重整申请未经有关机关同意或批准；

（三）债务人缺乏《中华人民共和国企业破产法》第二条规定的重整原因；

（四）债务人不具有重整价值；

（五）本院认为应不予受理的其他情形。

第四章 破产案件立案流程管理

第三十五条 立案一庭接收申请人破产申请材料后，应予登记，并将相关信息录入诉讼信息管理系统，于次日内将申请材料移送审判管理办公室。

第三十六条 审判管理办公室应于收到立案一庭移送的破产申请材料后一日内，预排审查破产申请的承办法官、合议庭成员及法官助理（书记员）。

预排审查破产申请的承办法官、合议庭成员及法官助理（书记员），原则上采用电脑系统随机分案；重大、疑难、复杂的破产案件，预排审查破产申请的承办法官、合议庭成员及法官助理（书记员）前，应当征求公司清算和破产审判庭意见。

第三十七条 审判管理办公室预排审查破产申请的承办法官、合议庭成员及法官助理（书记员）后，应于一日内将预排信息发送至承办法官及法官助理的诉讼信息管理系统，并通知法官助理领取破产申请材料。

第三十八条 公司清算和破产审判庭跟案法官助理应自审判管理办公室将破产申请材料发送至本人诉讼信息管理系统之日起二日内到审判管理办公室签收材料并报本庭内勤登记。

第三十九条 公司清算和破产审判庭跟案法官助理应在收到破产申请材料后一日内，将相关材料移送承办法官。对于需要听证调查的案件，经承办法官同意后，安排听证时间和听证地点，并录入诉讼信息管理系统。

第四十条 需听证调查的，法官助理应制作听证通知书，经合议庭成员签署后，于听证调查三日前将听证通知书及相关材料送达给参加听证会的单位和个人。

原定听证日期和地点需要变更的，法官助理应在征得承办法官同意后，重新排定听证时间和听证地点，并提前一天通知相关参加听证人员，重新送达听证通知书。

第四十一条 对于无需听证调查的破产申请，承办法官应在收到破产申请材料后七日内审查完毕，并提交合议庭评议，决定是否受理。

对于需要听证调查的破产申请，承办法官应于听证结束后五日内提交合议庭评议，决定是否受理。

第四十二条 合议庭经评议认为破产申请符合受理条件的，由承办法官拟定受理裁定书，经合议庭成员签署后，报公司清算和破产审判庭庭长审批，并通知立案一庭排定破产案件案号。

合议庭经评议认为破产申请不符合受理条件的，由承办法官拟定不予受理裁定书，交合议庭成员签署。

第四十三条 公司清算和破产审判庭作出受理或不予受理破产申请的裁定书后，应于三日内将裁定书送达申请人，并将破产案件信息录入诉讼信息管理系统。

附　则

第四十四条　本规程与法律、司法解释冲突的，以法律、司法解释为准。

第四十五条　本规程自发布之日施行。原《破产案件立案审查规程（试行）》同时废止。

深圳市中级人民法院
破产案件审理规程

（2015年2月5日）

第一章　总　则

第一条　为了进一步促进破产案件审判的规范化，加强相关业务部门的分工和协作，落实破产审判法官及法官助理的工作职责，完善破产案件审判工作的运行机制，提高审判绩效和管理水平，根据《中华人民共和国企业破产法》《中华人民共和国公司法》《中华人民共和国民事诉讼法》及相关司法解释，结合我院破产案件审判工作的实际，制定本规程。

第二条　破产审判必须坚持以事实为依据，以法律为准绳，严格执法，司法为民，维护社会公平正义。

第三条　破产审判必须严格遵守法定程序，规范审判行为，确保程序公正，维护债权人、债务人等相关权益人的合法权益。

第四条　破产审判应当注重提高审判效率，坚持公平与效率的统一。合议庭应确保及时审结各类破产案件：一般破产案件应自立案之日起两年内审结；在全国范围内有重大影响、案情疑难复杂的破产案件应自立案之日起三年内审结；特别重大疑难案件应在五年内审结；无不能预见、无法克服的客观原因，不得超期结案。

第五条　庭长、审判长、承办法官、法官助理均应严格依照本规程履行各自的工作职责，协同推进破产案件审理进程，切实做到权责明晰、权责统一，监督有序。

第二章　破产管理人的指定、监管、报酬和援助资金的确定

第六条　破产合议庭决定受理破产申请的，法官助理应当及时填写《选定破产

案件管理人移送表》，统一交内勤移送审判管理办公室，由审判管理办公室按本院《破产案件管理人分级管理办法》的规定选定破产案件管理人。

实质合并破产案件、深度关联公司破产案件、需要整体推进的相关企业破产案件，合议庭可确定同一管理人，并报庭长批准。已经本院依法受理并指定管理人的案件，存在前述情形的，合议庭可确定由原管理人统一担任新收案件管理人，并报庭长批准。

第七条　承办法官应严格依照本院《破产案件管理人工作规范》和《破产案件管理人考核办法》的规定指导和监督管理人的日常工作，管理人工作出现质量问题的，承办法官应及时纠正，问题严重的应及时报告合议庭处理。

第八条　合议庭应严格依照本院《管理人报酬确定和支取管理办法（试行）》的规定确定管理人的个案报酬，需要上调或者下浮管理人个案报酬的，应按该办法相关规定办理。

第九条　合议庭应当严格按照本院《破产案件管理人援助资金管理和使用办法》的规定督促管理人缴纳援助资金。在批准管理人报酬支付申请后，法官助理应当填写《交纳管理人援助资金通知书》，督促管理人在收到报酬之日起三日内缴纳，管理人分期收取报酬的，分期缴纳援助资金，并于最后一次收取报酬时予以结算，多退少补。

管理人申请援助资金，应经合议庭评议同意，并报评审小组决定。

第三章　债务人的财产、债权申报和债权人会议

第十条　破产申请受理后，法官助理应自破产案件发送至本人诉讼信息管理系统之日起两个工作日内到审判管理办公室签收案件，签收后应立即将案件签收表交庭内勤备案，并于次日将案卷移交承办法官审阅。

第十一条　承办法官收到案件材料后应及时确定债权人申报债权的期限。债权申报期限自本院发布受理破产申请公告之日起计算，最短不得少于三十日，最长不得超过三个月。债权申报期限应刊登在受理破产申请的公告中。

债权申报期限届满，无人申报债权，或者经审查无有效债权，经合议庭评议认为应当终结破产程序的，应裁定驳回破产申请。

第十二条　破产案件受理后，法官助理应在承办法官的指导下及时办理下列事项：

（一）制作《受理破产案件公告》《指定管理人决定书》，并送达管理人登报公告；

（二）制作《告知合议庭组成人员通知书》《告知债务人义务通知书》，送达申请

人、被申请人；

（三）制作《刻制公章函》，送达管理人，由管理人申请公安机关刻制印章；

（四）制作《中止诉讼及执行通知书》，并送达给本院相关庭室和其他相关单位；

（五）制作《申报债权通知书》，由管理人送达已知债权人；

（六）合议庭认为需要办理的其他事项。

第十三条 经管理人申请，合议庭认为需要查询债务人名下房产、股权、银行存款、车辆和股票等证券资产的，应当交由法官助理填写"五查"申请表，经审判长批准后，送交执行局进行"五查"。

执行局收到"五查"申请后，应当给予查询，并及时反馈查询结果。

第十四条 经管理人申请，合议庭可裁定解除本院其他部门对债务人财产采取的保全措施或查封、扣押、冻结等强制措施。

如采取保全措施的单位是其他法院或其他部门，应及时向相关单位发出书面通知、函件，要求其解除。

受理破产案件后，破产宣告前裁定驳回破产申请的，或依据企业破产法第一百零八条的规定终结破产程序的，应及时通知原采取保全措施的单位按照原保全顺位恢复相关保全措施。

第十五条 管理人申请财产保全或证据保全的，合议庭应及时评议决定，情况紧急的，应当在四十八小时内作出决定。

第十六条 采取保全措施后，法官助理应及时将民事裁定书、查封通知书等文书复印件送达管理人，告知查封情况及期限，并注明查封期限届满后需要续封的，应于期限届满前十日向法院书面提出申请。

第十七条 管理人确认取回权、抵销权、法定优先权成立的，应当报合议庭审查。合议庭同意管理人意见的，应当制作《批复》，报庭长批准；合议庭不同意的，应通知管理人进行复核。

管理人对上述权利不予确认的，应当报合议庭备案。合议庭有不同意见的，应通知管理人复议。

第十八条 管理人实施《企业破产法》第二十六条规定行为的，应当申请本院许可。合议庭同意管理人申请的，应当制作《批复》，报庭长批准。

第十九条 第一次债权人会议召开前，承办法官应当指导管理人完成以下准备工作：

（一）拟订第一次债权人会议议程；

（二）通知债务人的法定代表人或者负责人到会；

（三）通知债务人的上级主管部门、开办人或者股东会议代表列席会议；

（四）通知审计、评估人员参加会议；

（五）通知职工代表、工会代表参加会议；

（六）提交是否设立债权人委员会的意见；

（七）完成债权表的编制、审核工作，确有必要的提请法院确认临时表决额；

（八）合议庭认为应当完成的其他工作。

未确定债权额达到全部申报债权数额三分之一以上的，相关表决事项应延期表决。

第二十条　合议庭应从有表决权的债权人中指定一名债权人的代表担任债权人会议主席。法官助理应根据合议庭的意见制作《指定债权人会议主席决定书》。《指定债权人会议主席决定书》一般应在第一次债权人会议上宣布。

第二十一条　管理人编制的债权表应提交债权人会议核查。债务人、债权人对债权表记载的债权无异议的，由管理人提交合议庭及时评议。经合议庭评议认为无误后，裁定予以确认；债务人、债权人对债权表记载的债权有异议的，承办法官应要求管理人告知异议人可以向本院提起诉讼。

第二十二条　债务人财产的管理、变价方案经债权人会议表决未获通过的，合议庭可通知管理人调整管理、变价方案进行再次表决，或根据管理人的申请径行裁定批准。

第二十三条　债权人根据《企业破产法》第六十四条的规定请求本院责令债权人会议依法重新作出决议的，承办法官应及时提交合议庭评议，必要时可召开听证会进行调查。合议庭认为异议成立的，应裁定撤销债权人会议决议，责令其重新作出决议；异议不成立的，裁定驳回申请。

第二十四条　债权人依据《企业破产法》第六十六条规定向本院申请复议的，承办法官应及时提请合议庭复议，并将复议结果告知异议人，复议期间不停止裁定的执行。

第二十五条　债权人会议决定设立债权人委员会的，管理人应将债权人会议选任的成员名单提交本院认可。经合议庭审查符合法律规定的，应决定予以认可。

第二十六条　债权人委员会要求管理人、债务人的有关人员对其职责范围内的事务作出说明或者提供有关文件遭到拒绝，请求本院就监督事项作出决定的，合议庭应自收到申请之日起五日内进行评议并作出决定。

第二十七条　经审查，债务人财产不足以清偿破产费用，管理人提请本院终结破产程序，经合议庭评议同意的，承办法官应自收到申请之日起十五日内作出终结破产程序的裁定和公告。

第四章 重 整

第二十八条 债权人申请对债务人进行破产清算，在受理破产申请后，宣告债务人破产前，债权人、债务人或者出资额占债务人注册资本十分之一以上的出资人可以申请对债务人重整。

第二十九条 债权人、债务人或者出资额占债务人注册资本十分之一以上的出资人依据前条规定申请对债务人重整的，应当向审理破产清算案件的合议庭提出。承办法官经形式审查认为申请人提交的材料符合本规程规定的，可以组织听证调查。

第三十条 合议庭应对重整申请进行实质审查，实质审查内容包括：

（一）债务人是否具有重整原因，即债务人是否具有企业破产法第二条规定的情形；

（二）债务人是否具有重整可能，如债务人是否具有重整意愿或服从重整程序、债务人是否具有继续经营的条件、债务人是否能够通过重整偿还债务、关于债务人重整的可行性分析是否符合实际、重组方是否具有重组能力等；

（三）债务人是否具有重整价值，即从债务人重整的社会价值、经济效益、重整成本等方面综合分析债务人是否具有重整再生的价值。

第三十一条 合议庭对重整申请进行实质审查时，可以要求债权人、债务人、出资人提交相关文件并接受询问，可以征询银行等金融机构或工商行政管理部门、证券管理部门、国有资产管理部门、税务部门等有关部门的意见。

第三十二条 经审查，重整申请有下列情形之一的，应当裁定不予受理：

（一）申请人不具有重整申请权；

（二）重整申请未经有关机关同意或批准；

（三）债务人不具有《中华人民共和国企业破产法》第二条规定的重整原因；

（四）债务人不具有重整价值；

（五）本院认为应不予受理的其他情形。

第三十三条 经审查，合议庭认为申请人的重整申请符合法律规定的，应裁定债务人重整。

第三十四条 重整裁定书签发后，法官助理应于五日内送达申请人。

第三十五条 自裁定债务人重整之日起十五日内，法官助理应当在全国或者债务人住所地省级有影响的报纸上办理公告手续。

第三十六条 重整期间，为保证重整程序的顺利进行，合议庭可依利害关系人申请裁定对债务人的股权进行保全。

第三十七条 重整期间，债务人的出资人请求分配投资收益的，合议庭不予准许。

重整期间，合议庭认为债务人的董事、监事、高级管理人员向第三人转让其持有的债务人股权有利于重整程序进行，且不损害其他利害关系人合法权益的，可书面决定准许其转让申请。

第三十八条　重整期间，债务人申请自行管理财产和营业事务，合议庭经审查认为符合条件的，应当予以准许，并制作批准债务人自行管理的决定书。

第三十九条　重整期间，对债务人的特定财产享有的担保权暂停行使，但担保物有损坏或者价值明显减少可能，足以危害担保权人权利的，合议庭可根据担保权人的申请书面决定准许担保权人恢复行使担保权。

第四十条　管理人请求确认取回权、担保权、优先权、抵销权成立，合议庭同意的，应书面批复，并报庭长批准。

第四十一条　债权人未在债权申报期限内申报债权，其债权在重整计划草案提交债权人会议表决时仍未被确认的，该债权人不享有重整计划草案的表决权。

第四十二条　债权人未在债权申报期限内申报债权，但其在重整计划草案提交债权人会议表决前申报债权并经本院裁定确认的，本院裁定批准重整计划后，该债权人被确认的债权可依照重整计划确定的债权受偿方案获得清偿。

债权人未在债权申报期限内申报债权，在本院裁定批准重整计划后重整计划执行完毕前补充申报债权的，管理人可以接受申报并进行审查，但债权人在重整计划执行期间不得行使权利；在重整计划执行完毕后，可以按照重整计划规定的同类债权的清偿条件行使权利。

债权人未在债权申报期限内申报债权，在重整计划执行完毕后补充申报债权的，管理人不接受申报，告知债权人向债务人主张权利。

第四十三条　合议庭认为债务人或管理人请求延长重整计划草案提交期限有正当理由的，应裁定同意，延长期限不超过三个月。

因重大诉讼、仲裁未决影响重整计划草案制作的，重大诉讼、仲裁审理期间不计入重整计划草案提交期限。

第四十四条　承办法官应在收到重整计划草案之后通知管理人于三十日内召开债权人会议，对重整计划草案进行表决。

第四十五条　重整计划草案涉及出资人权益调整事项的，应当设出资人组，对该事项进行表决。有限责任公司出资人权益调整事项经代表三分之二以上表决权的股东通过；股份有限公司出资人权益调整事项经出席会议的股东所持表决权的三分之二以上通过。

债务人的出资人代表可以列席讨论重整计划草案的债权人会议。

第四十六条 审查重整计划时，合议庭应当把握以下原则：

（一）程序合法原则，即重整计划的制订和表决应符合法律规定的程序要求；

（二）公平原则，即处于同一清偿顺序的债权人必须获得同一比例的清偿；

（三）绝对优先原则，即企业破产法对破产清算程序所规定的优先顺序，在重整程序中必须同样适用；

（四）最大利益原则，即每一个债权人，在重整程序中应获得在破产清算程序中本可获得的清偿，包括持反对意见的债权人。

经审查认为重整计划符合法律规定的，合议庭应于收到批准重整计划申请之日起三十日内裁定批准，并予以公告。

第四十七条 对于未通过重整计划草案的表决组拒绝再次表决或者再次表决仍未通过重整计划草案，但重整计划草案经审查符合企业破产法第八十七条第二款规定的，合议庭应于收到批准重整计划草案申请之日起三十日内作出书面裁定，报庭长批准后予以公告。

第四十八条 重整期间，具有下列情形之一的，经管理人、利害关系人请求，合议庭应当裁定终止重整程序，宣告债务人破产：

（一）债务人的经营状况和财产状况继续恶化，缺乏挽救的可能性；

（二）债务人有欺诈、恶意减少债务人财产或者其他显著不利于债权人的行为；

（三）由于债务人的行为导致管理人无法执行职务。

第四十九条 重整期间，具有下列情形之一的，合议庭可依职权裁定终止重整程序，并宣告债务人破产：

（一）债务人或者管理人未按期提出重整计划草案；

（二）重整计划草案未获得全部表决组通过，且未依照企业破产法第八十七条的规定获得本院批准；

（三）重整计划草案经各表决组通过后未获得本院批准。

第五十条 合议庭同意延长重整计划执行期限和监督期限申请的，应当自收到申请书之日起十五日内裁定批准。

第五十一条 重整计划执行过程中，管理人或债务人认为确有必要变更重整计划相关内容的，应向合议庭提交重整计划变更草案。

第五十二条 合议庭经审查认为变更重整计划确有必要的，应于三十日内召开债权人会议，对重整计划变更草案进行表决。

重整计划变更草案经债权人会议表决通过后，管理人或者债务人应当申请本院批准重整计划变更草案，合议庭经审查认为重整计划变更草案符合法律规定的，应当裁定批准并送达债务人执行。

第五十三条　债务人不执行或者不能执行重整计划的，合议庭应于收到管理人申请之日起十五日内裁定终止重整计划的执行，并宣告债务人破产。

第五十四条　重整计划执行完毕，合议庭应于收到管理人报告之日起三日内裁定终结重整程序，报庭长批准。

第五章　和　解

第五十五条　法院受理破产申请后，宣告债务人破产清算前，债务人提出和解申请的，应同时提交和解协议草案。

第五十六条　债务人在破产申请受理后申请和解的，应当向审理破产清算案件的合议庭提出。承办法官应对和解协议草案进行形式审查，和解协议草案应当包括以下内容：

（一）和解的清偿比率；

（二）主要债权人的和解意向；

（三）和解协议的执行期限和还款步骤；

（四）和解协议的执行保障；

（五）人民法院要求的其他内容。

第五十七条　经审查和解协议符合前述形式要件后，承办法官应当及时召开听证会，对和解协议草案进行实质审查，听取债务人、主要债权人、其他利害关系人对和解的意见，审查要点包括：

（一）同类债权人有无受到公平对待；

（二）债权人放弃权益是否基于自愿；

（三）和解协议的执行是否具备可行性；

（四）和解协议的内容有无违反法律、法规禁止性规定。

债务人已提交翔实的和解协议、主要债权人意向书、相关执行保障等证据的，合议庭也可以采取书面方式进行实质审查。

第五十八条　经听证调查或书面审查，合议庭认为和解申请符合法律规定的，应裁定和解，并予以公告。

第五十九条　裁定和解后，担保权人要求行使权利，经管理人报合议庭审查同意的，由管理人按照破产财产的处置原则和方式处理。

第六十条　裁定和解后，和解协议履行完毕前，未经合议庭同意，管理人不得协助债务人股东办理股权转让手续。

第六十一条　裁定和解后，承办法官应当在十五日内召集债权人会议讨论和解协议草案，但债权人的债权尚未经法院裁定确认的除外。

第六十二条 债权人会议通过和解协议后，合议庭应对下列内容进行审查：

（一）债权人会议表决程序合法；

（二）和解协议不违反法定的债权清偿顺序；

（三）同类债权得到公平对待；

（四）反对和解协议的债权人权益没有受到侵害；

（五）和解协议内容不存在欺诈或违反法律、法规禁止性规定；

（六）和解协议的执行期限合理、执行保障到位；

（七）人民法院认为应当审查的其他内容。

审查认为和解协议符合法律和前款规定的，合议庭应裁定认可和解协议、终止和解程序，并予以公告。

第六十三条 和解协议草案未获债权人会议表决通过，或债权人会议通过的和解协议未获本院认可的，合议庭应裁定终止和解程序并宣告债务人破产。

第六十四条 债务人不执行或者不能执行和解协议，经和解债权人请求，合议庭应裁定终止和解协议的执行并宣告债务人破产。

第六十五条 因债务人欺诈或者其他违法行为而成立的和解协议，合议庭应裁定认定和解协议无效并宣告债务人破产。

第六十六条 本院受理破产申请后宣告破产前，债务人与全体债权人就债权债务的处理自行达成协议的，可以请求本院予以认可。合议庭评议认可协议的，应裁定认可和解协议并终结破产程序，报庭长批准。

债务人在宣告破产后与全体债权人就债权债务的处理自行达成协议的，可申请本院认可。合议庭评议认可的，应裁定撤销破产宣告、认可和解协议并终结破产程序，报庭长批准。

第六章　破产清算

第六十七条 合议庭裁定宣告债务人破产的，法官助理应自破产宣告裁定作出之日起五日内送达债务人和管理人，同时要求管理人自裁定作出之日起十日内通知已知债权人。

第六十八条 管理人处置破产财产应报本院备案。待处置的破产财产在《破产财产变价方案》中未作规定，或者需变更《破产财产变价方案》规定的处置方式的，应进行评议并书面回复管理人。

第六十九条 处置破产财产应当先行评估，但债权人会议另有决议的除外。管理人提出评估申请后，法官助理应制作《破产案件选定评估（拍卖）机构移送表》，报签后交本院审判管理办公室统一摇号确定。管理人根据摇号结果完成委托评估手续。

第七十条　债权人会议、管理人对破产财产的评估结论、评估费用有异议的，合议庭应参照最高人民法院《关于民事诉讼证据的若干规定》第二十七条的规定处理。

第七十一条　位于深圳市内的不动产，统一由管理人委托深圳市土地房产交易中心进行拍卖。深圳市土地房产交易中心不接受拍卖委托的，合议庭可决定从本院拍卖机构名册中另行摇号选定适格的拍卖机构。

动产和非深圳市内的不动产，由法官助理填写《破产案件选定评估（拍卖）机构移送表》，报签后交本院审判管理办公室统一摇号确定。管理人根据摇号结果完成委托拍卖手续。

第七十二条　承办法官应当监督管理人及时拟定破产财产分配方案提交债权人会议讨论。债权人会议通过破产财产分配方案的，合议庭应及时裁定认可。

债权人会议二次表决未获通过的破产财产分配方案，管理人申请本院批准，合议庭审查同意的，应及时裁定认可。

第七十三条　管理人依法提请本院终结破产程序的，合议庭应自收到请求之日起十五日作出决定。决定终结破产程序的，应作出裁定报庭长批准。

法官助理应制作终结破产程序的公告，交管理人刊登。

第七十四条　终结破产程序裁定发出后，法官助理应督促管理人办理企业注销手续，并将相关注销文件归入破产案件档案。

第七十五条　法官助理应于破产程序终结裁定送达完毕后十五日内完成案卷归档，并报送结案。重大、疑难、复杂等破产案件需要延长的，报庭长批准，但最长不得超过三十日。

第七十六条　债权人根据《企业破产法》第一百二十三条第（一）项、第（二）项的规定请求人民法院按照破产财产分配方案追加分配，合议庭评议同意的，应作出裁定。

有前款规定情形，但财产数量不足以支付分配费用的，不再进行追加分配，由法官助理填写《划转往来款审批单》，报庭长批准，上交国库。

第七章　简易程序

第七十七条　本院审理下列破产案件，适用简易程序：

（一）债务人不属于国有企业，且财产价值总额不超过 100 万元的；

（二）债务人的主要财产、账册、重要文件等灭失，或者债务人人员下落不明，未发现存在巨额财产下落不明情形的；

（三）债权债务关系简单，不存在重大维稳隐患的；

符合上述条件之一的，合议庭应在立案审查时决定适用简易程序，并制作决定书，报庭长批准。

第七十八条 适用简易程序审理的破产案件，法官助理应在案件受理公告中载明该案适用简易程序。

第七十九条 适用简易程序审理的破产案件，债权申报期限为三十日，自本院发布受理破产公告之日起计算。

管理人应于案件受理之日起十日内通知已知债权人申报债权。

第八十条 适用简易程序审理的破产案件，本院可以采用传真、电子邮件等简便方式送达相关文书，但民事裁定书除外。

债务人下落不明的，相关文书可送达给其股东，并在其工商登记或其他依法备案的住所地张贴。

第八十一条 适用简易程序审理的破产案件，债权人会议一般以书面方式召开，确需集中召开债权人会议的，一般不超过两次。条件允许的，可采取网络表决等形式便利债权人行使权利。

适用简易程序审理的破产案件一律不设立债权人委员会。

适用简易程序审理的破产案件使用统一格式的财产管理、变价和分配方案，但债权人会议另有决议的除外。

第八十二条 适用简易程序审理的破产案件如无审计必要，可由管理人完成债权审查、财产调查后形成清算报告，报合议庭评议后，裁定宣告债务人破产。

第八十三条 适用简易程序审理的破产案件，一律通过本院鹰眼查控系统查询债务人名下的房产、存款、股权、车辆和股票等财产，经过"五查"，确未发现债务人有财产可供分配或仅有少量财产无法支付清算费用的，管理人应在三日内报请合议庭评议终结破产程序。

第八十四条 因账册、重要文件灭失，无法清算或无法全面清算的，承办法官应督促管理人提出终结破产程序申请，并在裁定书中列明无法清算或无法全面清算的原因，引导债权人追究债务人有关人员的责任。

第八十五条 适用简易程序审理的破产案件应于立案之日起六个月内审结，有特殊情况需要延长审理期限的，应报庭长批准，但延期最长不得超过六个月。

第八十六条 在适用简易程序审理破产案件过程中，发现案情复杂不宜适用简易程序的，合议庭应及时裁定转为普通清算程序，报庭长批准。

经批准转为普通清算程序的，法官助理应将裁定书送达债务人、管理人和相关权利人。

第八章 衍生诉讼案件

第八十七条 本院受理破产案件后，与债务人有关的民事诉讼案件由公司清算和破产审判庭另行组成合议庭审理。但知识产权案件仍由相关业务部门集中审理。劳动争议和职工清单纠纷案件，根据《关于涉及破产企业员工劳动争议类案件立案审理有关问题的通知》的规定，由本院受理后指定破产企业主要办公地点所在地的基层人民法院审理。

破产程序终结后，有关破产企业的民事诉讼，不再适用《企业破产法》第二十一条集中管辖的规定。

第八十八条 破产衍生诉讼案件的审理适用一般民事诉讼的法律、法规、司法解释和本院的相关规定，但《企业破产法》有特别规定的除外。

第八十九条 破产衍生诉讼案件的各类信息由法官指导、督促法官助理按规定及时录入诉讼信息系统。

第九章 附 则

第九十条 本规程自发布之日施行，原《深圳市中级人民法院破产案件审判流程管理规程》同时废止。

第九十一条 本规程由本院审判委员会负责解释。

深圳市中级人民法院
破产案件管理人工作规范

（2015年2月5日）

第一章 总 则

第一条 为规范管理人工作，保证管理人依法公正高效履行职责，确保破产审判工作顺利进行，根据《中华人民共和国企业破产法》及相关司法解释的规定，结合本院破产审判实践，制定本规范。

第二条 管理人应当勤勉尽责，恪尽职守，履行谨慎合理、积极高效管理的义务。

第三条 管理人应当忠实履行职责，不得利用管理人的身份或地位为自己和他人谋取私利。

第四条 管理人应当亲自履行职责，不得以任何形式将自己应当履行的职责全部或者部分转给其他社会中介机构或者个人。

第五条 管理人应当及时向本院报告工作，自觉接受本院、债权人会议和债权人委员会的监督。

第二章 接管调查职责

第六条 管理人应当根据破产案件的实际情况组建管理人工作团队，合理配置工作人员，并将团队名单报本院备案。

第七条 管理人应当自收到指定管理人决定书之日起三个工作日内，到本院查阅有关材料，通知债务人的有关人员，确定接管时间。

第八条 管理人应当在收到指定管理人决定书之日起十个工作日内制定工作计划和全面的管理人工作制度，包括管理工作规程、会议议事规则、财务收支管理制度、证照和印章管理制度、档案管理制度、保密制度等，报本院备案。

第九条 管理人应当根据案情需要制订突发事件应急预案，并及时报告突发事件情况，对可能影响社会稳定的突发性、群体性事件的处理方案应当报本院批准。

第十条 管理人应当在收到指定管理人决定书之日起十个工作日内，持受理破产申请裁定书、指定管理人决定书、刻制印章函等法律文书到公安机关刻制管理人印章，管理人印章交本院封样备案后启用，管理人印章应有专人保管并设置使用登记记录，管理人印章不得在所涉破产事务之外的任何场合使用。

第十一条 管理人应当持本院受理破产申请裁定书、指定管理人决定书、管理人公章及破产案件承办法官印鉴向银行申请开立管理人账户。

管理人可以将债务人的存款划入管理人账户集中统一管理，不能自行划转的可以申请本院扣划。

第十二条 管理人应当严格执行财务收支管理制度，所有开支必须按内部审批程序批准后从管理人账户列支，大额支出应当经本院审核批准。

第十三条 管理人接管时应当制作移交清单、接管笔录，告知债务人有关人员法律责任，接管工作完成后由管理人和债务人的有关人员签名确认，并在债务人营业场所公告有关事项。

第十四条　管理人应当接管的债务人财产、印章和账簿、文书等资料包括：

（一）债务人占有或管理的现金、银行存款、有价证券、债权债务清册、存货、流动资产、固定资产、在建工程、对外投资、无形资产等财产及相关凭证；

（二）公章、财务专用章、合同专用章、发票专用章、海关报关章、职能部门章、各分支机构章、电子印章、法定代表人名章等印章；

（三）总账、明细账、台账、日记账等账簿及全部会计凭证、重要空白凭证；

（四）批准设立文件、营业执照、税务登记证书及各类资质证书、章程、合同、协议及各类决议、会议记录、人事档案、电子文档、管理系统授权密码等资料；

（五）有关债务人的诉讼、仲裁、执行案件的材料；

（六）债务人的其他重要资料。

第十五条　管理人接管过程中，应当根据案情需要及时申请本院通知有关机关解除对债务人财产的保全措施、中止有关债务人的诉讼、仲裁或者执行程序，申请本院对可能被转移的财产采取保全措施。管理人完成接管后，应当向审理案件的人民法院、仲裁机构申请恢复诉讼和仲裁。

第十六条　债务人的有关人员因客观原因无法交出应交接的财产、印章、账册、文书等资料的，管理人应当要求其作出书面说明或者提供有关证据、线索。债务人的有关人员拒不移交财产、印章和账簿、文书等资料的，管理人可以申请本院采取强制措施。

管理人对所接管的财产、印章、账册、文书等资料应当妥善保管，防止毁损或遗失。

第十七条　管理人清算过程中发现债务人的有关人员隐匿财产，对资产负债表或者财产清单作虚伪记载或者在未清偿债务前分配债务人财产，严重损害债权人或者其他人利益的，应当及时向公安机关报案。

管理人发现债务人的有关人员隐匿或者故意销毁依法应当保存的会计凭证、会计账簿、财务会计报告，情节严重的，应当及时向公安机关报案。

管理人发现债务人的有关人员伪造、销毁有关证据材料，通过隐匿财产、承担虚假的债务或者以其他方法转移、处分财产，实施虚假破产，严重损害债权人或者其他人利益的，应当及时向公安机关报案。

第十八条　在接管过程中，管理人应当对下列事项进行调查：

（一）债务人的营业状况；

（二）债务人的资产状况；

（三）债务人的债权债务情况；

（四）债务人职工安置情况，职工工资、经济补偿金支付情况及社会保险费用的缴纳情况；

（五）债务人出资人的出资情况；

（六）债务人是否存在企业破产法第三十一条、第三十二条或者第三十三条规定的行为；

（七）债务人的董事、监事和高级管理人员是否存在利用职权获取非正常收入或者侵占债务人财产的行为；

（八）债务人未履行完毕的合同情况；

（九）有关债务人的未审结诉讼、仲裁以及未执行完毕的案件情况；

（十）有关债务人的其它情况。

第十九条　管理人可以要求债务人的有关人员协助调查，管理人调查询问有关人员应有两名调查人员在场并制作调查笔录，调查人员和被询问人员应当在笔录上签字确认。债务人的有关人员拒不协助调查的，管理人可以报告本院依法处理。

第二十条　管理人完成接管后，经本院许可，可以聘用债务人的有关人员作为留守人员。管理人决定聘用留守人员时，应当与其重新签订聘用合同，同时解除原劳动合同。

聘用合同应当对双方的权利义务、劳动报酬标准、以及养老、医疗、工伤、失业、生育等五项社会保险和住房公积金等事项作出明确约定。留守人员的劳动报酬根据债务人的实际情况确定，从破产费用中支付。

第二十一条　管理人完成接管后应当制作阶段性工作报告，向本院报告接管工作情况。

第三章　权利审核职责

第二十二条　管理人接收债权申报材料后，应当登记造册，对申报的债权进行审查，并将债权审查结论书面通知申报人。

管理人在第一次债权人会议召开之前应当完成债权审核和债权表的编制，因特殊情况未完成债权审核和债权表编制的，应当向债权人会议书面说明。管理人应当保存债权表和债权申报材料，供利害关系人查阅。

第二十三条　债权人申报债权材料不全的，管理人应当允许债权人在指定的期限内补正、补充。

第二十四条　债权人未在债权申报期限内申报，在破产财产最后分配前向管理人补充申报债权的，此前已进行的分配，不再对其补充分配，管理人可以要求债权人承担审查和确认补充申报债权的必要合理费用，但不得单独就此收取管理人报酬。

前款规定的已进行的分配，是指债权人补充申报时本院已裁定认可破产财产分配方案。

第二十五条　管理人应当根据债务人财务资料、人事资料、考勤记录等证据材料确认职工的劳动债权，必要时可以向债务人的有关人员核实情况；职工对劳动债权清单记载有异议并要求更正的，管理人应当进行复核并将复核结果书面通知职工。管理人复核后不予更正的，应当告知职工可以依法提起诉讼。

第二十六条　管理人受理取回权申请，应当自收到申请书之日起三十日内完成审查。管理人确认取回权成立的，应当报本院批准后向申请人送达书面审查结论；管理人不予确认的，应当报本院备案并向申请人送达书面审查结论，同时告知申请人可以依法提起诉讼。

管理人不得单独对取回权申请收取报酬，但本院另有规定的除外。

管理人受理抵销权、担保权、优先权申请的，参照取回权审查程序办理。

第四章　财产管理职责

第二十七条　管理人办理重大复杂破产案件应当制定财务收支管理制度，接管完成后向本院提交债务人的日常开支和其他必要开支的预算报告，根据破产程序的进度定期报告财务收支情况，提请本院终结破产程序时应当同时提交财务决算报告。

第二十八条　管理人决定债务人的日常开支和其他必要开支时应当严格坚持合法、合理、必要的原则，厉行节约，勤俭办事，降低清算成本。

管理人不得将破产费用用于破产管理工作以外的事项。

第二十九条　在第一次债权人会议召开之前，管理人不得实施对债权人利益有重大影响的财产处分行为，管理人决定继续或者停止债务人的营业或者实施企业破产法第六十九条规定行为之一的，应当经本院许可。

在第一次债权人会议召开之后，管理人决定继续或者停止债务人的营业的，应当经债权人会议表决通过。实施企业破产法第六十九条规定行为之一的，应当事前报本院审查。

第三十条　管理人对破产申请前成立且债务人和对方当事人均未履行完毕的合同，应当在法定期限内决定予以解除或者继续履行，并通知对方当事人。

第三十一条　管理人对债务人财产应当及时登记、清理、审计、评估、变价，在第一次债权人会议之前，管理人处置易损、易腐、易贬值、保管费用较高的财产，

第二部分 相关法律、法规、司法解释等

应当报本院批准。

第三十二条 管理人对债务人财产进行审计、评估、拍卖应当申请本院以摇号方式确定中介机构，深圳市内的不动产应当委托深圳市土地房产交易中心拍卖。

第三十三条 债务人设立的不具有法人资格的分支机构，管理人应当将其财产列为债务人财产进行管理和处置。

第三十四条 管理人应当向债务人的债务人和财产持有人发出书面通知，要求债务人的债务人和财产持有人于限定的时间内向管理人清偿债务或者交付财产。

债务人的债务人和财产持有人拒绝清偿债务或者交付财产的，管理人应当以债务人名义依法向本院提起诉讼。

第三十五条 管理人对债务人的知识产权、专有技术、商业秘密、企业商号等无形资产应当及时确定权属，适时变价出售。对于债务人的对外投资，管理人应当依法行使出资人的权利，及时变价处置。

第三十六条 管理人经调查发现债务人存在企业破产法第三十一条、第三十二条或者第三十三条规定行为的，应当向相对人发出书面通知，要求其清偿债务或返还财产。

相对人在限定时间内未清偿债务或者交付财产的，管理人应当依法向本院提起诉讼。

经上述程序债权人损失仍不能得以弥补，管理人应当依法对债务人的有关人员提起赔偿之诉。

第三十七条 本院受理破产申请后，债务人的出资人尚未完全履行出资义务的，管理人应当要求该出资人缴纳所认缴的出资，不受出资期限的限制。

债务人的出资人在限定时间内未履行出资义务的，管理人应当依法向本院提起诉讼。

第三十八条 管理人经调查发现债务人的董事、监事和高级管理人员利用职权获取非正常收入或者侵占债务人财产的，应当书面通知其返还财产。

上述人员在限定时间内未返还财产的，管理人应当依法向本院提起诉讼。构成犯罪的，管理人应当向有关机关报案，追究其刑事责任。

第三十九条 本院受理破产申请后，经本院许可，管理人可以通过清偿债务或者提供为债权人接受的担保，取回质物、留置物。

前款规定的债务清偿或者替代担保，在质物或者留置物的价值低于被担保的债权额时，以该质物或者留置物当时的市场价值为限。

第四十条 管理人决定提起诉讼，诉讼过程中决定撤诉、和解，或者承认、放弃诉讼请求的，应当事前报本院审查，必要时应征得债权人会议或者债权人委员会同意。

491

第五章　会议召集职责

第四十一条　债权人会议表决有关事项以现场表决为主，也可以采用通讯、网络等方式表决。

采用通讯、网络等方式表决有关事项的，管理人应当告知债权人表决程序和规则。

第四十二条　管理人应当在债权人会议召开前三日申请本院指定债权人会议主席，并将债权人会议的筹备情况及相关文件报送本院。

需要设立债权人委员会的，管理人应当在第一次债权人会议召开前三日将成员候选名单报本院初审，债权人会议决定设立后将债权人委员会成员名单提请本院决定认可。

第四十三条　管理人提交第一次债权人会议的文件应当包括下列内容：

（一）会议议程；

（二）管理人阶段性工作报告；

（三）债权审核报告及债权表；

（四）职工安置情况，工资、经济补偿金及社会保险费用的支付情况；

（五）债务人财产的管理方案；

（六）破产财产的变价方案；

（七）管理人报酬方案；

（八）本院认为应当说明的其他内容。

第四十四条　管理人应当向债权人会议报告职务执行情况，并回答债权人的询问。

第四十五条　债权人会议结束后三日内，管理人应当将债权人会议的到会情况、表决情况及决议书面报告本院。

第四十六条　债权人会议核查债权表后，债权人、债务人对债权表记载的债权有异议的，可以在债权人会议上提出异议，也可以在债权人会议结束后十五日内提出异议。管理人应当对有异议的债权进行复核，经复核仍有异议的，管理人应当书面告知异议人在收到复核通知之日起十五日内依法向本院提起诉讼，并将受理情况反馈给管理人。逾期不起诉的，视为无异议。

管理人申请本院裁定确认债权表记载的债权时，应当说明债权审查过程和债权人会议核查债权的情况。

第四十七条　债权人会议表决未通过债务人财产管理方案、破产财产变价方案的，或者经债权人会议二次表决仍未通过破产财产分配方案的，管理人应当及时申请本院裁定。

第六章　重整程序职责

第四十八条　债务人或者债权人依法直接申请重整，本院裁定债务人重整的，管理人应当依照本规范的规定履行接管、调查、管理、权利审核等职责。

管理人管理债务人财产和营业事务的，经本院许可，可以聘请债务人的经营管理人员负责营业事务。

本院批准债务人自行管理财产和营业事务的，管理人的职权由债务人行使，管理人应当制订监督债务人管理财产和营业事务的制度，经本院批准后执行。

第四十九条　本院受理破产申请后，宣告破产前，裁定债务人重整并批准债务人自行管理财产和营业事务的，管理人的职权由债务人行使，管理人应当向债务人移交财产和营业事务，但应当制订监督债务人管理财产和营业事务的制度，经本院批准后执行。

第五十条　在重整期间，债务人的股东申请转让股权的，管理人应当向本院提出书面意见，未经本院许可不得协助其办理股权转让手续。

第五十一条　在重整期间，管理人对担保权人行使担保权的申请不应准许，但应当妥善保管担保物，防止其毁损灭失。债务人自行管理财产的，管理人应当监督债务人限制担保权人行使担保权并妥善保管担保物。

第五十二条　在重整期间，管理人为继续营业而借款的，可以为该借款设立担保，但应事先报本院审批。债务人借款的，管理人应当提出审核意见，报本院审批。

第五十三条　在重整期间，管理人对出资人分配投资收益的申请不应准许，债务人自行管理财产和营业事务的，管理人应当监督债务人不得分配投资收益。

第五十四条　债务人合法占有的他人财产，该财产的权利人要求取回的，管理人应当审查是否符合事先约定的条件。管理人同意取回权人申请的，应当附相关证据材料，报本院审查。不同意取回的，报本院备案。

第五十五条　在重整期间，债务人需要裁减人员二十人以上或者裁减不足二十人但占企业职工总数百分之十以上的，管理人应当及时报告本院，并要求债务人提前三十日向工会或者全体职工说明情况，听取工会或者职工的意见后，向劳动行政部门报告裁减人员方案。

裁减人员时，应当优先留用下列人员：

（一）与本单位订立较长期限的固定期限劳动合同的；

（二）与本单位订立无固定期限劳动合同的；

（三）家庭无其他就业人员，有需要扶养的老人或者未成年人的。

第五十六条　在重整期间，债务人的经营状况和财产状况继续恶化，缺乏挽救的可能性，或者债务人有欺诈、恶意减少债务人财产或者其他显著不利于债权人的行为，或者由于债务人的行为致使管理人无法执行职务的，管理人应当申请本院裁定终止重整程序，并宣告债务人破产。

第五十七条　重整程序中，普通债权不能获得全额清偿的，管理人应当自行或者委托中介机构测算普通债权依照破产清算程序所能获得的清偿比例，并将测算内容列入重整计划草案。

第五十八条　债务人负责制作重整计划草案的，管理人应当对重整计划草案的合法性和可行性提出分析意见，在重整计划草案提交债权人会议表决之前书面报告本院。

第五十九条　管理人负责制作重整计划草案的，应当按期向本院和债权人会议提交重整计划草案。在债权人会议对重整计划草案进行表决时，管理人应当就重整计划草案向债权人会议作出说明，并回答询问。

管理人或者债务人应当自本院裁定债务人重整之日起六个月内，同时向本院和债权人会议提交重整计划草案。有正当理由，经管理人或者债务人请求，本院可以裁定延期三个月。因重大诉讼、仲裁未决影响重整计划草案的制作的，重大诉讼、仲裁期间不计入重整计划草案提交期限。

第六十条　管理人可以根据实际需要设置小额债权组等表决组对重整计划草案进行表决。部分表决组未通过重整计划草案的，债务人或者管理人同未通过重整计划草案的表决组协商后，该表决组拒绝再次表决或者再次表决仍未通过重整计划草案，但重整计划草案符合法定条件的，管理人可以申请本院批准重整计划草案。

第六十一条　债务人未按期提出重整计划草案，或者重整计划草案未获得通过且未依照企业破产法第八十七条的规定获得批准，管理人应当申请裁定终止重整程序，并宣告债务人破产。

第六十二条　债权人未在债权申报期限内申报债权，在重整计划草案提交债权人会议表决前补充申报但未被确认的，该债权人不享有重整计划草案表决权。

第六十三条　债权人未在债权申报期限内申报债权，但其在重整计划草案提交债权人会议表决前补充申报债权并经本院裁定确认的，本院裁定批准重整计划后，该债权人被确认的债权可依照重整计划确定的债权受偿方案获得清偿。

债权人未在债权申报期限内申报债权，在本院裁定批准重整计划后重整计划执行完毕前补充申报债权的，管理人可以接受申报并进行审查，但债权人在重整计划执行期间不得行使权利；在重整计划执行完毕后，可以按照重整计划规定的同类债权的清偿条件行使权利。

债权人未在债权申报期限内申报债权，在重整计划执行完毕后补充申报债权的，管理人不再接受申报，告知债权人向债务人主张权利。

第六十四条 本院裁定批准重整计划后，负责管理财产和营业事务的管理人应当向债务人移交财产和营业事务，并书面说明管理人接管期间债务人财产和营业事务的变化情况。

第六十五条 本院裁定批准重整计划后，管理人应当按照重整计划的规定监督重整计划的执行。存在未决诉讼、仲裁情况的，重整计划执行期间仍由管理人代表债务人参加诉讼、仲裁。

管理人应当制定监督计划，明确监督方式、监督事项和监督职责，督促债务人在重整计划执行期限内执行完毕。

第六十六条 管理人应当向本院提交监督报告，详细说明重整计划的执行情况和债务人财务状况。

第六十七条 债务人申请延长重整计划执行期限，管理人有正当理由认为确有必要延长执行期限和监督期的，管理人应当在重整计划执行期限和监督期届满前一个月，申请本院裁定延长重整计划执行期限和监督期。

第六十八条 重整计划执行过程中，管理人认为确有必要变更重整计划的，应当报本院审查，对债权人利益产生重大影响的，应当提交债权人会议表决。

第六十九条 重整计划执行完毕后，管理人应当申请本院裁定确认重整计划执行完毕并终结破产程序。

第七十条 债务人不能执行或者不执行重整计划的，管理人应当申请本院裁定终止重整计划的执行，并宣告债务人破产。

第七十一条 本院裁定终止重整程序，并宣告债务人破产，管理人负责管理财产和营业事务的，管理人应当按照破产清算程序执行职务。债务人负责管理财产和营业事务的，管理人应当立即接管债务人财产和营业事务，按照破产清算程序执行职务。

第七章 和解程序职责

第七十二条 债务人依法直接申请和解，本院裁定和解的，管理人应当依照本规范的规定履行接管、调查、管理、权利审核等职责。

第七十三条 债务人在本院受理破产申请后，宣告债务人破产前，向本院申请和解，本院裁定和解的，管理人可以协助债务人制作和解协议草案并提出可行性分析意见。

第七十四条 裁定和解后，管理人准许担保权人行使担保权的，应当经本院许可。

第七十五条 裁定和解后，未经本院许可，管理人不得协助债务人股东办理股权转让手续。

第七十六条 本院裁定认可和解协议，终止和解程序的，管理人可以要求债务人按照和解协议的约定将用于清偿债务的资金划入管理人帐户统一支付。

第七十七条 本院裁定认可和解协议，终止和解程序的，管理人应当向债务人移交财产和营业事务，并书面说明管理人接管期间债务人财产和营业事务的变化情况，同时向本院提交执行职务的报告。

第七十八条 和解协议执行完毕后，管理人应当申请本院裁定终结破产程序。

第七十九条 本院裁定终止和解程序、终止和解协议的执行或者裁定和解协议无效，并宣告债务人破产的，管理人应当立即接管债务人财产和营业事务，按照破产清算程序执行职务。

第八十条 本院裁定认可债务人与全体债权人自行达成的和解协议并终结破产程序的，管理人应当向债务人移交财产和营业事务，并书面说明管理人接管期间债务人财产和营业事务的变化情况，同时向本院提交执行职务的报告。

第八章 清算程序职责

第八十一条 本院宣告债务人破产后，管理人应当书面通知债务人的全体职工终止劳动合同。

第八十二条 管理人应当根据债权人会议通过的或者本院裁定认可的破产财产变价方案适时变价出售破产财产。

第八十三条 破产财产的变价原则上采用拍卖方式，拍卖程序参照最高人民法院《关于人民法院民事执行中拍卖、变卖财产的规定》的规定执行。经债权人会议或者债权人委员会通过，可以变卖或者协议转让。

第八十四条 破产企业可以全部或者部分变价出售。企业变价出售时，管理人可以将其中的无形资产和其他财产单独变价出售。

破产财产中的成套设备一般应当整体出售。无法整体出售的，管理人根据实际情况分别变价，但应当在破产财产变价方案中说明情况和理由。

第八十五条 管理人应当参照评估价确定拍卖保留价，报本院备案。第一次拍卖时，保留价不得低于评估价的百分之八十；如果出现流拍，再行拍卖时，可以根据财产变价方案的授权降低保留价，但每次降低保留价不得超过前次保留价的百分之二十。第三次拍卖流拍的，管理人根据债权人会议或者债权人委员会的决议，以第三次拍卖的保留价变卖或者协议转让。

第八十六条 管理人出售、转让债务人持有的有限责任公司股权的，应当依法通知该公司及全体股东；管理人出售、转让债务人投资的股份有限公司股权的，应当依法通知该公司。

股权价值为零或者负值且无法变价，管理人停止追收的，应当报债权人会议表决。子公司符合法定条件的，管理人可以依法对子公司提出破产申请或者强制清算申请。

第八十七条 债务人实际控制的关联公司符合适用实体合并规则进行破产清算的，管理人应当拟订合并破产方案，经本院批准后实施。

第八十八条 债务人的职工住房，已经签订房改合同、交付房款的，或者有证据证明已经房改给个人的，管理人应当按非破产财产处理。

第八十九条 对于难以变价的廉价资产或者变现费用超过变现价值的资产，经债权人会议或者债权人委员会通过，管理人可以公益赠与、报废等方式处置，但处置方式不得损害社会公共利益。

第九十条 对于债务人与他人共同共有的财产，管理人应当代表债务人与共有人协商，先分割财产再变价出售。对于债务人与他人按份共有的财产，管理人可以直接将债务人享有的财产份额变价出售。

如果债务人与他人共有的财产属于一个整体或者配套使用，出售破产财产时应当保障共有人的优先购买权。

第九十一条 管理人应当根据破产财产变价情况拟订破产财产分配方案，破产财产分配方案经本院审查后提交债权人会议表决。

破产财产分配方案应当载明下列事项：

（一）参加破产财产分配的债权人名单；

（二）参加破产财产分配的债权额；

（三）破产财产总额、破产费用和共益债务数额及可供分配的破产财产数额；

（四）破产财产分配的顺序、比例及数额；

（五）实施破产财产分配的方法。

债权人会议通过破产财产分配方案后，管理人应当将该方案提请本院裁定认可。

第九十二条 管理人必须严格按照法定清偿顺序分配破产财产，但债权人自愿放弃清偿的除外。

破产财产不足以清偿同一顺序的清偿要求的，按照比例分配。

第九十三条 破产财产分配一般应当以货币分配方式进行。但是，经债权人会议表决通过，可以采用实物分配、债权分配、权利分配等方式进行分配。

第九十四条 破产财产分配可以一次分配,也可以多次分配。管理人按照破产财产分配方案实施多次分配的,应当依法公告本次分配的财产额、债权额。管理人实施最后分配的,应当在公告中指明,并载明企业破产法第一百一十七条第二款规定的事项。

第九十五条 对特定破产财产享有担保权的权利人,对该特定破产财产享有优先受偿的权利,但管理人可以扣除担保权人应当承担的保管、评估、拍卖、诉讼、仲裁等维护和实现担保权的费用。实现担保权的费用以实际支出为限,管理人应当提供费用支出的证据,报本院审批。

第九十六条 对于附生效条件或者解除条件的债权,管理人应当将其分配额提存。

管理人依照前款规定提存的分配额,在最后分配公告日,生效条件未成就或者解除条件成就的,应当分配给其他债权人;在最后分配公告日,生效条件成就或者解除条件未成就的,应当交付给债权人。

第九十七条 债权人未受领的破产财产分配额,管理人应当提存。债权人自最后分配公告之日起满二个月仍不领取的,视为放弃受领分配的权利,管理人或者人民法院应当将提存的分配额分配给其他债权人。

第九十八条 破产财产分配时,对于诉讼或者仲裁未决的债权,管理人应当将其分配额提存。自破产程序终结之日起满二年仍不能受领分配的,本院将提存的分配额分配给其他债权人。但是,破产程序终结时诉讼、仲裁仍未决的除外。

第九章 终结程序职责

第九十九条 债务人财产不足以清偿破产费用且无利害关系人垫付费用或者垫付的费用仍不足以支付破产费用的,管理人应当提请本院裁定宣告债务人破产并终结破产程序。

债务人财产足以清偿破产费用,管理人应当提请宣告债务人破产;经清算债务人确无财产可供分配的,管理人应当提请本院裁定终结破产程序。

管理人在破产财产最后分配完结后,应当向本院提交清算工作报告,并提请本院裁定终结破产程序。

第一百条 管理人应当自破产程序终结之日起十日内,持本院指定管理人决定书、宣告破产裁定书、终结破产程序裁定书及公司注销登记申请书、指定代表或者共同委托代理人的证明、指定代表或者共同委托代理人的身份证件、企业法人营业执照正副本、分公司注销登记证明等材料,向工商登记机关申请办理注销工商登记。但是，存在诉讼或者仲裁未决等情况的除外。

第一百零一条　管理人于办理注销登记完毕的次日终止执行职务。但是，存在诉讼或者仲裁未决情况的，管理人仍应当继续依法履行职责。

第一百零二条　管理人依法终止执行职务后，应当注销管理人账户，将管理人印章交公安机关销毁并将销毁印章的证明交本院备案。

第一百零三条　管理人依法终止执行职务后，应当将接管的破产人有关资料移交破产人的上级主管机关或者股东保存。上级主管机关或者股东下落不明的，可以移交档案保管机构保管。

管理人应当将执行职务过程中形成的卷宗材料装订成册，按照档案保管规定保存备查或者移交档案保管机构保管。

第十章　附　则

第一百零四条　本院对破产案件简易程序有特别规定的，从其规定。

第一百零五条　本规范由本院审判委员会负责解释。

第一百零六条　本规范自公布之日起施行，本院《破产案件管理人管理规范（试行）》同时废止。